नया मीडिया और नये मुद्दे

नया मीडिया और नये मुद्दे

सुधीश पचौरी

वाणी प्रकाशन

वाणी प्रकाशन

4695, 21-ए, दरियागंज, नयी दिल्ली 110 002

फ़ोन : +91 11 23273167 फ़ैक्स : +91 11 23275710

शाखाएँ

अशोक राजपथ, पटना 800 004, बिहार

कॉफ़ी हाउस कैम्पस, महात्मा गांधी मार्ग, इलाहाबाद 211 001, उत्तर प्रदेश

महात्मा गांधी अन्तरराष्ट्रीय हिन्दी विश्वविद्यालय, वर्धा 442 001, महाराष्ट्र

www.vaniprakashan.in
marketing@vaniprakashan.in
sales@vaniprakashan.in

NAYA MEDIA AUR NAYE MUDDE
by Sudhish Pachouri

ISBN : 978-81-8143-917-8
Media

प्रथम संस्करण 2009
आवृत्ति 2018

मूल्य : ₹ 695

सिटी प्रेस, दिल्ली-110 095 में मुद्रित

वाणी प्रकाशन का लोगो मक़बूल फ़िदा हुसेन की कूची से

भूमिका

भारतीय मीडिया हर क्षण समाज को खोलता-बनाता रहता है। ढेर सारे चैनल हैं। बड़े छोटे अखबार हैं। रेडियो हैं। किताबें हैं।

इस मीडिया जगत में सब समाज की खबर लेते-देते हैं। समाज को दिखाने बताने और बनाने के उपक्रम में भारतीय मीडिया नए-नए प्रयोग करता रहता है। उसकी समस्याएँ बनती रहती हैं। उसके भीतर बाहर अनेक संचारकर्म संबंधी नई-नई समस्याएँ बनती रहती हैं। भारत में मीडिया अपने तेज विकासक्रम में अपने कर्म के क्षेत्र में पैदा होने वाले अनेक मुद्दों से दो चार हो रहा है। वह उन पर सोच विचार करता रहता है। सीखता रहता है। यही उसका मौलिक विकास है।

इस पुस्तक में ऐसे अनेक मुद्दों पर टिप्पणियाँ की गई हैं।

—सुधीश पचौरी

अनुक्रम

पुराना शब्दकोश नहीं चलेगा

पत्रकारिता में लिंगभेदी और लिंगअन्यायी भाषा किस तरह काम करती है; इसका ताजातरीन उदाहरण देखना हो तो वरिष्ठ पत्रकार स्तंभकार का 'फिफ्थ कालम' नामक स्तंभ/'इंडियन एक्सप्रेस' (तेरह नवंबर) अवश्य देखें। तवलीन सिंह ने जो लिखा है, वह हत्या न्याय और वकीलों की कानूनी भाषा में भयानक तरीके से काम करने वाले लिंगभेद को तीखे ढंग से उजागर करता है। तवलीन ने उस तर्क की उस भाषा को सही पकड़ा है जिसमें जेसिका लाल को मारने के औचित्य तक की बात चुपके से आ गई है और अगर लगातार इसी तरह बिना किसी चुनौती के आती रही तो एक दिन लगेगा कि जेसिका जैसी औरत का मारा जाना गलत नहीं था।

जेसिका की सेक्सी कहानी जिन संकेतों और चिह्नों से बनाई जा रही है, उसमें जेसिका को मारने वाला वह रीयल हत्यारा तक जस्टीफाई हो जाता है जिसने जेठमलानी के कहे अनुसार मारा है। सेक्सी कहानी में मनु शर्मा तो इस केस में इस तरह कहीं हो ही नहीं सकता! इस तरह मनु तो बच ही सकता है वह सेक्स-भूखा मर्द भी इस भाषा के सहारे बच निकलेगा! तवलीन के अनुसार जेठमलानी ने जेसिका लाल की हत्या का जो कारण बताया वह कुछ इस प्रकार है :

जेसिका, उस चीज को देने से मना करने के कारण मारी गई जो उसके पास थी और जिसे देने से उसने इनकार किया था। वह इसलिए नहीं मारी गई थी कि उसने ड्रिंक्स देने से मना किया था। 'शी वाज नॉट स्टैक्ड विद ड्रिंक्स एज द बार, वाज क्लोज्ड डाउन बाई दैन।' इसमें 'स्टैक्ड' शब्द के उपयोग पर तवलीन ने ध्यान दिलाया है। यहीं से सारी टिप्पणी जेसिका की कहानी में सक्रिय की जा रही सेक्सी मर्दवादी-लिंगभेदी मानसिकता और भाषा का विखंडन करती है, जिसके बिना अब पूरे केस को समझना संभव ही नहीं है। यह इस केस का तवलीनी पाठ और एक मर्दवादी सत्तामूलक विमर्श के मुकाबले एक स्त्री पत्रकार का स्त्रीत्ववादी प्रति सत्तामूलक विमर्श है। यह पत्रकारिता के टिप्पणीकारों के लिए भी महत्त्वपूर्ण है कि वे इसे देखकर न्याय के क्षेत्र में मर्दवादी लिंगभेदी ताकतों की भाषा को समझ सकें। अब जेसिका

के मुकदमा को मीडिया में इस ढंग से भी पढ़ा जाना चाहिए क्योंकि अब वह इसी लिंगभेदी ढंग से बनाया जा रहा है। शायद यहीं वह जगह बने जिससे जेठमलानी भी निकल न पाएँ।

तवलीन कहती हैं : "आप जरा 'वैल स्टैक्ड' शब्द पर गौर करें। भारत का एक माना हुआ क्रिमिनल लॉयर के इस 'वैल स्टैक्ड' शब्द की व्यंजना क्या है? मैं समझती हूँ कि इसका आशय यही है कि जेसिका 'वैल स्टैक्ड' थी। मैं नहीं जानती कि एक अस्सी वर्षीय भारतीय क्रिमिनल लॉयर इसका मानी क्या समझते हैं मगर मैं ये जानती हूँ कि आप लोग जरूर समझते हैं और अगर आप एक औरत हैं तो आप इसे इसी अर्थ में ले सकती हैं कि 'वैल स्टैक्ड' होने के कारण आपकी हत्या हो सकती है इसलिए आप तुरत किसी पास के कॉस्मेटिक सर्जन के पास जाएँ और अपना 'बूब जॉब' (स्तनों का साइज ठीक) करा लें। अगर आप 'वैल स्टैक्ड' नहीं हैं तो भी आपकी हत्या हो सकती है। जेठमलानी जी के अनुसार तो अगर आप किसी मर्द की यौन-मर्दानगी का अपमान करती हैं तो आपकी हत्या हो सकती है!"

लेकिन जेठमलानी जी यहीं नहीं रुकते; उनका मानना है कि बीना रमानी एक प्रकार का 'बोरडेलो' यानी वेश्यागृह चला रही थीं। जैक द रिपर की तरह का तर्क है : "कौन जानता है कि वहाँ जो पार्टी चल रही थी वो कैसी थी? कौन लोग रहे होंगे जो रात के डेढ़ बजे पार्टी में ड्रिंक्स के लिए आते होंगे?" "जी हाँ! जेठमलानी जी! हमारे जैसे लोग दिल्ली या मुंबई में जिस तरह की पार्टी में जाते हैं और आधी रात के बाद जाते हैं तो वहाँ आप जैसे यौन मासूम अस्सी वर्षीय बुढ्ढे नहीं होते! हाँ ऐसी जगहों पर दो-चार ऐसे-वैसे भी हो सकते हैं लेकिन वे अपने ढंग के मजेदार होते हैं और खूबसूरत होते हैं लेकिन इससे वे किसी मनु शर्मा या किसी कथित लंबे सिख द्वारा मार डालने के काबिल तो नहीं होते।"

यहाँ सेक्सी बनाई जा रही कहानी की उस विशिष्ट भाषा का 'पाठ' करें जिसे तवलीन ने जेठमलानी की नई सेक्सी कहानी में से निकाला है। यह लिंगभेद के विरोध में एक स्त्री पत्रकार की नई विखंडनपरक भाषा है और नए किस्म की जिरह है। तवलीन कहती हैं कि जेठमलानी साहब चाहें जो सोचें ऐसे प्रमाणों की कमी नहीं जो बताते हैं कि मनु शर्मा वहाँ आया था और उसने जेसिका से शराब माँगी थी। उसके मना करने पर उसने गोली मारी। तीन गवाह डर या लालच के कारण अपने बयान बदल चुके हैं। बीना रमानी ने नहीं बदला है। उन्होंने मनु को पिस्तौल हाथ में लेकर भागते देखा है। 'अगर मनु अपराधी नहीं है और वह सैक्स का भूखा लंबा सिख ही हत्यारा है, तब मनु शर्मा हत्याकांड के बाद एक सप्ताह तक गायब क्यों रहा?...'

तवलीन का लेख अपना अंत इस प्रकार करता है : "जहाँ तक जेठमलानी जी द्वारा हमारे जनाना होने को अपमानित करने की बात है तो उन्हें चेतना चाहिए

कि जब ऐसी स्थिति बन जाती है तो हम सब रंडियाँ ही तो होती हैं लेकिन हम इस बात से सख्त इनकार करती हैं कि वैल स्टैक्ड होने की सजा हमारी हत्या है। हमें देश का सबसे अच्छा लिंग-संवेदनशील लॉयर लाना चाहिए क्योंकि अब यह केस जनता का विषय है।" जिस क्षोभ से तवलीन ने यह अंतिम पैरा लिखा है; उसमें लिंग भेद-संवेदनशील एक स्त्री पत्रकार स्त्रीत्ववादी 'लूस-इरीग्रे' के अंदाज में भाषा में मर्दवाद को पढ़ती हुई अपना क्षोभ व्यक्त कर रही है। इस केस में अब प्रचलित मीडिया भाषा से काम नहीं चलने वाला। मीडिया को एक लिंग-संवेदनशील शब्दकोश चाहिए।

19 नवंबर, 2006

साइबर साम्राज्यवाद

एक बार फिर अमरीका जीता। एक बार फिर दुनिया के तमाम साइबर स्पेसी देश समर्पण करने को राजी हो गए। खबरें देख कर तो लगता है कि जो अरसे से बड़ा विरोध करते नजर आते थे वे दो कमेटी बना कर तसल्ली पा गए। इनमें साइबर स्पेस का बड़ा उपयोग करने वाले यूरो देश, भारत, चीन, ब्राजील आदि शामिल रहे जो बड़ा हो-हल्ला करते हुए "वर्ल्ड समिट ऑन इंटरनेट सोसायटी" के ट्यूनिस सम्मेलन में गए। अंत में वे सब एक समझौते पर दस्तखत कर आए। इससे अमरीका का वर्चस्व बरकरार रहा। इस समझौते के तहत इंटरनेट को संचालित करने वाली तकनीक पर अमरीका का ही नियंत्रण रहेगा। इस तकनीक में इंटरनेट वेबसाइटों के डोमेन नामों के पंजीयन, सर्वरों की चिन्हन की व्यवस्था आदि आती है जो केलिफोर्निया में स्थित पंजीयन संस्था से जुड़े काम हैं। इस संस्था का नाम 'ईकान' यानी 'इंटरनेट कारपोरेशन फार एसाइन्ड नेम्स एंड नंबर्स' है जो इंटरनेट के संजालों से जुड़े तमाम कार्यों की, बिना लाभ वाली एक स्वयंसेवी संस्था के रूप में निगरानी करती है।

नए समझौते के अनुसार एक 'इंटरनेट गवर्नेस फोरम' बनायी जाएगी जो इंटरनेट संबंधी नए मसलों पर विचार करेगी लेकिन जिसके कोई निगरानी अधिकार नहीं होगे। वे 'ईकान' में ही रहेंगे। दूसरा मुद्दा इंटरनेट के वर्तमान रूप की संरचना और इन्फ्रास्ट्रक्चर को बदलने का है जिस पर धीरे-धीरे सोचा जाएगा। अर्थ यह कि 'ईकान' का वर्चस्व जारी रहेगा। बाकी देश कुछ विचार-विमर्श जरूर करते रहें।

साइबर स्पेस यानी इंटरनेट स्पेस के संचालन का मसला कई बरसों से रिव्यू की दरकार रखने लगा था। इस बाबत सबसे पहले यूरोपीय देशों ने आवाज उठायी। यूरो देशों ने तो एक प्रस्ताव तक दे दिया कि साइबर पंजीयन के काम सिर्फ अमरीका की बपौती क्यों रहे? वे स्वयं पंजीयन आदि के काम क्यों नहीं कर सकते? इस एक प्रस्ताव से अमरीका की साइबर सेठों की दुनिया हिल उठी जबकि भारत, ब्राजील, चीन और ईरान आदि देश प्रसन्न हुए। उनकी भी दबी-छिपी माँग ऐसी ही थी जो

यूरो देशों ने उठायी थी। अरसे से यह दबाव अमरीकी साइबर संस्थाओं और उनके कर्ता-धर्ताओं पर था लेकिन हाल में हुई समिट में इंटरनेट स्पेस को राष्ट्रीय या द्वीपीय निगरानी केंद्रों में बदलने की बात किनारे कर दी गयी।

अमरीका ही सब कामों का केंद्र रहेगा ऐसा आसानी से मान लिया गया। अखबारों में छपी रपटें बताती हैं कि मामला पहले ही तय कर लिया गया था समिट में तो सिर्फ मुहर लगी। तीन साल से बढ़ता दबाव और विवाद बड़े आराम से दफन हो गया। साइबर स्पेस के विकेंद्रण की जायज माँग आगे नहीं बढ़ सकी। बस दो-एक समझौते किए गए जो करने न करने बराबर लगते हैं। अमरीकी प्रवक्ता डेविड ग्रॉस का कहना था कि साइबर तकनीक संबंधी मुद्दों को लेकर चिंताएँ थीं लेकिन हमने फिलहाल कुछ नहीं बदला है।

आपत्ति का प्रमुख बिंदु था कि अमरीका की ही एक संस्था सारे संसार के इंटरनेटों के वेबसाइटों का पंजीयन करने, उन्हें 'डोमेन नेम' देने और उनकी फीस आदि लेने का अधिकार क्यों रखती है? यह काम तो सारे देश कर सकते हैं। जो लोग अपनी वेबसाइट बनाते हैं उन्हें मालूम है कि उनके पंजीयन के सारे काम, वैधता के प्रमाणन के सारे काम अमरीका में होते हैं सारी फीस उधर डालर में ही जाती है। फिर इस सब पर कोई कथित स्वयंसेवी संस्था हो सकती है लेकिन अमरीकी प्रशासन के दबाव से वह संस्था कहाँ तक मुक्त हो सकती है? यह चिंता का एक बड़ा कारण था। यूरो देशों ने इसीलिए उसे उठाया था। इंटरनेट का मामला सिर्फ तकनीकी नहीं है बल्कि सामाजिक सूचनामूलक, आर्थिक-वाणिज्यिक तथा सामरिक भी है। ऐसे में सिर्फ अमरीका केंद्रित संस्था अमरीकी हितों में कितना स्वतंत्र और तटस्थ काम कर पाती होगी, इसमें संदेह नजर आता है। इसीलिए इंटरनेट को अमरीकी चंगुल से आजाद करने की आवाजें पिछले तीन साल से उठने लगी थीं।

समिट ने इस सब पर पानी फेर दिया तो किस तरह? क्यों? भारत भी इस समिट में एक अहम हिस्सेदार था। आईटी मंत्री दयानिधि मारन साहब वहाँ स्वयं गए थे। उन्होंने वहाँ भारतीय मंडप का फीता आदि भी काटा है। वे ही जवाब दे सकते हैं कि वस्तुतः किन कारणों से मूल मुद्दे की जगह मामूली समझौते से ही काम चलाना पड़ा। अमरीकी तकनीकी वर्चस्ववाद से लड़ने के सपने का क्या हुआ? साइबर स्पेस का वास्तविक जनतंत्र अमरीकी वर्चस्व से कब मुक्त हो सकेगा? ये सवाल अब भी रह जाते हैं। ये सवाल आगे भी उठते रहने हैं क्योंकि इंटरनेट स्पेस अपने 'अंतरंग जनतंत्र' की बहाली की माँग स्वयं पैदा करता है।

साइबर साम्राज्यवाद साइबर-तकनीक का साम्राज्यवाद है। अमरीका का कब्जा इस पर अब भी बरकरार है। यह कब्जा इंटरनेट की राजनीति से लेकर सॉफ्टवेयरों की राजनीति में दिखता है। साम्राज्यवाद सिर्फ इराक पर हमले ही नहीं करता, वह

सूचना की तमाम प्रणालियों पर भी काबिज होने की जुगत भिड़ाता रहता है। उसके खिलाफ संघर्ष अब मूलतः इन प्रणालियों के नियंत्रण के संघर्ष में भी बदल रहा है। समिट ऐसे ही संघर्ष बिंदु का एक नाम थी जो संघर्षरहित रही। बहरहाल भारतीय जनता को यह पूछने का हक है कि भारत के प्रतिनिधियों ने समझौते पर दस्तखत किए तो क्यों?

20 नवंबर, 2005

बाल हैं कि स्टील वायर

बाल की खाल निकालने का मुहावरा बेकार हो रहा है। अब तो बाल न उखड़ते हैं, न टूटते हैं; बस हर सूरत में चिपके रहते हैं क्योंकि इन दिनों एक ऐसा शैंपू आ गया है जो साफ करने से ज्यादा उनको सीमेंटित करने पर जोर देता है। ढेर सारे विज्ञापनों में इस बात पर देर तक बहस होती रहती है कि बाल टूट सकते हैं कि नहीं। हर बार बताया जाता है कि आदमी टूट सकता है, उसके बाल नहीं। महान शैंपू का आभार! विज्ञापनों के कॉपी राइटर इन दिनों बालों को स्टील वायर बनाने पर तुले हैं।

विपाशा बसु के प्रायः दिखने वाले सीने पर एक बाल सा दिखलाई पड़ता है। उसका यार जान अब्राहम अपना हाथ बढ़ाकर उसके स्तनों के ऊपर के भाग से इस टूटे से दिखने वाले बाल को हटाने के लिए हाथ बढ़ाता है लेकिन विपाशा को मालूम है कि वह बाल हो ही नहीं सकता। नायक कहता है कि बाल है? वो फुदकती हुई कहती है कि नहीं है...और कि उसकी नीयत में ही कुछ खोट है। इस तरह हँसते-फुदकते वह अपनी गर्दन को वही मशहूर झटका देती है जिससे बाल पीछे से सामने और सामने से पीछे हो जाया करते हैं। जब वे पीछे होते हैं तो बाल नहीं नजर आता। तब जाकर सिद्ध होता है ये वो स्पेशल बाल हैं जो टूट ही नहीं सकते। आप चाहें तो तोड़कर आजमा लें।

बालों को मजबूत करने के लिए विज्ञापनों ने बड़ी मेहनत की है। कॉपी राइटरों ने कल्पनाओं के कुलाबे भिड़ाए हैं। कुछ दिन पहले तक एक विज्ञापन में एक प्रेमी अपने प्रिया के बालों को रस्सी समझकर उमेठने लगता था। बेचारी नायिका के सिर का क्या हाल होता होगा, मालूम नहीं। एक विज्ञापन में तो वह उन बालों का सहारा न लेता होता तो गिर ही जाता। बालों की मजबूती ने उसे एकदम बचा लिया।

इन दिनों विज्ञापन बालों को टूटने ही नहीं देते। आदमी टूट जाता है लेकिन बाल हरगिज नहीं टूटते क्योंकि बालों के लिए एक खास ब्रांड शैंपू बाजार में आ गया है। आप चाहें तो हाथ-पैरों पर लगा लें तो आपकी हड्डी-वड्डी भी नहीं टूटेगी।

कॉपी कुछ ऐसा ही बयान करती है। एफएम पर इस अटूट 'बाल सिद्धांत' के कई थीमेटिक विज्ञापन बजते रहते हैं।

आप भी जरा स्वाद लें : एक विज्ञापन की कॉपी कहती है—नायिका नायक से कहती है।—तुम डेवलपमेंट इकनॉमिक्स के पेपर में नकल करते पकड़े गए। तुम इतने गिर सकते हो मुझे मालूम न था। इसके बाद तुरंत वॉयस ओवर कहता है—ये बंदा कितना भी गिर जाए लेकिन इसके बाल हरगिज नहीं गिर सकते। यह लेटेस्ट आइटम है। आदमी का चरित्र गिर सकता है आदमी के बाल नहीं। अब जरा कुछ और बजती हुई कॉपियों का सार-संक्षेप भी सुन लें—एक औरत कहती है—अरे आज मैं गिर गयी। फिर मेरे ऊपर ये चीज गिर गयी। उसका नायक पूछता है—डार्लिंग तुम्हारे बाल तो ठीक हैं? वो बोलती है—हाँ एकदम ठीक हैं, उन्हें कुछ नहीं हो सकता...।

एक प्रेयसी—पत्नीनुमा औरत झगड़ती है अपने प्रेमी से कि तुम्हारे कंधे पर यह बाल किसका है? सीता, नीता, गीता का? किसका बताओ किसका? पति-प्रेमी कहता है, अरे उनका तो हो ही नहीं सकता क्योंकि वे सब ये शैंपू करती हैं। उनके बाल भला कैसे गिर सकते हैं? प्रेयसी डाँटती है—डोंट चेंज द टॉपिक...।

एक कॉपी में दोस्त कहते हैं कि तुम्हारे इस सूप में बाल है। तुम्हारी पत्नी का है? वह कहता है—नहीं उसका तो हो ही नहीं सकता क्योंकि वह तो वो शैंपू लगाती है जो बालों को सीमेंटित करता है। भला वह कैसे टूट सकता है। एक कॉपी कहती है—रंजीत चाहे कितना ही गिर जाए मगर उसके बाल नहीं गिर सकते।

एक और विज्ञापन कहता है कि वो औरत चरित्र से चाहे कितना भी गिर जाए उसके बाल नहीं गिर सकते। एक विज्ञान आता है—मेरा बॉय फ्रेंड सुबह कहता है, मैं तुम्हारी आँखों से प्यार करता हूँ। दोपहर में कहता है...शाम को कहता है, मैं तुम्हारी आत्मा से प्यार करता हूँ क्योंकि तुम्हारे बाल शाम तक ऐसे हो जाते हैं...यानी उन्हें बिखरने और रूखे न होने दो...उनको पक्का कर दो।

शैंपू ब्रांड प्रोमोटर इस चक्कर में है कि बहुत सारे शैंपू ब्रांडों की भीड़ के बीच अपने ब्रांड की 'पोजीशनिंग' कैसे करें? इसके लिए उसने एक विद्रूप भाव को बनाने वाली कॉपी बनवायी है। क्रमिक कॉपी बनवाई है। मगर इस चक्कर में ब्रांड मैनेजर भूल गए हैं कि 'बैड-आइडिया' कभी 'गुड आइडिया' नहीं हो सकता। चरित्र गिराकर, बाल न गिरने देकर आप जो मूल्य दे रहे हैं; उसे यहाँ का ग्राहक मजाक में भी पसंद नहीं करता। यह जनता की रुचि को जरूरत से ज्यादा चैलेंज करना है ताकि वह उसे याद रखे। लेकिन इससे उसकी मार्केटिंग नहीं होती।

ज़ाहिर है कि विज्ञापन उद्योग में अच्छे ब्रांड मैनेजर और कॉपी राइटरों का अकाल है यहाँ 'बिग आइडिया' देने की जगह 'बैड आइडिया' देते हैं। फिर जिद करके उसे डिफेंड करने में जुट जाते हैं।

यह प्रवृत्ति इन दिनों कई विज्ञापनों में देखी जा सकती है। सिर्फ एक्सेल का

विज्ञापन तो मानों हठ पकड़ गया है। इस कॉलम में कुछ पहले जब दाग अच्छे हैं पर टिप्पणी की गयी तो लगा कि उसका जवाब दिया जा रहा है। 'दाग अच्छे' बताने के मनोविज्ञान को ही बताया जाने लगा है। यह एफएम पर ज्यादा सुनायी पड़ता है। एक माता अपने बच्चे के गंदे होने को लेकर एक प्रिंसिपल से चिंता प्रकट करती है तो प्रिंसिपल कहती हैं कि बच्चा लोग खेलता-कूदता है, गंदगी लगाता है तो इस सबसे कुछ न कुछ सीखता है। इसलिए दाग अच्छे हैं।

प्रसंगवश कहें कि कुछ बड़े विद्वानों की एक रिपोर्ट पिछले ही दिनों आयी थी, जो कहती थी कि अगर बच्चे मिट्‌टी में खेलते-कूदते हैं तो उनमें रोगों से लड़ने की प्रतिरोधक क्षमता ज्यादा आती है। वहाँ रोग प्रतिरोधक क्षमता पर जोर था। उसके तत्काल बाद दाग को डिफेंड करने वाले विज्ञापन आने लगे। एफएम के उल्टा-पुल्टा नितिन ने इस पर चुटकी लेते हुए कहा—चाँद को भी मालूम पड़ गया है कि दाग अच्छे हैं।

27 नवंबर, 2005

पॉलिटिकली इनकरेक्ट के भय से

आखिरकार मंत्री महोदय को नसीहत देनी पड़ी। प्रसार भारती का दूरदर्शन इससे कम में मानता भी नहीं। जिस वक्त सारे चैनल अमिताभ बच्चन के बीमार होने की खबर को ब्रेक कर रहे थे, अमिताभ के 'फैनों' की शुभकामनाएँ प्रसारित कर रहे थे, उस वक्त दूरदर्शन कहीं और व्यस्त था। भारत का सबसे बड़ा प्रसारक भारत के सबसे बड़े स्टार की खबर से 'बेखबर' था। इस बात का नोटिस नए सूचना प्रसारण मंत्री को लेना पड़ा। खबर आयी कि मंत्री प्रियरंजन दास मुंशी ने इस बात पर आपत्ति की कि अमिताभ बच्चन की खबर डीडी पर वक्त से क्यों नहीं आयी? यह भी कहा कि डीडी भले इस खबर को भावुकता से न दे मगर खबर बड़ी है उसे वक्त से दिया जाना था इस पर कार्रवाई की रिपोर्ट भी मंत्री ने माँगी।

अब डीडी की ओर से खबर आयी है कि डीडी ने अमिताभ की खबर तिरसठ बार दी है। वह किसी से कम नहीं है बल्कि अमिताभ की खबर के मामले में आगे-आगे है। इस खबर में इस बात का स्पष्टीकरण नहीं दिया गया है कि शुरू में खबर क्यों नहीं दी गयी? प्रसार भारती कागज पर तो स्वायत्त संस्था ही है लेकिन उसमें 'स्वायत्तता' की संस्कृति डेढ़ दशक बाद भी नहीं बनी है। बहुत से मामलों में डीडी आदि सरकार का रुख देख कर आचरण करते हैं। इस तरह प्रसार भारती की भीतरी स्वायत्तता इतनी भर है कि वह सत्ता के संदर्भ में, किसी कीमत पर 'आउट ऑफ कंट्रोल' नहीं होना चाहिए। जरा सी बात इधर-उधर हुई कि हाजिरी लगी। सिर लुढ़के। नौकरशाही हमेशा सत्ता की कृपा को देख हरकत में आती है। प्रसार भारती जैसे, देश के सबसे बड़े, प्रसारण संस्थान की यह नियति दयनीय है। अमिताभ के फौरी खबर न बन पाने का कारण यह नहीं रहा होगा कि डीडी वालों को इस बात की खबर न रही होगी बल्कि कारण यह 'संशय' रहा होगा कि अमिताभ की खबर बड़ी करने के चक्कर में कहीं कोई उससे 'पॉलिटिकली इनकरेक्ट' खेल न हो जाए? केंद्रीय सत्ता के साथ अमिताभ की 'कल्पित अप्रियता' की चिंता ज्यादा की गयी। बाद में उसको 'प्रबंधित' किया गया।

अमिताभ के साथ सूचना-प्रसारण मंत्रालय के संबंधों की यह दुर्घटना तो चर्चा

का विषय बनी ही है, गोवा के फिल्म फेस्टिवल का संदर्भ भी चर्चा का विषय बना है। मंत्रालय देश के सबसे बड़े सितारे, सबसे बड़े, 'आइकन' के संग कैसा सलूक करने का आदी हो चला है, यह गोवा फेस्टिवल के उद्घाटन के अवसर पर अमिताभ को 'बुला कर भी न बुलाने' की नीति में नजर आया। यह बात स्वयं अमिताभ ने अपनी परिचित विनम्रता के साथ ही कही कि उन्हें निमंत्रण पत्र तो मिला था लेकिन बाद में उसे निरस्त कर दिया गया। वे क्या करते? जवाब तो सूचना प्रसारण मंत्री (पूर्व) को देना चाहिए था नहीं दिया गया।

इस क्रम में जब डीडी ने खबर से बेखबर दिखने की कोशिश की तो स्वयं नए मंत्री ने ही डीडी की खबर ली। प्रसार भारती देश का सबसे बड़ा प्रसारण संस्थान है जिसके पास संसाधनों की कमी नहीं, जिसके पास लोगों की कमी नहीं। समझ की भी कमी नहीं। मगर 'दृष्टि' की कमी जरूर लगती है।

अमिताभ को लेकर यह उपेक्षापूर्ण रवैया 'आइकन' के साथ असंगत व्यवहार का एक पहलू है तो दूसरा पहलू इससे ज्यादा बचकाना और चिंताजनक है जिसका उदाहरण एक निजी चैनल ने पेश किया। अमिताभ के आईसीयू कक्ष में 'खोजी खबरबाजी' करने के लिए, उक्त चैनल की एक रिपोर्टर चुपके से घुस गयी। यह न केवल गैरकानूनी हरकत थी बल्कि अस्पताल की संहिता के विपरीत भी थी। यह खबरनवीसी कम टुच्ची जासूसी ज्यादा थी। इससे देश के एक 'नागरिक' की 'निजता के अधिकार' का सीधा हनन होता था। इस हरकत पर सांसद अमर सिंह ने उक्त चैनल का नाम लेकर आपत्ति दर्ज की। यह जरूरी थी। 'खोज खबरबाजी' के बाल सुलभ उत्साह में इन दिनों चैनल खबरनवीसी की कोई हद नहीं रहने देते। ऐसे पत्रकार कम, किसी के 'एक्टिविस्ट' या उकसावे पर, प्रेरणा पर काम करने वाले होते हैं।

अमिताभ के व्यक्तित्व ने, उसकी जबर्दस्त उपस्थिति ने प्रसार भारती को जहाँ 'पॉलिटिकली करेक्ट' बने रहने के लिए खबर को मारना पड़ा वहीं 'बाजार करेक्ट' रहने के लिए निजी चैनल को अपने 'प्रसारण पैर' पर कुल्हाड़ी मारनी पड़ी। जिस चैनल ने खबर के नाम पर जासूसी कला का परिचय दिया उसकी निंदा कीजिए या स्तुति कीजिए। असल समस्या यह है इन दिनों निजी चैनल नागरिक जीवन में प्रत्येक नागरिक की निजता के क्षेत्रों में जबर्दस्ती बिना बताए घुसने की कोशिश करते हैं। वे इसे ही खोजी पत्रकारिता का नाम देने लगे हैं जबकि है यह 'ताकाझाँकी' पत्रकारिता। देश में मीडिया का विस्फोट हो रहा है। खबरों का बाजार उठान पर है। सनसनी बिकती है। ऐसे में स्पर्धा के कारण मीडिया कर्म पर खबर संग्रह, उसके निर्माण और प्रस्तुति पर, खबर के पूरे स्वरूप और संचार पर असर पड़ता है, दबाव पड़ता है। इतने बड़े मीडिया मार्केट के आचरण को नियंत्रित करने के लिए कोई ऐसा कानून तक नहीं है जो नागरिक की 'निजता' के क्षेत्र की हिफाजत करने की व्यवस्था करता हो। ऐसा कानून होना चाहिए।

11 दिसंबर, 2005

आतंक, प्रोफाइल और भयदोहन

भवानी प्रसाद मिश्र की कविता है :

तुम डरो नहीं; वैसे डर कहाँ नहीं है।
पर खास बात कुछ डर की यहाँ नहीं है...

कवि यह कह सकता था क्योंकि कविता में डर का निर्माण सीमित ही हो सकता है और रस सिद्धांत के अनुसार 'आनंदमय' हो सकता है।

लेकिन मीडिया में 'डर' का निर्माण ज्यादा प्रभावशाली और मारक हो सकता है। पिछले दिनों से अपना मीडिया यही कर रहा है। यह 'भयानक रस' का निर्माण नहीं है, मीडिया का स्वयं 'भयानक' हो उठना है; 'भयानकता' को वह 'निर्देशित' करता है, 'भयानकता' प्रायः सोद्देश्य होती है (जैसे टीआरपी को बढ़ाने का उद्देश्य) इस प्रसंग में पिछले दिनों के आतंकवादी हमलों और हमलों से ज्यादा उनकी खबरों के निर्माण की समीक्षा की जानी चाहिए। जानना चाहिए कि मुंबई ब्लास्ट के तथा उसके दो तीन दिन बाद के फोलो अप को घटना की 'खोजबीन' की तरह बनाया गया या घटना के प्रभावों को तटस्थ होकर बनाया गया या कि मीडिया स्वयं भावना में, भय की भावना के बिजनेस में बह गया? कुछ दिन बाद जब लंदन में हवाई जहाजों को उड़ाने की योजना बनाने वाले धरे गए तो भारतीय मीडिया ने दिल्ली-मुंबई, 'एयरपोर्ट्स पर खतरों की आशंकाओं' को बढ़ाचढ़ा कर पेश किया या यथार्थ ढंग से, कायदे से पेश किया? और बिल्कुल ताजा घटना के रूप में एम्सटर्डम से मुंबई के लिए उड़ान में बारह ऐसे भारतीयों को 'शुबहे' के आधार पर धर लिया गया जो मूलतः 'ट्रेड' करने गए थे। भारतीय मीडिया ने इस प्रसंग में भी पश्चिमी मीडिया से थोड़ा आगे का हाथ मारा। 'हवा में आतंक', 'टेरर इन एयर' कहा।

और यह सब अमूर्त नहीं था। 'वे सब 'मुसलमान' हैं'। वे 'मुसलमान' थे। कोई शक नहीं : लेकिन, 'मुसलमानों' को जब व्याख्याकार इस्लामी आतंकवाद का पर्याय सा बना डालते हैं तो निर्मित 'डर' कुछ अधिक उग्र बन उठता है। गैर-मुसलमानों

को, मुसलमानों की पूरी कौम एक खास भूमिका में नजर आने दी जाती है। यथार्थ मगर ऐसा नहीं है।

मीडिया खबर को 'सटीक' करने की जगह फैलाकर, बड़े 'एक्सप्रेशनिस्ट' ढंग से देता है। वह शीर्षकों से तीखी की जाती है।

इस तरह 'डर' 'घृणा' तक की यात्रा कर लेता है। धार्मिक विद्वेष धीरे-धीरे सुलगने लगता है और हर ऐसी घटना गैर-मुसलमानों को डराती हुई तुरत मुसलमानों को डराती रहती है। बेकसूर आम मुसलमान ज्यादा परेशान अकेला महसूस करते हैं। इस तरह आतंकवाद का मीडिया-निर्माण आतंकवाद की साक्षात घटनाओं से कहीं ज्यादा भाव-उद्वेलनकारी होता है, नसो पर बोलने लगता है। 'वहशत' की स्थिति बढ़ती है। आतंकवादी तत्त्व ठीक यह चाहते होते हैं। यह हर बार का अनुभव है। हर घटना, उससे अधिक मीडिया द्वारा उसका निर्माण जीवन के उदार तत्त्व को कम करती जाती है। घटना को दिखाना 'भयादोहन' बन जाता है। 'भयादोहन' 'घृणा', 'विद्वेष' की अंध भावनाएँ बढ़ाता है। इससे आगे 'अविश्वास', 'शक', 'संदेह' का भाव जुड़ जाता है। हर आदमी आतंकवाद का लक्ष्य है, ऐसा सोच अकेला होता जाता है। संदेह दर्शन व्यवहार को बदलकर 'पैरानौमड' बनाता है। भ्रांति पैदा करता है। भय-भ्रांति पैदा करता है। विवेक नष्ट होता है। अंधता का आरंभ होता है।

अरसे से मीडिया द्वारा आतंकवादी घटनाओं के नाना निर्माण दर्शक अथवा पाठक के भावक्षेत्र को उद्वेलित, उत्तेजित कर और अंधा बनाते आए हैं। यह जाहिर है 'जाने' नहीं हुआ। अनजाने हुआ है। 'जाने' सिर्फ इतना हुआ है कि आतंकवाद से निपटने का जो तरीका अमरीका इंगलैंड अपनाते हैं, जो मुहावरे अपनाते हैं, वही मुहावरे हमारे मार्ग निर्देशक बन उठते हैं। वे जितना बताते हैं उससे कहीं ज्यादा हमारे यहाँ चीख पुकार होती है। इन दिनों पश्चिमी दुनिया ने यात्रियों की 'प्रोफाइलिंग' केस रीडिंग की नीति अपनाई है। इसमें आतंकवादी की 'प्रोफाइल' बनाई जाती है। पिछले पंद्रह दिनों में दैनिक रूप से प्रोफाइल चर्चा मीडिया में जारी है। अंतर्राष्ट्रीय खबरों में एकाध फीचर, एकाध टिप्पणी इस पर अवश्य होती है।

एक दिन एक अंग्रेजी अखबार ने आतंकवादी के 'व्यवहार' उसकी 'बॉडी लैंग्वेज' को बताया। यह इसरायल की खुफिया एजेंसी की मारफत छपा था। एक चेहरे के छह या आठ फेस प्रोफाइल थे। हरेक के नीचे कुछ इस तरह लिखा था। अगर वह क्रोधित है तो नाक थोड़ी फूली होगी। अगर वह कुछ छिपा रहा है तो आँखें अधिक सजग होंगी। इत्यादि इत्यादि। इसके बाद से 'प्रोफाइलिंग' की फसल तैयार होने लगी। 'फेस रीडिंग' होने लगी। लोग धरे जाने लगे। इस सब में 'शक्की निगाह' प्राथमिक बना दी गई। किसी पर भी शक हो सकता है। उसे तुरत पकड़ो। पुलिस के हवाले करो। पश्चिम में दो यात्रियों को सिर्फ इसलिए धर लिया गया कि उनका व्यवहार

'असामान्य' था। सामान्य यानी जो उस समाज का वर्चस्वकारी व्यवहार हो। मीडिया ने इसे अनालोचनात्मक ढंग से दिया।

पंजाब में आतंकवाद के दिनों में दिल्ली की बसों में लिखा रहता था : सीट के नीचे बम हो सकता है। लावारिस वस्तु हो सकती है। उसे न छुएँ 'तुरत शोर मचाएँ। इनाम पाएँ। यही भाव मीडिया का रहा है। शक की वजह से पुलिस अब भी 'चोरी की योजना बनाते' लोगों को धर लेती है। अब वह 'आतंकवाद की योजना बनाते' लोगों को धर सकती है। यह उसी भय या डर की परिणति है जो दिन-रात मीडिया ने, मीडिया में उगते विचारों ने बनाया है।

अध्ययन बताते हैं कि आतंकवाद एक राजनीतिक सांस्कृतिक क्रिया के रूप में ग्लोबलाइजेशन ग्लोबल मीडिया का हिस्सा, एक जुज है। पूरक है। उसकी प्रतिक्रिया है। वह 'प्रभाव' सापेक्ष है। मीडिया के बिना उसका अस्तित्व नहीं है। इसका अर्थ है कि मीडिया द्वारा आतंकवाद का जो ट्रीटमेंट किया जाता है, वह जाने अनजाने, दूर तक, आतंकवाद की सेवा करता है। यही आतंकवाद के 'भयमूलक' चिन्हों और मीडिया द्वारा बना लिए गए प्रभावमूलक-'भयमूलक' औजारों का मेल होता है। मीडिया अनजाने आतंक को बढ़ाता है। वह आदमी को सक्षम नहीं करता निहत्था करता है। सक्षम बनाने के लिए मीडिया की सबल भाषा को भावातिरेकवादी न बनाकर ठोस ससंदर्भ और सटीक बनाना होता है। लेकिन हमारा मीडिया तो मामूली सी खबर को भी 'दर्शक दोहन' का तरीका बनाकर पेश करता है। दर्शक का दोहन भावतिरेको से ही होता है। सैक्स, हिंसा, भय ऐसे ही अतिरेक हैं।

और मीडिया को फुरसत नहीं कि सोचे वह कहाँ फँस गया है?

27 अगस्त, 2006

आत्महत्या : एक टी.आर.पी.

सारे अखबारों ने एक खबर लगभग एक जैसी छापी है। खबर गया के मनोज मिश्र के 'आत्मदाह' की है। खबर में दो बातें प्रमुखता से उभरीं। पहली यह कि मनोज को आत्मदाह की 'प्रेरणा' देने में किसी मीडिया चैनल का हाथ था। एक खबर यहाँ तक बताती है कि एक चैनल के मीडिया कर्मी ने मनोज की तौलिया को डीजल से भिगोने में मदद की। दूसरी खबर यह है कि पुलिस ने किसी 'अनाम', 'अज्ञात मीडियाकर्मी' के खिलाफ केस दर्ज किया है।

पहली खबर तो चौंकाती ही है दूसरी खबर पहली से ज्यादा चौंकाने वाली है। दोनों 'बाहरों' को जब हम मिलाकर पढ़ते हैं तो लगता है हमारा मीडिया और उसके कर्मी अपने कर्म से कुछ ज्यादा करने पर तुल जाते हैं। मर्यादा तोड़ देते हैं। गड़बड़ हो जाती है। यह गड़बड़ पिछले दिनों से बढ़त पर है। यह क्यों है? कारण क्या हैं? क्या उपचार हैं? ये सवाले उठते हैं। प्रस्तुत प्रसंग में ये सवाल मीडिया के हर संस्थान में उठ रहे होने चाहिए।

जब 'आत्मदाह' की खबर ब्रेकिंग न्यूज की तरह 'फोड़ी' जा रही थी तभी एक चैनल ने इस खबर को बनाने में निहित गैर-जिम्मेदारी की ओर यह कहकर इशारा किया कि मीडिया ने आत्महत्या कराई है। मीडिया के कुछ हिस्सों में ऐसे तत्त्व आ गए हैं जो कुछ भी कर सकते हैं। टी.आर.पी. की खातिर वे कुछ भी दिखा सकते हैं। यह पेशे के साथ 'बेईमानी है।

चूँकि लगभग सभी चैनल ऐसी खबरों को अपने अपने ढंग से 'एक्सक्लूसिव बनाकर देने का चलन बनाए हैं। इसलिए यह पता करना मुश्किल हो जाता है कि किसे इसे कांड की खबर पहले लगी। बस यहीं से उस 'मीडिया कर्मी' के 'अज्ञात मीडिया कर्मी' बनने की प्रक्रिया शुरू होती है! घटना का यह हिस्सा और भी तकलीफ देह है। जरा देखें एक चैनल ने बाजाप्ता मनोज को तौलिया में आग लगाते दिखाया। हम कह सकते हैं कि वह चैनल यदि प्रेरक नहीं रहा तो 'दर्शाने वाला' तो रहा। आत्महत्या को होते दिखाना, उसे होने देने बराबर का अपराध कहला सकता हैं।

चूँकि मामला सरे आम कैमरे में लाइव शूट किया जा रहा है दिखाया जा रहा है इसलिए यह भी साफ है कि इस आइटम के प्रसारण के सभी कर्मियों को मालूम है कि वे क्या दिखाने जा रहे हैं? क्या दिखा रहे हैं? सबसे ज्यादा तो 'आन द स्पॉट' शूट करने वाले कैमरा मैन को मालूम है, उसके संग के रिपोर्टर को मालूम है कि घटना क्या, किस तरह घटित हो रही है। हुई है।

ऐसे में मीडिया अनाम रहे, मीडिया कर्मी अज्ञात रहे यह कैसे संभव है? क्या पुलिस ऐसा यों ही मान रही है? या कि वह मीडिया से डरती है? मनोज मिश्र और सुधाडेयरी का आपसी विवाद जो हो, उसका सरेआम आग लगाना, उसे लाइव दिखाते जाना आत्महत्या को न रोकने जितना एक अपराध बनता है। मनोज का बेटा भी मीडिया वालों को आरोपित करता है कि वो चाहते तो बचा संकते थे। मगर वे तस्वीर खींचने में लगे रहे।

कहने की जरूरत नहीं कि इस घटना ने मीडिया के एक हिस्से की भूमिका को विवादास्पद और संदिग्ध बना डाला है। कारण साफ हैं। मीडिसा संस्थान खबर के धंधे को मारकेट करने के लिए गली, नुक्कड़ के 'मजमे बाज' बन चले हैं। वे डुगडुगी बजाकर हरक्षण ऐलान सा करते रहते हैं "ऐ जाने वालो किधर ध्यान है? असली घी की मिठाई की यही दुकान है!" ग्राहक बहुत सी दुकानों को देखता परखता निकलता जा रहा है तो अचानक उसे रोक कोई कहता है। "अच्छा माल है! लेना है? एकदम ताजा। आओ।" ग्राहक को असमंजस में देख उसे फोटो दिखाता है और ले जाता है। जिस तरह दलाल काम करते हैं कुछ-कुछ उसी तरह काम किया जाता है। यह सिर्फ इसलिए कि हर वक्त खबर 'टूटती' रहे, ब्रेक होती रहे। हर क्षण स्टोरी एक्सक्लूसिव हो। इस तरह हम इन दिनों हर चैनल पर खबर को टूटते, सिर घुनते, जलते, कराहते देखते हैं। कहीं यह मान लिया गया है कि इसी तरह से अपने खबर-दर्शकों को लुभाए रखा जा सकता है!

इस समूची प्रक्रिया में खबर निर्माण से लेकर उसकी प्रस्तुति तक की हानि हो रही है। खबर इतनी बार एक्सक्लूसिव, ताजा, अभी अभी, तत्ती तत्ती, गरम गरम होती है कि वह बासी सी लगती है। असाधारण खबर साधारण बन उठती है। साधारण खबर कोई होती ही नहीं। खबर की मात्रा कम होती जाती है। तमाशे की मात्रा ज्यादा। इसका अर्थ यही है कि चैनल, मीडिया कर्मी लोग टी.आर.पी. और अपनी मारकेटिंग के तरीके भी नहीं जानते।

इन दिनों मीडिया में 'डिजायनरयुग' है। खबर नई ही न हो, उसकी डिजायनिंग पैकेजिंग आकर्षक, नई और मौलिक हो! प्रिंट ने इसे अपनाया है। टीवी चैनल रिडिजायन नहीं कर पा रहे। बस 'एक्सक्लूसिव' का साधारण कर रहे हैं।

उक्त घटना के पहले भी कुछ मीडिया चैनल और उनके कर्मी एक और व्यक्ति को आत्मदाह करते लाइव दिखा चुके हैं। तब भी यह आरोप लगा था कि मीडिया

कर्मियों ने 'बाइट' मारने के चक्कर में उसे उकसा यहाँ तक कहा कि तुम आग लगाना, बीच में हम रुकवादेंगे, आग रुकी नहीं। बंदा जल गया! इस क्रम में गया के मनोज मिश्र का आत्मदाह दूसरी घटना है जिसका प्रेरक मीडिया को बताया जा रहा है। जाहिर है कि यह एक बड़ा अपराध है। आपराधिक कार्रवाई जरूरी है।

लेकिन कहानी की डबल त्रासदी यह है कि पुलिस तक के पास मीडिया 'अज्ञात' है! क्या सड़क पर ट्राइपॉड पर कैमरा लगाने वाला, या कंधे पर कैमरा साधकर लाइव शूट करने वाला अज्ञात कहा जा सकता है। जो सबने देखा क्या उसका 'होना' किसी 'अज्ञात' का होना है? समूची खबर का यह सर्वाधिक घपलेवाला बिंदु है।

चैनल वालों को मालूम होगा कि वे कहीं न कहीं किसी न किसी स्तर पर शरीक हैं। स्पर्धी चैनल वालों को मालूम है। तब भी सब 'अज्ञात' है। इसी 'अज्ञात वाद' के कारण मीडिया कर्मी ऐसे घटनाक्रमों को कहीं न कहीं प्रेरणा देने के बावजूद बच जाते हैं। इससे वे 'निश्िंचत' हो जाते हैं। उनके कर्म की न समीक्षा होती है न परीक्षा। यह आदमी की कीमत पर आदमी की खबर बेचना है। इसे, इस वृत्ति को रुकना चाहिए।

टी.आर.पी. बढ़ाने के अनंत बेहतर तरीके संभव हैं। समाज खबरों से खलबलाता रहता है। खबर देखने वाली नजर चाहिए। मौलिक खबरों की कमी नहीं। उनकी प्रस्तुति सँवारी जाए तो खबरों का बाजार एक नए स्तर पर पहुँचे। मगर नए खबर प्रयोग कोई नहीं करता। खबर बनाने के लिए अपेक्षित मेहनत कोई नहीं करता बस खबर की उँगली पकड़ी। शूट किया। दिखाया खेल खत्म! चूँकि हमारे चैनलों के पास कल्पनात्मकता, स्पर्धा के युग में नए रचनात्मक प्रयोगों के साहस का भाव नहीं रह गया है, इसीलिए नकारात्मक प्रयोग किए जा रहे हैं।

आप खबर देने वाले हैं। खबर लेने? वाले हैं। खबर दीजिए। खबर लीजिए। मगर किसी की जान तो न लीजिए!

20 अगस्त, 2006

दो हजार पाँच का मीडिया सीन

दो हजार पाँच के साल में मीडिया तेजी से बदला है। उसमें कुछ बड़े बदलाव नजर आते हैं। प्रिंट हो या टीवी या रेडियो, यह बदलाव सर्वत्र नजर आता है। बदलाव का एक बड़ा कारण मीडिया में प्रत्यक्ष विदेशी निवेश (एफ.डी.आई.) का आना है। अभी तीन-चार मीडिया समूहों ने ही संकेत दिए हैं और एकाध जगह कुछ हरकत नजर आयी है। एफ.डी.आई. आया है। उसका असर तुरत यह हुआ है कि बड़े पैमाने पर पत्रकारों की खरीद फरोख्त आरंभ हुई है। एक बड़े अंग्रेजी चैनल का एक बड़ा पत्रकार नए एफ.डी.आई. चैनल को आरंभ करने के लिए अपने पुराने प्रिय चैनल को छोड़कर चला गया। अब सबको उसके नये चैनल ग्लोबल न्यूज का इंतजार है। एक अंतर्राष्ट्रीय अखबार अपने देसी रिप्रिंट के साथ भारत में इस बरस खास चर्चा का विषय बना रहा। एक अंग्रेजी ग्लोबल अखबार सस्ते दामों में उपलब्ध होने लगा। यह बरस मीडिया के भूमंडलीकरण के एक नए चरण को संभव करने वाला रहा।

इसी वर्ष सूचना अधिकार विधेयक का नया संस्करण पास हुआ। अब फाइलों पर अधिकारियों की टिप्पणियों की कॉपी भी मिल सकेगी। यह एक क्रांतिकारी कदम रहा। सूचना सक्षम समाज बनने में इससे मदद मिलेगी। इसी साल हिंदी अखबारों ने बाजी मारी। अंग्रेजी अखबार फिर पीछे नजर आए। पाठक सर्वेक्षणों ने बराबर बताया कि सबसे ज्यादा पढ़े जाने वाले दस अखबारों में पहले पाँच अखबार हिंदी के रहे। एक-एक अखबार की पाठक संख्या करोड़ से ऊपर तक कूती जाने लगी। इससे मालूम होता है कि इस साल खबर जनता के बीच एक बड़ी जरूरत बनी। हिंदी चैनलों ने सबसे ज्यादा दर्शक बनाए। चैनलों में होड़ रही। 'पोल-खोल' छाप खुफिया कैमरों के जरिए असली तस्वीरें दिखाने, बड़े नेताओं को रंगे हाथों दिखाने का चलन बढ़ा।

इससे दो बातें हुईं। गलत काम करने वालों के बीच कैमरे का डर बढ़ा। कैमरा कहीं भी पहुँच सकता है और वह जनता को असलियत बता सकता है। छवि बिगाड़ सकता है। यह भाव फैला। आम जनता ने इसमें अपनी भूमिका को बढ़ाया। स्वयं

जनता ही समाचारदाता और पाता बनने लगी। जनता बहुत ज्यादा सामने आने लगी। उसकी जिंदगी की मैली-कुचैली, दीन-दुःखी तस्वीरें जगह पाने लगीं। मीडिया ने उसकी आवाज को जगह दी। मीडिया ने जनता के अभिभावक की भूमिका भी निभानी आरंभ की। ऐसे अनेक न्यूज आइटम, ऐसे अनेक कार्यक्रम बढ़े जो जनता की समस्या की सुनवाई करते और उसके लिए जिम्मेदार लोगों की ओर इशारा करते।

इसी साल मीडिया ने अपराध और सनसनी को समाचार में बदल डाला। समाचार प्रस्तुति की भाषा में पोल-खोल छाप थोड़ी परपीड़क मानसिकता बढ़ी और जनता के लिए एजेंडा सेटिंग की प्रवृत्ति बढ़ी। मीडिया अपनी खबर के असर के प्रति भी थोड़ा सचेत हुआ। वह खबर दे कर उसके असर को भी दिखाने लगा। इस तरह मीडिया प्रायः अंतःक्रियात्मक हो उठा। जनता अपने दिल की बात बोलने लगी। दिल्ली में बिजली बिल की बात हो या गुड़गाँव के मजदूरों पर लाठीचार्ज की बात हो, मीडिया ने इन्हें बराबर दिखाकर जन हितकारी भूमिका निभायी। यह एक नए प्रकार की खबरनवीसी रही जो जन हित को सर्वोपरि समझने वाली थी। इसी साल एसएमएस पत्रकारिता ने जोर पकड़ा। हर चैनल जनता को एसएमएस करने को प्रेरित करने लगा और तुरंत एसएमएस वोट कराने लगा। यह भी अति की तरह हुआ। कहीं-कहीं तो खबर को पहेली की तरह बना कर इनाम देने की बात भी की जाने लगी।

दो हजार पाँच में एक बार फिर 'कौन बनेगा करोड़पति-द्वितीय' आरंभ हुआ और उसने फिर अपने को सुपर हिट साबित किया। अमिताभ का जलवा बरकरार रहा। अमिताभ की बीमारी की खबर मीडिया की एक बड़ी घटना बनी। आइकनों के महत्त्व को मीडिया ने उचित ही समझा। रेडियो में एफएम चैनलों में मिरची आगे रही। मिरची ने अपने को सामाजिकता से भी जोड़ने की कोशिश की। सिटी नंबर दो रहा। इसी साल कई नगरों में और भी एफएम चैनल खोलने की बात हुई। इस साल आशा भोंसले के लिए उनके नए अंदाज के लिए जाना जाएगा। यह साल बंटी और बबली के लिए भी जाना जाएगा और भोजपुरिया फिल्मों के बढ़ते बाजार के लिए भी।

इस साल खबर जितनी ग्लोबल हुई, उतनी ही वह लोकल होने की ओर बढ़ी। बड़े चैनलों के मुकाबले कई लोकल चैनल मैदान में आए और देखते-देखते एनसीआर चैनल हिट हो गए। कैमरे बड़ी राजनीतिक खबरों में नेताओं के पीछे न लग कर अब नगरों-गाँवों की गलियों-मुहल्लों के भीतर आने-जाने लगे। आम जनता की बहुत सी बातें सीधे खबर बनने लगीं। जनता ने चैनलों को अपना भरोसेमंद साथी माना। अपना हितू माना। जनता मीडिया की खबर का स्रोत बन उठी। स्वयंसेवी संवाददाता भी बन उठी। मीडिया के लिए वह खबर बनाने देने का काम करने लगी। जनता के साथ मीडिया का यह नया संबंध बना। यह एक नये किस्म की जिम्मेदारी रही जो चैनलों को मिली। जनता का सीधा संवाद चैनलों से हुआ। यह अंतःक्रियात्मक

संचार का नया नमूना बना। जनता ही अब खबर बनने लगी। बड़े चैनलों के इस दबाव के आगे अपने को बदलना पड़ा।

इस साल ग्लोब पत्रकारिता की महिमा बढ़ी। एसएमएस पत्रकारिता बढ़ी। साथ ही इंटरनेट पत्रकारिता भी बढ़ी। बहुत से अखबार अपनी सामग्री इंटरनेट से सीधे लेने लगे। प्रिंट की कॉपी इंटरनेट की सामग्री से बनने लगी। अच्छी स्मार्ट कॉपी का युग आरंभ हुआ। प्रिंट में डिजाइन का महत्त्व इस साल बढ़ा। हिंदी में पहली बार नजर आया। इससे पहले अंग्रेजी वाले अखबार अपने को डिजाइन कराते रहे। हिंदी के एक अखबार ने अपने को नयी डिजाइन कराया। यह हिंदी के समाचार उद्योग के ग्लोबल होने का संकेत है। इस साल पत्रिकाएँ लौटीं। हिंदी के एक बड़े प्रकाशन समूह की हिंदी पत्रिका ने देखते-देखते बाजार पकड़ा। हल्की मनोरंजक सूचना से भरपूर और फीलगुड वाली सामग्री हाथों हाथ ली गयी। आने वाले दिन हिंदी पत्रिकाओं के दिन होंगे। साप्ताहिक और पाक्षिकों के दिन होंगे।

18 दिसंबर, 2005

करोड़ो के काले सच

मीडिया का सच मासूम सच नहीं होता। न वह समग्र सच होता है। मीडिया की प्रकृति में निहित 'बहुवचनता' (प्लूरलिटी) ही सिद्ध करती है कि मीडिया युग में एक सत्य एकमात्र सत्य नहीं हो सकता। सबके अपने-अपने सच हो सकते हैं। ये बातें मीडिया की 'हाई थियरीज' में, सिद्धांतिकियों में आती रही है। 'मोड ऑफ इनफारमेशन' नामक पुस्तक में मार्क पोस्टर ने बताया है कि सूचना का 'मोड' (प्रणाली) सूचना के स्वरूप को निर्मित करता है और उसके जटिल सच को समझने के लिए कई तरह की जटिल अर्थ-प्रणालियाँ हैं। उनमें भाषा के, छवियों के, आवाजों के अनंत चिह्नों की सक्रियता को समझने वाली कई प्रणालियाँ आती हैं।

यदि समाज सूचना की जटिल प्रक्रिया के प्रति जागरूक नहीं है तो 'सूचना' ही ऐसे समाज की सबसे बड़ी त्रासदी हो सकती है क्योंकि सूचना सिर्फ इकहरी नहीं होती जबकि आम आदमी उसे इकहरे सत्य की तरह, परम सत्य की तरह ले सकता है और उन्मादित हो सकता है। इस नजर से पिछले दिनों दो घटनाओं के मीडिया कवरेज को पढ़ा जाना चाहिए।

इनमें से एक तो ऑपरेशन दुर्योधन और चक्रव्यूह मार्का कवरेज हैं, दूसरा 'ऑपरेशन मजनूँ' है जो मेरठ में नैतिक ठेकेदार बनी पुलिस ने चलाया। दोनों कवरेजों में एक बड़ा फर्क है। पहले कवरेज निहित कैमरों से किए गए हैं जिन्हें योजनाबद्ध ढंग से संपादित करके दिखाया गया। वे करोड़ों रुपयों के आदान-प्रदान से संभव हुए। जिन-जिन चैनलों ने उन्हें बनवाया उन्होंने करोड़ों खर्च किए। पहली बार जब उनका आघात हुआ तब सब चकित हुए। संसद के कई सदस्यों के लिए संसद वर्जित हुई। कमेटी बैठी और बर्खास्तगी की बात की गयी। यह चैनलों द्वारा बनाया गया वह पाठ था जो सीधे बना। जो प्रथम दृष्ट्या बना। चक्रव्यूह तक आते-आते दो खबरें और जुड़ीं। चक्रव्यूह के दो सांसदों ने कहा कि वे उन लोगों को नहीं जानते जिन्हें उनके नाम के साथ जोड़ा गया और न उनकी तस्वीरें ही पूरी दृष्टियों में हैं। एक सांसद तो तिलकनगर थाने चले गए कि मुझे फ्रेम किया गया है। एक जाल में फँस गया हूँ।

एक अखबार ने तो स्टिंग ऑपरेशनों की नीयत पर भी संदेह किया है। आरोप लगाया है कि वे टी.आर.पी. बढ़ाने की गरज से किए गए। वे सत्य की विकल खोज का परिणाम कम हैं। जो चैनल एक-एक ऑपरेशन के एक-एक करोड़ ऑपरेशन करने वालों को दे रहे हों उनके सत्य की खोज उनके पैसे से और उनकी टी.आर. पी. से जुड़ी है यानी यह सच बड़ी पूँजी से संचालित सच है। मासूम, अपने आप सहज बना सच नहीं है। चूँकि ये भी 'बनाया गया सच' है इसलिए हर तरह से विवादास्पद है। मीडिया थियरीज स्टडीज का मामूली विद्यार्थी भी यह बता सकता है।

यही नहीं एक अखबार ने तो एक मार्के की बात यह निकाली कि ज्यादातर स्टिंगित सांसद आदिवासी या निचली जातियों के हैं। ये चयन क्या यों ही है या इसके पीछे कोई योजना है? ये सवाल पूछे जा रहे हैं। सांसदों के बीच एक बेचैनी है। सारे दलों के सारे सांसद न तो बेईमान हैं, न हो सकते हैं, जो बेईमानियाँ समाज में हैं, उनसे तो चैनल वाले महानुभाव भी मुक्त नहीं होंगे। वे भी दूध के धुले नहीं माने जा सकते। इस तरह से सारे केस को सत्य का, परम सत्य का निर्माण नहीं कहा जा सकता। चैनलों का भी अपना धंधा है। ये धंधा ही सब करा रहा है। जिन्हें दिखाया गया, जनतंत्र उन्हें अपना पक्ष रखने का हक देता है आप 'प्री जज' नहीं कर सकते। लेकिन प्रस्तुतियों में संदेह का लाभ जरा सा भी नहीं दिया गया। जबकि मीडिया इसी लाभ को सीखा करता है, इस तरह अपना जनतंत्र संभव करता है। स्वयं ये चैनल जिस जनतंत्र को बनाते हैं वे उसे ही खत्म करने पर तुले हैं। यह मीडिया कर्म के विपरीत जाना है।

लगता है कि मीडिया ने अपना बाजार बढ़ाने के चक्कर में अपने कर्म की जटिलता, जोखिम और चुनौती को बिसरा दिया है। ईमानदारी की सतही ठेकेदारी की खातिर वह जनता को ईमानदारी की तस्वीर देकर यकीन दिलाता है कि देखो इस समाज का सच देखो लेकिन वह यहीं तक सीमित नहीं रहता बल्कि इस तरह दर्शक बनाकर उस जनता को चुपके से कारपोरेट के विज्ञापकों के हाथों बेच देता है और अपनी कमाई करता है। इस तरह उसकी महान सूचना का निर्माण एक टुच्चा बिजनेस भर है। इस बात को हरगिज नहीं भूलना चाहिए। इसी में 'महान सच' के हेतु और प्रयोजन छिपे हैं यानी कि मीडिया का बनाया यह सच इनासेंट या मासूम और इस तरह सर्वस्वीकार्य नहीं हो सकता। वह विवाद-योग्य होकर और जटिल प्रक्रिया से गुजरने के बाद ही सिद्ध कर सकता है कि सच कितना है।

अब जरा मीडिया के दूसरे पाठ की उस घटना की ओर आएँ जो मेरठ के महान पुलिस अधिकारियों ने बनायी। मीडिया को अवसर दिया कि उसे सबको दिखाए। ये आइटम 'ऑपरेशन मजनूँ' हुआ। पार्क में बैठे लड़के-लड़कियों को पुलिस ने थप्पड़ पर थप्पड़ लगाए। सबके सामने लगाए। एक महिला पुलिस अफसर तो एक लड़की के चेहरे को सबको दिखाने की जिद पर अड़ी थी। उसे देर तक पकड़े रही। वह

लड़की अपना चेहरा ढकने की कोशिश करती रही। रोती रही, हा-हा खाती रही मगर वह महिला पुलिस अफसर उसे परेशान करती रही। जब मामला संसद में गूँजा तो सुषमा स्वराज और वृंदा करात आदि ने आवाज उठाई तो उन पुलिसकर्मियों को निलंबन का सामना करना पड़ा। बात उल्टी पड़ी, थप्पड़ उल्टा। अपने गाल पर पड़ा जो थप्पड़ युवाओं को 'पब्लिक स्पेस' पर मारा गया। उसे स्वयं पुलिस को अपने गाल पर मारना पड़ा। युवा जोड़ों के मिलने का पुलिस जो सामंतीय अर्थ बनाना चाहती है, जानता और छात्रों के विरोध के स्वरों को और संसद में विरोध के बाद पुलिस को स्वयं दंड झेलना पड़ा।

यहाँ भी जिस तरह से प्रेम को पुलिस पढ़ना चाहती थी, बनाना-दिखाना चाहती थी, जब उसे उसने बनाया तो उसका असर उसके डंडे के कंट्रोल से बाहर निकल गया। पुलिस अगर जानती कि तस्वीर इकहरा सच नहीं बोलती बल्कि वह अर्थ के जनतंत्र में पहुँच, कुछ का कुछ अर्थ बन जाया करता है तो इस तरह की हरकत नहीं करती दिखती। पुलिस भला मीडिया की बारीकियाँ क्यों समझे?

पुलिस न जाने, यह बात समझ में आती है लेकिन देश के दो बड़े चैनलों के कर्ताधर्ता भी अपने मीडिया कर्म की बारीकियाँ न जानें यह देख डर लगता है। अपना मीडिया ऐसे लोगों के हाथों में है जो सत्य को अपना मनचाहा खिलौना बनाकर एक मात्र सत्य की तरह ठेलते हैं और जनता को 'एक मात्र सत्य' का पैकेट बेचकर, उसी जनता को उसे बिना बताए कारमोरेट को बेच देते हैं? किस हक से भई? क्या आपने कभी जनता को बताया कि आपने कितना धन इस सब पर लगाया? किस तरह से ये सब किया, कितना झूठ बोला और तब आपने एक सच बनाया जो सबका सच नहीं हो सकता और कल को आपके स्वामियों को कोई फ्रेम कर दे तो आप क्या कहना चाहेंगे? जरा अपने भीतर भी झाँक लें भाई साहब? क्या आप ही सत्य हरिश्चंद के अवतार हैं?

25 दिसंबर, 2005

तीसरे चरण की आहट

सन् दो हजार पाँच का असल हीरो, असल नायक तो मीडिया ही रहा। वही लोगों के बीच रहा, लोगों का एजेंडा बनाता रहा, जनमत बनाता रहा और मनोरंजन करता रहा। उसका ग्राफ कुछ अजीबोगरीब जरूर रहा। लोकल चैनलों ने आकर बताया कि सिर्फ बड़े शहर ही नहीं गाँव, गली-मुहल्ले में भी खबर की जगहें हैं। सिर्फ नेता दिखाकर आप काम नहीं चला सकते। समस्याओं में लिथड़े परेशान लोगों की कहानियाँ भी जरूरी हैं। एक अति बूढ़ी बेघर सताई हुई माँ की कहानी, एक खोए बालक की कहानी और बुलडोजरों की कहानी भी इस साल जगह पाने लगीं।

इस साल मीडिया अंतःक्रियात्मक हो उठा। दो हजार चार का साल लाइव प्रसारण के अति प्रयोगों और मीडिया के समाचारों की भाषा में थोड़े हास्य-व्यंग्य के उपयोग के प्रयोगों का साल रहा था तो विगत साल मीडिया ने हर गोपनीय इलाके को एक्सपोज करने का दावा पेश कर दिया। उसने मीडिया के अनेक करतबों के नमूने पेश किए। मल्टी मीडिया ने अपना संचार बनाया। गोपन सीडीजको, हिडन कैमरों के जरिए छोटे-बड़े लोगों के कारनामों को दिखाकर सबको बता दिया कि अब कोई चाहे तो भी मीडिया की मार से नहीं बच सकता। एमएमएस, एसएमएस, स्टिंगबाजी लगातार सक्रिय रही। एक-एक हिडन कैमरों की स्टिंग करोड़ों में खरीदी गयी। खबर देने के बाद तुरंत जनता के एसएमएस के जरिए वोट लेने को, तुरत जनमत बनाने की कला में बदला गया। स्टिंग से सत्ता प्रतिष्ठान की पोल खोली गयी। इसका असर संसदीय गरिमा तक पर पड़ा। सांसद निकाले गए। इस तरह यह साल मीडिया के गहरे और तात्कालिक असर को दिखाने वाला रहा। उसकी ताकत को बताने वाला रहा। चाहे शक्ति कपूर हो या फिर सांसदों पर किए स्टिंग हों, इन सबने एक ओर सबको बेध्य और आरक्षित बना डाला तो दूसरी ओर नागरिक की निजता और मीडिया की ताक-झाँक की सीमा को तय करने के सवाल भी उठा दिए। इस साल मीडिया ने जन-चौकीदारी भी की। जनहित में आने वाली खबरों को भी सक्रिय किया। गुड़गाँव के हीरो होंडा मोटरसाइकिल के मजदूरों के प्रदर्शन

पर पुलिस के बेरहम लाठीचार्ज को लाइव दिखा-दिखाकर, टीवी ने पहली बार जनता को बताया कि अगर मीडिया जनहित के सवालों को लाइव करने लगे तो प्रशासन तक को सक्रिय होना पड़ता है और कुछ न कुछ उपचार करना पड़ता है। बिजली मीटरों का मसला भी इसी तरह किया गया। इस तरह मीडिया ने अपने जरिए जनता को एंपावर फील कराने की प्रक्रिया का आरंभ किया। यह नया तत्त्व रहा।

मनोरंजन के क्षेत्र में 'क्योंकि सास भी कभी बहू थी' का खेल खत्म हुआ। अब नाच-गाने वाले टेलेंट-कंटेस्ट वाले इंडियन आइडल या फेम गुरुकुल, सुपर सिंगर या कि नच बलिए टाइप कार्यक्रमों ने जगह बनायी। कौन बनेगा करोड़पति-द्वितीय में अमिताभ बच्चन की उपस्थिति ने एक बार फिर जबर्दस्त कामयाबी हासिल की और बताया कि टीवी के सबसे बड़े कम्युनिकेटर अमिताभ ही हैं। हर पाँचवें विज्ञापन में महानायक का रहना भी बताता रहा कि सबसे बड़े ब्रांड प्रायोजक अमिताभ ही हैं। एफएम चैनलों ने कमाल किया। उनके बाईस-तेईस फीसदी विज्ञापन बढ़े। इसी साल तकरीबन एक सौ नगरों में तीन सौ से ज्यादा एफएम चैनलों के लाइसेंस की बात हुई। साल के आखिर में प्रधानमंत्री द्वारा मीडिया और मनोरंजन उद्योग के अध्ययन और दिशा में निर्देशन के लिए आयोग की घोषणा करके बताया कि अब मीडिया कोई इकहरी प्रक्रिया नहीं है। वह विराट जटिल उद्योग है, उद्योगों से मिला हुआ है और समग्र रूप में ही उसका आकलन किया जाना चाहिए। इसी साल मीडिया में एफडीआई निवेश की नीति भी पास की गयी। अखबारों में, टीवी में इसके आने के दरवाजे खुले। इससे मीडिया के विकास का तीसरा चरण शुरू होगा।

सूचना अधिकार कानून को नया संस्करण दिया गया। सूचना के अधिकार का जनजीवन पर बुनियादी असर पड़ेगा। वे एक पिछड़े समाज में कुछ ऐसे एजेंडे बनाएगी जो स्वच्छ प्रशासन और प्रक्रिया को पारदर्शी बनाए। इससे भी जनता एंपावर होगी। प्रिंट में नए बाजारों को बनाने की जबर्दस्त होड़ देखी गयी। पत्रिकाओं की वापसी की बात भी दिखी। पेज थ्री का क्रेज कम हुआ। मीडिया ने अपने को युवा वर्ग की आवाज बनाया। मेरठ के युवाओं पर पुलिस की ज्यादतियों को दिखाकर पुलिस के खिलाफ कार्रवाई करा दी। मामला संसद तक में आया। यह मीडिया का नया जन पक्षधर रूप था। पब्लिक स्पेसेज को नए सिरे से बनाने-बताने का काम किया। कई नए चैनल आए। सहारा का एनसीआर आया, जनमत आया, सीएनएन-ओबीएन, चैनल सेवन आया, एस वन और टोटल आया, ये मीडिया की नयी घटनाएँ रहीं।

कश्मीर में लाल चौक को कवर करने वाले टीवी पत्रकार घायल तक हुए। चैनलों में आपसी होड़ बढ़ी, दर्शकों को अपनाने के लिए। अपराध कथाओं को सनसनीखेज ढंग से बताने की प्रवृत्ति ने जोर पकड़ा। अपराध कथाएँ सामान्य सीरियलों से ज्यादा हिट होने लगीं। टीआरपी बढ़ाने वाली साबित हुईं। कुल मिलाकर यह साल

मीडिया के तेज विकास का साल रहा। पहले सबसे ज्यादा बिकने वाले दस अखबारों में से पाँच अखबार हिंदी के निकले। हिंदी भाषाई पत्रकारिता ने अन्य भाषाओं की पत्रकारिता को बहुत पीछे छोड़ा। अखबार गाँव-गाँव पहुँचने लगे। यह मिथ भी टूटा कि टीवी के विकास के बाद अखबार पढ़ने वाले कम हो गए हैं बल्कि अहसास हुआ कि पाठक लगातार बढ़ रहे हैं और युवा पाठक अब पुराने ढंग के फारमेट के अखबार नहीं चाहते। अखबारों का डिजाइनर युग शुरू हुआ। मीडिया मार्केट से और घनिष्ठ रूप से जुड़ा। यह रोती हुई बहस लगभग बेकार सी हो गयी कि मीडिया 'मिशन' है कि 'प्रोफेशन।' प्रोफेशलिज्म के सवाल उठने लगे। कुल मिलाकर यह साल मीडिया के नए संस्कार का साल रहा।

5 जनवरी, 2006

एफएम चैनलों का बाजार

एक बार फिर सरकार ने एफएम चैनलों के लिए लाइसेंस बेचे। इस बार उसकी आमदनी भी अच्छी हुई। अट्ठावन एफएम चैनलों के लिए उसे पाँच सौ अड़सठ करोड़ रुपए से ज्यादा मिले। एक चैनल पर लगभग दस करोड़ का औसत बैठता है। ये सारे चैनल महानगरों के लिए रहे। दिल्ली को कोई पंद्रह नए चैनल मिलेंगे और मुंबई को सात के करीब नए चैनल मिले। बेंगलूर को नौ और चेन्नई को सात मिले। सिर्फ दिल्ली के लिए सबसे ज्यादा बोली लगी। यह आसानी से सौ करोड़ के ऊपर चली गयी। मुंबई भी सौ करोड़ के ऊपर गयी। बेंगलूर भी गयी। चेन्नई कुल पैंतीस करोड़ की बोली में तय हो गयी। रेडियो मिड डे, एचटी म्यूजिक, रेडियो मिरची, रेडियो सिटी और रेडियो टुडे ने और एडलैब्स ने जम कर दाँव खेले। उनतीस कंपनियों में ये आगे रहीं। आने वाले दिनों में अन्य शहरों में भी एफएम लाइसेंस दिए जाने को है। वहाँ भी जमी-जमाई कंपनियाँ दाँव लगाएँगी।

कल तक ये कंपनियाँ अपनी आमदनी के लिए परेशान थीं। अक्सर वे एफएम में आने को घाटे का सौदा कहा करती थीं। लेकिन इस बार की बोली देखने से नहीं लगा कि यह सब घाटे का सौदा है बल्कि बढ़ी हुई बोली से लगता है कि यह तो फायदे का नया बाजार है। सरकार ने नई एफडीआई नीति के तहत बीस फीसदी निवेश की छूट दे रखी है। बढ़ी हुई बोली में इसकी झलक दिखती है। अब एफएम वालों को नित्य नवीन हर वक्त नए से नए गानों का, संगीत का आनंद उपलब्ध रहेगा।

एफएम चैनलों के छोटे इतिहास में एक बड़ा मसला फिल्मी गानों को बजाने के कॉपीराइट को लेकर उभरा है। कई निजी चैनलों ने शिकायत की है कि उन्हें समाचारों के क्षेत्र में, समसामयिक वार्ताओं के क्षेत्र में भी कुछ करने दिया जाए। यह मामला अभी तक अटका पड़ा है। सरकारी चैनल तो संक्षिप्त समाचार देते हैं लेकिन निजी चैनल नहीं दे पाते हैं। उन्हें अधिकार नहीं है। यह मामला नए लाइसेंसों तक क्लीयर हो जाता तो बुरा न होता।

एफएम चैनल अपने यहाँ 'महानगर चैनलों' की तरह हैं। ये महानगरों और उनसे जुड़े या आसपास के नगरों के बीच एक प्रकार की सांस्कृतिक महानगरीयता ये रेडियो पहुँचाते हैं। अब तक एफएम ने जिन श्रोता वर्गों को बनाया है, उनमें अपवाई मोबाइल नागर युवक-युवती हैं। उनके यहाँ इन इलाकों के आसपास रहने वाली ग्राम्य युवा जनता नहीं होती। उनके पास उनके लिए यही दिल्ली, मुंबई छाप महानगरीय सामग्री है, जिसे वे दे सकते हैं। गाँव के लोगों के लिए अलग से कोई सामग्री वे नहीं देते।

अति मेट्रोपोलिटन स्वभाव इनकी बीमारी है। इसीलिए ये अपने कार्यक्रमों में एक दूसरे की लगभग नकल करते लगते हैं। वे मिमिक्री करते हैं, हँसाते हैं और बहुत दूर तक दुहरे अर्थ वाली भाषा का प्रयोग करते हैं। विदूषकत्व के यही तरीके होते हैं।

आप एफएम चैनलों का एक काम अपने नगर को भी बताना-बनाना है। अब तक हमारे चैनल मूलतः कार वालों के चैनल बने हैं, वे पैदल आदमी के नहीं बने। वे ट्रैफिक का हाल ज्यादा बताते हैं ताकि कार वाले आराम से रहें। समाज की, नगर की आम समस्याओं को ज्यादा समय नहीं देते। वे दिल्ली के गली-कूचों में कभी नहीं जाते। वे चॉकलेट बाँटते रहते हैं और गुड़गाँव या नोएडा के किसी मॉल या मल्टीप्लेक्स की ओर लुभाते रहते हैं। जाहिर है कि वे एक आनंद लोक का निर्माण करते रहते है। समस्या भी आनंद का एक अवसर बन कर आती है। वे रिमिक्स के बाजार को बनाने वाले रहे हैं। आपको सच्चा मूल संगीत असली संगीत कम ही सुनने को मिलता है। आप क्लासिकल सुनना चाहेंगे तो वह वहाँ नहीं मिलेगा। मिले तो रेनबो या गोल्ड पर गलती से मिल मिला जाए। ऐसा क्यों है?

इसकी समीक्षा की जानी चाहिए। यह काम सरकार को करना चाहिए। इन चैनलों की सांस्कृतिक सामग्री का आकलन करना चाहिए और उसकी समीक्षा करके उसमें कुछ सार्थक मनोरंजन मनाने की बात करनी चाहिए। इसके लिए सरकार को इन्हें समाचार और सामयिक कार्यक्रम देने की छूट देनी चाहिए। वे फीचर भी दे सकते हैं लेकिन सिर्फ स्टूडियो और एसएमएस या ऑन लाइन एकाध आइटम के जरिए वे किसी महानगर को बनाएँ तो यह बहुत हास्यास्पद लगता है।

3 जनवरी, 2006

अखबार का भविष्य

'द हिंदू' के तत्वावधान में प्रख्यात अखबार 'द गार्जियन' के संपादक एलन रसब्रिजर ने नई दिल्ली में एक भाषण दिया। भाषण का विषय था : क्या अखबारों का कोई भविष्य है? उन्होंने जवाब दिया कि भविष्य तो है लेकिन यह तभी संभव है जब अखबार बदलते समय में अपने को बदलें, अपने लिए एक नई अर्थव्यवस्था और संचार प्रक्रिया की व्यवस्था करें। वे गार्जियन को बदल रहे हैं। अपने वक्तव्य में वे टीवी से ज्यादा इंटरनेट के असर को लेकर चिंतित दिखे। विकसित मुल्कों में इंटरनेट अखबारों के प्रकाशन और प्रसारण तक को प्रभावित कर रहा है। टीवी से ज्यादा इंटरनेट के कारण पश्चिमी मुल्कों का पाठक बदल रहा है, उसका मिजाज बदल रहा है और पढ़ने की आदत बदल रही है।

भारत में भी पाठक बदल रहा है। लेकिन यहाँ अभी उतना नहीं बदला है जितना वहाँ बदल गया है। रसब्रिजर इस बदले हुए पाठक के संदर्भ में अखबार के रूपांतरण की बात करके एक तरह से अखबार और पाठकों को परस्परता में रख कर चले। उन्होंने पूछा : अगर पाठक चाहे तो खबरों के ऊपर सरसरी तौर पर अखबार पढ़ कर निकल जाए। तब क्या हो? अखबार क्या करे? क्या वह अपनी स्टाइल को बदले। खबर की प्रस्तुति को बदले? रूपाकार को बदले? यों भी आदमी की जिंदगी में खासी भागमभाग मची है, उसे फुर्सत नहीं है कि समय लगा कर पढ़े। अंततः और प्रथमतः पढ़ने के लिए 'खाली समय' तो चाहिए। ये बातें उनके वक्तव्य में झलकती रहीं। उन्होंने सवाल उठाया कि सूचना संपन्न होने के लिए मुझे कितनी देर अखबार पढ़ना चाहिए?

भारतीय पाठक सर्वेक्षणों में ये बात बार-बार आती है कि कई प्रकार के पाठक संभव हैं। कुछ 'हेवी रीडर' (गंभीर पाठक) हो सकते हैं, जो ज्यादा देर तक अखबार को पढ़ते हों। कुछ 'लाइट' यानी सरसरी तौर पर अखबार पढ़ने वाले पाठक हो सकते हैं। पश्चिम में ऐसे पाठकों की संख्या बढ़ती जा रही है। रसब्रिजर इस 'लाइट रीडर' और उस 'हैवी रीडर' के बीच पुल बनाने की कल्पना भी करते हैं। अपने वक्तव्य

में एक बड़ा सूत्र उन्होंने यह दिया कि राजनीति से अरुचि रखने वाला नागरिक अच्छा पाठक नहीं हो सकता। पश्चिम में राजनीति से अरुचि रखने वाले लोगों की संख्या बढ़ रही है। उसका असर अखबार पर भी पड़ रहा है।

अगर भारत के संदर्भ में सोचें तो यह सूत्र ज्यादा सच नजर आता है। भारत के अखबारों के प्रसारण की संख्या का बढ़ाव भारतीय जनता के राजनीतिकरण की प्रक्रिया से संबंधित है। ज्यों-ज्यों पिछले दो दशकों की राजनीतिक प्रक्रिया में नए लोग दाखिल हुए हैं। नए समुदाय-समूह दाखिल हुए हैं, त्यों-त्यों, अखबारों की प्रसार संख्या बढ़ी है। हर चुनाव और हर राजनीतिक उठापटक, राजनीतिक सरगर्मी अखबारों के प्रसार को बढ़ाती है। जाहिर है कि चूँकि भारत का वोटर राजनीति से कटा नहीं रहता बल्कि राजनीति के सत्तात्मक खेल का हिस्सेदार बनना चाहता है इसलिए वह ज्यादा पढ़ता है। अखबार को ज्यादा वक्त देता है। रसब्रिजर की बात से एक बात और निकलती है कि यहाँ का पाठक अंतःक्रियात्मक है जबकि पश्चिम का नहीं है।

अखबार के बढ़ाव का एकमात्र आधार उसका भरोसेमंद होना है। खबर कितना विश्वास जगाती है, इसी से अखबार की विश्वसनीयता बनती है। टीवी पर देखी गई खबर एक बार सनसनी पैदा कर सकती है। आदमी अपनी राय भी बना डालता है लेकिन उस खबर की असलियत जानने के लिए वह अखबार की तलाश में रहता है। रसब्रिजर का मॉडल पश्चिमी समाज से तय होता है। अंग्रेजी अखबार भी पश्चिमी मॉडल पर चलते हैं, इसलिए वे उन्हें भी कोई सीख देना चाहते होंगे। वे गार्जियन के बदलने के कारकों को भी बताना चाहते होंगे। लेकिन उनका मॉडल भारत के लिए बहुत काम का नहीं है।

हाँ, रसब्रिजर का एक सुझाव बेहद उपयोगी रहा। वे पाठक और अखबार के बीच 'पंच' बनाने की अच्छी कल्पना कर सके। उन्होंने बताया कि पाठक और अखबार के बीच सेतु का काम करने के लिए, पंचाट का काम करने के लिए एक 'पाठक-संपादक' होना चाहिए। गार्जियन में रीडर एडीटर बनाया गया है और इसी तर्ज पर 'हिंदू' भी अपने यहाँ भी यह व्यवस्था लागू कर हिंदुस्तान का पहला ऐसा अखबार बन गया। भारत में 1988 में टाइम्स ऑफ इंडिया ने जस्टिस भगवती को अपना ओम्डसमैन बनाया था लेकिन वह प्रयोग ज्यादा कारगर नहीं हुआ। एक पाठक-संपादक वह व्यक्ति हो सकता है जो सूचना-निर्माता संस्थान में पाठक-श्रोता के बीच, समूह और पत्रकारिता के बीच अभिमुखता को संभव करे। अखबार का भविष्य इसी रास्ते है।

15 जनवरी, 2006

कड़क चाल

छब्बीस जनवरी की परेड का प्रसारण हर साल होता है। यह काम पहले रेडियो किया करता था। अब दूरदर्शन किया करता है, उसकी आज्ञा से अन्य चैनल भी अपने कैमरों से लिंक कर लेते हैं। परेड के कवरेज के लिए अब तो छह-सात कैमरे तक होते हैं। एक वक्त रहा अब ले-दे कर दो-तीन से काम चलाना पड़ता था। जूम, लौंग और कट आदि भी बड़े मुश्किल काम करते होंगे। यह सीधा प्रसारण होता है। चूँकि यह सारा प्रसारण फार्मल होता है, उसमें प्रोटोकॉल काम करता रहता है। इसलिए कोई छूट नहीं ली और दी जाती। पके-पकाए पत्रकारों को ही ये काम सौंपा जाता है। ठंडी सुबहों में यह काम भी बड़ी मेहनत का है। दिमाग का है। अब तो डीडी के कुछ वाचक और सेना के कुछ ठीक सी हिंदी बोलने वाले लोग करते हैं। पहले इस तरह के काम को कमलेश्वर जैसे हिंदी के प्रख्यात लेखक लोग भी करते रहे हैं।

सेना के कर्नल आदि जब प्रसारण में अपनी कमेंटरी चलाते हैं तो ऐसा लगता है कि सीन से ज्यादा मार्चपास्ट उनकी हिंदी कर रही है। एक बार एक ऐसे ही प्रसारक ने नया शब्द दिया : 'कड़क चाल'। गजब का शब्द रहा यह। जवानों के तने चेहरों और उनकी कदम ताल को देखकर आप 'कड़क' शब्द का उपयोग कर सकते हैं। यह सेना की परेड से आया शब्द रहा। आप सेना की कवायद को टुकड़ियों की बैंड धुनों में सज्जित चाल को, और उनकी कमानों को किसी भी सामान्य भाषा में नहीं कह सकते। ऐसे बहुत से शब्द मिलिटरी वाले बोल जाते हैं, जो सामान्य शब्दकोश में नहीं होते। इनकी हिंदी भाषा एकदम सधी हुई होती है, कोई झोल नहीं होता। सैनिकों के बीच भी ऐसी हिंदी हो सकती है, यकीन नहीं होता। एकदम बोलचाल की मगर औपचारिक। प्रसारणकर्ता की आवाज में दमखम होता है। वह चुलबुली नहीं कड़कदम होती है और कड़क नमूना पेश करती रहती है। जब टीवी काला-सफेद था, परेड ज्यादा देखी जाती थी। ज्यादा लोग परेड देखने आया करते थे। टीवी भी ज्यादा पुराना नहीं था। नया-नया फैला था। बयासी के बाद जब कलर का प्रसारण

हुआ तो 26 जनवरी का प्रसारण ही बदल गया। अब वह एक सुदक्ष प्रदर्शन बन गया। 'स्पेक्टिकिल' बन गया। एक विराट दर्शनीय तमाशा! तमाशा हमेशा आदमी को खींचते हैं।

छब्बीस जनवरी दरअसल राष्ट्र का सेलिब्रेशन है। समारोह है। उसकी ताकत का प्रदर्शन है। उसकी तोपों, उसके जांबाजों का प्रदर्शन है और छब्बीस जनवरी को दिखाने, उसके लिए दर्शक जुटाने के लिए कभी डीडी को कोई 'प्रोमो' नहीं देना पड़ा। वे आज के सीधे सामान्य प्रसारणों की तरह ढोल-धमाके से नहीं बताते कि हमारे प्रसारण को आप जरूर देखना। यह गणतंत्र का समारोह है। बस जानते हैं कि इंडिया गेट पर परेड होती है। वीवीआईपी का मामला होता है। जनता को यह सब पसंद होता है। जनता एक ताकतवर राष्ट्र में रहती है। उसकी हिफाजत के लिए जवान हैं, सीमाएँ सुरक्षित हैं। आसमान पर हमारे हवाई जहाज दुश्मन के छक्के छुड़ा सकते हैं। ये विमानभेदी तोप है, ये मिसाइल है। जनता को उसकी बारीकी नहीं मालूम लेकिन उसका होना, उसका दिखना एक प्रकार का राष्ट्रवाद बनाता है जो जनता को पसंद आता है, उसे भरोसा देता है कि आप किसी मरियल से मुल्क में नहीं रह रहे, ताकतवर मुल्क में रहते हैं और आपका कोई कुछ नहीं बिगाड़ सकता।

दुनिया के हर मुल्क में ऐसा होता है। ऐसे में समारोहात्मक प्रदर्शनों का आरंभ हिटलर के जमाने में हुआ। तब टीवी नहीं था। उसने फिल्मों में अपनी सैन्य ताकतों को परेडों के जरिए दिखाया। सोवियत संघ की परेड भी दिखायी जाती थी। अमरीकी रिपब्लिक डे अब तो बड़ी घटना नहीं है। इन दिनों उसकी ताकत नित्य इराक आदि में दिखलाई पड़ती हो सकती है लेकिन अपने डिप्रेशन दिनों में मिलिटरी को दिखाकर ही उसने ताकत बटोरी थी। सेनाएँ आम तौर पर जिंदगी से कटी रहती हैं लेकिन साल में एक दिन वे जनता के बीच प्रसारित होकर भी पूरे साल प्रसारित होती रहती हैं। यही उनके प्रसारण का जादू है कि कमजोर से कमजोर इंसान तक इन्हें देख अपने को ताकतवर समझने लगता है। कहना चाहिए कि गणतंत्र का प्रसारण लगभग सौ फीसद 'हार्ड डिफिनिशन' प्रसारण होता है। उसका रिहर्सल होता है और उसकी नोक-पलक दुरुस्त रहती है।

अगर आप दिल्ली के आसपास रहते हैं तो आपको छब्बीस जनवरी की पहली खबर दिन के पूर्वाह्न में अचानक तक होती है, जब आसमान हवाई जहाजों की उड़ानों की तेज आवाजों से भर जाता है। वे पहले नहीं दिखते। वे पहले आवाज से परिचय देते हैं कि वे आ रहे हैं। इस आवाज को सुनकर आस-पड़ोस के कबूतर आदि आकुल-व्याकुल हो कर उड़ने लग जाते हैं। उनका उड़ना आपको परेशान करता है कि क्या हुआ? इतने में पाँच-पाँच की खेप में सुपर जेट अपनी तिरछी उड़ानों से सैकड़ों किलोमीटर की रफ्तार से उड़ते-लहराते आते हैं। एक के बाद एक खेप आती है और आपको लग जाता है कि अरे! हाँ, छब्बीस जनवरी पास ही है। अब

भी आवाज और कबूतर ही हैं जो किसी बड़े समारोह की पहली खबर हमें देते हैं। आप छब्बीस जनवरी को छुट्टी का एक दिन भर मानते हैं। बच्चे उस दिन 'हवाई जहाजों को देखेंगे' वाली जिद करते हैं। आप टीवी पर घर में परेड देख रहे होते हैं कि अचानक हवाई जहाज आने लगते हैं और आप घरों से बाहर निकल कर बच्चों की तरह आसमान में उनकी उड़ान का नजारा देखने लगते हैं।

आप हम सब उस ताकत में इसी तरह शामिल होते हैं, जो एक राष्ट्र बनाया करता है। देशभक्ति की भावना जगाया करता है। आप राष्ट्र के नाम राष्ट्रभक्ति का प्रसारण सुनें या न सुनें, बच्चों के लिए तो हवाई जहाजों का उड़ना ही आनंद है। यह आनंद ही जोड़ता है। निजी चैनल यदि ऐसा अवसर दिखाने लगें तो वे सबसे पहले दर्शकों को 'सुरक्षा के पुख्ता इंतजामों' से डराते रहेंगे। लेकिन डीडी सदा की तरह परेड के कारण ट्रैफिक में आयी तब्दीलियों को बताता है।

छब्बीस जनवरी का प्रसारण समूचे राष्ट्रीय आंदोलन का प्रसारण होता है। आप राजनीतिक आलोचना कर सकते हैं लेकिन उसके समारोही रूप की भव्यता पर प्रसन्न हुए बिना नहीं रह सकते।

22 जनवरी, 2006

बौद्धिक संपदा का मेला

सत्रहवाँ अंतर्राष्ट्रीय पुस्तक मेला प्रगति मैदान में लगा है। कोई बारह तेरह सौ प्रकाशक इसमें अपनी पुस्तकों को लेकर आए हैं। प्रगति मैदान का यह पुस्तक मेला अब एक दो साला बड़ी घटना बन चला है। सात-आठ दिन बाद जब मेला खत्म होगा तो पुस्तक प्रेमियों की भीड़ और सेल का आकलन होगा। यह सच है कि किताबों के मेले में डिजाइनर कपड़ों या कारों के मेले जैसी भीड़-भाड़ कभी नहीं दिखाई दे सकती लेकिन यह कहना भी गलत होगा कि भारत में किताब-प्रेम खत्म हो रहा है। किताब खरीदने-पढ़ने वाले कम हो रहे हैं; जो लोग आदतन ऐसा कहते हैं उन्हें आँकड़े देने चाहिए या फिर ऐसा नहीं कहना चाहिए।

भारत में सब भाषाओं के कुल मिलाकर बीस हजार से ज्यादा प्रकाशक हैं। भारत की आम साक्षरता और शिक्षादर बढ़ी है। उसी अनुपात में किताब-कागज की खपत बढ़ी है। प्रकाशन उद्योग की समस्याएँ भी बढ़ी हैं। यदि भारत में साक्षरता पचपन फीसद से ज्यादा है और अगर हम उसमें से दस फीसद हायर सेकेंड्री या ग्रेजुएट लोगों को अलग कर लें फिर भी किताबों का असल बाजार तीन करोड़ से ज्यादा का बैठेगा जिसकी जरूरतें अलग-अलग होंगी। रुचि अलग होगी, ज्ञान के प्रति नजरिए भिन्न होंगे। इस तीन करोड़ में हिंदी का हिस्सा ज्यादा न सही तो पचास-साठ लाख से कम तो नहीं होगा।

यह एक आकलन है इसे अधिक खोजबीन से ठोस आधार दिया जा सकता है, जिससे किताब के उद्योग की प्लानिंग की जा सकती है। लेखक, प्रकाशक बाजार, कापीराइट संबंध, कागज के रेट आदि सबका आकलन किया जा सकता है। अफसोस कि इस जरूरी काम को कोई नहीं करता। अरसा पहले, संभवतः पच्चीस-तीस साल पहले, एनबीटी ने ही एक 'पुस्तक-स्थिति' अध्ययन कमेटी बनाई थी जिसने कर्तार सिंह दुग्गल की अध्यक्षता में एक रिपोर्ट भी दी थी। उसमें तब की पुस्तक-स्थिति का आकलन था। मगर आँकड़े कम वहाँ भी थे। सिफारिशों पर जोर था। कुछ काम की बातें बताई गई थीं। वह कहीं ठंडे बस्ते में दाखिल-दफ्तर कर दी गई।

अब प्रधानमंत्री की ओर से एक ज्ञान-आयोग और एक सूचना-मनोरंजन आयोग बना है। किताब इन दोनों आयोग का एक महत्त्वपूर्ण विषय है। पता नहीं, उसमें किताब उद्योग को कितनी जगह मिलेगी? कोई ध्यान भी देगा या नहीं? हमारा मत है कि जितना आईटी क्षेत्र पर ध्यान है, उसी तरह का ध्यान किताब उद्योग पर भी जाना चाहिए। उसमें क्वालिटी कंट्रोल, वितरण व्यवस्था, मार्केटिंग, स्पर्धा और तमाम मसले आते-जाते हैं। अरबों का उद्योग है और दुनिया वाले इसे मानते हैं कि भारत का प्रकाशन उद्योग दुनिया के स्तर का है। लेकिन कायदे-कानून वही परचूनिए हैं। वे प्रोफेशनल नहीं हैं। पूरा उद्योग तदर्थवाद पर टिका है। कोई आडिट एकाउंट नहीं होते। हेराफेरी होती रहती है, लेखक प्रकाशक में झगड़े और तकरारें होती रहती हैं।

बौद्धिक संपदा का जितना अनादर अपने यहाँ इस क्षेत्र में देखने को मिलता है, शायद ही कहीं और मिले। प्रकाशक जिस कागज को पंद्रह से लेकर पचास रुपए किलो में खरीदता है, कंपोजिंग तथा बाइंडिंग आदि पर जितना खर्च करता है। किताब की कीमत उससे दस गुनी अधिक रखता है। दस रुपए की लागत वाली किताब की कीमत दस गुना बढ़ाकर एक सौ की बनाई जाती है। अब प्रकाशक ठसके से थोक खरीदों के खेल को निपटाते हैं। यहाँ पचास-साठ फीसद तक एडवांस कमीशन चलता है जो कमेटी के तमाम अंगों में वितरित होता है। एक-एक प्रकाशक सौ-सौ छद्‍म नामों से किताबें जमाकर आर्डर बुक करा लाता है। दस रुपए की मूल लागत वाली किताब के एक सौ रुपए के मुद्रित मूल्य पर, पचास फीसद कमीशन देने के बाद और दस फीसद और खर्च निकालने के बाद तीस-चालीस फीसद बचता है जो उसके नेट लाभ का हिस्सा होता है। किताब कब बिकी? कहाँ गई? कितनी और छपी? इसकी हवा किसी को नहीं लगती? इस तरह प्रकाशक दस रुपए की लागत पर चालीस-पचास रुपए कमाता है। कोरे कागज़ को बौद्धिक संपदा में बदलने वाले लेखक को इसमें कितना मिलता है इसे अलग से बताने की जरूरत नहीं। यह है प्रकाशक की नजर में इंटेलैक्चुअल प्रापर्टी के प्रति रवैया।

किताब एक बौद्धिक संपदा है। उसकी कीमत सरल तरीके से नहीं आँकी जा सकती। लेकिन उसे सरल ढंग से भी कोई नहीं आँकता। उसे संपत्ति का माना ही नहीं जाता। सरकारी हल्कों में आज भी बौद्धिक संपदा की कीमत जीरो है। आप सेमिनारों में जाइए तो आपके आने-जाने-रहने पर दस-बीस हजार रुपए खर्च दिया जा सकता है लेकिन जो परचा आप पढ़ते हैं, उसकी कीमत कहीं-कहीं तो कुछ भी नहीं दी जाती या ढाई सौ, पाँच सौ पकड़ा दिया जाता है। यों अपने यहाँ बौद्धिक संपदा कानून हैं लेकिन वे सब 'सूचना-सुपर-हाइवे' वाले, साइबर स्पेस के लिए हैं। किताब या पढ़ना-लिखना-सोचना कोई संपदा है ही नहीं। ऐसे में किताब के उद्योग में परचूनिए क्यों न मोटे होते जाएँ? और यहाँ का बौद्धिक संपदा का निर्माण करने वाला बुद्धिजीवी लेखक भी क्या अपनी प्रापर्टी को पहचानता है? अव्वल तो उसके

पास यह होती नहीं या बहुत कम होती है और उसे वह पुण्य की तरह निवेशित करता है धंधे की तरह नहीं। कारण हिंदी पुण्यात्माओं की भाषा है। इसमें धंधा शब्द 'अनैतिक' है। ऐसा सामंतीय दिमाग है हिंदी के लेखक का कि पूँजीवादी तर्कसंगत संबंध उसे हेय लगता है। हिंदी की सारी बहसें इसी सामंतीय नाटकीय-निस्पृहता का परिणाम हैं। धंधा यहाँ तर्कसंगत बना ही नहीं।

नतीजा कि हर तरफ एक लूटतंत्र कायम है। जनता की जरूरतें तो फिलहाल अखबार पूरी कर रहे हैं अगर यही काम किता़बें भी करें तो ज्ञान और आगे बढ़े लेकिन लेखक जनता की जरूरत नहीं जानता। बस लिखता चला जाता है। अमरता के लिए। जनता उसकी किताब की जगह 'रेपिडैक्स' 'कंपटीशन' आदि की पुस्तकें पढ़ती रहती है। हिंदी के किताब उद्योग में एक बड़ी कठिनाई यह है कि अब साहित्य का बाजार मंदा है। सामाजिक-सामयिक विषयों पर लिखी किताबें ज्यादा चलती हैं। यह नया ज्ञानोदय-सा कुछ हो रहा है। बेहतर हो कोई कमेटी किताब और बौद्धिक संपदा का आकलन करे और तमाम मसले का हल भले न दे एक आकलन तो करे।

29 जनवरी, 2006

हंटिंग्टन और मीडिया

पश्चिमी मीडिया में उनके थिंक-टैंकों की जुबानों पर उत्तर-शीतयुद्ध के नए व्याख्याकार सेमुअल हंटिंग्टन की 'द क्लैसेज ऑफ सिविलाइजेशंस' नामक किताब का, उसकी मुख्य स्थापनाओं का उल्लेख अक्सर होने लगा है। इन दिनों एक बार फिर वह कुछ ज्यादा हो रहा है। प्रस्तुत प्रसंग इस्लाम के पैगंबर साहब को लेकर छापे गए कार्टूनों का है। पिछले साल सितंबर के आसपास डैनिस मीडिया में ये कार्टून आए। वे पैगंबर साहब को इस तरह से चित्रित करते थे जैसे उनका मजाक उड़ा रहे हों जबकि इस्लाम में तो उनके सामान्य रेखांकन छापने तक मनाही है। बाद में इस साल फ्रांस के एक अखबार ने उन्हें फिर से छापा जहाँ मुसलमानों की आबादी अच्छी-खासी है। वे इस्लाम धर्म मानने वालों की भावनाओं पर सीधी चोट करने वाले लगे। नतीजे में सारी इस्लामी दुनिया में विरोध के स्वर उठ खड़े हुए। कहीं हिंसक प्रदर्शन हुए और हो रहे हैं और कहीं जेहाद की तैयारी की बात चलने लगी है। बीबीसी वर्ल्ड ने ऐसा एक कार्टून एक खबर के बीच बड़े फ्लोटिंग ढंग से दिखाया, जिसे देखकर इस्लाम को न मानने वाले भी कह सकते हैं कि जानबूझकर ज्यादती की गई है लोगों का भड़कना एकदम स्वाभाविक है।

बहरहाल, फ्रांसीसी अखबार के मालिकों ने अपने उस संपादक को तुरंत निकाल दिया। जोर्डन के अखबार ने देखादेखी छाप दिया तो उसके संपादक को भी जाना पड़ा। फिलिस्तीन में उग्रवादी समूहों ने कह दिया है कि डेनमार्क के नागरिकों को वे अपना निशाना बना सकते हैं वरना डेनिस सरकार माफी माँगे। इंडोनेशिया में उग्र प्रदर्शन जारी है। जर्मनी के एक अखबार ने कार्टून छाप कर लिखा कि ये सारे विरोध पाखंडपूर्ण हैं, ड्रामे हैं...डेनिस अखबार जिलेंड्स पोस्टेन के प्रमुख संपादक ने कहा कि अगर मैं ऐसा जानता कि मेरे ऐसा छापने से सारे डेनिस लोगों पर खतरा मँडराने लगेगा तो मैं क्या छापता। एसोसिएटेड फ्री प्रेस ने इस बयान को जारी किया है।

फ्रांसीसी अखबार फ्रांस सोयर ने तो कार्टून छापते हुए लिखा था कि "हाँ हम भगवान का मजाक उड़ा सकते हैं"...उसके मास्टहेड पर भगवान बुद्ध आदि को

भी दिखाया गया था। इसका प्रबल विरोध फ्रांसीसी सरकार ने ही किया, संपादक को जाना पड़ा। अब मीडिया में इस बाबत बहस उठाई जा रही है कि मीडिया को जनतंत्र चाहिए जबकि सरकारें कह रही हैं कि भाई जनतंत्र के चक्कर में समाज चलाना कठिन हो जाएगा। जनतंत्र का मतलब भड़काऊ कार्रवाई नहीं होना चाहिए। आप किसी समुदाय की भावनाओं से खेलने की कोशिश न करें। यहीं हंटिंग्टन साहब का जिक्र आता है। मीडिया में कोई न कोई बोल देता है कि देखो तो कितना सही कहा है उसने कि जरा सी बात पर धर्म युद्ध का ऐलान हो रहा है। धर्मयुद्ध के सबसे बड़े सरगना अमेरिकी मीडिया ने अभी तक इन कार्टूनों को नहीं छापा है।

मीडिया को हंटिंग्टनी नजर से देखें तो डेनमार्क और बाकी यूरोपीय मीडिया ने सभ्यताओं के सोए हुए संघर्ष को जगा भर दिया है। हंटिंग्टन साहब की बड़ी थीसिस यह है कि दुनिया में सबसे बड़ा 'फाल्ट लाइन'। इस्लाम और ईसाइयत के बीच बची हुई हैं। ऐसे तमाम क्षेत्र तनाव के क्षेत्र हैं, उन्हें ठीक करना होगा। अंततः ईसाइयत ही इसे ठीक करेगी। हंटिंग्टन को जरा-सा और खींचें तो जो हो रहा है वह सभ्यताओं का संघर्ष ही है।

अपने यहाँ भी हिंदुत्ववादी ब्रिगेड के बीच हंटिंग्टन की थीसिस बड़ी स्वीकृत रही है क्योंकि वह दुनिया को धर्म के विभाजन के आधार पर देखती है और इस्लाम से हिसाब बराबर करने के रास्ते बताती है। मगर मीडिया का काम इस तरह के गड्ढों में गिरने से नहीं चलता। जब धार्मिक भावनाओं की भड़क इतनी आसान सी हो कि वहाँ भावनाएँ भड़का कर, धार्मिक भावनाओं को जानबूझकर ठेस लगाकर किस समाज को उदार बनाया जा सकता है? पिट कर कोई समाज उदार नहीं बना, न बन सकता है। उदारता की प्रक्रिया, नागरिक समाज बनने की प्रक्रिया, आधुनिकता की प्रक्रिया एक लंबी और जटिल प्रक्रिया है। उसका कोई शार्ट कट कहीं नहीं रहा। यह सांस्कृतिक मामला होता है।

इस्लामी जनों के बारे में दुनिया में कुछ बातें सच हैं, कुछ नए मिथ भी बनाए जा रहे हैं। वे सहनशील नहीं होते। उनके राज कट्टर धार्मिक राज्य होते हैं। उनके यहाँ जनतंत्र नहीं होता। इस तरह जनतंत्र बरक्स इस्लामिक तत्ववाद आमने-सामने हो जाते हैं। जनतंत्र यहाँ सिर्फ पश्चिमी संस्कृति का पर्याय बना दिया जाता है। बीच के उदार इस्लामी लोग गायब हो जाते हैं। उनके बीच किसी विकास, सुधार की बात बेमानी मान ली जाती है जबकि सच यह है कि हर देश का इस्लाम इस पेन इस्लाम में भी एक जैसा नहीं है। धार्मिक पूजा पद्धति के कुछेक रूपों को छोड़कर वे अलग-अलग समाज बन चले हैं। उनके विकास की समस्याएँ हैं। आर्थिक-सांस्कृतिक समस्याएँ हैं। उन्हें किसी स्टीरियोटाइप में ढालना मीडिया के लिए आसान हो सकता है, मगर अंततः मददगार नहीं। इस्लाम सिर्फ बिन लादेन का नाम नहीं। अनंत ऐसे

मुसलमान हैं जो इस आतंकवाद को नहीं मानते। लेकिन उनका कोई कोना नहीं। न अपने यहाँ, न बाहर है।

उनकी तकलीफें उनके अकेलेपन हैं। उनका मजाक उड़ाना जले पर नमक छिड़कने जैसा होता है। एक संस्कृति को दूसरे का मजाक उड़ाना और जानबूझकर उड़ाना तर्कसंगत नहीं। जो उनके पूज्य हैं उन पर फब्ती कसना समझदारी नहीं जबर्दस्ती छेड़ना है ताकि वे बने-बनाए स्टीरियो टाइप से बाहर न निकल सकें। पश्चिमी ईसाइयत के लिए सुविधा हो सके। यह सभ्यताओं का संघर्ष नहीं, एक सभ्यता को किनारे करके चलने वाली एकतरफा लड़ाई है। आतंकवाद में कहीं न कहीं इस तनाव और भय की अनगूँजें भी सुनाई पड़ती हैं।

मीडिया का काम छेड़छाड़ कर जागरण लाना नहीं। जिन्हें सहन नहीं उन्हें अपमानित करके आप उन्हें तत्ववाद की ओर धकेलते हैं। सांस्कृतिक संवाद को लेकर अपने जनतंत्र को नए सिरे से बनाना चाहिए। उसका जनतंत्र कितना सांस्कृतिक, विशिष्ट और संवेदनशील हुआ, इस पर चर्चा होनी चाहिए। खासकर पश्चिमी मीडिया की यह जरूरत है क्योंकि वहाँ मीडिया के आचरण में नौ-ग्यारह के बाद सभ्यताओं के संघर्ष को निहित एजेंडा बनाया जा रहा है।

5 फरवरी, 2006

बिजनेस को मोड़ा जा सकता है

अरसे से गूगल विवाद के घेरे में है। इंटरनेट सर्विस प्रोवाइडरों में जंग है कि दुनिया के सूचना संग्रह और विपणन के बाजार को किस तरह हथियाएँ? इनमें गूगल का टकराव याहू से रहता है। तीसरा स्पर्धी माइक्रोसॉफ्ट का एसएमएस सर्चएंजिन है। चौथा सिस्को है।

इन दिनों विवाद चीनी सरकार और गूगल के बीच हुए नए समझौते की वजह से है। ऊपर से देखने पर यह एक प्रकार का बिजनेस पैक्ट है लेकिन सूचना जगत के बिजनेस में खेल के नियम कुछ भिन्न ही होने चाहिए...विवाद बार-बार इस ओर इशारा कर रहा है। इस विवाद से आने वाले दिनों में इंटरनेट के अपने ग्लोबल आजाद चरित्र पर संकट आ सकता है। गूगल ग्यारह करोड़ की संख्या वाले चीनी इंटरनेट कनेक्शनों पर नजर गड़ाए है। इतने बड़े बाजार को ध्यान में रखने के लिए जब चीनी सरकार ने कहा कि गूगल को चीन में जनतंत्र या एक बालक-परिवार या दलाईलामा, तिब्बत आदि की सूचनाओं को फिल्टर करके आने देना चाहिए, तभी वह चीनी बाजार में चल सकता है। गूगल इसे घुटने टेक के मान गया कि बिजनेस की खातिर जो करना पड़े, करेंगे। इससे स्वयं गूगल का अपना संकल्प पत्र संकट में पड़ गया जिसके दस सूत्रों में से तीन कहते हैं कि 'वेब की जान जनतंत्र में निवास करती है।'...'बुरा किए बिना आप यहाँ कमाई कर सकते हैं'...'सूचना की जरूरत सीमाएँ नहीं जानती' आदि-आदि।

यह सेल्फ सेंसरशिप इतनी अधिक नजर आई है कि अमेरिकी कांग्रेस की समिति ने तीखे शब्दों में गूगल के इस आचरण की निंदा की है। उसका कहना है कि इंटरनेट जो कि मुक्त सूचना विनिमय का सबसे बड़ा माध्यम था, वह बिजनेस की खातिर जनतंत्र की राह छोड़ कर गुलामी के रास्ते जा रहा है। डेमोक्रेट टॉम लोटोस ने कहा कि गूगल, याहू, माइक्रोसॉफ्ट आदि चीन में जिस तरह से बिजनेस कर रहे हैं, वह इंटरनेट की आत्मा के विपरीत है। उनके आचरण शर्मनाक हैं। सीएनएन ने चर्चा होती भी दिखाई। उससे साफ था कि इंटरनेट सर्च ऐंजिनों के बिजनेस की ऐसी

प्राथमिकता जनतंत्र के ही विपरीत जाने लगी है। यह चिंता की बात है। लेकिन गूगल वालों ने कहा कि हमने जो किया है वह सोत्साह नहीं किया बल्कि एक मजबूरी में किया है और हम ग्यारह करोड़ इंटरनेट उपभोक्ताओं की अनदेखी नहीं कर सकते। याहू के माइकल कालाहन ने कहा कि वे इस आचरण पर स्वयं परेशान हैं। लेकिन क्या करें? इन कंपनियों का कहना है कि वे जो कुछ कर रही हैं, वह चीनी लोगों के हित में ही है। माइक्रोसॉफ्ट वालों ने तो कहा कि बिजनेस को देखते हुए फ्रीडम आदि की बातें कमजोर नजर आती हैं...याहू के माइकल कालाहन ने कहा कि इंटरनेट से जुड़े तमाम मसले सिर्फ आजादी या बिजनेस के नहीं हैं बल्कि पेचीदा और व्यापक हैं। यह सामान्य उद्योग नहीं है। हमने सरकार की हमेशा मदद माँगी है कि रास्ते सुझाए।

इंटरनेट को सचमुच ही सूचना की पूर्णमुक्ति का दूसरा नाम कहा गया है। लेकिन चीनी सरकार के दबाव और इंटरनेटों के अवसरवादी आचरण ने मीडिया के हल्कों में एक नई बहस को जन्म दे दिया है। कथित फ्री वर्ल्ड फ्री वर्ल्ड नहीं है। इन दिनों हच मोबाइल पर ऑन करते ही एक लाइन आती है–यूआर इन फ्री वर्ल्ड! इंटरनेट के तमाम संकल्प इसी फ्रीडम की बात करते रहे हैं लेकिन पूँजीवादी कंपनियाँ बिजनेस की खातिर कहाँ तक जा सकती हैं? यह देखने की बात है। यह मामला वस्तुतः टेढ़ा है। जो बिजनेसों का सच है वैसा ही इंटरनेट बिजनेस का सच है। पूँजीवादी ढाँचे में आजादी बिजनेस की आजादी ही है। बाकी की आजादी आजादी नहीं होती। तो गूगल याहू माइक्रोसॉफ्ट सिस्को सब बिजनेस की आजादी माँगते हैं। आजादी अपने आप में कोई मूल्य नहीं होता। फ्री वर्ल्ड की आजादी बिजनेस की ही आजादी होती है वही हो रहा है।

पुराना जमाना होता तो इतनी सेंसरशिप पर अमरीकी प्रेस मीडिया चीन के विरोध में तूफान खड़ा कर चुका होता। लेकिन अब उसकी सबसे बड़ी कंपनियाँ घुटने टेक चुकी हैं, जिन पर ब्लागर्स चीनी समाज को लेकर तरह-तरह की टिप्पणियाँ किया करते थे, वे अब फिल्टर्ड हैं। छान-फटक दिए गए हैं। जरूरत पड़ने पर ऐसे विद्रोहियों का अता-पता तक ये कंपनियाँ सरकार को देती हैं। चीन अपने ढंग से अपनी समस्या हल करता है, कर रहा है। आप अच्छा मानें या बुरा आखिर ईराक युद्ध को लेकर अमेरिकी सत्ता ने भी तो मीडिया के साथ अनंत छल किए हैं तो चीन सरकार तो सीधे करार करके शर्त मनवा रही है। अमेरिकी सत्ता इस बात से नाराज है कि चीनी सत्ता की ये जुर्रत कि वह हमारे लाडलों को झुकाए। आजादी का मतलब पूँजीवाद में बिजनेस की आजादी ही है। आजादी कभी कोई निरपेक्ष मूल्य नहीं है।

मगर अपना समाज क्या करता है? हमारा समाज किसी को झुकाने में यकीन

नहीं करता। वो बिजनेस के आगे खुद ही झुक जाया करता है। नवंबर में इंटरनेट की ई-गवर्नेस और उससे जुड़े मसलों का हल करने के लिए सारी दुनिया के देशों में बैठक हुई। अपने देश के बंदे बड़े जोरों की हाँक लगाए थे लेकिन जब वापस लौटे तो कहा कि दो एक कमेटी बन गयी है अभी तो अमेरिका का ही वर्चस्व रहना है। चीन की सत्ता में ताकत है। वह तकनीक को अपने हित में मोड़ता है। हमारे समाज में आजादी लूट का पर्याय बन जाती है। कोई सुनने वाला नहीं होता। गलत होते हुए भी चीन का दबदबा बताता है कि बिजनेस को भी मोड़ा जा सकता है।

19 फरवरी, 2006

बेर-केर कौ संग

बुश खुश। मनमोहन खुश। बुश का मनमोहन के कंधे पर हाथ की थपकी। कान में कू करना। फिर गले से लगाना। फिर बार-बार कमर पर हाथ। फिर कंधे पर थपकी और हाथ। यह है कूटनीतिक-राजनीतिक सांस्कृतिक-सामरिक देहभाषा। दुनिया को मीडिया के जरिए बाजाप्ता जताती : 'तू मेरा चाँद मैं तेरी चाँदनी।' इतना दुलरुआ तो भारत कभी नहीं था। यही खुशी की अति भाषा डर का संचार करती है। देहभाषा बहुत से विलोमों का संचार करती है। यह परफारमेंस की भाषा होती है। निश्चित और सीन के अनुरूप संकेत देती और उन्हें तोड़ती। जब कोई देहभाषा निश्चित होती लगती है, तभी उसमें कुछ अन्य अर्थ पैदा होने लगते हैं। यही उसके संचार की अंतर्विरोधी-बहुलता है। इसलिए उसे एक ही रंग में सतत होते रहना होता है। यति भंग हुई रस-भंग हुआ! बुआ की खुशी की हमारी खुशी की यति गति भंग न हो। अब हमारी चिंता यह है।

बुश के चेहरे पर मुस्कान छाई हुई है। इतनी सुदीर्घ मुस्कान नहीं देखी। इतनी अभ्यस्त। इतनी नपी-तुली और इतनी मारक। मनमोहन भी अति प्रसन्न दिखते हैं मानो कोई अपना मिल गया है। बुश की चाल किसी बीस साल के जवान जैसी चुस्त और चपल है। क्या सीना है। क्या गति है। लगता है कि सारी जवानी इन्हीं के पास है। एक ध्रुवीय सत्ता की धीर ललित चाल है। जगत दरोगा की चाल है। इसके मुकाबले अपने मनमोहन जी की चाल वही देसी ढीली मद्धिम है। जब आप किसी तेज-तर्रार के साथ चलते हैं तो दिक्कत तो होती ही है। बेर का संग ठहरा!

मगर खुशी तीन दिन तक मीडिया के फ्रेमों से बाहर छलकी-छलकी पड़ रही है और इस कदर चौतरफा बिखरी है कि लगता है कि इस टीवी फ्रेम में दूर तरह कहीं गम का, दुःख का, तनाव का निशान तक नहीं, खरोंच तक नहीं। इराक में हिंसा अब नहीं दिखती। ईरान पर दबाव नहीं दिखता। विरोध प्रदर्शन इस प्रसन्नता में बैकग्राउंड के क्षेपक भर लगते हैं। इतनी बनाई गई खुशी है। इतनी बारीकी से

योजित है कि आप को ढूँढ़ने पर भी कहीं कोई नाखुश नहीं दिखता है। सब धो-पोंछकर साफ कर दिया गया है। यह मीडिया और ताकत के मिलन का फल है।

यह देहभाषा रणनीतिक खुशी का लंबा ठहरा हुआ संस्करण जिसका अमिट चिह्न है : यह ऐतिहासिक है। इतिहास बन चुका है। यदि वह खुशी किसी महाबली की गोद में मिलती हो तो भय के बीच एक मान लिए गए अभय की एक सुरक्षा भी मिलती है। यह बेहद ताकतवर की खुशी है जो कमजोर से कहती है कि अब तू मेरी शरण में आया है खुश दिख! टीवी और अखबारों के मुख पृष्ठ दो-तीन दिन तक सिर्फ अमेरिकी खुशी को बिखेरते हैं। यह अद्‌भुत क्षण है। 'साम्राज्यवादी ताकत' के साथ हाथ मिल रहे हैं। दरोगा के साथ गले मिला जा रहा है, जगत के कोतवाल से दोस्ती हो रही है। यह कैसा निचाट अभय है कि यह परवाह दूर तक नजर नहीं आती कि कल को यही गरदन दबोचेगा तो क्यों करेंगे?

टीवी के तमाम चैनलों ने एक दुर्दमनीय ताकतवर देह की भाषा का संप्रेषण किया है। हम निहाल हो गए हैं। प्रस्थापनाएँ प्रस्तरीभूत न रहकर खिल उठी हैं। उनमें न्यूक्लीअर फूल खिल उठे हैं। यह न्यूक्लीय प्रसन्नता है।

बुश के सम्मान में होटल में प्रीतिभोज है। बुश मेहमानों को जा-जाकर मिल रहे हैं। जैसे कोई अपनों से मिलता हो : 'मोरे पिया घर आया हो रामजी' वाली धुन बजती हो। बुश कि देहभाषा अपने यहाँ की किसी शादी में आवभगत वाले व्यवहार की याद दिलाती है, जहाँ मेजबान से ज्यादा मेहमान सबका ख्याल करता है। आप कह उठते हैं : कितना महान है हमारा मेहमान। जो मेहमान था वही मेजबान दिखाई देने लगता है। यही खुशी की देहभाषा की ताकत है कि मेहमान ही मेजबान बन उठा है।

बुश हैदराबाद में हैं। कद्‌दू और हल उठाए। एक चित्र में कटहल भी उठाए हैं। बड़ा-सा जैसे मिसाइल हो लेकिन हर फ्रेम में बुश बेहद खुश हैं। उनके चेहरे पर एक लंबी मुस्कान खिंची रहती है। सच इतनी लंबी मुस्कान धारण करने के बाद किसी का जबड़ा सही सलामत नहीं रह सकता।

बुश की यही देहभाषा जब पुराने किले की रोशनी में चमकते हुए गुंबदों-मेहराबों के बीच बोलती है तो भारतीय जनतंत्र की बलैयाँ लेती है। प्रवासी भारतीयों की तारीफों के पुल बाँध देती है। इतनी-इतनी तेज होती है कि धक्का सा लगता है। जो अमेरिका हमेशा खिलाफ रहा वही इतना लाड़ कर रहा है। डर लगता है। बुश की ताकत का दुलार अपने जैसों में डर पैदा करता है।

कवि केदार की कविता में एक बाघ खरगोश को सहलाता है : 'उसके कान/उसकी महीन सी चीख को/पकड़ने की कोशिश कर रहे हैं/फिर उसी तरह नरम-गरम रोओं में/अपने नखों को फिराता रहा/और उस मुलायम सी देह को/इस तरह सहलाता रहा जैसे उसकी जीभ उस अद्‌भुत कोमलता का स्वाद ले रही है।'

पढ़ते हुए अजीब से सुरक्षा मिश्रित भय की फुरफुरी होती है। इस प्यार-दुलार में एक मार छिपी है जो कब पड़े पता नहीं। वही बेर-केर का संग लगता है। बेर की देहभाषा और केले की देहभाषा के बारे में रहीम ने यों लिखा है : 'कहु रहीम कैसे निभे बेर केर कौ संग/वे डोलत रस आपने उनके फाटत अंग/'

बुश ने भारतीय मध्यवर्ग को लूट लिया है। इस दैदीप्यमान मुस्कान की भाषा से उसने हर वासी-प्रवासी के मन को जीत लिया है। पूरे युवावर्ग का दिल कब्जे में ले लिया है। कारण सिर्फ मंच की देहभाषा नहीं है बल्कि ताकत की देहभाषा है जो उदार दोस्त बन कर आ रही है। यह आकर्षित करती है। यह एक विचारधारात्मक पारिस्थितिकी है जो बुश की देहभाषा ने बनाई है। एक पत्रिका और ऐसी नील्सन नामक रेटिंग एजेंसी ने सर्वे कराया है। बुश भारत के दोस्त हैं, के जवाब में छियासठ फीसदी लोग कहते हैं कि हाँ लेकिन इनमें भी इक्कीस फीसदी जौर से हाँ कहते हैं। बाकी पैंतालीस फीसदी लोग तो हल्ले में हाँ कहते हैं। सर्वे का सार है : हमें अमेरिका की जरूरत है। हम अमेरिका पर भरोसा करते हैं लेकिन वह अभी तक पाकिस्तान के नजदीक है। 72 फीसदी लोग मानते हैं कि अमेरिका उन्नत सांड की तरह, बुली की तरह व्यवहार करता है। 'बुली' के संग जब 'कुली' बँध जाए तो क्या होगा? मीडिया इसको नहीं बताता। मीडिया अभी तो आरती उतारने में मगन है!

5 मार्च, 2006

बना रहा बनारस

मीडिया ने बनारस के संकटमोचन मंदिर और स्टेशन पर आतंकवादियों द्वारा विस्फोटित बमों और उससे पड़े असर को इस बार उतनी ही सावधानी से समझा जितनी सावधानी से अयोध्या में हुए हमले को समझा था। इस बात पर बहस हो सकती है कि मीडिया को हादसे की जगह पर खून के गड्ढों को दिखाना था कि नहीं। अगर दिखाना था तो कितना दिखाना था या सिर्फ ड्राई न्यूज ही देनी थी। ये भी संभव है कि कई सीधे प्रसारणकर्ताओं की भाषा में मंदिरवाद या धर्मवाद ज्यादा आ गया हो लेकिन बहुत जल्दी ही मीडिया के वाचकों ने, रिपोर्टरों ने, बनारस को शांति और एकता की नगरी के रूप में भी बनाया। कई बड़े नामी नागरिकों को बार-बार बुलाया। राजनेताओं को जरा कम ही बुलवाया। यद्यपि राजनीति होने लगी थी लेकिन मीडिया ने शांति एवं एकता और भाईचारा बनाए रखने की अपील पर ज्यादा से ज्यादा जोर दिया और उसका असर हुआ।

इन पंक्तियों के लिखे जाने तक भाजपा की रथयात्रा की बात जरूर आ गई है कि मगर मीडिया में इस यात्रा और उसके यात्री को कोई ज्यादा भाव नहीं दिया जा रहा है, यह अपने आप में महत्त्वपूर्ण है। मीडिया नहीं चाहता कि कोई सांप्रदायिक तनाव बढ़ाने की हरकत करे। कम से कम इस वक्त तो लगता है कि प्रिंट मीडिया तक इस बाबत एक है। उसका नर्वस सिस्टम अपेक्षाकृत बेहतर काम कर रहा है। सेकुलर जीवन मीडिया की अपनी जरूरत जो है। मीडिया के ये प्रयत्न नए मीडियाकर्मियों की अपनी समझदारी का प्रमाण है कि उन्होंने किसी भी गैर जिम्मेदार बयान को तूल नहीं दिया है और धार्मिक नगरी को सांप्रदायिकता से मुक्त रखने के संदेशों पर ज्यादा जोर दिया है। यह एक ऐतिहासिक अनुभव है। मगर मीडिया का काम इतने भर से चलने वाला नहीं है। आतंकवाद लोगों के दिमागों को हिलाने-डराने-डराकर जीतने का काम करता है। वह सांप्रदायिक विभाजन करके, धार्मिक विभाजन करके घृणा की राजनीति करता है जिसमें कई गैर आतंकवादी दिमाग भी काम करते हैं। वे उसके आसान शिकार होते हैं, उसके उकसावे में आ जाते हैं।

नेता लोग तो ऐसा कर सकते हैं। आतंकवादी भी अपनी आतंकवादी राजनीति को मीडिया से चलाने की आदत से बाज आने वाले नहीं हैं लेकिन मीडियाकर्मियों, उनके संस्थानों को आतंकवादी कार्रवाइयों, उनके फलागमों और उनके प्रबंधन के बारे में लगातार अपने होमवर्क को नया करते रहना चाहिए क्योंकि जिन समाजों में नए वर्गों ने राजनीति में कदम रखा है वे भावात्मक आवेगों में प्रतिक्रियाएँ देते हैं और मीडिया बाइटों के चक्कर में, स्पर्धा में आकर उनको जगह दे देता है।

आतंकवाद ने कुछ तरीके बनाए हैं। पहला और पुराना तरीका यही है कि भीड़ भरे इलाके में एक्शन किया जाए ताकि भारी जनहानि दिख सके। लोग आतंक की ताकत मान सकें और उसकी दुर्जेयता के कायल होकर अपने नागरिक प्रशासन को फेल हुआ मान लें। उससे हताश हो जाए। इसलिए मीडिया का पहला काम तो यही हो सकता है कि ऐसे किसी भी सीन को बनाने की सही कला पर विचार किया जाए। कितना क्या कब दिखाया जाए कि असर वो न हो जो आतंकवादी चाहते हैं। इस पर सरकार और निजी मीडिया में सहमति बने। बाइटों की स्पर्धा के लिए लूटमार न हो, आपाधापी न हो।

दूसरा यह कि सीधे प्रसारण में ऐसे बहुत से क्षेत्र बनने लगे हैं कि जहाँ सूचना और सीन पूरी तरह से 'बनाए' जा सकते हैं और प्रकटतः निरीह से दिखने वाली खबर विस्फोटक रंग ले सकती है जैसा कि किसी किताब में किसी की धार्मिक आस्था को चोट पहुँचाने की बात! ऐसे में मामलों में इतना तो तय किया ही जा सकता है कि आजादी के नाम पर ऐसी आजादी की बात न की जाए जिससे किसी की धार्मिक आस्था को चोट पहुँचती हो। हाँ चोट चोट में फर्क किया जाना चाहिए और जो जरा-जरा सी बात पर चोट खाते हैं, उनको बताया जाना चाहिए कि उनकी हर बात सही नहीं है। न दिखाई बताई जा सकती है। कारण कि कई कागजी संगठन हैं, जो ऐसे मौकों का इंतजार करते रहते हैं और घृणा की राजनीति फैलाकर अपना अस्तित्व बनाए रखते हैं। एक मामूली संगठन ने फोन किया और आप लाइव करने कैमरा लेकर दौड़ गए। हर बार यह मुनासिब नहीं। यहीं तो मीडिया की संपादन कला की चुनौती उभरती है जो नए समय में और भी जटिल हो जाती है।

इसी तरह धार्मिक यात्राओं सांप्रदायिक मनोरथों वाली यात्राओं आदि में भी ऐसे संदेश संभव हैं जिनमें असहिष्णुता का तत्त्व हो। ऐसे में मीडिया वाले इन मामलों को सिर्फ एक सूचना की तरह नहीं बजा सकते। अर्से से आतंकवाद, धार्मिक उन्माद ही राजनीति और भड़कावेबाजों ने मीडिया को अपना आसान माध्यम बना डाला है। समय आ गया है कि ठहर कर अपने अनुभवों को बाँटकर सभी मीडिया संस्थान ऐसी खबरों के निर्माण और उनके प्रभावों के बारे में पुनर्विचार करें। ये नई चुनौतियाँ हैं जो कोर्स की किताब में नहीं पढ़ाई जातीं। एक अन्य प्रसंग में अमेरिकी रक्षा मंत्री डोनाल्ड रुम्सफील्ड ने कहा है कि आतंकवाद के खिलाफ लड़ाई दरअसल मनोबल

की लड़ाई है। यह अदालतों में नहीं, दुनिया के जनमत के बीच जीती या हारी जानी है...बहुत से मीडिया आतंकवादियों की जाने-अनजाने मदद करते हैं, वे आग में घी डालने का काम करते हैं इत्यादि।

अमेरिकी रक्षा मंत्री की ऐसी बातें संदिग्ध इसलिए भी लगती हैं कि अमेरिका स्वयं एक प्रकार का आतंकवादी देश माना जाता है। इस कथन से इतना साफ है कि अमेरिकी सत्ता जमीनी लड़ाई की जगह आतंकवाद के खिलाफ लगभग शीतयुद्ध की भाषा में बात करने लगी है। यह दूसरी अति है और होगी। आतंकवाद एक सामाजिक-सांस्कृतिक-आर्थिक समस्या का परिचायक भी है। आप सीधे प्रतिबंधित करके उसका कुछ नहीं कर सकते। उसकी अफवाह उसे ताकत देगी। आतंकवाद मिथक्करण से भी काम करता है क्योंकि वह नियमित मीडिया से बाहर रहता है। उसका दुस्साहस उसका प्रभामंडल बनाता है। उसकी भी खबर मीडिया दे लेकिन किस तरह से दे? इस बारे में बार-बार सोचा जाना चाहिए। उससे लड़ने की कोई एक नीति नहीं हो सकती।

मीडिया ने जो बनारस बनाया, वह बनारस हर हाल में बना रहा। यद्यपि ऐसे दिमाग भी रहे जो खबर लगते ही अपने/मनो/रथों के टायरों में हवा डालने निकल पड़े! लेकिन काठ की हांडी एक बार चढ़ा करती है!

21 मार्च, 2006

विकास दर उन्नीस फीसदी

लगातार सातवें साल भी मीडिया और मनोरंजन उद्योग ने अपनी विकास दर को तेज बनाए रखा है। फेडरेशन ऑफ इंडियन चैंबर्स ऑफ कामर्स एंड इंडस्ट्री की नई रिपोर्ट कहती है कि भारतीय मीडिया और मनोरंजन उद्योग की सकल विकास दर उन्नीस फीसदी है। यदि यही विकास दर बनी रही तो दो हजार दस तक यह संयुक्त उद्योग 83,740 करोड़ रुपए होगा। फिक्की के आँकड़े पहली बार नहीं आए। वे लगातार सातवीं बार आए हैं और उद्योग के पंडित मानकर चलते हैं कि फिक्की के प्रक्षेपण प्रायः सही रहे हैं। फिक्की इस तरह का विकास दर आकलन कराती रही है। आरंभ में उसने एक बड़ी चार्टर्ड कंपनी आर्थर एंडरसन से ये काम कराया था। बाद में दूसरी कंपनियों से कराया और नया आकलन प्रसिद्ध कंपनी प्राइस वाटर हाउस कूपर ने किया है।

आर्थर एंडरसन ने सन् 2000 में इस उद्योग के 15000 करोड़ रुपए के साइज का बताया था और कहा था कि 2005 तक यह उद्योग 60000 करोड़ का हो जाएगा। इस बार की प्राइस वाटर हाउस कूपर की रिपोर्ट कहती है 2005 तक भारतीय मीडिया मनोरंजन उद्योग 35000 करोड़ को छू सका। आर्थर एंडरसन के दो हजार पाँच तक उद्योग को साठ हजार करोड़ तक पहुँचने की बात करती थी। कूपर की समीक्षा कहती है कि जो अपेक्षा थी वैसा नहीं हो सका।

कूपर की नई रिपोर्ट कहती है : यह उद्योग संयुक्त ढंग से हर हाल उन्नीस फीसदी की दर से विकसित होगा और 2010 तक 83740 करोड़ रुपए तक पहुँच जाएगा। रिपोर्ट कहती है कि उद्योग सालाना अठारह फीसदी की दर से बढ़ेगा। पिछले एक साल में ही विकास दर चौंकाने वाली रही है। मसलन अगर दो हजार चार के साल में यदि यह उद्योग बीस हजार करोड़ का था तो पाँच साल बाद यानी दो हजार नौ तक यही 45000 करोड़ तक का हो जाना है और जो दो हजार नौ में 45000 का होगा वही दो हजार दस में 83740 करोड़ हो जाएगा। आखिरी साल में विकास में तेज उछाल आ सकती है। यह विकास की बेहद तेज गति ही कही जा सकती

है! यानी दो हजार नौ से दस तक पहुँचते-पहुँचते छियासी फीसदी की विकास दर! वो भी दशक के आखिरी साल में!

आकलन बताता है कि जो टीवी उद्योग अब तक 1400 करोड़ के आसपास टहल रहा है वही बढ़कर 2010 में 42700 करोड़ तक पहुँच जाना है। इसी तरह रेडियो उद्योग की बढ़त चार गुनी हो जानी है। यानी कुल 1200 करोड़! और फिल्मी उद्योग 15300 करोड़ का हो जाना है। प्रिंट मीडिया अपने वर्तमान साइज 10900 करोड़ से बढ़कर 19500 करोड़ तक पहुँच जाना है। कूपर ने इस तेज विकास दर को संभव करने वाले दो तत्त्वों को बताया है। ये हैं—निचले तबकों, आर्थिक-सामाजिक रूप से पिछड़े तबकों के बीच मीडिया के प्रवेश यानी 'पेनीट्रेशन' में कमी और विज्ञापन-बजट में कमी। कपूर के एकजीक्यूटिव डाइरेक्टर ने इस बात को साफ करते हुए कहा है कि अभी निचले गरीब तबकों में मीडिया का प्रवेश कम है। अगर इस हालत को जरा सा भी बदलने के उपाय किए गए तो इसके परिणाम काफी अच्छे होंगे। मीडिया की पहुँच बढ़ने से मीडिया के दर्शक-श्रोता-पाठक बढ़ेंगे और इसका सब तरफ असर पड़ेगा।

उक्त रिपोर्ट आगे आने वाले दिनों में कितनी सही बैठती है कितनी गलत इसे आगे फिर आकलित किया जाएगा। लेकिन इस रिपोर्ट से एक बात साफ है कि वित्तीय जगत में मीडिया को मनोरंजन उद्योग का एक हिस्सा मानकर चला जाता है। यह उचित भी है। दोनों का विकास एक दूसरे के साथ होता है। इससे वे लोग सबक ले सकते हैं कि जो मीडिया को मनोरंजन से एकदम मुक्त मान कर ऐसे मास-मीडिया की कल्पना करते हैं जो मनोरंजन रहित हो।

अरसा पहले मीडिया को लेकर विकासमूलक नीतियों और मॉडलों की बातें की जाती थीं। विल्बर श्रेम और डेनियल लर्नर ने तो इसे एक नीतिगत ऊँचाई तक पहुँचा दिया जिसे बाद में अमेरिका ने सारी दुनिया के देशों को बेचा। लर्नर ने मिस्र का अध्ययन करते हुए पाया कि यदि समाज में एक न्यूनतम यानी बीस-तीस फीसदी सड़कें और इतनी के आसपास शिक्षा आदि हो तो वह समाज विकास के रास्ते पर चल पड़ा समझिए क्योंकि इससे एक एलीट बनेगा जो अपने आप पिछड़ेपन को दूर करने के उपाय सोचेगा। तीसरी दुनिया के लिए उसमें भी भारत के लिए यही मॉडल था जो बाद तक अपनाया जाता रहा। लेकिन पहले खाड़ी युद्ध के बाद जब भारत में उपग्रह चैनल प्रवेश कर गए और बाद में निजी चैनल मैदान में आ गए तो मीडिया और मनोरंजन के बीच का बहुत झीना सा परदा भी उतर गया। इन दिनों तो मीडिया संस्थान और मनोरंजन संस्थान एक दूसरे के अन्योन्याश्रय हो उठे हैं। मीडिया पर मनोरंजन उद्योग का इतना आर्थिक दबाव बढ़ा है कि वही विज्ञापक हैं, वही प्रायोजक हैं, वही कंटेंट भी हैं। मनोरंजन उद्योग मीडिया के कंटेंट का एक बड़ा हिस्सा बन कर उभरा है। बड़े-बड़े न्यूज चैनल अब मनोरंजन और सूचना को

एक-दूसरे में मिलाकर 'इन्फोटेनमेंट' करते हैं। कई बार तो समाचार कम नजर आते हैं, नाच गाना ज्यादा नजर आता है। यह संरचनामूलक मिलन है। यह होना ही था। मीडिया के विकास के एक नए दौर में यह होना ही है। इसके बिना न मीडिया बढ़ सकता है न मनोरंजन उद्योग। मीडिया ने इस तरह अपने को मनोरंजन का मुख्य वाहक बना लिया है। उसकी वित्त व्यवस्था इसी उद्योग के विकास पर निर्भर है।

यह सब 'लेट-कैपीटलिज्म' की देन है। अमेरिका में यह सब साठ सत्तर के दशक में हो चुका। हमारे यहाँ इस प्रक्रिया के कई सोपान एंक साथ घट रहे हैं। इसमें चौंकने की कोई बात नहीं। मीडिया का मुक्त बाजार से ज्यों-ज्यों संबंध बढ़ेगा यह चीज बढ़ेगी। इससे मीडिया का चरित्र बदलेगा। बहुत से लोग मान सकते हैं कि यह तो 'मीडिया का अंत' ही होगा! लेकिन ऐसा वे ही सोच सकते हैं जो मनोरंजन में कोई 'आलोचनात्मकता' नहीं देख पाते। यदि वे देख पाएँ तो समझ जाएँगे कि मनोरंजन उद्योग उपभोक्ता को निकम्मा बनाकर आगे नहीं बढ़ता, उसे सक्रिय करके ही आगे बढ़ता है। इस रिपोर्ट से एक बात साफ है कि मीडिया पढ़ने वालों को अब मीडिया के बारे में अपने उस पुराने सोच को छोड़ देना चाहिए जिसमें वह बाजार से नितांत मुक्त कहीं हिमालय की कंदराओं में बैठे तपस्वियों के लिए काम किया करता था! मीडिया के इस मिथक से बाहर आ जाना चाहिए!

19 मार्च, 2006

नैतिकता और मीडिया

मीडिया ने और कुछ किया हो न किया हो एक खास किस्म की नैतिकता को जन्म दे दिया है। मीडिया में जितनी भंडाफोड़ कहानियाँ आई हैं सबकी एक ही माँग रही है : जनक्षेत्र में भ्रष्टाचार नहीं होना चाहिए लोगों को जवाबदेह होना चाहिए और दोषी को सजा दी जानी चाहिए। इन दिनों नैतिक सुधार के अलावा कानूनी सुधार का एजेंडा भी सामने लाया जाने लगा है। न्यायपालिका का ढीलापन, गवाहों का मुकरना और न्याय का न मिल पाना ऐसे नए मुद्दे हैं जो कमोबेश मीडिया का एजेंडा बने हैं।

संदर्भ जेसिका लाल के हत्यारों में से किसी एक को भी सजा न दिला पाने से पैदा हुए क्षोभ का है। उस क्षोभ को मीडिया ने उचित ही स्थान दिया। प्रिंट ने इसे ऐसा ही रुख दिया। इलेक्ट्रॉनिक मीडिया ने उसे उठाया। एक माने में यह एक ऐतिहासिक काम हो गया, मगर इससे मीडिया की भूमिका और जिम्मेदारी बढ़ गई। लोग उससे ज्यादा न्याय की माँग कर सकते हैं। यह बात और पुष्ट हुई। न्याय और नैतिकता का पक्ष लेकर मीडिया ने स्वयं को न्याय और नैतिकता के पक्ष में खड़ा किया।

यहीं उससे कुछ सवाल पूछे जाने चाहिए। लोग पूछने लगते हैं, मीडिया से लोग हर बार ज्यादा अपेक्षा करते हैं, जेसिका लाल केस के बाद मीडिया पर यह जन दबाव और बढ़ गया है कि वह अब से आगे हर केस में कम से कम इतना ही न्यायप्रिय-नैतिकता प्रिय रहे। इसीलिए जब मीडिया जेसिका के पक्ष में दिनों तक केस बनाता रहा तब हर बार मीडिया प्रेक्षकों के मन में यह सवाल बार-बार कौंधा कि क्या यह पहला केस है जब मीडिया ने इतना चौकन्नापन दिखाया है?

जाहिर है कि यहीं उस नैतिकता और न्यायप्रियता का असल नजरिया सामने आ जाता है जो बताता है कि मीडिया की नैतिकता एक प्रकार की वर्गीय नैतिकता होती है। मीडिया की भी जात/क्लास/होती है। उन तमाम नामों उन केसों को गिनाने की जरूरत कतई नहीं है जिन्हें कभी न्याय नहीं मिला। यदि जेसिका को ही मीडिया

न्याय दिला दे तो एक सबक होगा। अन्यों की उम्मीद बँधेगी। जेसिका को एक टेस्ट केस माना जा सकता है।

मगर एक सवाल तो मीडिया के व्यापक संदर्भ में यह रह ही जाता है कि अनेक कमजोर लोगों के न्याय की हत्याओं के दाखिलदफ्तर होने के वक्त मीडिया कहाँ था? क्या भँवरी देवी को वह अपने अभियान का उतना बड़ा मुद्दा बना पाया जितना कि जेसिका लाल का बनाया? क्या उसने मट्टू के केस को उस तरह फालो किया जिस तरह से जेसिका का किया? क्या उसने बीएमडब्ल्यू दुर्घटना केस में उतनी चौकसी बरती जितनी कि जेसिका केस में बरत रहा है?

इन सवालों का यह माने नहीं है कि मीडिया के जेसिका को न्याय दिलाने के इन प्रत्यनों को किनारे किया जाए। हमारा निवेदन यह है कि अगर आप एक बार अपने सूचना-मनोरंजन के स्वर्ग से निकल कर, राजनेताओं के बयानों के सुरक्षित बाइटों से निकलकर जरा सा भी जनहितकारी मसलों या न्याय की अपेक्षा रखने वालों को अपना बनाते हैं तो फिर आपके चारों तरफ जनता की न्याय की माँग इतनी प्रबल हो जाती है कि आप को होश न लेने दे। तब आपका जवाब क्या होता है? एक 'विजिलांते मीडिया' को तो हर वक्त विजिलांते यानी सजग पहरुआ होना होगा।

यही असल बात है। मीडिया स्वयं इन चीजों को जानता है कि ऐसे काम के बाद जनता की अपेक्षाएँ उससे बढ़ जाती हैं और वह उन्हें पूरी नहीं कर सकता इसीलिए वह न्याय की व्यवस्था और पुलिस व्यवस्था में सुधार की माँग कर रहा है। इससे मीडिया का मार्केट भी बढ़ता है। साख बढ़ती है।

दरअसल, जेसिका के केस को उठाने और बाकी केसों को किनारे कर देने के पीछे मीडिया में बैठे लोगों के अपने आग्रह भी काम कर रहे हैं। जेसिका लाल मीडिया की अपनी क्लास की लड़की थी 'पेज थ्री' की क्लास जो टैमरिंड कोर्ट में आधी रात में मर्डर के वक्त मस्त हो रही थी। वह मीडिया की अपनी जात ही थी। अपनी जात में ऐसा हुआ और अपनी जात को ही न्याय न मिले यह बात मीडिया को हजम नहीं हुई। इसलिए जेसिका का केस एक हिट केस है। सुंदर लड़की थी। ताकतवर लोग लिप्त नजर आते हैं कहानी में विस्फोटक है तो जरा दिखाओ। बहुत शुरू में जेसिका को इसी तरह बनाया गया। स्वयं मीडिया ने जेसिका के मर्डर के आसपास के दिनों में कहानी को सनसनीखेज बनाया और सारा मामला पुलिस के भरोसे छोड़ दिया। हत्यारों की खोज में वह ज्यादा नहीं पड़ा। अब जब कुछ न हुआ तो उसे लगा कि अपनी ही जात बिरादरी के बंदे को अगर न्याय नहीं मिला तो कल को क्या होगा? हमारे ही वर्ग की लड़की और यों मारी गई। क्लास कैसे चलेगी?

हम कहेंगे कि चलिए इसी बहाने सही न्याय की हुड़क तो उठी। इतनी भी गनीमत है। अब मीडिया कई काम और कर सकता है। हर महीने नहीं तो हर साल

कम से कम एक ऐसे केस को अपनी ताकत दे जो कमजोर वर्ग का न्यायवंचित वर्ग का हो। जिसमें मानवीय न्याय की जरूरत हो राजनीतिक माइलेज की गुंजाइश न हो।

जनता की अपेक्षाएँ यही हैं हजारों लड़कियाँ काट दी जाती हैं, खबर तक नहीं मिलती। अपराध कथाओं में खबर मिल जाती है मगर वह मीडिया का अपना मसला कभी नहीं बनता। ये कमजोर वर्ग की अपराध कथाएँ सनसनी मार्का चस्केदार मजेदार बना दी जाती हैं। न्याय मिला कि न मिला? इसकी परवाह नहीं की जाती। बस कभी-कभी एक जेसिका के केस से मीडिया सुर्खरू होता रहता है।

जाहिर है कि नैतिकता और न्यायप्रियता सलेक्टिव नहीं हो सकती। लेकिन मीडिया में वह सलेक्टिव नजर आती है। यही मीडिया की नैतिकता के विजलिंतापने की सीमा है।

26 मार्च, 2006

माध्यमों में आता साहित्य

मनोहर श्याम जोशी के निधन की पहली खबर एक मित्र ने फोन पर दी मनोहर श्याम जोशी जी के घर के अते-पते के बारे में मीडिया के तीन लोगों ने पूछा। जाहिर है कि वे आई खबर को आगे बढ़ाने के लिए उनके घर जल्द से जल्द पहुँचना चाहते थे। इसमें हिंदी का मीडिया आगे-आगे रहा। अंग्रेजी के मीडिया ने भी उनके निधन की खबर दी लेकिन हिंदीवालों ने उसे बड़ी खबर की तरह रखा।

टाइम्स, हिंदू, हिंदुस्तान टाइम्स और इंडियन एक्सप्रेस ने निधन की खबर दी। इन खबरों में जोशी जी को 'हमलोग' और 'बुनियाद' सीरियलों के लेखक के तौर पर ज्यादा याद किया गया। देख कर अच्छा लगा। कुछ जगह उनके उपन्यासों का जिक्र भी हुआ। पिछले दिनों से इलेक्ट्रानिक मीडिया हिंदी के साहित्यकारों की खोज-खबर में रुचि लेने लगा है। उससे पहले ऐसी रुचि नहीं दिखी। निर्मल वर्मा के निधन पर, अमृता प्रीतम के निधन पर और अब जोशी के निधन पर इलेक्ट्रानिक मीडिया ने खबर और चरचा बराबर दी।

अंग्रेजी चैनल इस तरह की खबर तो देने लगे हैं लेकिन वे फीचर या चरचा आदि नहीं दे पाते। हाँ हिंदी के चैनल इस काम में भी आगे-आगे रहते हैं। वे जमके चरचा आदि करा डालते हैं। कुछ पहले तक इलेक्ट्रानिक मीडिया को खबर तक नहीं होती थी कि हिंदी में क्या हो रहा है। अब होती है। यह हिंदी समाज का दबाव है जो मीडिया को हिंदी साहित्यकारों की ओर मोड़ रहा है। हिंदी चैनल हिंदी जनता को अपना बाजार बनाते हैं। उसके दिलो दिमाग को अपनी तरफ खींचने के लिए तरह-तरह की कवायद करते हैं। ऐसे में हिंदी के पढ़े-लिखे लोगों के बीच जो नाम जाने जाते हैं, वे भी महत्त्वपूर्ण माने जाने लगे हैं। हिंदी में भी पढ़े-लिखे ज्ञानी ध्यानी होते हैं, यह सब जानने लगे हैं। यह बात भी मीडिया ने साहित्य को खबर बना-बनाकर स्थापित की है। लेकिन इलेक्ट्रानिक मीडिया के हिंदी साहित्य या उसके आइकनों के प्रति संवेदनशील होने का कारण मात्र बाजार नहीं है बल्कि मीडिया की संरचना में कुछ ढाँचागत परिवर्तन भी हैं।

ज्यादातर इलेक्ट्रानिक मीडिया हिंदी क्षेत्र में अपने केंद्र रखता है। नोएडा इस वक्त कम से कम सात-आठ खबर चैनलों के बड़े प्रोडक्शन यूनिटों का अड्डा है। फिल्म सिटी में चले जाइए तो आपको दो-चार किलोमीटर के एरिया में सारे बड़े चैनलों के अड्डे मिल जाएँगे। जो यहाँ नहीं हैं, वे दिल्ली में ही कहीं न कहीं मौजूद हैं। खबर चैनलों में हिंदी वाले आ रहे हैं। कह सकते हैं कि एक प्रकार का हिंदी वातावरण बनने लगा है जिस तरह एक वक्त में आईटीओ अखबारों का अड्डा हुआ करता था और किसी मानी में अब भी है उसी तरह नोएडा का यह इलाका इन दिनों जाना जाता है। इस वातावरण का अपना असर है। हर चैनल वाला एक दूसरे पर नजर रखता है। इसलिए हर खबर हर एक कि खबर बनने लगती है। चैनलों में मॉनीटरों पर लोग देखते रहते हैं, उसके यहाँ क्या नई खबर आई जो हमारे यहाँ नहीं आई और फिर उसे देने की कवायद होने लगती है। इस बाजारी स्पर्धा ने हिंदी का भाव बढ़ाया है।

एक बड़ा कारण चैनलों में काम करने वालों के बीच हिंदी वालों की तादाद का बढ़ना है। अंग्रेजी भले नीति निर्धारण आदि की भाषा रहे लेकिन हिंदी समाज को संबोधित करने वाली भाषा चूँकि हिंदी ही हो सकती है इसलिए हिंदी वालों का पव्वा भारी होने लगा है। निर्मल या अमृता या मनोहर श्याम जोशी के मरने की खबर के पीछे दिखती तत्परता इसी संरचनामूलक दबाव का परिणाम है। चैनलों में ज्यों-ज्यों हिंदी वाले बढ़ेंगे, हिंदी समाज की खबर सुध लेने की प्रवृत्ति बढ़ेगी।

हिंदी का बाजार बहुत बड़ा है। भले उस साहित्य का बाजार बड़ा न हो जिसमें एलीट लेखक लिखते हैं लेकिन पॉपुलर कल्चर का बाजार बहुत बड़ा है, इसे सब जानते हैं और चैनल उसी पर पलते हैं। इस क्रम में वे हिंदी एलीट की खबर भी लेने लगते हैं। साहित्य से बड़ी साहित्य की खबर हो सकती है। उससे हिंदी की पढ़ी-लिखी विशाल जनता जुड़ी होती है। इसीलिए वे उसे खबर बनाते हैं। हिंदी के अखबार साहित्य और साहित्यकारों को कितनी भी कम जगह देने लगे हों लेकिन साहित्य की खबर को वे भी पूरी जगह देते हैं। अवसर होने पर वे पूरे फीचर पूरे साक्षात्कार तक देते हैं और इस तरह हिंदी वालों को सेलीब्रेट करते हैं कोई पिचहत्तर का हुआ तो बताया। किसी को कोई सम्मान मिला तो बताया। किसी का निधन हुआ तो बताया।

अंग्रेजी मीडिया पर एक दबाव अब हिंदी मीडिया का बनने लगा है, जो खबर बार-बार और बड़ी सी हिंदी में नजर आती है। देर-सबेर अंग्रेजी में भी नजर आने लगती है। यह हिंदी अखबारों और हिंदी चैनलों का दबाव है। हिंदी वालों की एक शिकायत बरकरार है कि हिंदी साहित्य की जगह मीडिया में कम होती जा रही है। अब रिव्यू की जगह कम होने लगी है। कहानी, उपन्यास-अंश और कविताएँ अब हिंदी अखबारों में नहीं छपते। लेकिन हिंदीवालों की खबर जरूर मिलती रहती है।

क्या साहित्य अब खबर मात्र रह गया है? जी हाँ। यदि ऐसा है तो बेहतर है। साहित्य की खबर का आना बताता है कि वह खबर के योग्य हो गया है, उसकी रचनाएँ छपें न छपें। उसकी रचनाएँ छोटी पत्रिकाओं में छपती रहती हैं लेकिन खबर बड़ों में ही होती है। साहित्य की कुछ ही फारमेट ही संभव है जो टीवी पर हो सकती है : एक 'फीचर', दूसरी 'चरचा', तीसरी 'साक्षात्कार', चौथी किसी कृति का 'फिल्मीकरण', पाँचवीं 'खबर'।

पहली चार प्रकार की फारमेट डीडी अपनाता रहता है। उसकी 'पत्रिका' में फीचर, चरचा, साक्षात्कार और नई कृतियों की खबर आदि रहती हैं लेकिन किसी लेखक पर बड़ी खबर बनाने का रिवाज स्पर्धा के बाजार के दिनों में संभव हुआ है। जब साहित्य से बड़ी उसकी खबर बनने लगे तो समझिए कि साहित्य अपने बालापन से निकलकर वयस्क अवस्था में आ गया है। साहित्य का खबर बनना इसी का परिचायक है।

2 अप्रैल, 2006

जनरुचि का खेल

पिछले पखवाड़े लक्मे फैशन वीक में मुंबई में एक मॉडल का टॉप रेंप पर ऐन कैटवाक करते-करते फिसल गया। वहाँ बैठी पेजथ्री वाली क्लास ने यह सब देखा। बहरहाल उस मॉडल ने क्षण मात्र में ही उस फिसले हुए टॉप को किसी तरह से हाथों से पकड़ा और अपने स्तनों को ढककर यथावत चलती चली गई।

मीडिया के एक हिस्से के एक टिप्पणीकार ने उस मॉडल की इस 'कूल स्टाइल' को सराहा : कहा कि वह मॉडल विचलित हुए बिना अपना कैटवाक करती रही! तुरंत तो नहीं मगर इस घटना के करीब चौबीस घंटे बाद चैनलों को सुध आई कि मुद्दा जोरदार था लेकिन तब किसी ने इसे मुद्दा नहीं बनाया। बाद में अचानक मानों किसी एजेंडे के तहत बनाया जाने लगा। सवाल स्थिर हुआ, टॉप अपने आप फिसला या उसे जानबूझ कर खिसकाया गया?

उसके बाद खबर आई की मुंबई पुलिस ने जाँच करने के बाद पाया है कि टॉप खिसका था, उसे खिसकाया नहीं गया था। 'जिप' कहीं गड़बड़ हो गई थी। हादसा था। उसके बाद दिल्ली में वही फैशन वीक हुआ। उसमें भी एक मॉडल का कुछ खिसकने को खबर बनाया गया मगर ज्यादा नहीं। एक खबर और रही कि इस बार दिल्ली के फैशन वीक के लिए बाहरी मुल्कों से लोग ज्यादा आ रहे हैं। इनमें एनआरआई और सचमुच के विदेशी भी होंगे।

यदि हम फैशन वीक की घटना के कवरेज से इतनी ही खबर इकाइयों/बाइट्स में बदलें तो इतना साफ होता है : मीडिया ने इसे थोड़ा हिचकते हुए अपना बड़ा विषय बनाया। देर से बड़ी खबरें आईं। फैशन पर पूरक फीचर भी आए। मॉडलों एवं कैट वाक की समस्याएँ भी आईं। और यह भी कि जो डिजाइनर कपड़े बनाते हैं वे मॉडल के हिसाब से नहीं बनते बल्कि एक खास देह के अनुपात में बनाया करते हैं। इसलिए भी हादसे हो जाया करते हैं।

फैशन वीक को एक सतत घटना बनाकर जनरुचि को एक आकार दिया जाने लगा। याद किया गया कि पिछले दिनों अमेरिका में एक डांस शो में जेनेट जैक्सन की चोली का एक हिस्सा फट गया और उसका एक स्तन झाँकने लगा। अमेरिकी

नैतिकता को बड़ी बेचैनी हुई कि ये क्या? उसे भी हादसा कहा गया। लेकिन उसकी नर्तकी ने तुरंत माफी माँगी। अपने यहाँ न तो डिजाइनर ने कोई सफाई दी न मॉडल ने कुछ कहा। पुलिस ने कहा। यद्यपि अब भी कुछ लोग जिज्ञासु हैं कि असल में क्या हुआ?

ऐसी हर घटना जिसमें बड़े महँगे लोग संलग्न हों जिसमें थोड़ा सेक्स का विस्फोटक कोण बने वह मीडिया के लिए एक बेहतरीन कहानी बन ही जाती है। जनता इसे 'देखना चाहेगी'। ऐसा मान लिया जाता है। उसे दिखाया भी जाता है। घटना है तो दिखाई जानी चाहिए, बताई जानी चाहिए। लेकिन क्या बताने का हेतु इस तरह से सामने आना चाहिए कि आगे-आगे लोग रेंप शोज सिर्फ टॉप या लहँगा खिसकने के लिए ही जाएँ।

फैशन शो कवर करते हुए मीडिया रेंप शोज को दो स्तर पर बताता है। एक स्तर सीधा प्रसारित या रिकार्डेड सीन होता है जिसमें कैट वाक करती/करते मॉडलों को रेंप के आजू-बाजू लाइव दर्शक रसिक या कहें—उपभोक्ता बैठे होते हैं। दूसर स्तर वह अनुभव है, जो ऐसे शोज के प्रसारण के जरिए बनाया जाता है। यह सिर्फ टीवी दर्शकों के लिए होता है। दूर बैठा टीवी दर्शक लाइव दर्शक से ज्यादा जिज्ञासु होता है। अपने यहाँ ग्लोबल स्तर का फैशन है। इस ग्लोबल स्तर में इन दिनों दुनिया भर में स्त्री मॉडलों के स्तनों के दर्शन की विविध स्टाइलों पर जोर रहता है। कोई अचरज नहीं होना चाहिए कि पिछले ही दिनों फैशन चैनल में इस मामले में बेहद उदार दृश्य दिए जिसे एक कॉलमिस्ट ने तीखी टिप्पणी से बेधा भी।

यदि मीडिया में बैठे लोग इस मामले को एक मामूली घटना भर बताते उसी तरह उसकी व्याख्या करते तो वह एक सीमित कथा होती लेकिन अगर उसमें जिज्ञासा को प्रमुख बना दिया गया तो फिर 'चोली के पीछे क्या है' वाले सवाल दर्शक को 'अतिरिक्त जिज्ञासा' की ओर ले जाने लगते हैं। मीडिया इन दिनों ठीक यही कर रहा है। हार्डफैक्ट्स की ओर जाने की जगह हर मामले में वह दर्शक की जिज्ञासा को भड़का कर, उसे सतही सवालों में बदल डालता है और इस तरह सवालों को केंद्र में रखकर एसएमएस के जरिए उनके पीछे एक सच्ची झूठी जनता बना डालता है। इस तरह जनरुचि को बदल डालता है।

यह इतनी बदल जाती है कि मेधा पाटकर का जान जोखिम में डालने वाला अनशन जिज्ञासा का विषय नहीं बनता कि उजाड़े गए लोगों के मुद्दे क्या हैं? उनका समाधान क्यों नहीं हो रहा? दिल्ली के दुकानदारों की तकलीफ भी जिज्ञासा का विषय नहीं बनाई जाती लेकिन एक मॉडल का टॉप खिसकता है तो बड़ी खबर बना दी जाती है। मीडिया का हर बात को जनता की रुचि के नाम पर जिज्ञासा और सतही सवालों में बदलना ऊपर से भले रुचिकर लगे वह सूचना के भीतर तक नहीं जाने देता। उसे ऊपर ही रोक देता है। यह मीडिया में समकालीन सूचना के सतही निर्माण की समस्या है।

9 अप्रैल, 2006

लोकप्रियता से सामना

अपनी राजनीति पॉपुलिस्ट है, लोकप्रियतावादी है। अपना मीडिया भी पॉपुलिस्ट है। यह बात इलेक्ट्रानिक मीडिया पर ज्यादा लागू होती है। हर पॉपुलिज्म काउंटर पॉपुलिज्म को जन्म देता है। मीडिया में यह रोज दिखता है। राजनीति में भी दिखता है। मेरठ में मेला अग्निकांड हुआ। अनेक लोग मारे गए। घटनास्थल पर भीड़ जमा हो गई। उनमें मृतकों के परिजन आदि रहे होंगे तथा कुछ ऐसे भी जो जिज्ञासु रहे होंगे कि देखें क्या हुआ है? यह मीडिया के पॉपुलिस्ट मुहावरे का आम जनता द्वारा 'प्रति लोकप्रियतावाद' (काउंटर पॉपुलिज्म) था।

घटना से विचलित लोगों ने अपना गुस्सा उतारा। यह पॉपुलिस्ट किस्म का व्यवहार रहा। उग्र भीड़ यही कर सकती थी लेकिन सबसे पहले इस भीड़ ने मीडिया पर आक्रमण किया। वे टीवी वैनों पर हमला करने लगे। चैनल वालों से भिड़ गए और चाहा कि वो-वो संख्या बताएँ जो कि जनता यानी उस भीड़ ने मान रखी है। आहत लोग खबर 'ठीक करने' के लिए व्याकुल थे। उन लोगों को यकीन था कि मरने वालों की संख्या कहीं ज्यादा है। प्रशासन कम करके ही बताएगा। आजाद मीडिया जनता की बात कहे। सरकारी बात न कहे। मीडिया से भीड़ की उम्मीद बेजां नहीं थी। मीडिया के पॉपुलिस्ट मुहावरे को जनता इसी तरह ले सकती है। मीडिया को जनता आजाद मानकर 'अपनी आवाज' मानती है। भीड़ प्रशासन पर भरोसा नहीं करती। वह जनता का एक 'नाराज हिस्सा' बनता है। समाज में यदि निराशा व्याप रही हो तो ऐसा ज्यादा होता है। भीड़ निराश जनता का क्षणिक प्रतिरोध है।

यही बात बेंगलूर में अभिनेता राजकुमार की शव यात्रा के दौरान दिखी। प्रशासन ने कोई व्यवस्था नहीं की। लाग अपने हीरो के अंतिम दर्शनों को टूट पड़े और प्रशासन से नाराज होकर हिंसक हो उठे। चार लोग मारे गए। बेंगलूर जैसे शहर की जनता का एक भीड़ संस्करण भी प्रशासन की लापरवाही और गैर-जिम्मेदारी से बना। पॉपुलर हीरो के अंतिम दर्शन उनके चाहने वालों के पॉपुलर व्यवहार में ही प्रकट हो सकते हैं। यूरोप में फुटबॉल के और अपने यहाँ क्रिकेट के फैन अक्सर ऐसी ही मानसिकता

का परिचय दिया करते हैं। मीडिया के सामने वे अक्सर उत्तेजित होकर व्यवहार करने लगते हैं। उनकी नजर में उत्तेजित उन्मादित व्यवहार पॉपुलर होता है। अमिताभ बच्चन बीमार पड़ते हैं तो एक अलग भीड़ नजर आती है। यह भीड़ उनके स्वास्थ्य लाभ के लिए प्रार्थना कर रही होती है। यह अनुत्तेजित भीड़ कही जा सकती है लेकिन एकदम अनुत्तेजित हो ऐसा भी नहीं कहा जा सकता है। हाल में सलमान के दो दिन जेल में जाने को लेकर उनके फैनों की प्रतिक्रियाएँ भी एक भीड़ात्मक मानसिकता का परिचय देती हैं। भले वे उत्तेजित व्यवहार का उदाहरण न बनी हों।

भारतीय मीडिया ने अपने समाज को एक भीड़ की तरह ही बनाने का जतन किया है। उसने पिछले पंद्रह-सोलह साल में पॉपुलिस्ट मुहावरा खोजा है। उदाहरणों की कमी नहीं। रोज की बात है। फिल्मों-सीरियलों मनोरंजन के अन्य कार्यक्रमों के मुहावरों को तो जाने ही दें क्योंकि वे तो पॉपुलर मुहावरे में ही काम करते हैं। खबरें भी अब पॉपुलिस्ट मुहावरे में काम करती हैं। उनकी गढ़न किसी हिट, चालू, तुरंता प्रभाव पैदा करने वाले मुहावरों में होती है। निशाना साधा, पलट वार किया, हिसाब चुकता और फिल्मी गानों के मुखड़े खबर को क्वालीफाई करने के लिए लगा देना आम प्रवृत्ति है।

किसी फिल्म के रिलीज होने पर उसके हीरो के फैनों से सार्वजनिक जगह पर खड़े हो कर बात करना रोज की बात है। देखते-देखते फ्रेम में अनेक चेहरे झाँकने लगते हैं और एक भीड़ सी बोलने-बोलने लगती है। हर आदमी कुछ न कुछ कहने के लिए बेचैन दिखने लगता है। हर आदमी अपने को टिप्पणीकार मानकर बोलने को उत्सुक होता है। कहीं कोई हादसा हो तो इस प्रवृत्ति को और भी देखा जा सकता है। होली-दिवाली जैसे किसी भी उत्सव के मौके पर पब्लिक के बीच ऐसा ही होता है। राजनीति का पॉपुलिस्ट मुहावरा जनता को अलग-अलग ढंग से भीड़ में बदलता है। यहाँ वादे और सुनहरे सपने बेचे जाते हैं। यह सपनों के बाद जगे आदमी नाराज भीड़ होती है जो हमेशा समाज में बढ़ती रहती है। भारतीय समाज एक 'सतत मोहभंग' में रहने वाला समाज बता दिया गया है। एक भीड़ अपने समाज में कुंभ आदि मेलों में बनती रहती है। जब से मीडिया अपने को मारकेट करना शुरू किया है। तब से उसमें बोलने वाली भीड़ पैदा होने लगी है। लाइव प्रसारण ने इसे भीड़ का चहेता बनाया है। मीडिया स्वयं को भीड़ में बेचता है। उससे उसे दर्शक मिलते हैं। उसका लाभ होता है वह उन्हें 'स्ट्रक्चर्ड राजनीति' की नजर से नहीं देखता। राजनीति भी ऐसा ही करती है।

ऐसी पॉपुलिस्ट की मारी जनता उन्माद को जोर से बोलने को उग्रता को अपना सबल संचार बनाती है। जोर से बोले तभी बात सुनी जाएगी। यह अनुभव उससे उग्र व्यवहार कराता है। अवसर-अनवसर ये उन्मादित भी हो सकता है। एक भी सांप्रदायिक दंगों में बनती देखी गई है। यह प्राथमिक क्षेत्र में स्वतःस्फूर्त भी हो सकती

है लेकिन जल्द ही संगठित हो जाती है। हम कह सकते हैं कि भीड़ एक असंगठित, तत्काल उत्तेजित, तुरत एकत्रित होकर बिखर जाने वाली सामाजिक प्रतिक्रिया होती है। उसका कोई पता नहीं होता। उसके नायक तुरत बन-बिगड़ सकते हैं। इसीलिए दंगा करने वाले भी मानसिकता का सहारा लेते हैं क्योंकि भीड़ में कोई व्यक्ति नहीं होता।

मीडिया के पॉपुलिस्ट मुहावरे ने समाज को एक तुरत भीड़ की तरह पढ़ा है। उसे स्ट्रक्चर्ड या वर्गीकृत स्लॉटेड हित समूहों की तरह नहीं देखा जबकि मारकेटिंग का काम जनता को हित समूहों में समझे बिना संभव नहीं है। मीडिया अपने दर्शकों का कोई समाजशास्त्रीय किस्म का वर्गीकरण नहीं करता जिस तरह से जरूरी है। खबरों को पॉपुलिस्ट मुहावरे में ढाल देने से दर्शक मिलने लगते हैं लेकिन बहुत जल्द सब ऐसा ही करने लगते हैं और इस तरह दर्शक बनने बंद हो जाते हैं। तब बने-बनाए उन्हीं दर्शकों की छीनाझपटी का काम शुरू होता है। दर्शक का ध्यान खींचने के लिए उसे अति अभिव्यंजनामूलक और उग्र मुहावरे दिए जाते हैं। यही मीडिया के दर्शक को एक भीड़ की मानसिकता में लाने लगता है। जब तक मीडिया राजनीतिक पॉपुलिस्ट के मुहावरे से बाहर आकर अपना रचनात्मक यथार्थपरक तटस्थ मुहावरा नहीं गढ़ता। उसका सामना हमेशा एक भीड़ से होते रहना है। वक्त आ गया है कि मीडिया अपने मुहावरों की समीक्षा को अपने लिए नए संप्रेषण के मुहावरे गढ़े। तब कहीं वह खबर को सही भाव स्तर दे सकेगा। उसे व्यर्थ की बदहवासी से मुक्त कर सकेगा।

16 अप्रैल, 2006

नई चाल में ढली खबरें

जामा मस्जिद में बम धमाके हुए तो एक जाने-माने अंग्रेजी दैनिक ने स्काईलाइन दी। 'अनहोली टेरर' का हमला कहा गया। आप सोच में पड़ सकते हैं कि दुनिया में अपने को सबसे बड़ा अखबार मानने वाले अखबार ने टेरर को अनहोली ठहराकर किसी 'होली टेरर' की बात भी कबूल की। अंग्रेजी के अखबारों में आजकल ऐसी ही हैडलाइनों का चलन है। ज्यादा चुलबुले, ज्यादा व्यंजनात्मक और ज्यादा उत्तेजक खबरों की कबड्डी!

सिर्फ हिंदी वाले ही अपनी हेडलाइनों में बहका नहीं करते हैं। अंग्रेजी वाले भी छक्के-चौके लगाते हैं। अंग्रेजी हो या हिंदी हो 'ध्यान खींचू' लाइन लगाने में कोई कम नहीं है। लाइन वो जो कैची हों। जो मौलिक लगे। जो कहानी के सार को भी कह डाले और पाठक की नजर को भी थाम ले।

कोई वक्त था जब हेडलाइंस के लिए एक मानक 'स्टेट्समैन' को माना जाता था। साफ-सुथरी अंग्रेजी में बिना ज्यादा मुहावरेबाजी के हेडलाइन देना, टाइटिल देना तब लोग 'स्टेट्समैन' को पढ़कर सीखा करते थे। आज भी 'हिंदू' की लाइनें परंपरागत भाषा में ही होती हैं। उनमें ज्यादा खिलंदरापन नहीं होता। बहुत छूट नहीं ली-दी जाती। पुराने अखबारों की तरह वहाँ खबर को खबर की तरह खुलने दिया जाता है। लाइन खबर पर हावी नहीं होने दी जाती।

'इंडियन एक्सप्रेस' की हेडलाइनें भी प्रायः सटीक लेकिन व्यंजनात्मक होती हैं। इसका अर्थ है कि कहानी को सटीक ढंग से टाइटिल देकर खोल देने की कला दैनिक खबर निर्माण में आज भी महत्त्व रखती है। एक शब्द से वह पाठक की जिज्ञासा को जाग्रत कर देने वाली होनी चाहिए। अंग्रेजी में भाषा के खिलंदरेपन का चलन उनके फीचर पेजों के खबर पर हावी होने से पैदा हुआ कहा जा सकता है। हार्ड न्यूज से ज्यादा 'फीचर' पर जोर बढ़ा है।

अखबार की ताकत खबर को बनाने एवं उसकी प्रस्तुति में निहित होती है। यहाँ भाषा का सबसे ज्यादा ध्यान रखा जाता है। जब इतने विजुअल्स नहीं होते

थे और खबर प्रायः 'ड्राई' हुआ करती थी तब भाषा और उसकी सटीकता ही संप्रेषण का सारा काम करती थी। अब विजुअल्स-फोटो ज्यादा हैं तो कई बार टाइटिल की भाषा खबर के संग न्याय नहीं कर पाती।

यदि हम जामा मस्जिद बम धमाकों की बाबत ही बात करें तो पाते हैं कि अखबारों की प्रमुख खबरों के टाइटिल टीवी के टाइटिलों की तरह ही अभिव्यंजनामूलक रहे। जितना है उससे ज्यादा अर्थ देने वाले। सीधे भावना को संबोधित करने वाले। 'आतंक का हमला'। 'आतंक के साए में दिल्ली'। ऐसे टाइटिल ही 'लंदन में आतंक का साया' कह कर लंदन को भी 'दहला' चुके हैं। जबकि बीबीसी सिर्फ कुछ बम विस्फोटों का ही जिक्र करती रही। खबर भावना का निर्माण करती है लेकिन भावना का पर्याय नहीं है।

खबर को सूचना से ज्यादा भावना के क्षेत्र में ले आना और एक भावुक भाषा में उसे व्यवस्थित करना किसी रचनात्मकता का परिणाम नहीं है। ऐसा नहीं है कि इस वक्त अखबारों में कवि कथाकार किस्म के लोग खबरनवीस हों। अब न कोई रघुवीर सहाय हैं न सर्वेश्वर दयाल सक्सेना हैं और अखबार 'दिनमान' की तरह भी नहीं है। होना भी नहीं चाहिए। लेकिन खबर बनाने, प्रस्तुत करने में एक भावनात्मक दायरा बनाने की कोशिश बराबर नजर आती है।

इसका कारण वह भावप्रधान नया पाठक वर्ग है जो इधर हिंदी में बना है। यह निचले तबकों का वर्ग है जो बहुत पढ़ा-लिखा एलीट भाव का नहीं है बल्कि जो सामान्य बोलचाल की हिंदी को ही पढ़ने की हिंदी समझता है। वह बिहार से बंगाल से राजस्थान से यूपी से कहाँ-कहाँ से आया है। उसे खबर चाहिए।

ऐसे नए अनंत पाठकों को खींचने के लिए हिंदी अखबारों ने अपनी भाषा शैली विकसित की है जिसमें भड़काऊ भाषा वाले टाइटिल आदि सक्रिय किए जाते हैं। यदि बम धमाका एक जगह हुआ तो कहा जाएगा 'दिल्ली दहली'। यदि किसी कालोनी में बुजुर्गों की हत्या कर दी जाएगी तो लिखा जाएगा 'सुरक्षित नहीं है दिल्ली'। यानी खबर को 'डि-लोकलाइज', 'डिकंटेक्स्चुअलाइज' करके, उसे उसके देश काल से मुक्त करके, जनरलाइज करके पूरी दिल्ली से जोड़ने की कला विकसित हुई। इसका एक अर्थ यह भी है कि दिल्ली को बार-बार फोकस में लाकर ऐसे अपराधों या घटनाओं के होने मात्र पर अचरज दिखाया जाता है। ऐसे तमाम टाइटिलों में लगता है कि दिल्ली कोई ऐसी जगह हो जो न कभी दहल सकती हो न आतंक से थर्रा सकती हो। लोगों की भावना को अपील करने के लिए कैची टाइटिल डाला जाता है।

हम देख सकते हैं कि भावात्मक भाषा खबर को फैला देती है उसे सँभालती नहीं। उसे लिमिट नहीं करती। जितनी वह होती है उतनी नहीं बताती ज्यादा से ज्यादा बताती है। ज्यादा से ज्यादा कैची तीखी भाषा में बताती है। इन बातों को लिखने का अर्थ यह नहीं कि हिंदी के अखबार कोई बड़ी गड़बड़ कर रहे हैं। असल

बात यह देखने की है कि बदलते समय में खबर बनाने के कुछ नए तरीके हिंदी अखबारों ने विकसित किए हैं। भावुकता का निर्माण करने, खबर को उसकी अतिव्याप्ति में रखने की शैली विकसित हुई है। अंदर विस्तार से दी जाने वाली खबर क्लासीकल तथ्यसम्मत रहेगी लेकिन टाइटिल एकदम धाँसू होगा। टाइटिल पढ़कर आदमी अखबार उठाएगा। इतना ही तो चाहिए।

हिंदी के अखबारों ने यह काम उस दौर में किया है जब हिंदी में संपादन कला का क्षय हुआ बताया जाता है। सच यह है कि पुरानी संपादन कला विदा हुई है नई कला आ रही है। इसमें टीवी की खबर नवीसी की बड़ी भूमिका है। डीडी की न्यूज का असर उतना नहीं है जितना कि प्रिंट पर निजी चैनलों की खबरनवीसी का असर है। टीवी प्रभावमूलक माध्यम है सो भाव को अपील करके चलता है। प्रिंट में इसी टीवी मुहावरे का असर आया है।

23 अप्रैल, 2006

टीवी समाचार प्रस्तुति

टेलीविजन के समाचारों की प्रस्तुति के बारे में 'चैनल 4' के प्रख्यात पत्रकार जॉन स्नो ने कहा है : समाचार वाचन समाचार संबंधी तमाम कामों के मुकाबले दोयम दर्जे का ही ठहरता है। अगर आप सिर्फ 'वाचक' या 'वाचिका' बनना चाहते हैं तो इसे भूल जाइए। आपको सबसे पहले एक प्रथम श्रेणी का पत्रकार होना चाहिए। आपको सही सवाल पूछना आना चाहिए। मुद्दे को कवर करने वाले सभी संगत सवाल आपके पास होने चाहिए और उन सवालों को आपको उन दर्शकों की मार्फत पूछना चाहिए जिनसे आप मुखातिब हैं। अगर आप किसी दूसरे की कापी भी बाँच रहे हैं जो कि खासी बेदम है तो भी आपके पास एक 'इन्क्वायरिंग माइंड' होना चाहिए जिज्ञासु मन होना चाहिए जो जाने कि सवाल क्या हैं और कौन से मुद्दे सामने आ सकते हैं।

कहने की जरूरत नहीं कि जॉन स्नो के उक्त कथन में वे तमाम अहम सवाल आ गए हैं जिनका उत्तर हर अच्छे समाचार प्रस्तोता के पास होना चाहिए। जॉन स्नो के लिए समाचार दरअसल एक समग्र सवंप्रेषण है। प्रस्तोता को जबर्दस्त संप्रेषणकर्ता होना चाहिए और इस काम की तमाम चुनौतियों से जूझने में दक्ष होना चाहिए जो हर दिन नए-नए ढंग से आती रहती हैं।

ऐसे मीडिया विद्यार्थी जो अपने चेहरे मोहरे को ठीक-ठाक देखकर बचानक न्यूज प्रेजेंटर बनने के लिए मचलने लगते हैं उन्हें जॉन स्नो की उक्त बातों पर ध्यान देना चाहिए। टीवी की समाचार प्रस्तुतियों के संदर्भ में प्रस्तुतिदक्षता का यह पहलू इसलिए भी ध्यान देने योग्य है कि अपने यहाँ अच्छे वाचक-वाचिकाओं का टोटा है। दो-चार के अलावा ज्यादा अच्छे प्रेजेंटर नहीं दिखते।

समाचारों का बाजार बढ़त पर है। नित नए चैनल मैदान में आने लगे हैं, ऐसे में हम पाते हैं कि हमारे यहाँ योग्य और सुदक्ष समाचार प्रस्तुतकर्ताओं का घोर अभाव है। हिंदी में भी और अंग्रेजी में भी। ऐसे प्रस्तोता कम ही हैं जो जॉन स्नो की परिभाषा पर खरे उतरें। अन्यथा तो नए-नए किशोर-किशोरियों को वाचक-वाचिका बनाकर, प्रस्तोता बनाकर बैठा दिया जाता है। इसका नतीजा यह है कि प्रस्तोता के नाम से उसकी प्रस्तुति नहीं जानी जाती। हड़बड़ी में, कुछ का कुछ लटपट बोल जाना आम बात है। सीधे

प्रसारण के लिए जरूरी दिमागी और भाषा दक्षता उनके पास कतई नहीं होती।

ऐसे उदाहरण आए दिन बनते रहते हैं जब प्रस्तोता को अपने सवाल तक नहीं मालूम दिखते। वे कुछ का कुछ पूछे जाते हैं और सवाल-जवाब के तमाम प्रसंग हास्यास्पद होने लगते हैं। मेहमान से आप कुछ भी आयँ-बायँ पूछ लेते हैं और उसके उत्तर की परवाह किए बिना फिर एक सवाल दाग देते हैं। ऐसे अनेक हास्यास्पद सीन रोज सामने आते रहते हैं। आप कुछ नहीं कर सकते।

कुल मिलाकर समाचार चैनलों के समाचारों की प्रस्तुतियों का स्तर चिन्तनीय है। कई निजी चैनलों में तो कोई कुछ भी कर सकता है : बस 'प्रेटीफेस' होना चाहिए। उसके बाद सब अपने आप सँभल जाना है। किसे फुरसत है जो प्रस्तुति की बारीकियों में जाए। जनता को बस हीरो-हीरोइनों जैसे प्रेजेंटर चाहिए...ऐसा सोच समाचार चैनलों पर हावी है। इसीलिए ऐसे बहुत कम नाम हैं जो अपने प्रस्तोता के ढंग के लिए जाने जाते हैं। इसका एक हास्यास्पद परिणाम यह भी देखने में आ रहा है कि जब कोई नया समाचार चैनल खुलता है और भरती करता है तो वे ही एक डेढ़ दर्जन लोग यहाँ से वहाँ फुदक-फुदक कर आते-जाते रहते हैं। सुदक्ष नए लोग तैयार नहीं मिलते।

क्यों?

कारण कई दिखते हैं : पहला कारण तो यही कि चैनल अपने यहां उनकी प्रस्तुति-दीक्षा पर ध्यान नहीं देते। मीडिया शिक्षण संस्थानों में इस ओर सबसे कम ध्यान दिया जाता हैं लगभग नहीं के बराबर। नतीजा ये कि दर्जन से ज्यादा समाचार चैनलों में दर्जन से ज्यादा प्रस्तोता नहीं। इतना बड़ा समाचार उद्योग इतने के बल पर नहीं चला करता। जॉन स्नो ने कहा कि वाचक को वाचक मात्र/बांचने वाला/नहीं, एक दक्ष पत्रकार पहले होना चाहिए। जिस मुद्दे से वह बाबस्ता है उसकी जानकारी उसे होनी चाहिए और सवाल बनाने में या कि तुरत सवाल दागने की तीखी बुद्धि उसके पास होनी चाहिए ताकि जो बात निकलवानी है वो निकल आए। वाचक को बातचीत में असल बात निकलवाने में कुशल होना चाहिए। समाचार के मर्म को समझने, उसके आगे-पीछे जानने-समझने वाला होना चाहिए।

इस तरह वह सिर्फ सुंदर आकर्षक चेहरे वाला/वाली मात्र नहीं हो सकता/हो सकती। यदि उसका चेहरा मामूली लुक्स वाला भी है लेकिन वह खबर को, बाइट के महत्त्व को सूँघ सकता है तो वह ज्यादा कारगर हो सकता है। हमारे चैनलों में अनुभवी लोगों को किनारे करने की आदत है क्योंकि वे हमेशा युवा ग्लैमर वाला चेहरा प्रस्तुत करने को श्रेयस्कर मानते हैं। प्रस्तोता एक चेहरा मात्र नहीं होता। वह दर्शकों को उनके मार्फत ही बताने वाला माध्यम होता है। उसे सर्वाधिक योग्य होना चाहिए।

बीबीसी में उम्रदराज लोग लंबे अरसे तक प्रस्तोता बने रहते हैं। अपने चैनल 'चिरयुवा ग्रंथि' के शिकार हैं इसलिए छोरे-छोरियों से काम ज्यादा कराते हैं। इससे समाचार प्रस्तोता एक घटिया सेल्समैन बन जाता है।

30 अप्रैल, 2006

तुरंता परिणाम से रोमांच खत्म

चुनावों के परिणाम कुछ इस तरह से निपट गए जैसे कुछ हुआ ही न हो। सुबह साढ़े आठ बजे से गिनती आरंभ हुई और लीजिए साढ़े दस बजे तक तो सारे लीड्स-ट्रेंड्स सब साफ हो गए! जो चुनाव महीनों खिंचे हों उनका ऐसा तुरंता अंत टीवी युग में भला नहीं लगता। एकदम एंटीक्लाइमेक्स हो गया। जिस दिन सबसे ज्यादा मारा-मारी रहती थी उस दिन दो-तीन घंटे में पाँचों राज्यों के विधानसभा सदस्य चुने हुए नजर आए। बहुमत तय हो गया। हार-जीत का सारा मजा किरकिरा हो गया।

कोई जमाना था कि जब डीडी अकेला माध्यम था जो चुनाव परिणामों की ताजा खबर और विश्लेषण दिया करता। तब, अब के एनडीटीवी के प्रणय रॉय और अशोक लाहिरी की टीम स्टुडियो में लगातार बैठा करती। बैठने और लगातार विश्लेषण करने, बात करने की उनकी क्षमता देखकर दाँतों तले उँगली दबानी पड़ती कि देखो ये लोग दोपहर से लगे हैं और रात के दस बजे रहे हैं। थके नहीं हैं...इनके चेहरे थकान दिखाते नहीं लगते। थोड़ी-थोड़ी देर के लिए विश्राम करने चले जाते, तब तक कोई खबर बुलेटिन आता रहता और भाई साहब फिर प्रणय रॉय अपने सूट में हाजिर! वही एलर्टनैस! हम तो तभी से उनके फैन हो गए!

यह शायद राजीव गाँधी का चुनाव था जिसका विश्लेषण इस तरह लंबा आया था। आप देखते-देखते थक जाते थे। डीडी नहीं थकता था। प्रणय ने अपने विश्लेषण से और अपनी जनमत विश्लेषण क्षमता से सबको चकित कर रखा था। वे एक-एक सीट और एक-एक इलाके के हिसाब को गहराई से देखते-बताते। तब एक शब्द चला : 'स्विंग'! इतने फीसदी का स्विंग है वोटों में और देखिए रिजल्ट कहाँ से कहाँ पहुँच गए। यह एक नई संप्रेषण कला थी। एक प्रस्तुति की कला, सतत प्रस्तुति। विश्लेषण और आँकड़ों का हिसाब! जरा सी गलती नहीं। पूरे देश की चुनावी क्लास।

चुनाव का सीधा कवरेज और विश्लेषण देखना एक प्रकार का राजनीतिक सामाजिक संप्रेषण होता है जो जनतंत्र की विराट प्रक्रिया में हम सबको दक्ष करता हुआ, हमें अच्छा जनतांत्रिक नागरिक बनाता है। चुनाव लड़ना एक विराट प्रबंधन बन जाता है, प्लानिंग बन जाता है और उसके होने को देखना एक उत्सव एक तमाशा।

एक आनंदकारी क्षण! दुःख-सुख से भरपूर। किसी हिट फिल्म की तरह। आपका पसंदीदा दल हारता है तो दिल बुझ जाता है। टीवी बंद कर देते हैं। जीतता है तो नाचते लगते हैं। आप वोट दें या न दें, आप वोटिंग में दर्शक की तरह शामिल हो जाते हैं। टीवी ने अपने जनतंत्र को अपने प्रसारणों से मजबूत और टिकाऊ बनाया है। एक्जिट पॉल ऑपिनियन पॉल आदि ने भी चुनाव को एक खेल में बदला है। जनतंत्र में निहित एक अनिवार्य खेल भावना पनपी है वरना हम एक बुरा जनतंत्र और एक फासिस्ट तंत्र ज्यादा बनते!

चुनाव प्रसारण विश्लेंषण समयानुसार लगातर बदलते गए। प्रणय रॉय का फिनोमिना दो-तीन चुनावों तक खूब चला। उसके बाद उनके क्लोन आ गए। वीपी सिंह के बाद के चुनाव ऐसे ही रहे। हर चैनल पर प्रणय रॉय के क्लोन बन चले।

जबसे उपग्रह चैनल आए और दर्जन भर खबरिया चैनल मैदान में आ गए तब से तो चुनाव विश्लेषण की स्पर्धा में चार चाँद लग गए। दरअसल वोटों की गिनती एक प्रकार का रोमांचकारी अनुभव होता है। परची गिनने की लंबी प्रक्रिया, केंडीडेट्स की लीड्स का उतार-चढ़ाव रोमांच पैदा करता। कितने इनवेलिड हुए, यह भी बहस का विषय होकर मामला लंबित हो जाता। जिस जगह गिनती होती वहाँ मेले लग जाते।

लेकिन इन बेमुरौव्वत इलेक्ट्रानिक मशीनों का कोई क्या करे कि यहाँ वेलिड-इनवेलिड पर कोई बस नहीं। सारे या तो वेलिड हो सकते हैं या इनवेलिड। एक पल में साफ। सारे पोलिंग बूथों की इलेक्ट्रानिक वोटिंग मशीनों को एकत्र कर दिया, कंप्यूटर में आँकड़ा फीड कर दिया और लीजिए रिजल्ट हाजिर! सारा रोमांच खत्म।

मशीनें यही करती आई हैं। वे मशीन का भी रोमांस खत्म कर देती हैं। आखिर टीवी का अपना मजा है। मशीन ने चुनाव देखने का मजा एकदम बेकार कर दिया। इस चक्कर में दलों के नेता भी काफी बेराजगार होते दिखे। एकाध नेता से ही काम चल गया। उन्होंने जीत-हार के बारे में अपनी राय दी वरना पुराने जमाने में दो-तीन दिन तक नेता लोग आते रहते। एक दूसरे को डाउन करते रहते। आखिर तक कहते रहते कि आखिरी डब्बा खुलने दो। जीतेंगे हमीं! वे हार मानते ही नहीं थे। अब मानो न मानो दो-तीन घंटे में सब कुछ सामने आ जाता है।

पुराना वोटिंग डिब्बे का जनतंत्र था। धीरे-धीरे खुलता था। जैसे बंद जादू का बक्सा। पता नहीं क्या निकले। एकदम रहस्य-रोमांच से भरपूर चुनाव कहानी बनती। अब इलेक्ट्रानिक वोटिंग मशीन का जनतंत्र है। टीवी प्रसारण का परंपरागत मजा खराब किया जा चुका है। प्रणय राय से लेकर दोराब सोपारी वाला और महेश रंगराजन सब पाँच-सात मिनट को आकर चले जाते हैं। विश्लेषण का धंधा मंदा कर दिया है। जनतंत्र को फटाफटिया बना डाला है।

14 मई, 2006

दा विंची कोड

अंततः सरकार ने 'दा विंची कोड' को हरी झंडी दे दी। मंत्री जी ने कुछ कैथलिक नागरिकों के साथ पिक्चर को स्वयं देखा और उन सबकी राय से सशर्त प्रदर्शन-योग्य बताया। इस बाबत अभी औपचारिक कार्रवाई होनी है। नतीजा ये हुआ कि शुक्रवार को रिलीज होने वाली ये फिल्म अब आगे किसी और दिन ही रिलीज हो सकती है। इससे उसके प्रेमियों को निराशा हुई होगी।

कान फिल्म फेस्टिवल में यह फिल्म दिखाई गई। वहाँ आलोचकों ने इसे एक उबाऊ फिल्म कहा। उपन्यास पर फिल्म बनानेवाले रॉन होवार्ड ने कहा है कि आप अगर आपको लगता है कि आप इसे देखकर परेशान हो सकते हैं तो इस फिल्म को बिल्कुल न देखें। कान फिल्म फेस्टिवल में 'कोड' को आसानी नहीं रही। जब पिक्चर दिखाई जा रही थी तो दर्शकों के एक वर्ग ने सीटी बजाकर हूट करने की कोशिश की। लोगों ने इस फिल्म को नाटकीय, अनगढ़ और निर्दयता से भरी हुई पिक्चर कहा। दुनिया के कैथलिक लोगों में से ज्यादातर ने उपन्यास को आज तक अवांछित नहीं पाया। यद्यपि उस पर एक हलके में विरोध दर्ज किया जाता रहा। लेकिन किताब बिकती रही। अब तक पाँच करोड़ बिक चुकी है। उसे कई ने ईसाइयत के विरोध में बताया। साजिश भी बताया लेकिन प्रतिबंधित करने की बात किसी ने ज्यादा जोर से नहीं कही। इसे कैथलिक समुदाय या ईसाई समुदाय की सहनशीलता भी कहा जा सकता है। हम उसे कैथलिकों के नए सोच का परिणाम भी कह सकते हैं।

इसका एक बड़ा नमूना भारत में एक कैथलिक पादरी और राष्ट्रीय एकता परिषद के सदस्य वाल्सन थंपू ने दिया। 'इंडियन एक्सप्रेस' में 19 मई 2006 के दिन उन्होंने 'फेथ एंड फैंटेसी' नामक एक बेहद सुंदर लेख लिखा जिसे धर्म और जनसंचार माध्यमों के नए संबंधों को समझने के लिए पढ़ा जाना चाहिए। इससे साफ होता है कि मीडिया को लेकर सब धर्म वाले अगर ऐसा ही सोचा करें तो बहुत से प्रतिबंधवाद अपने आप बेकार हो सकते हैं। हम ज्यादा सहनशील बन सकते हैं। उन्होंने लिखा कि वे इस फिल्म के मीडिया हाइप से चकित हैं। हाइप हमारे बारे में भी एक टिप्पणी है। लगता है मीडिया की नजर में हम अभी तक नासमझ

हैं और 'रील' के यथार्थ और सचमुच के यथार्थ जीवन के बीच कोई फर्क नहीं कर पाते। यद्यपि कैथलिक चर्च इस खबर से परेशान हो सकता है, उसके अपने कारण हो सकते हैं। 'दा विंची कोड' में चर्च को भी एक चुनौती दी गई है। ऐसा भी पढ़ा जा सकता है। यह उपन्यास और फिल्म ईसाइयत की टैक्स्ट को भो चुनौती देती है कि ईसा मसीह के मेरी मेग्दलेन से संबंध थे और एक बच्चा पैदा किया था इत्यादि। ईसा के रक्त संबंधी वंशज आज तक जीवित हैं और फिल्म की हीरोइन सोफी उन्हीं अंतिम वंशजों में से एक है...

यह फिल्म बताती है कि ईसा मसीह भगवान नहीं थे। वे सामान्य आदमी थे। उनमें कोई दैवी चमत्कारी शक्ति नहीं थी। यह एक आग लगाने वाला नुक्ता है लेकिन इसे ऐसा वे ही समझ सकते हैं जिनकी आस्था कमजोर है। ईसाइयों में अपने धर्म के प्रति अज्ञानता है। वे उसे समझे बिना उसे डिफेंड करने लगते हैं। डान ब्राउन की इस किताब ने और फिल्म ने सत्य और फेथ के संबंध और भिन्नता के समझने का, उस पर बहस करने का अवसर ही दिया है...आप देख सकते हैं कि जिस बात को लेकर कोई और समुदाय अब तक फैंटेसी से अपनी आस्था को आहत मान सकता था। कैथलिकों का एक बड़ा पादरी कह रहा है कि किताब ने हमें सत्यासत्य में बहस करने का अवसर दिया है। फेथ में तथा फैंटेसी-फिल्म में फर्क करना आना चाहिए।

अपने लेख में एक जगह थंपू फिल्म की गजब की धार्मिक समीक्षा करते हैं। वे कहते हैं : मेरे लिए यह फिल्म सत्य या असत्य को परखने का लिटमस टेस्ट नहीं है। मैं इससे यह नहीं जानना चाहूँगा कि चर्च की नींव किन आधारों पर किस तरह रखी गई? यह तो मेरे फेथ की परीक्षा है। मेरी आस्था की परीक्षा है। एक प्रसंग में उपन्यास का एक चरित्र रोबर्ट लिंगडोह कहता है : इससे क्या फर्क पड़ता है कि ईसा मानव थे या भगवान थे? असल बात आदमी की अपनी आस्था पर, धर्म पर विश्वास की होती है। जब हम स्वयं उस फेथ में पूरी तरह जीते नहीं जिसके लिए इसे खतरनाक बताया जा रहा है तब हम उससे परेशान क्यों हों? हमारा जीवन अगर अपनी आस्था को नहीं जीता तो हम अक्सर हर बात पर असुरक्षित फील करते हैं और कल्पनाओं फैंटेसियों से परेशान हो जाते हैं जो कि आती जाती ही रहती हैं...

हमने कहा कि टिप्पणी पठनीय है। मीडिया पाठकों के लिए पठनीय है क्योंकि यहाँ पहली बार धार्मिक अंधता से बाहर आकर फिल्म को सच्ची धार्मिक आस्था के बरक्स तोला जा रहा है। काश इससे एमएफ हुसैन की भारतमाता चित्रावली को प्रतिबंधित करने की माँग करने वाले समझ सकें या सलमान रश्दी के 'सेटनिक वर्सेज' को बैन करने वाले समझ सकें बहरहाल 'दा विंची कोड' ने मीडिया और धर्म को लेकर एक स्वस्थ बहस को जन्म दिया है।

21 मार्च, 2006

सिनेप्लेक्स सांप्रदायिकता

मीडिया के बारे में चर्चाएँ होती रहती हैं। इस क्रम में सिनेमा हॉलों सिनेप्लेक्सों की बात अक्सर नहीं आती। सिनेप्लेक्स अब हर जगह बनने लगे हैं। पुराने सिनेमाहॉलों के मुकाबले नए छोटे कई सिनेमाहॉल बना देने और इस तरह एक ही जगह कई फिल्में दिखा देने से सिनेकॉम्प्लेक्सों के मालिक लगातार लाभ में चलने लगे हैं। सिनेप्लेक्सों में अब कुछ बड़े प्रदर्शन चेन भी बन गए हैं। रामगोपाल वर्मा ब्रांड फिल्मों ने कई क्विकीज़ का बड़ा बाजार पैदा कर दिया। जो फिल्में नई युवा पीढी के लिए बनती हैं वे इन सिनेप्लेक्सों में ज्यादा रिलीज होने लगी हैं। टिकट महँगे हैं तो भी युवा पीढ़ी इन सिनेमाहॉलों की बड़ी दीवानी बन चली है।

नया घटना विकास यह है कि सिनेप्लेक्सों के बड़े नेटवर्कों ने फिल्म वितरण और प्रदर्शन के दौरान अपने दबाव भी बनाने शुरू कर दिए हैं। इन दिनों ये दबाव अजीब ढंग से सामने आने लगे हैं। पुराने सिनेमा हॉलों के मालिक इस कदर दबाव कभी नहीं बना सके लेकिन ये बनाने लगे हैं। आमिर खान की 'फना' के साथ गुजरात के सिनेप्लेक्सों में किए जाते व्यवहार को इसी नजर से देखा जाना चाहिए। गुजरात पहला ऐसा राज्य बन चला है जहाँ केबल नेटवर्क और सिनेमाकांप्लेक्स वाले मिलकर राजनीति को मनोरंजन के बिजनेस से मिलाकर चलने लगे हैं। नर्मदा बचाओ आंदोलन का समर्थन करके, विस्थापितों के पुनर्वास के पक्ष में बयान देकर आमिर खान ने एक जनतांत्रिक नागरिक का कर्त्तव्य ही निभाया है। यह उनका हक था कि वे अपनी पक्षधरता सबके सामने कहते लेकिन इसी को गुजरात के कुछ भाजपावादी लोगों ने मुद्दा बना डाला। जिन दिनों में मेधा पाटकर का अनशन चल रहा था और आमिर खान ने दिल्ली के जंतर-मंतर पर एक प्रकार का प्रतीकात्मक समर्थन दिया था, उसी दिन गुजरात में कुछ तत्त्वों ने 'रंग दे बसंती' को अपना निशाना बनाना शुरू कर दिया। वे उसे नहीं चलने देने का फतवा जारी कर चुके थे। उन्होंने उसके पोस्टर उतारे, फाड़े। फासिज्म का नंगा नाच किया। तब भी आमिर ने कहा कि वे अपनी बात पर कायम हैं। वे माफी नहीं माँग सकते क्योंकि उन्होंने कुछ भी गलत नहीं किया है।

अब जबकि मेधा पाटकर का आंदोलन पुनर्वास के आश्वासनों के बाद पीछे हट गया है और स्वयं आमिर खान एक लाइव प्रेस कान्फ्रेंस करके अपनी राय पीएम के हस्तक्षेप के बाबत जाहिर कर चुके हैं और जिस बात को एक महीने में ज्यादा हुआ उसी के तथ्यहीन संदर्भ को लेकर आमिर की नई फिल्म फना को रिलीज करने पर भाजपा युवा मोर्चा द्वारा देख लेने की धमकी दी जा रही है। मीडिया में फासिस्ट सीन दिए जा रहे हैं। आमिर खान की फना को न दिखाने की बात सबसे पहले सिनेप्लेक्सों के मालिकों की ओर से ही आई। गुजरात में सिनेप्लेक्सों के मालिकों के आरंभिक बयान यही बताते हैं कि वे सिनेप्लेक्सों के मालिक मात्र न होकर, बिजनेस मैन मात्र न हो कर गुजरात में भाजपा की राजनीति करने वाले भी बन चले हैं। आरंभ में आई खबरों ने बताया है कि वे इसलिए आमिर की फना को नहीं दिखाना चाहते क्योंकि आमिर ने गुजरात के लोगों की भावनाओं को कथित और 'ठेस' पहुँचाई है। उसका 'अपमान' किया है।

क्या सिनेप्लेक्सों के मालिकों को ऐसा कहना चाहिए था? अपने हॉलों पर हमले के डर से वे न दिखाएँ तो एक बात होती लेकिन ऐसा कह कर चलने से साफ होता है कि गुजरात में सिनेमाहॉलों के मालिक तक सांप्रदायिक हो उठे हैं। मनोरंजन के बिजनेस तक में सांप्रदायिकता घुस गई है। यह चिंता की बात है। इसका फिल्म उद्योग पर अंततः कोई अच्छा असर नहीं होने जा रहा है।

हम जरा उस विस्तृत प्रेस कान्फ्रेंस को याद करें जिसमें मेधा पाटकर का अनशन तोड़ने के तुरत बाद आमिर खान ने बोला था। आमिर खान ने मुंबई से ही लाइव प्रेस कान्फ्रेंस की थी। देखना चाहिए कि क्या उन्होंने गुजरात के लोगों के खिलाफ कुछ बोला था? वह रिकार्डिंग अभी भी चैनलों के दफ्तरों में होगी, उसे देखा जा सकता है। हमारे पास उस प्रेस कान्फ्रेंस के जो नोट्स हैं, वे कहते हैं : आमिर खान ने पहले माइक आदि सेट किए फिर बड़े हीरोपन से पूछा कि अंग्रेजी में कि हिंदी में? फिर वे हिंदी में पहले बोले। उन्होंने पीएम की तारीफ की। सुप्रीम कोर्ट के फैसले की तारीफ की। कहा कि अब तीन महीने देखना होगा कि पुनर्वास का काम ठीक से हुआ कि नहीं? इसके लिए आंदोलनकारियों को, मीडिया को चौकीदारी करनी होगी ताकि कोई कमी न रह जाए और तीन महीने बाद परीक्षा करनी होगी कि मामला कहाँ तक आगे बढ़ा? वादे पूरे किए गए या नहीं?

पूछने पर एक बार फिर उन्होंने कहा कि वे चाहते हैं कि बिजली मिले। वे गुजरात के लोगों की जरूरतों को समझते हैं लेकिन मामला गुजरात का है ही नहीं। विस्थापितों के पुनर्वास का है उसे होना चाहिए। बाँध की ऊँचाई लेकर भी वे मेधा पाटकर वाली लाइन पर नहीं चले। यों अगर वे मेधा पाटकर की लाइन ही लेते तो क्या अपराध होता? नहीं। लेकिन गुजरात के प्रशासन ने और ऐसे ही तत्त्वों ने इस बात को ठीक भावना से नहीं लिया। विरोध किया। इस बार सिनेप्लेक्सों के

मालिकों ने भी विरोध किया। इन नए व्यवहार में उनका अवसरवाद छिपा है। सांप्रदायिक राजनीति का तत्त्व सक्रिय है। वे बिजनेस और राजनीति को मिला रहे हैं। वे कह रहे हैं कि वे फिल्म का प्रदर्शन नहीं करेंगे। कारण यह नहीं बताया गया कि लोग उनके यहाँ तोड़-फोड़ कर देंगे। वे गुजरात के कथित स्वाभिमान के पहरुए बनने का प्रदर्शन ज्यादा करना चाहते हैं। यह सामान्य बिजनेस के विरोध में जाती हुई बात है और मनोरंजन उद्योग में एक सांप्रदायिक किस्म के बिजनेसमैन की आमद का लक्षण है।

यह कतई ठीक नहीं। बॉलीवुड के लिए ठीक नहीं। वितरकों एवं सिनेमाहॉलों के मालिकों को बैठ कर इस प्रवृत्ति के बारे में सोचना चाहिए कि क्या ऐसी हरकत ठीक है? इसके चलते बॉलीवुड एक दिन नीचे तक सांप्रदायिक लाइनों में विभक्त हो सकता है।

28 मई, 2006

विरोध के अवसर और तरीके

मीडिया ने विरोध के अवसर और विरोध के तरीकों पर बड़ा गहरा असर डाला है। यह आए दिन नजर आता है। 'फना' पर अभी तक भारतीय जनता युवा मोरचा वाले खफा हैं और गुजरात के सिनेमाघरों में वह रिलीज नहीं हो पाई है तो भी उसने एक रिकार्ड कलेक्शन किया है। पहले सप्ताह में 25 करोड़ के करीब कलेक्शन बताता है कि लोगों ने उसे इस बात के लिए भी ज्यादा उत्सुकता से देखा कि देखें कि इसमें और आमिर में विरोध करने लायक ऐसा क्या है? इस उदाहरण में दो तरह के विरोध सक्रिय हैं। एक है गुजरात के एक संगठन का प्रदेश की जनता के नाम पर विरोध। दूसरा है देखने वालों द्वारा प्रसारण का विरोध करने वालों का प्रकारांतर से विरोध। 'फना' को देखने की प्रतिक्रिया 'विद वेंजिऐंस' नहीं होती, लोग प्रतिक्रिया में उसे देखने नहीं जाते तो इतना कलेक्शन नहीं होता। कहते हैं कि पहले सप्ताह ने ही फिल्म की लागत लौटा दी है।

कुछ लोग मानते हैं कि चैनल न होते खबर का उद्योग इतना बड़ा और स्पर्धात्मक न होता तो विरोध की ऐसी दैनिक संस्कृति भी नहीं होती। टीवी क्रांति से पहले के युग में ऐसे विरोध कम देखे-सुने गए हैं। समूचा प्रकरण बताता है कि विरोध की अपनी एक पूरी संस्कृति बन चली है लेकिन यह भी सामाजिक विकास का एक चरण है, इससे घबराने की जरूरत नहीं। दा विंची कोड के विरोध का भी यही हाल है। कोई सप्ताह पहले वह रिलीज हो गई। सिवाय नगालैंड और पंजाब के उसे कहीं प्रतिबंध नहीं झेलना पड़ा। अब आंध्र प्रदेश और तमिलनाडु ने भी प्रतिबंध लगा दिया है। प्रतिबंध लगाने के कारण चिर परिचित हैं। धार्मिक शांति के भंग होने का खतरा और कानून व्यवस्था के भंग होने की आशंका! 'सेटनिक वर्सेज' को भी कानून व्यवस्था के भंग होने की आशंका के आधार पर प्रतिबंधित किया गया था।

'दा विंची कोड' पर प्रतिबंध अजीब लगता है केंद्रीय सूचना प्रसारण मंत्री ने कई प्रमुख ईसाई विद्वानों के संग बैठ कर इसे देखा और उनसे राय मशविरा किया। उनमें से किसी ने भी तब नहीं कहा कि इस पर प्रतिबंध लगना चाहिए। हाँ इतना ही कहा गया कि हो सके तो इस पर एक चेतावनी पट्टी लगा दी जानी चाहिए

कि यह एक फिल्म है कहानी है...यहाँ जरा विरोध के प्रतिबंध की राजनीति की चरचा जरूरी है। गुजरात का प्रतिबंध वहाँ की सरकार ने नहीं लगाया है बल्कि सरकार समर्थक एक हिंदुत्ववादी समूह ने लगाया है। यह जोर जबर्दस्ती भी भारत में है। इसके साथ सिनेमाहॉलों के मालिकों का हिंदुत्ववाद भी जाग गया लगता है या कि वे डर गए हैं। सरकार की चुप्पी ऐसे डर को बढ़ाती है।

'दा विंची कोड' को ताजा-ताजा उन दो प्रदेशों में प्रतिबंधित किया गया है जिनमें कांग्रेसी सरकारें हैं। केंद्र में कांग्रेस के एक मंत्री ने प्रतिबंध की सिफारिश नहीं की। किसी ने नहीं की लेकिन दो राज्यों में सरकारों ने प्रतिबंध लगा दिया। नगालैंड में दो तिहाई ईसाई बहुमत रहता है। वहाँ की सरकार पर उसका दबाव हो सकता है लेकिन तमिलनाडु और आंध्र प्रदेश में अचानक ऐसा ही किया गया।

गुजरात में आमिर खान द्वारा बाँध के विस्थापितों को फिर से उचित ढंग से बसाने के आग्रह को गुजरात के अभिमान पर चोट मानकर प्रतिबंध की स्थिति पैदा की गई। भाजपा अक्सर ऐसा करती रही है वह गुजरात को एक ऐसे इलाके की तरह बनाती रही है जहाँ हिंदुत्ववादी नजरिया जीवनशैली बन जाए। इस भगीरथ प्रयत्न में कदम दर कदम गुजरात की कांग्रेसी इकाई भाजपा के साथ जुगलबंदी करती पाई जाती है। प्रतिबंध के वातावरण को बनाने में कांग्रेस का भी बराबर का हाथ है।

प्रतिबंध के खेल में दो अन्य राज्यों में 'दा विंची कोड' पर प्रतिबंध लगाने से जाहिर है कि कांग्रेस किसी मानी में भाजपा से अलग नहीं है। वे प्रतिबंध की राजनीति में स्पर्धा करती हैं। क्या कांग्रेस का आलाकमान इसे नहीं देखता? या कहें उनके बंदों को भी प्रतिबंध की राजनीति रास आने लगी है? एमएफ हुसैन की कुछ कृतियों को लेकर केंद्र सरकार के दो मंत्रालयों ने प्रतिबंध लगाने जैसी बातें ही की हैं। सिद्ध है कि जमीनी सांस्कृतिक रूढ़िवाद में दोनों दल एक सा व्यवहार कर रहे हैं। यह सांप्रदायिकता की स्पर्धा है।

यहीं मीडिया की भूमिका आती है। मीडिया ने बहुत से स्थानीय दलों समूहों नेताओं को यह व्यावहारिक समझ दी है कि अगर वे खबर बनना चाहते हैं तो कुछ एक्शन करना होगा। यदि वे नकारात्मक एक्शन करेंगे तो मीडिया जरूर खबर बनाएगा। खबर बनेगी तो पॉवर बनेगा। प्रभाव बनेगा। मीडिया ने अपनी खबरों को सनसनी की ओर मोड़ते हुए अंततः जो भाषा बनाई है वह जनता को यह बोध दे रही है कि नकरात्मक कार्रवाई जनतंत्र विरोधी कार्रवाई ही एक बड़ी खबर बनती है। छोटे-छोटे समूहों की इच्छाएँ इसी रूप में सामने आती हैं। शिवसेना के अनेक विरोध इसी तरह से होते दिखे हैं। अन्य स्थानीय समूहों में मणिपुरी मुक्ति सेना द्वारा फिल्मों को प्रतिबंधित करने के एक्शन इसी तरह से होते दिखे हैं। कर्नाटक में हीरो राजकुमार की मृत्यु पर जो हंगामा हुआ उसमें इस बात के अनेक प्रमाण मिले कि विरोध करके कन्नड़ भाषा की जनता ने उत्तर भारतीय मीडिया को बताया कि उनका हीरो अमिताभ

से कम बड़ा नहीं। वहाँ के प्रबुद्ध वर्ग ने व्याख्या दी कि जनता को भावना में आकर कुछ तो करना था। बड़ी खबर बने इसके लिए जनता ने स्वतःस्फूर्त एक्शन किया। मेरठ में पार्क के अग्निकांड की खबर लेने जब मीडिया गया तो उसे वहाँ के लोगों ने घेर लिया। उन्हें डर था कि मीडिया वाले गलत आँकड़े देंगे। जाहिर है कि मीडिया ने अपनी भाषा को गैर-जिम्मेदार तत्त्वों के हाथों में औजार की तरह दे दिया है। यह एक नया व्यवहारशास्त्र है जिसे मीडिया ने बनाया है।

4 जून, 2006

देखने का अधिकार चाहिए

पिछले दिनों महेश भट्ट ने एक याचिका सुप्रीम कोर्ट में डाली। वे चाहते थे कि आए दिन फिल्मों और पुस्तकों आदि के प्रदर्शन-प्रकाशन के विरुद्ध लगा दी जाने वाली मनमानी 'रोकों' को रोका जाए। कथित नैतिक पुलिस जब तब किसी भी अभिव्यक्ति से अपनी आस्था और भावनाओं को चोटिल समझने लगती है और तुरंत आंदोलनकारी बनाकर फतवा सुना डालती है। 'सैटैनिक वर्सिस' से लेकर तसलीमा नसरीन की 'लज्जा' आदि अनेक पुस्तकों पर इसी तरह प्रतिबंध लगाने की हवा बाँधी गई है। अनेक बार ऐसे समूह प्रभावी हो जाया करते हैं और अभिव्यक्ति की स्वतंत्रता अनेक बार अन्यायपूर्ण ढंग से बाधित कर दी जाती है।

महेश भट्ट की याचिका एक बहुत महत्त्वपूर्ण मसले को पेश करती थी। उनकी याचना थी कि फिल्म उद्योग को 'जीवन के अधिकार' और 'अभिव्यक्ति की स्वतंत्रता' के अधिकार पर बेवजह अंकुश नहीं लगना चाहिए। इस बाबत सुप्रीम कोर्ट कोई व्यवस्था दे। सुप्रीम कोर्ट ने याचिका पर विचार करते हुए कहा कि गुजरात में यदि सिनेमा हॉल के मालिक 'फना' फिल्म को दिखाना चाहें तो वे दिखा सकते हैं। सुप्रीम कोर्ट ने सिनेमा मालिकों के अधिकार को रक्षित किया और फिल्म उद्योग की याचना का जो समस्यामूलक हिस्सा था, उसका उत्तर दे दिया। गुजरात में 'फना' प्रतिबंधित नहीं की गई लेकिन व्यवहार में उसे प्रतिबंधित किया गया। ऐसे दवाब समूह हिंसक आंदोलन पर उतारू दिखे। इससे कानूनन प्रतिबंध न होते हुए भी व्यवहार में एक फासिस्ट किस्म की सेंसरशिप लागू दिखी जिसकी तुलना फासिस्ट जर्मनी के उस दौर से ही की जा सकती है; जब हिटलर के एस.एस. दस्ते नाटकों के प्रदर्शन पर इसी तरह हंगामा करके रोक लगाया करते थे।

यहाँ समूचे विवाद में एक बात छूट रही है। यह दर्शक-जनता के 'देखने के अधिकार' की बात है। हम एक सूचना समाज बनाने की ओर अग्रसर हैं। भारत में इन दिनों एक राष्ट्रीय स्तर पर 'सूचना आयोग' बना हुआ है जिसका गठन स्वयं प्रधानमंत्री ने किया है। उसका कार्यभार भविष्य में भारत के सूचना समाज के रूप

को स्पष्ट करना है। हर सूचना समाज में जनता के सूचना के अधिकार होते हैं। फिल्म-टीवी सीरियल देखना, अखबार पढ़ना या किताब पढ़ना आदि सब ऐसे ही अधिकार हैं जो अभी तक 'प्रदत्त' हैं लेकिन जिन्हें पूरी तरह से न व्यवस्थित किया गया है न व्याख्यायित। वे अक्सर संविधान की धारा में दिए गए अभिव्यक्ति की स्वतंत्रता के मौलिक अधिकार का नतीजा हैं। अभिव्यक्ति पर सहज ही जोर है क्योंकि अंकुश अभिव्यक्ति पर ही लगाया जाता रहा है। प्रशासन अभिव्यक्ति पर बहुत संकट में आने पर या संकट की आशंका से प्रतिबंध आदि की बात किया करते हैं। लेकिन जनता के छोटे-छोटे समूह अपने दबाव बनाकर अंकुश लगाने लगे हैं। जनता के कुछ धार्मिक समूह, कुछ अस्मितामूलक समूह और कुछ सांप्रदायिक विद्वेष से प्रेरित व्यक्ति कानून की परवाह किए बिना अपनी मनमानी करते रहते हैं।

इससे जनता के देखने-पढ़ने और विचार करने का सहज मानवीय अधिकार बाधित होता है। जिस देश में अस्सी फीसदी जनता टेलीविजन देखने के लिए उपलब्ध हो और बॉलीवुड या हॉलीवुड की फिल्में जिस जनता का मुख्य सांस्कृतिक उपभोग हो, वहाँ इस जनता को सिनेमा हॉल जाने या सभा करने से रोकना उसके सूचना ग्रहण के अधिकार पर सीधी चोट है। सूचना समाज में सूचना का अबाध अधिकार आवश्यक है, चाहे वह मनोरंजन से ही क्यों न जुड़ी हो।

प्रायः इस ओर सोचा ही नहीं गया है कि जनता के एक दर्शक के रूप में न्यूनतम अधिकार होने चाहिए। इस तरह के अधिकारों पर पिछले दिनों से सभी तरह के कट्टर धार्मिक समूहों द्वारा अंकुश लगाए गए हैं और जनता मूक और असहाय होकर देखती रह गई है। क्या उसे अपने मनोरंजन के लिए मेले जाना सिनेमा जाना आदि का अधिकार नहीं होना चाहिए। संविधान अवश्य 'फ्री मूवमेंट' का अधिकर देता है लेकिन अगर वह बाधित होता है तो जनता नहीं समझ पाती कि उसका उपचार क्या है? इस पर पूरे समाज को विचार करना चाहिए कि क्या जनता को डरा कर, रोक-टोक कर हम उसके किसी बुनियादी अधिकार को तो नहीं खत्म कर रहे हैं।

याद रहे अभिव्यक्ति के अधिकार की जितनी हिफाजत जरूरी है, उतनी ही फिजाजत देखने-पढ़ने के अधिकार की जरूरी है अन्यथा अभिव्यक्ति का अधिकार अधूरा-सा है। खबर है कि जामनगर में 'फना' को सिनेमाहॉल वालों ने साहस करके रिलीज किया और वह हिट हो गई। ऐसा अहमदाबाद के तथा अन्य गुजराती सिनेमाहॉल वालों को सोचना चाहिए। डर अथवा अपने संकीर्णतावादी कमिटमेंट के चलते वे न केवल व्यापार और राजनीति का मिश्रण कर रहे हैं बल्कि जनता के अधिकार का भी हनन कर रहे हैं। समाज को एक दिशा में हाँकने को आतुर और एक ही विचार के खूँटे से बाँधने के लिए लोग सूचना की स्वतंत्रता के विपक्ष में ही नजर आया करते हैं। ये दिन सांस्कृतिक-राजनीतिक के दिन है। संस्कृति के भीतर बहुत

सारे 'समर' घोषित-अघोषित ढंग से लड़े जा रहे हैं। अब तक संस्कृति और जनता के बीच का संबंध सहज और एकतरफा रहा है। यह भी देखा गया है कि दिनोंदिन संस्कृति के रूप अनेक प्रकार के संकीर्ण तत्त्वों से आक्रांत हैं।

संस्कृति के स्वतंत्र अभिव्यक्त रूपों को हिंसा और बल से आक्रांत करने की परंपरा नई नहीं है। दूसरे विश्वयुद्ध से कुछ पहले हिटलर ने तो संस्कृति और सूचना पर संपूर्ण नियंत्रणों को लेकर तरह-तरह के नियम तक बना डाले थे। उसकी 'मीनकैंफ' में आर्य नस्ल, आर्य रक्त की पवित्रता की रक्षा के लिए विवाह योग्य युवक-युवती की रक्त परीक्षा अनिवार्य थी। यह संस्कृति का बहुत बुनियादी कंट्रोल था। नाजी जर्मनी के पक्ष में ही हर बात सुनी जाती थी। जरा सा विपरीत होने पर उसको हिंसा और कानून से बुरी तरह कुचल दिया जाता था। कहने की ज़रूरत नहीं इस दौर में जर्मनी समाज के सबसे बड़े दार्शनिक, विचारक, पत्रकार, कलाकार, नाटककार और अन्य बुद्धिजीवी हिटलर के लोगों द्वारा सरेआम सताए गए और अनेक तो देश से निकाले भी गए या वे बाहर चले गए।

हमारे यहाँ भी कुछ हलकों में यह प्रवृत्ति सिर उठा रही है। समाज में अंदर ही अंदर एक प्रसुप्त फासिस्ट प्रवृत्ति बार-बार सिर उठाती है और 'आज़ाद जन-सांस्कृतिक क्षेत्र, मास कल्चरल स्फीयर' को आक्रांत करने लगती है। यदि यह अबाध जारी रहा तो अभिव्यक्ति की स्वतंत्रता बुनियादी तौर पर भयाक्रांत रहेगी। इसके लिए जनता को, जनता के जनतांत्रिक समूहों को प्रतिरोध कर पहल करनी चाहिए और देखने-सुनने एवं पढ़ने के अपने अधिकार को बुनियादी अधिकारों में शामिल करने की आवाज उठानी चाहिए।

11 जून, 2006

विज्ञापनों में बच्चे

इटली में बच्चों को विज्ञापनों में मॉडल बनाकर पेश करना मना है। कई यूरोपीय देशों में भी ऐसी ही बात है। आप एक खास उम्र तक के बच्चों को विज्ञापन के लिए इस्तेमाल नहीं कर सकते। यदि बच्चों को विज्ञापन में एक उपभोक्ता के रूप में दिखाया जाएगा या कि वे उनमें अन्य बच्चों को प्रेरित करते दिखाए जाएँगे तो उसका असर बच्चों की दुनिया पर ज्यादा तीखा हो सकता है। बच्चे बच्चों से अधिक तादात्म्य करते हैं। उपभोक्ता ब्रांडों के लिए बच्चों का उपयोग किए जाने से बच्चों के स्वास्थ्य, उनकी जीवन-शैली पर बुरा असर पड़ते देखा गया है। वे विज्ञापित चीजों को खरीदने की जिद करते हैं। विज्ञापन की दुनिया उनके लिए ज्यादा जादुई और काम्य होती है।

अमेरिका में पिछले दिनों इस बाबत अध्ययन हुए हैं। वे बच्चों में पनपते मोटापे, तनाव तथा डाइबिटीज जैसी बीमारियों के फैलाव से चिंतित हैं। वहाँ के माता-पिताओं ने कारपोरेट पर दबाव बनाए हैं। प्रशासन ने स्वयं दबाव बनाया है। नतीजा यह हुआ है कि कोक-पेप्सी आदि पेय स्कूलों से विदा हो गए हैं। यह बात पेय बनाने वाली कंपनियों ने ही कही। उन्होंने पब्लिक का रुख भाँप लिया और विकल्प के रूप में ऐसे ड्रिंक देने की बात कही जो स्वास्थ्य को नुकसान पहुँचाने वाले न होंगे। अपने यहाँ के कुछ पब्लिक स्कूलों में भी कोक-पेप्सी की बिक्री पर रोक लगाई गई है। विकसित देशों में बच्चों में बीमारियाँ बढ़ रही हैं। यह उनके खानपान और रहन-सहन के बदल जाने से जुड़ा है। यह उनके देखे विज्ञापनों से भी जुड़ा है जिन्हें वे टीवी पर विज्ञापन देख उपभोक्ता बनते हैं। विज्ञापन उद्योग की दुनिया बच्चों को सबसे मासूम इसीलिए सबसे भरोसेमंद यूनीवर्सल अपील वाला विज्ञापन वाहक मानती हैं।

हमारे यहाँ विज्ञापनों में बच्चे बहुत आते हैं। टीवी चैनलों पर जितने विज्ञापन आते हैं उनमें ज्यादातर में बच्चे किसी न किसी रूप में सक्रिय नजर आते हैं। उनकी छवियों का अलग से अध्ययन नजर नहीं आता है। सरसरी तौर पर दो-तीन प्रकार की छवियाँ अब तक ज्यादा बनती देखी गई हैं। इन छवियों में बच्चे लालची हिंसक

बड़ों की तरह व्यवहार करने वाले या बड़ों से भी बड़ों की तरह व्यवहार करने वाले, पेटू, बेपरवाह के रूप में दिखाए जाते हैं। वे टॉफी, चाकलेट, च्यूइंगम, बिस्किट आदि की तमाम तरह की ब्रांडों के नायक होते हैं। एक विज्ञापन में एक बिस्किट के खाने के बाद बच्चे में इतनी ताकत आ जाती है कि वह दूसरे प्रतिद्वंद्वी को फ्री स्टाइली कुश्ती में हाथों से उठाकर फेंक देता है और जीतने का भाव उसी तरह से व्यक्त करता है कि जिस तरह डब्ल्यूडब्ल्यूएफ वाली कुश्तियों के पहलवान करते हैं। संदेश है कि बिस्कुट खाओ ताकत पाओ।

एक मीठे पेय का विज्ञापन इसी धज का है जो इंस्टेंट एनर्जी की बात करता है। चाकलेट-च्यूइंगम के विज्ञापनों में तो सारे संदेश मारधाड़ और लालच वाले ही होते हैं। कई विज्ञापनों में बच्चे निरे उपभोक्ता वाहक बनकर आते हैं। एक रेडियो विज्ञापन में एक बच्चा पिता को और माता को बहुत-सी जानकारियाँ अपने फोन से दे रहा होता है; कहता है 'पापा जरा नंबर घुमाओ।' यह बच्चे का हाइपर एक्टिव, बचपन में ही खींचकर बड़े बना दिए गए का रूप है। ऐसे अनंत और विचित्र रूपों को देखा जा सकता है। एक पेय के विज्ञापन में एक बच्चा उस पेय को अपने से कहीं बड़े आदमी को पीने के लिए नहीं देता। कहता है, "तुमने क्या मुझे बच्चा समझ रखा है। यह पेय का ऐसा परफेक्ट विज्ञापन है जो बच्चों को उस पेय के सुपर लालची के रूप में दिखाता है।"

बच्चों की आदत नकल करने की होती है। वे अपने से बड़ों की नकल किया करते हैं उनके रोल मॉडल हीरो हीरोइनें खिलाड़ी आदि आइकन हुआ करते हैं। वे जो खाते-पीते हैं, वे जैसे रहते हैं वैसा ही बच्चे चाहते होते हैं। कुछ बड़े होकर वे ही छवियाँ उन्हें परिचालित करने लगती है। ऐसे में बड़ी सेलिब्रिटीज का किन्ही ब्रांडों को स्पांसर करने का मतलब है कि बच्चों के बीच उस ब्रांड को लोकप्रिय बनाना। इस सबसे हमारे यहाँ बच्चों की जीवनशैली और स्वास्थ्य पर किस तरह का असर पड़ रहा है; इसका कोई गहन आकलन देखने में नहीं आया। हाँ, अगर बच्चों में मोटापे, ब्लडप्रेशर और डाइबिटीज की घटनाओं की बढ़त की उन खबरों को देखा जाए तो कहा जा सकता है कि हमारे यहाँ भी ये बीमारियाँ तेजी से बढ़ रही हैं जो कि चिंता की बात है।

स्वास्थ्य मंत्री अंबुमणि रामदॉस ने पिछले दिनों इसी सीन को देखकर कहा है कि हमारे फिल्मी हीरो-हीरोइन तथा खिलाड़ी आइकन होते हैं। इन लोगों को कोक-पेप्सी जैसे पेयों के विज्ञापन का काम नहीं करना चाहिए। कारण यह है कि ये पेय बच्चों की तंदुरुस्ती के लिए नुकसानदेह हैं। स्वास्थ्य मंत्री की चिंता कितनी सही है, इसे अमेरिका और यूरोप के अनुभव से समझा जा सकता है। कहने की जरूरत नहीं कि मंत्री जी की चिंता वाजिब है। इस पर विज्ञापन जगत के लोगों की प्रतिक्रियाएँ देखें। मैडीसन विज्ञापन कंपनी के सेम बलसारा साहब का कहना

है कि मंत्री का ऐसा कहना एब्सर्ड है। वक्त आ गया है, जब सरकार बिजनेस और विज्ञापन के क्षेत्र में हस्तक्षेप करना बंद करे। सरकार को रचनात्मकता का गला घोंटने की जगह उद्योग को और आगे बढ़ाने के लिए इंफ्रास्ट्रक्चर मुहैया कराना चाहिए।

विज्ञापन जगत के पीयूष पांडे जी का कहना है : मंत्री जी की राय से मैं सहमत नहीं हूँ। तीसरे एक सज्जन ने कहा है कि कोकाकोला कोई नशीली चीज नहीं है। हाजमोला हो या कोई और चीज सेलिब्रिटीज का उन्हें अपनाना उनकी ब्रांड इमेज में इजाफा करता है। इन सॉफ्ट ड्रिंक्स को ही क्यों चुना गया यह समझ से परे है। मंत्री जी स्वास्थ्य की चिंता कर रहे हैं। इस चिंता को एब्सर्ड कहा जा रहा है। यह है विज्ञापन के कारपोरेट जगत की विचारधारा। लेकिन भाई अगर आपका उपभोक्ता ही अस्वस्थ होने लगा तो खरीदेगा कौन? अमेरिका में इस बात को समझ लिया गया। कंपनियाँ अपने को कुछ बदलने लगीं लेकिन अपने यहाँ उनकी नकल करने वाले बंदों की अकड़ देखिए। वे समाज की रत्ती भर चिंता नहीं करते। यह अपने यहाँ के उपभोक्तावादी दिमागों की एक बड़ी सीमा है जो उस डाल की ही चिंता नहीं करती जिस पर वह बैठी है।

18 जून, 2006

और सघन हो परस्परता

अखबारों की खबरों की तुलना अगर टीवी चैनलों की खबरों से की जाए तो कुछ अजीब नतीजे सामने आ सकते हैं। सिर्फ सरसरी नजर से तुलना करने पर मालूम पड़ता है कि टीवी के पास खबरें कम ही होती हैं। खबर की हाइप ज्यादा होती है। बड़ी खबरों के नाम पर डेढ़-दो खबरें होती हैं जबकि किसी भी दैनिक हिंदी अखबार में बड़ी खबरें एक दर्जन तक हो सकती हैं और छोटी खबरों की संख्या कई दर्जन हो सकती हैं जिनमें विविधता होती है। टीवी की खबर चैनलों के फ्रेमों में नीचे की ओर रेंगने वाली पट्टियों में बहुत सी छोटी खबरें बहती रहती हैं। वे स्वयं, चैनलों द्वारा खोजी गई नहीं होतीं बल्कि एजेंसीज के इनपुट होती हैं। कई बार तो अखबारों से ही उन्हें ले लिया जाता है।

आज भी प्रिंट खबर बनाता है चैनल तो सिर्फ लाइव ही खबर बनाते हैं। मसलन किसी दुर्घटना या किसी प्रेम कान्फ्रेंस को वे ताजा दम दे सकते हैं। यह तकनीकी लाभ भर है खबर की कला नहीं। अखबार ऐसी खबरों को अगले रोज ही दे सकते हैं। इसके अलावा चैनल खबर नहीं बनाते। वे खबर के पास प्रायः नहीं जाते। अखबार जाया करते हैं।

यदि यह पूछें कि अपने चैनलों की खबरों के स्रोत कौन से हैं तो बड़ा साफ सा जवाब नजर आता है—चंद महानगर। वहाँ के बड़े नेता बड़े दल और सेलिब्रिटीज। पुलिस हैड क्वार्टर बिजनेस हाउस आदि। खबरों का ढाँचा प्रायः आफिसियल होता है। खबरों का अंत प्रायः किसी अधिकारी के बयान से होता है जनता के या प्रभावित समूह के बयान से नहीं होता।

कैमरे प्रायः वीआईपी मूवमेंट के आगे पीछे मँडराते हैं उनके पास फुरसत नहीं होती कि आम जनता के बीच जाएँ। इस मामले में पहले डीडी बदनाम था कि सारी खबरें आफिसियल देता है। अब कहा जा सकता है कि निजी चैनल भी आफिसियल खबर ही दिया करते हैं। सरकारी चैनलों की आफिसियल खबरें जानी जाती हैं। निजी चैनलों की सत्ता के प्रति वफादारी छिपी रह जाती है। निजी चैनलों की खबरों का

ढाँचा इसका स्वयं गवाह होता है। निजी क्षेत्र के लोगों का भी एक आफिसियल स्टाइल होता है सिर्फ सरकारी क्षेत्र का ही नहीं होता। अखबारों में भी प्रमुख खबरें वीआईपी से आरंभ हुआ करती हैं मगर एक ही खबर के आजू-बाजू कई तरह के उपप्रसंग वहाँ संभव हो सकते हैं और सामान्यजनों के जीवन की खबरें भी होती हैं।

प्रायः मानकर चला जाता है कि टीवी चैनल और अखबार एक दूसरे के पूरक की तरह उभरे हैं। इस परस्परता में टीवी अखबार से ज्यादा उधार लेता है। अखबार टीवी से कम ही लेते नजर आते हैं। यह परस्परता एकतरफा ज्यादा है। अपने संपादकीय विभाग की बैठकों में प्रिंट मीडिया चैनलों की खबरों की कंटीन्यूटी या नएपन आदि के लिए अखबारों पर निर्भर रहते हैं। नई दिलचस्प खबरों के लिए भी अखबार स्रोत का काम करते हैं। कैमरे बाद में उस खबर को अपनी तरह से बनाया करते हैं। अखबार की ओर से टीवी की ओर खबरें ज्यादा जाती हैं। हाँ, मनोरंजन संबंधी बहुत सी खबरें टीवी से अखबारों की ओर आ जाती हैं।

टीवी का एक बड़ा असर अखबारों की भाषा पर और टाइटिल देने के तरीके पर पड़ा है। टीवी ने जब से समाचरों को रंजक समाचारों की तरह बनाना शुरू किया है तब से अखबारों में भाषा अधिक रंजक, टाइटिल अधिक मुहावरेदार काव्यात्मक हो चली है। वह पाठक-पटाऊ होने लगी है पाठक-जगाऊ नहीं रही है।

एक भयानक बात टाइटिल से ही संबंधित है। खेलों के समाचार अब दैनिकों में पहले पेज पर भी आ धमकते हैं। पुरानी पत्रकारिता में खेल या कामर्स पहले पेज पर बेहद कम आती देखी गई। यह चैनलों का प्रभाव है। टीवी भारत-पाक क्रिकेट मैच को 'महासमर' 'महायुद्ध' टाइप के टाइटिल देता है तो अखबार भी इसी तरह के अतिरंजनापूर्ण व्यंजना करने वाले टाइटिल देने लगे हैं। अतिरंजनापूर्ण टाइटिल देने से खबरं का भावनात्मक दायरा बहुत फैल जाता है। जैसे 'दिल्ली पर आतंक का साया' या 'विस्फोटों से दहली दिल्ली', इत्यादि। टीवी पर ऐसे टाइटिल आते हैं। इनमें विस्फोटों को उनके दायरे से ज्यादा बढ़ा-चढ़ाकर अतिरंजना में दिया जाता है जो भावनात्मक अपील रखते हैं हार्ड न्यूज में भावनात्मक रंग होता है तो वह खबर न रहकर भावोत्तेजक आइटम बन उठता है खबर उत्तेजित करती है उसकी प्रस्तुति भड़काती है। यह शैली अखबारों में भी आ गई है। दिल्ली जैसा महानगर विस्फोटों से दहल सकता है? बम से ज्यादा ऐसे टाइटिल जरूर दहला देते हैं। कई बार लगता है कि चैनलों के पत्रकार इन दिनों भावनात्मक अपील पर जोर देते हैं तथ्यों पर कम।

भाषा के भड़काऊ होने का कारण स्पर्धा मात्र नहीं है, संपादन कक्ष की नीति भी है। दर्शक जुटाना एक नीति है लेकिन भाषा के निर्माण के प्रयोग भी यह कुछ काम करते नजर आते हैं। बहुत सी घटनाएँ ऐसी होती हैं जिनकी प्रस्तुति के लिए आप परंपरागत पत्रकारिता की भाषा का इस्तेमाल नहीं कर सकते। आप आज विगत

प्रातः विस्फोटों में पंद्रह हताहत नहीं कह सकते। टीवी दिखा देता है कि कितने हताहत हुए और आपको घटना के प्रभाव को उसके तथ्यों में ज्यादा बड़ा बनाकर देना होता है ताकि दर्शक गर्दन सीधी करके देखें। इससे चैनलों को लाभ हुए हैं खबर की हानि हुई है।

चैनलों पर खबर विश्लेषण तो और भी कमजोर रहता है। विश्लेषण अगर आते भी हैं तो चर्चाओं के रूप में जो तुरंत समाजशास्त्र का परिचय देती है इससे न्यूनतम समझ तो बढ़ती है मगर समस्या की गहन परतें नहीं खुलतीं। अखबार में लीड आर्टिकल गहनता दे सकते हैं।

चैनलों और अखबारों की तुलना उपयोगी काम है। यह पूरक हैं और स्पर्धी भी हैं। उनकी परस्परता खबर का सकल उद्योग बनाती है आदमी का संस्कार इन्हीं से बनता है। यह आपस में कैसा संबंध बनाते हैं, इसे देखना चाहिए। एक बात दोनों में लगभग कॉमन है, वे एक दूसरे के प्रति सचमुच में क्रिटिकल नहीं होते। प्रिंट की क्रिटिकल खबर या रिव्यू क्रिटिकलिटी के नमूने नहीं कहे जा सकते। प्रिंट को टीवी का पहरुआ बनना चाहिए। किसी हद तक वह ऐसा करता है मगर उससे ज्यादा चाहिए। उधर, टीवी को चाहिए कि प्रिंट की खबर लेता रहे।

25 जून, 2006

जन-रुचि और जरूरत

मीडिया अकसर कहता है कि वह जन-रुचि के अनुसार काम करता है। वह जो प्रकाशित करता है या दिखाता-सुनाता है, वह जनता की रुचि के अनुसार ही होता है। इस तरह मीडिया जनता की जरूरतों को पूरा करता है यदि अखबारों में छपने वाले मनोरंजन पेजों और परिशिष्टों या इलेक्ट्रानिक मीडिया में आने वाले मनोरंजन के आइटमों को देखें तो एकबारगी लगेगा कि मीडिया जो कर रहा है यह वही है जो जनता चाहती है। लेकिन जन-रुचि और जन की जरूरत को एकमेक करके मीडिया अपने कर्म के भीतर जो एक छल पैदा करता है, वह सामान्यतः नजर नहीं आता। यह तब नजर आ सकता है कि जब 'जन-रुचि' और 'जनता की जरूरत' में फर्क को समझ लिया जाए।

जिस तरह जन रुचियों का निर्माण किया जा सकता है, ठीक उसी तरह जनता की जरूरतों का निर्माण नहीं हो सकता। दोनों में एक बुनियादी फर्क रहता है। फर्ज कीजिए जनता को अपनी जरूरतों को पूरा करने में परेशानी है। पानी नहीं मिलता। सब्जी महँगी हो चली है। चीनी दालें महँगी हो चली हैं। ऐसे अभाव में जनता की रुचि क्या होगी? उसे क्या सैक्सी नाच-गाना रुचिकर लगेगा? रसोई नहीं पकेगी तो घरवालों को क्या अच्छा लगेगा? जरूरत ठीक ढंग से पूरी होने पर ही रुचि का सवाल आता है। पेट भरा होगा तो मिठाई रुचिकर लगेगी। भूखे पेट मिठाई से काम नहीं चला करता। रुचि से पहले दैनिक जरूरत की चीजें चाहिए। रुचि और जरूरत में दूसरा फर्क यह है कि रुचि निर्मित की जा सकती है। जरूरत प्रकृत्या और जीवन की पर्याय होती हैं। तीसरा फर्क यह है कि रुचि 'आस्वाद' या 'टेस्ट' के वर्ग में आती है। जरूरत अनिवार्य भरण-पोषण वाले 'अस्तित्व' वर्ग में आती है।

फ्रांसीसी समाज दार्शनिक पियरे बोर्द्यू ने 'टेस्ट के निर्माण' के क्षेत्र में बड़ा काम किया है। रुचि का संबंध उपभोग के क्षेत्र से जुड़ता है जबकि जरूरत का उपयोग से। अब हम अपने मीडिया में आती सामग्री का जायजा लें तो पाते हैं कि जरूरतों को आपूर्त करने पर जोर होने की जगह वहाँ नई विलासपरक रुचियों के

निर्माण और उनके उपभोग पर जोर दिया जाता है। इसे हम उन रविवारीय या अन्य दिवसों में प्रकाशित सामग्री के उदाहरणों से समझ सकते हैं कि जिनमें अकेली स्त्री या 'वन नाइट स्टेंड' या बीवी एक तरफ और प्रेमिका दूसरी तरफ या 'इमोशनल संबंध एक ओर' और 'फिजीकल दूसरी ओर' जीने को जायज ठहराए जाने की बातें होती हैं या सेलिब्रिटीज होती हैं या विदेशी मॉडलें, देशी मॉडलें होती हैं जो फैशन में होती हैं या फिर डिजाइनरों की नुमाइशें होती हैं या दो करोड़, चार करोड़ के मकानों की तस्वीरें होती हैं।

जन का मतलब 'मास' से होता है 'मास' का मतलब 'इकट्ठा एक जगह बहुत सा वजन' होता है। यदि हम उक्त सामग्री को देखें तो जो लोग इस तरह की सामग्री से लाभान्वित हो सकते हैं उनकी संख्या को 'जन' नहीं कहा जा सकता। गरीब तो छोड़िए सामान्य मध्यवर्ग भी महँगे डिजाइनर कपड़े नहीं पहनता न वह सेक्सी नाच-गाने में हर वक्त रहता है। न उसे हर वक्त सेक्स चाहिए होती है, हर वक्त सेक्स तो सिर्फ बीमारी ही हो सकती है। लेकिन हम देखते हैं कि हर मनोरंजन सेक्सी आशयों से लिथड़ा रहता है। इस तरह यह जनरुचि तो नहीं होती, उच्चवर्ग की ही रुचि नगर आती है। मीडिया इस उच्चवर्ग की रुचि को जन की बताकर नीचे तक पहुँचा देता है इसे जरूरत की तरह कहा जाने लगता है और कई बार लोग इसे जरूरत ही समझने लगते हैं। इस खेल में मीडिया ने स्वयं को एक सेक्सफ्रेंडली इमेज दे डाली है। सेक्स वह सुचालक तत्त्व है जो जरूरत को रुचि में, टेस्ट में, आस्वाद में बदल सकता है। मीडिया इस खेल में माहिर हो चला है। इसीलिए वह जिसे रुचि कहता है, जरूरत की तरह रखता है।

जरा दिल्ली विश्वविद्यालय के दाखिलों की बात करें। दो लिस्टें आई हैं। सारी कहानियाँ तीन बातों को बताती हैं। एक कि कटआफ लिस्ट ऊँची रहनी ही यानी निचले प्रतिशत वाले अच्छे यानी कैंपस कॉलेज का सपना छोड़ दें। नब्बे-बानवे प्रतिशत वाले बच्चों को भी मनमाफिक कॉलेज नहीं मिलेगा यानी वे दोयम कॉलेजों की ओर देखें। तीसरा यह कि कॉलजों के नाम पर हर बार सिर्फ कैंपस के आसपास के कॉलेज ही सामने आते हैं, सुदूर देहाती दिल्ली में कस्बाती माहौल में चल रहे कॉलेजों का जिक्र नहीं है। जरूरत तो सबको सबसे अच्छी विद्या की है लेकिन उसके निर्माण को उच्चवर्ग के जरिए, सफलतम के जरिये डिफाइन किया जा रहा है।

अखबार उठाएँ, खास कर अंग्रेजी अखबार। इन दिनों अंग्रेजी सीखने के और विदेशों में तमाम तरह के कोर्स पढ़ने के अनंत विज्ञापन छपे होते हैं। वे इस जरूरत को पूरा करते हैं? और किस तरह की जरूरत पैदा करते हैं? वे जरूरतमंदों को हीन बनाते हैं और ताकतवरों की रुचि को जरूरत की तरह पेश करते हैं। ऐसे अनंत उदाहरण बताए जा सकते हैं जिनमें जरूरत की जगह रुचि को रखा जाता है। रुचि एक व्यक्ति बनाने वाली किंतु मोहक प्रक्रिया की तरह दिखलाती है। चाकलेट खाता

बच्चा एक रुचि को बतलाता है। भूख बच्चे की जरूरत की जगह चाकलेट दिखाई जाती है। मीडिया यह खेल अकेले नहीं करता वह तब करता है जब बिजनेस और मीडिया में तालमेल हो जाता है। आज का मीडिया यही कर रहा है। वह राजनीति में भी इसी क्रम से काम करता है।

यहाँ मीडिया के बिजनेस करने न करने उसके बिना फ्रेंडली होने न होने के जटिल सवाल आते हैं। यही नियमन के भी आते हैं जो रुचि या टेस्ट या कृत्रिम रुचि या टेस्ट और बुनियादी जरूरतों को साफ-साफ अलग देख सकें। मीडिया का भला भी इसी में है कि वह दोनों को गड्डमड्ड न करे क्योंकि इससे हर बार एक बुरा माहौल बनता है। असंतुलित उपभोग का क्षेत्र बनता है और अनुकसानदेह अंततः मीडिया के विपरीत हो जाता है। अति उपभोग की रुचि से पैदा होने वाले बालरोग मीडिया का और बिजनेस का भला करते हैं? नहीं। इसमें अपने मीडिया के मार्केट विशषज्ञों को रुचि और जरूरी फर्क करते रहना चाहिए।

2 जुलाई, 2006

खूँटे से बाँधने की कवायद

संसद के मानसून सत्र में सरकार एक 'प्रसारण अंतर्वस्तु नियमन' विधेयक लाने जा रही है। सूचना एवं प्रसारण मंत्रालय ने एक उपसमिति से बनवाया है। इसमें इलेक्ट्रानिक मीडिया को लेकर कुछ नई व्यवस्थाएँ की गई हैं, जो आगे चलकर प्रिंट पर भी लागू हो सकती हैं। मुख्य चिंता देश की आंतरिक सुरक्षा बताई गई है। चिंता की गई है कि मीडिया के कुछ हिस्सों में खास कर कुछ चैनलों पर ऐसे कार्यक्रम आते देखे गए हैं जो देशद्रोह की सीमा तक जाते हैं। एक कार्यक्रम में एक चैनल ने पंजाब के अलगाववादी आतंकवादियों के बयानों को सविस्तार दिखाया। ऐसे ही कश्मीर को लेकर इस प्रकार के कई कार्यक्रम आते रहे हैं, जिनके प्रसारण के प्रभाव से देश की एकता अखंडता को खतरा हो सकता है।

ऐसे कार्यक्रमों पर रोक लगाई जा सकती है। पुलिस को अधिकार देने की व्यवस्था की जा रही है। ऐसे आपत्तिजनक कंटेंट वाले कार्यक्रमों को वे तुरत कार्रवाई से बंद करा सकते हैं। ऐसा करने वाले प्रसारक पर जुर्माना ठोक सकते हैं। यहाँ तक कि उस चैनल के समूचे तामझाम को जब्त कर सकते हैं। ये तथा ऐसी व्यवस्थाएँ संचारनीति संबंधी जितने भी दस्तावेज हैं, उनमें पहले भी दी जा चुकी हैं। केबल एक्ट में ऐसी व्यवस्थाएँ हैं। फिर भी सरकार नया विधेयक लाना चाहती है तो जरूर कुछ कारण होंगे। वे कारण क्या हैं? सोचना चाहिए। इसके लिए हमें निकट अतीत में इलेक्ट्रानिक मीडिया के विकास और कामों को देखना होगा। पिछले कुछ बरस से मीडिया ने मिली हुई आजादी के तहत स्टिंग किए हैं, उससे सत्ता विचलित हुई है। सत्तावान तत्त्व मीडिया से डरने लगे हैं। 'नैतिक पुलिस' मीडिया को फूहड़ और अश्लील किस्म के कार्यक्रमों के लिए लक्ष्य बनाती रही हैं। 'समाज में नंगई परोसने वाले' कार्यक्रमों को भी अनेक तत्त्वों ने अपनी आलोचना का निशाना बनाया है। विधेयक शायद इन प्रसंगों को भी अपने दायरे में लेता है।

अब आप विधेयक से यह न पूछिए कि भैया जी अश्लीलता को रोकने, देशद्रोह संबंधी सामग्री को रोकने के लिए पहले ही हमारे यहाँ प्रभावी कानून हैं। केबल एक्ट

के अलावा देश की सुरक्षा से संबंधित जितनी व्यवस्थाएँ हैं, वे उपलब्ध हैं तब ऐसी क्या फौरी वजह आन पड़ी कि ऐसा नया विधेयक लाया जाए जिसमें पुरानी सारी बंदिशें एक बार फिर दुहरा दी जाएँ और मीडिया को कांस्टेबिल के हवाले कर दिया जाए? एक प्रकार के अर्ध आपात्काल का वातावरण बना दिया जाए और मीडिया के भीतर सहज अनुशासन के नाम पर एक डर बिठा दिया जाए ताकि वह 'लाइन' पर रहे।

ऐसी व्यवस्थाएँ हैं जिनके तहत पत्रकार अपने सूचना स्रोत को बताने के लिए मजबूर नहीं किए जा सकते। इससे सत्तावानों को कई कठिनाइयाँ हुई हैं। तहलका एक ऐसा ही प्रकरण रहा। बाद के कई स्टिंग ऐसे ही प्रकरण रहे। यदि विधेयक कानून बना तो सूचना के स्रोत न बताने का पत्रकारीय विशेषाधिकार खत्म हो सकता है और पत्रकारों को अपने सूचना स्रोत बताने को बाध्य होना पड़ सकता है। प्रसारक पर बाध्यता हो सकती है कि वह स्टिंग या ऐसा ही भंडाफोड़ कार्यक्रम बनाने-दिखाने से पहले मीडियाकर्मी अपने लक्षित स्टिंग के पात्र को बताने को बाध्य होगा कि वह कौन है? क्या और क्यों करना चाहता है? अगर कोई प्रसारक और स्टिंग करने वाले का नाम नहीं देता तो उसे बताना होगा कि ऐसा करना जनहित में क्यों जरूरी था? अगर कोई पत्रकार पहले ही बता देता है कि वह फोन पर आवाज रिकार्ड कर रहा है तो क्यों कर रहा है और किस संभावित प्रसारण के लिए किया जा रहा है; यह सब बताना होगा। स्टिंगित पात्र यह सब जानकर रिकार्ड कराने से मना कर सकता है। वह कह सकता है कि यह सब उसकी निजता के क्षेत्र का, 'प्राइवेसी' का हनन है। तब प्रसारक को स्टिंग योग्य लक्षित पात्र को बताना होगा कि यह क्यों आवश्यक है? क्या इस प्रक्रिया में कोई सार्थक भंडाफोड़ होगा? सत्तावान अपने को ऐसे नियमों के तहत बचा लेंगे। इस तरह ऐसी व्यवस्थाएँ सत्तावान ताकतवरों के पक्ष में जाती हैं, जनता के पक्ष में नहीं जातीं। मीडिया को खूँटे से बाँधने की नई कवायद है। सत्तावनों को सिर्फ अपनी आजादी पसंद है, मीडिया की आजादी नहीं। वे चाहते हैं कि आजादी की लिमिट हो और कम हो। मीडिया आवारा न बने।

आने वाले दिनों की संसदीय तथा सामाजिक बहसें बताएँगी कि विचार किस करवट बैठे। अभी से 'नैतिक पुलिस' इस बिल में अश्लीलता आदि को रोकने की इच्छा को ठीक मान रही है। मौका है कि बिल के जरिए नंगई दिखाने वाले चैनलों पर लगाम तो कसे। इस बिंदु पर दोनों बड़े सत्तावान दलों के विचार एक से नजर आते हैं। बहाना नंगई रोकने का है, लक्ष्य एक्सपोज करने की आजादी को रोकने का है। आपात्काल जब लगा तो विपक्ष और प्रिंट के प्रति सत्ता को नाराजी थी। भीतरी राजनीतिक समस्याएँ और तंग करने वाले मीडिया को एक चोट में ठीक किया गया था। तकनीकी क्रांति के इन दिनों में आपात्काल की बात तो कोई मतिमंद

ही कर सकता है लेकिन एक 'कानूनी आपातकाल' भी हुआ करता है। नए बिल में ऐसी व्यवस्थाएँ नजर आती हैं। सच तो यह है कि पहले से मौजूद कानूनों को लागू करने पर ऐसे किसी बिल की दरकरार नहीं रह जाती।

आने वाले दिन मीडिया और सत्ता के तनाव के दिन होंगे। विवाद उठेंगे, बहसें होंगी। देश की जनता और मीडिया इतनी आसानी से अपनी आजादी को खो देने वाला नहीं है। बिहार के तत्कालीन मुख्यमंत्री डॉ. जगन्नाथ मिश्र के 'मानहानि विधेयक' का मीडिया ने कैसा मलीदा बनाया था, यह सबको याद है। देश भर में उसका विरोध हुआ था। विरोध इसका भी होगा। जनता मीडिया के साथ खड़ी होगी। जनता मीडिया को अपनी आवाज मानती है। सत्ता की पोल मीडिया खोलता है। इससे जनता जागरूक होती है। मीडिया का अब तक का व्यवहार अपनी व्यापक परिधि में आपत्तिजनक रहा हो, ऐसा कोई नहीं कहता। तब उसे खूँटे से बाँधने की ऐसी जरूरत क्या आ पड़ी? मच्छर से निपटने के लिए आप कुल्हाड़ी नहीं चलाया करते।

9 जुलाई, 2006

ब्लास्ट और मीडिया

मुंबई सीरियल ब्लास्टों ने मीडिया के आगे एक बार फिर ऐसे सवाल रख दिए हैं जिन्हें ऐसी घटनाएँ अक्सर पेश करती रही हैं। आतंकवादी कार्रवाइयों, बमबारियों, आत्मघाती हमलों, आत्मघाती कार-ट्रक हमलों को प्रसारित प्रकाशित करने के दौरान अनेक पेचीदा सवाल पैदा हुए होंगे। किस तरह खबर बनाएँ ताकि कार्रवाई के 'कर्ताओं' को उसका इच्छित लाभ न पहुँचे और सच्चाई भी सामने आए। इस कठिन कर्म में कई उलझनें पैदा होती हैं। खबर और उसके निर्माण के बीच अनबूझे तनाव होते हैं। मुंबई ब्लास्टों की खबरों के निर्माण को ही देखें, उनके प्रसारण और प्रकाशन को देखें।

प्रथमतः खबर टीवी के चैनलों की खबर पट्टी पर खबर रेंगती है। ब्रेकिंग न्यूज होती है। ब्रेकिंग न्यूज सर्वाधिक ध्यान खींचू होती है जिज्ञासा को जगा देती है। उसके विस्तार की प्रतीक्षा होने लगती है। कुछ देर बाद चैनल ड्राई खबर देने लगते हैं, फिर चित्र भेजने लगते हैं, लाइव करने लगते हैं। हुए हादसे के ऐन मौके के सीन आने लगते हैं। जो खबर अंतःक्रियात्मक बन रही थी वह अब तेजी से अपने अर्थ बनाने-बिगाड़ने लगती है। खबर के निर्माण के पहले तीन-चार क्षण सबसे नाजुक होते हैं। प्रथम क्षण जिज्ञासा के थे, दूसरे क्षण चिंता के और 'किसने किया है' आदि सवालों के रहते हैं। यानी खबर के विस्तार की माँग करते हैं। खबर निर्माण का तीसरा क्षण सीन हादसे के आकलन का होता है। चौथा क्षण जिम्मेदारी आयद करने का और पाँचवाँ अचानक ब्लेम गेम का होने लगता है। इसी दौरान चैनलों में जो पत्रकार सावधान होते हैं, जो अपनी खबर की और घटना की खबर की अंतःक्रिया की कल्पना कर सकते हैं वे ऐसी घटना को संयोजित करने का काम करने लगते हैं। निर्भवुक और तटस्थ भाषा में प्रस्तुति से लेकर पुलिस अधिकारी और राजनेता आदि से बात करना इस क्रम में आता है।

अगर यह सब लाइव न हो, चैनल हर कहीं पहुँचने की क्षमता न रखते हों, उनमें खबर लूटने-चटकाने की स्पर्धा न हो और बेहद सीमित धीमे संचार का जमाना हो तो अफवाहें और मिथक बनते हैं। लेकिन कहीं भी तुरंत पहुँच सकने की क्षमता

ने चैनलों से तुरंता खबर पाने की अपेक्षा को लगातार तीखा किया है। इसे खबर का नया 'स्पीड फैक्टर' कहा जा सकता है। अब खबर स्पीड के पैमाने से तय होती है। स्पीड के इस एक तत्त्व ने खबर के निर्माण की प्रक्रिया को त्वरित क्षणिक संपादन की ओर धकेला है। सीधे प्रसारणों में खबर अलग से संपादित नहीं होती। वह अपने कच्चे रूप में आने लगती है। खून-खराबे के सीन और झगड़ों या दंगों के असंपादित सीन किस प्रकार का प्रभाव पैदा करेंगे इसकी चिंता करने का वक्त ज्यादा नहीं होता। ऐसी खबरें जिनमें निरपराध लोग, औरतें, बच्चे आदि आतंकवादी ब्लास्टों के शिकार हुए हों उनमें भावनाओं को उत्तेजित करने की ताकत होती है। ऐसे सीन डर, क्रोध, वितृष्णा और घृणा एक साथ पैदा करते हैं। बहुत सी बेचैनियाँ मिलकर कच्चे आहत मनों को जरा सी बात पर भड़काकर कुछ भी करने लगते हैं। आतंकवादी घटनाओं की खबरें अक्सर 'दहशत' और 'वहशत' को बनाया करती हैं।

इन दिनों आतंकवादी कार्रवाइयाँ 'मीडिया के लिए' होती हैं। ग्लोबल तुरंता मीडिया ने और उसके तुरंता प्रभाव की व्याप्ति ने आतंकवाद को भी अपनी खबर बनाकर राजनीति करने का अवसर दिया है। वह इस अवसर का भरपूर उपयोग करता है। आतंकवादी कार्रवाई करने वाले ऐसी घटनाएँ अक्सर बनाते हैं जो प्रभाव में तीखी उत्तेजना पैदा करने वाली हों, लोगों की हिम्मत को तोड़ने वाली हों ताकि लोग निराश होकर राज्य सत्ता का भरोसा छोड़कर आतंकवादी ताकतों के हवाले हो जाएँ। आतंकवादी कार्रवाई करने वाले इस तरह घटना के प्रभाव तथा फलागम के लिए पहले से तैयार होते हैं। अमेरिकी ट्रेड टावरों को उड़ाने के बारे में एक टेप में लादेन ने इन तमाम बातों के बारे में बताया था कि वह इस सबका फलागम पहले से जानता था। दुनिया के तमाम आतंकवादी अपनी बनाई खबर के फलागम पर जिया करते हैं। अब तक हमारा मीडिया एक घटना को खबर में 'ठहराता' या फिक्स करने का काम करता रहा है। वह उसे सुसंपादित संयोजित करने का और इस तरह अनुशासित करने का काम करता रहा है। खबर धीमी और कई चरण पार करती हुई चलती रही है। अखबारों में अब भी ऐसा होता है। इसीलिए अब भी खबर को ठहराकर देखने बताने का काम अखबार करते हैं और यही उनकी ताकत भी है जो टीवी के तुरंता प्रभाव में अपना महत्त्व जताती है।

जब खबर आसन्न और तुरंता हो तब खबर निर्माण तथा उसकी प्रस्तुति के सवाल दो स्तर पर तनावयुक्त हो उठते हैं। खबर निर्माण के प्रथम क्षणों के संग ही खबर के प्रभाव आकलन के सवाल! आपने खबर पढ़ी-बताई। अंतक्रिया होने लगीं तो अंतःक्रिया के आकलन की तुरंत व्यवस्था होती रहती है। यह एंकर-रिपोर्टर के दिमाग में लगातार होती है। यदि वह सावधान न हुआ तो खबर उसे पछाड़ सकती है। खबर हमेशा अपने प्रभाव द्वारा अपना शिकार करती है। यहीं एंकरों-वाचकों और कैमरामैनों की भूमिका आती है। वे भी प्रभाव और उस आकलन के काम से अलग

नहीं हो सकते। इस पर अपनी खबर की तुरंता समीक्षा और संग में आत्म सम्मान एक ऐसा काम है जिसे लगातार करना पड़ता है। सबके लिए स्पीड में निर्णय लेने की क्षमता होनी जरूरी है। स्पीड का मतलब चाहे जैसा फैसला लेना नहीं होता। जल्दी किंतु फैसला सही ही लेना होता है और जल्दी-जल्दी तय करना कि सही क्या है। यह एंकर-रिपोर्टर के विवेक पर निर्भर करता है।

यदि हम इस भूमिका के बाद एक बार मुंबई के ब्लास्ट का अध्ययन करें तो पा सकते हैं कि हमारे ज्यादातर पत्र ऐसी आसन्न आपात् स्थितियों से पूरी तरह तैयार नहीं होते। बाढ़ की खबर, दाम बढ़ने की खबर और आतंकी बम की खबर को एक भाव से ही बनाने की आदी हैं। संकट की खबर प्राकृतिक आपदा की खबर और आतंकवादी कार्रवाई की खबर की प्रस्तुति हर बार अलग-अलग होती है। लेकिन एक ही भाव से करते हैं। नए वक्त की जरूरत है कि इसके लिए अलग से दक्षता की ट्रेनिंग दी जाए। दक्ष बनाया जाता पत्रकार ऐसे क्षणों में उस बहाव में न बहें जो ऐसी खबर की अंतःक्रिया से पैदा हो जाता है और उनकी भाषा, उनकी बदली लैंग्वेज आतंकवादी कार्रवाई के चाहे गए लक्ष्य को पूरा करे। हमारे चैनलों को अपने कर्मियों में अलग से ऐसी दक्षता पैदा करने की जरूरत है।

16 जुलाई, 2006

नई पत्रकारिता : कुछ सवाल

इन दिनों एक चैनल अपने यहाँ से 'सिटीजन जर्नलिस्ट' का आवाहन कर रहा है। उनके होर्डिंग्स में भी इस आशय का संदेश लिखा रहता है कि नागरिक पत्रकारिता की जरूरत है। यह सीएनएन/आईबीएन न्यूज चैनल है। इसके साथ ही इन्हीं दिनों सीएनएन दावा करता है कि उसकी पत्रकारिता 'डिस्टिंक्टिव' यानी 'विशिष्ट' पत्रकारिता है। वह नागरिक पत्रकारिता पर जोर नहीं देता। वह पत्रकारिता को खास काम मानता है जिसे खास लोग खास तरह से ही संभव कर सकते हैं। यह अजीब कंट्रास्ट है। सीएनएन का आइबीएन से संबंध है। अमेरिका का सीएनएन 'खास पत्रकारिता' को मानक मानता है। उसकी नजर में पत्रकारिता दूसरों से अलग, 'एकदम खास' किस्म की ही है। उसका देसी संयुक्त संस्करण नागरिक पत्रकारिता की बात करता है मानों वह कोई नया मानक हो या नया तरीका हो। बहरहाल, इन दिनों हमारे यहाँ 'नागरिक पत्रकारिता' का दौर चल रहा है। इसका कुल मतलब यही है कि हर नागरिक इस दौर में एक पत्रकार है। खबरनवीस है। वह खबर दे सकता है। बना सकता है। खबर का स्रोत हो सकता है। खबर का सकल निर्माता भी हो सकता है। और प्रस्तुतकर्ता तक हो सकता है।

जिन दिनों पत्रकारिता में पाठक या दर्शक की प्रतिक्रियाओं की जगह तक लुप्त हो रही हो उस समय नागरिक को पत्रकारिता का हक देकर चलना चौंकाता है। एक नजर से यह अच्छा भी लगता है। पत्रकारिता का एलीटपन कम होता लगता है। एक नया सूचना-प्रदाता समाज बनता लगता है। लगता है कि पत्रकारिता में सचमुच का जनतंत्र आ रहा है। इससे सूचना में विविधता आएगी। अनंतता आएगी। अनंत रंग आएँगे। उसका स्वरूप बहुवचनकारी होगा। प्लूरल होगा। उस पर चंद पत्रकारों का आधिपत्य न होगा। खबरनवीसी का जनतंत्रीकरण एवं साधारणीकरण होगा। इसका अर्थ यह नहीं कि हर आदमी पेशेवर पत्रकार बन जाएगा। अखबार में काम करने लग जाएगा। चैनल वाला हो जाएगा। जी नहीं। वह सूचना का स्रोत बनेगा। सूचना का क्षणिक निर्माता भी बनेगा लेकिन प्रोफेशनल पत्रकार कतई न होगा। उसके लिए अतिरिक्त दक्षता की जरूरत रहेगी। हाँ, इससे सूचना के स्रोत

का फैलाव हो जरूर जाएगा। जनता ही सूचना देगी, जनता ही सूचना लेगी। पत्रकारिता का यह एक नया आइडिया है।

लेकिन क्या ऐसा यह सचमुच संभव है? एक विचार की बात अलग है अपने चैनल को थोड़ा अधिक विविध खबर वाला अधिक जनप्रिय बनाने का नुस्खा हो सकता है। यों अंग्रेजी में सिटीजन जर्नलिस्ट लिखकर आप 'सिटीजनों' के नाम पर खासुलखास अंग्रेजी क्लास बना रहे होते हैं जिसका लाभ अंग्रेजी पत्रकारिता को मिल सकता है, भारतीय भाषाओं की पत्रकारिता को ज्यादा नहीं जबकि असल सिटीजन तो भारतीय भाषाओं और उनमें भी हिंदी में ज्यादा रहते हैं। ऐसा नहीं कि यह कोई एकदम नया नायाब आइडिया हो। हर नागरिक यानी हर जन एक प्रकार का पत्रकार माना ही जाता है। हर आदमी एक सूचना-निर्माता-प्रदाता होता है। यह अलग बात है कि वह अखबार या किसी अन्य सूचना माध्यम में काम नहीं करता है। वह 'लेटर टू एडीटर' या 'पाठकों के पत्र' कालम में पत्रकार बनता रहता है। लेकिन अब वक्त बदल रहा है।

यह बदलाव सूचना तकनीक ने संभव किया है। उसकी सर्व सुलभता ने किया है। बढ़ती कनेक्टिविटी ने किया है। सूचना संजालों की सुलभता ने किया है। इंटरनेटी चेटरूमों ने किया है। मोबाइल और एसएमएस-एमएमएस ने किया है और वेबसाइटी 'ब्लॉगर पत्रकारिता' ने किया है। इससे कई जटिल ऐतिहासिक काम हुए हैं जिनसे सूचना की अब तक की परिचित प्रक्रिया में नई पेचीदगियाँ, उलझनें और जटिलताएँ पैदा हुई हैं, जिन पर ठहर कर विचार होना बाकी है। कानूनी जटिलताओं के अलावा अनेक कार्यगत जटिलताएँ तो रोज दर पेश होने ही लगी हैं।

हम कुरुक्षेत्र के गाँव की 'प्रिंस' की कहानी इसका एक महत्त्वपूर्ण उदाहरण कह सकते हैं। यह एक ही वक्त में नागरिक पत्रकारिता और प्रोफेशनल पत्रकारिता का मिक्स था। इसमें जिस व्यक्ति ने अपना सीसीटीवी कैमरा गड्ढे में उतारा और लगातार चौबीस घंटे से ज्यादा उसे लिए बैठा रहा, उसकी खास 'पत्रकारिता' पर ध्यान जाता है। आप देख सकते हैं कि किसी भी चैनल या अन्य मीडिया ने उसके महत्त्वपूर्ण काम को चर्चा के काबिल नहीं समझा। सब जानते हैं कि अगर वह नागरिक अपने कैमरे को काम में नहीं लगाता तो प्रिंस के बचाने के काम में कितनी तरह की बाधाएँ बढ़तीं? यही नहीं, जो कहानी बनी यदि वह कैमरा न होता तो वह उस तरह कभी न बनती। उसमें उतनी सुदीर्घता न आती। इतना मानवीय उद्वेलन पैदा करने की क्षमता न होती। हम प्रिंस की हालत के बारे में कभी न जान सकते थे।

एक अँधेरी सँकरी सुरंग जैसे गड्ढे में पड़े बेवस बालक की व्यथा को उसके संत्रास को कभी देख और फील नहीं कर सकते थे। यह संत्रास साक्षात लाइव था जो संचारित हो रहा था और उधर, बचाव दल का निर्देशन कर रहा था। यदि सीसीटीवी कैमरा न होता तो संभव है कि प्रिंस की कहानी सुखांत नहीं हुई होती। ऐसी कई

घटनाएँ अतीत में हुई हैं जिनमें बचाव दल असफल रहे हैं लेकिन कुरुक्षेत्र में एक कैमरे की वजह से चमत्कार संभव हुआ। प्रिंस नामक बालक अपने जीवन में लौट आया। अब वह एक मेडिकल अध्ययन का विषय है और साहस की गाथाओं का हीरो है। किस्मत की कहानी भी है और वह किसी उपभोक्ता वस्तु का ब्रांड एंबेसडर या मॉडल तक संभव है। यह भूमिकांतरण मामूली बात नहीं। इसे सीसीटीवी ने किया, एक मामूली आदमी ने किया। पत्रकारिता का यह नया स्वतःस्फूर्त संस्करण असली और पहली बड़ी नागरिक पत्रकारिता है। क्या हमारे मीडिया संस्थान इस आदमी को उन सारे सम्मानों में से कोई मामूली सा एक सम्मान देंगे जिन्हें वे अक्सर आपस में हर साल बाँट लिया करते हैं? जब हर आदमी खबरनवीस है तब पत्रकारिता के प्रोफेशनलिज्म की औकात क्या रह जाएगी? यह सवाल साथ-साथ उठता है। उधर ब्लॉगिंग बड़े जोरों पर चलने लगी है।

30 जुलाई, 2006

प्रिंस और मीडिया का लालच

मीडिया ने या कहें मीडिया के एक हिस्से ने 'प्रिंस' नामक उस प्रख्यात बालक का, सच कहें तो, अचार डाल रखा है। यह उसके बचपन के प्रति, उसकी मासूमियत के प्रति घोर अन्याय है। हम यहाँ सिर्फ तीन खबरों का जिक्र करना चाहेंगे जो उसके बचाए जाने के बाद प्रिंट एवं टीवी के चैनलों में लगातार आती रही हैं। एक दिन अचानक 'प्रिंस' मुंबई की 'बाईलाइन' में टीवी के खबर चैनलों में दिखा। एक चैनल में ज्यादा ही दिखा। वहाँ उसके संग संजय दत्त, सनी देवल, शिल्पा शेट्टी आदि खड़े होकर फोटो खिंचा रहे थे। पोज दे रहे थे। 'प्रिंस' नामक बालक देख रहा था मुस्कुराने की कोशिश कर रहा था।

यह एक अजीब 'सीन' था। दुर्भाग्य से सौभाग्य की ओर आए मासूम बालक यह सब स्वयं तो नहीं कर रहा था। कोई था जो उसे प्रेरित कर रहा था, निर्देशित कर रहा था। सीन दिला रहा था। जो बालक अपने गाँव में आराम कर रहा था। तरह-तरह के मीडिया के लोग गाँव जाकर उसे देख रहे थे, वही बालक अचानक मुंबई में हीरो-हीरोइनों के साथ नजर आए तो आपको एक सांस्कृतिक झटका लगता है। ये क्या? क्या प्रिंस 'मॉडलिंग' कर रहा है। किसी ताकत देने वाले पेय, बिस्कुट या टॉफी का विज्ञापन कर रहा है? जो टॉफी खाता वह गड्ढे में दिखा था, वह तो विज्ञापन नहीं था। वह भूख थी और टॉफी थी, उसके आँसू थे। चेहरा परेशान था। गंदा था। अब साफ था, साफ होना ही चाहिए था। उसका हक था। मगर संजय दत्त, सनी देवल, शिल्पा शेट्टी उसके साथ खड़े होकर क्या कर रहे थे? क्या उसे खुश करने आए होंगे? अगर आए थे तब जब वह गड्ढे में था तब संदेश नहीं दे सकते थे। न याद रहे, मुंबई के किसी मुसलमान ने इस बालक के लिए तभी गड्ढे का सीन देखकर हमदर्दी में ग्यारह हजार रुपए देने का ऐलान किया था। गरीब बालक के लिए, उसके परिवार के लिए मदद जरूरी थी। क्या उसमें इन हीरो लोगों ने कोई मदद की? तब की? जी नहीं।

तब यह सीन क्या कहता था? दरअसल, यहाँ सीन 'छवियों' के 'देन लेन'

का था। वह बच्चा एक तरह से रीयल हीरो था। ये सारे फिल्मी हीरो थे। ये एक्स्ट्राज, डुप्लीकेट के बनाए थे। स्टंट मैन के बनाए थे। निर्देशक के बनाए थे। यह बालक कुदरत का और फिर टीवी का 'अनकट' सीनों वाला प्रसारित बालक था। इसकी महिमा कई स्तर वाली रही। उसका प्रभामंडल उसके मुकद्दर ने बनाया। फौज ने बनाया, गाँव वालों ने बनाया।

मगर वह अबोध अपने 'सीन' अपने 'प्रभाव' के बारे में किसी बड़े की तरह नहीं ही सोच सकता, नहीं सोचता होगा। वह एक 'संताप' से निकला। उसे रह-रहकर सब याद आता होगा। भविष्य तक, उम्र भर उसकी यह तकलीफ उसे याद आती रहेगी। वे भोक्ता थे हम सब तो दर्शक ही थे। हीरो-हीरोइन भी थे। वे इस सीन में उस बालक से उसका मासूमपन, उसका एकांत छीन रहे थे। उसके प्रभामंडल में नहा रहे थे, ऐसा लगा।

दूसरी खबर एक अंग्रेजी दैनिक में दी गई। बालक साइकिल पर सवार था। उस पर शीर्षक था—'प्रिंस बना विकास पुरुष' खबर में लिखा था कि जब से प्रिंस फोकस में आया है, मीडिया ने दिखाया है, तब से इस 'हल्दीहेड़ा' नामक अति पिछड़े गाँव की तकदीर बदल गई है। पीने का पानी खींचने वाला हैंडपंप लग गया है। सड़क बन रही है। पैसा आ रहा है। गाँव को जोड़ने के लिए काम चल रहा है।

यह खबर हमारी राजनीति पर मजाक बनकर आती थी। मगर प्रिंस की साइकिल वाली फोटो देकर बताया गया था कि जो बालक नग्नावस्था में गड्ढे में गिरा उसे अच्छे कपड़े, साइकिल मिल गई है। ये नेमतें, मेहरबानियाँ इसलिए हुई हैं कि मीडिया ने उसे हीरो बनाया। संदेश यह मिलता है कि अगर तुम मीडिया में हो, वह कृपालु है तो तुम अपना उद्धार कर लोगे वरना नहीं। कोई तुमको पूछेगा तक नहीं। समूची कहानी की व्यंजना इधर जाती थी।

तीसरी कथा असलियत की ओर इशारा करने लगती है। एक अखबार ने बताया है कि एक बड़े चैनल ने प्रिंस को मुंबई की सैर अचानक कराई। पहले उसके परिवार वालों को कहा गया कि उसे मनसा देवी के दर्शन करने जाना चाहिए। इस बहाने परिवार को चंडीगढ़ लाया गया। वहाँ चुपके से उन्हें हवाई जहाज में बिठाकर मुंबई ले जाया गया। कहते हैं कि इस सबके लिए उसके पिता को चैनल ने पाँच लाख का चेक दिया।

कहने की जरूरत नहीं कि उक्त चैनल ने इस बालक की त्रासदी को लगातार लाइव दिखाकर टीआरपी में सबसे बाजी मार ली। वह अन्य स्पर्धी चैनलों से आगे निकल गया। चलिए यहाँ तक तो गनीमत है। लेकिन तब इस चैनल ने प्रिंस और उसके परिवार का पीछा क्यों नहीं छोड़ा? क्यों उसे किसी अगली कहानी के लिए प्रेरित करता रहा। यदि ऐसे आरोप सच हैं तो यह शोचनीय बात है।

चैनलों को खबर देनी चाहिए। खबर के पीछे पड़ कर उसे 'छूँछ' बनाकर निचोड़

डालना नहीं चाहिए। इससे चैनल पत्रकारिता की 'हानि' होती है। अतीत में ऐसा कई बार सुना गया है कि किसी न किसी चैनल ने खबर बनाने की खातिर हदें तोड़ दीं। एक व्यक्ति को एक शहर में 'आत्मदाह' के लिए प्रेरित किया। उसने जब तेल छिड़क कर आग लगा दी और वह जलने लगा तो अफरा-तफरी मच गई। ऐसे अनेक वाकये हुए हैं। ऐसा क्यों करना चाहिए। यह सब तर्क से परे हैं। टीआरपी चाहिए। लेकिन टीआरपी ऐसे टोटकों से एक दिन बढ़ भी गई तो कितने दिन बढ़ी रहेगी?

यदि हम 'बालश्रम' और 'बालकों के अधिकार' का संदर्भ सामने रखें तो इन सबको हम एक बालक के साथ सरासर खिलवाड़ की संज्ञा तक दे सकते हैं। जिन्हें दान देना है, वे दान दें। परिवार को मदद दें। लेकिन दान के बदले ऐसा वैसा कुछ न कराएँ। उसे 'कामर्शियलीर' एक्सप्लॉयट न करें। हमारी यही प्रार्थना होगी। कई देशों में तो बच्चों के ऐसे दुरुपयोग पर सख़्त पाबंदी है।

6 अगस्त, 2006

खबरों का रहस्यवाद

वीराना चैनल खबरों का भी एक इतिहास है डीडी के जमाने से आज के दौर तक खबरों का चयन, प्रस्तुति सब बदलते रहे हैं। 'ड्राई न्यूज' के जमाने से हम अब हम रेम्से ब्रदर्स की 'हवेली', 'वीराना' और 'भूत बंगला' वाले युग में आ गए हैं। यह अपने चैनलों की तरक्की है। एकदम मौलिक, इसे किसी की नकल नहीं कहा जा सकता।

हाँ, इन पर 'ड्रेकूला' सीरीज, 'फ्राइडे द थर्टीथ', 'टेल्स ऑफ क्रिप्ट' सीरीज टाइप की अमेरिकी सीरियलनुमा फिल्मों के साउंडट्रेकों की शुद्ध चोरी का असर जरूर ढूँढ़ा जा सकता है। फिनिश में मगर अपना ही टच रहता है। इस अक्षुण्ण मौलिकता के, अपने खबर चैनलों को 'रेम्से ब्रदर्स' की 'हवेली' शील्ड दी जानी चाहिए। 'खँडहर', 'बीस साल बाद', पुरानी 'मधुमती', 'वह कौन थी' टाइप की ट्राफीज भी दी जा सकती हैं। जो 'रहस्य रोमांच' से भरपूर फिल्मी विधा थी वह अब खबरों में दैनिक भाव से जिंदा हो रही है। खबरें 'वीराना' 'हवेली' की तरह हैं उनमें रहने वाली आत्माएँ जागने लगी हैं। वे खबर बनने लगी हैं।

हा-हा, हू-हू, ही-ही भड़ाम-भड़ाम, धड़ाम-कड़ाम-कड़ाम बिजली कड़कती है। फिर सन्नाटा छा जाता है। फिर सियार, कुत्तों, बिलावों की आवाजें आती हैं। अचानक हवा तेज चलने लगती है। अँधेरेनुमा उजालों में एक सफेद साया धीरे-धीरे अपने प्रिय कुहरे में विलीन हो जाता है। महल की मोमबत्ती बुझ जाती है। कुमार को आवाज सुनाई देती है। वह अपना बरान कोट पहन अपना हैट लगा, हाथ में एवरैडी टार्च लेकर उस साए की हिट धुन में बँधा हुआ, मोहाविष्ट चला जा रहा है। कुत्तों-बिलावों के रोने की आवाजें तेज होती हैं। अचानक घुँघरू छनकने लगते हैं। कोई स्त्री स्वर में खिलखिलाकर हँसने लगता है। गाना जारी रहता है।

'कहीं दीप जले कहीं दिल' एक हवा तेज होकर खेतों में खड़े लंबे सरकंडों के बीच साँय-साँय करने लगती है। लगता रहता है : अभी-अभी कोई गया है। कुमार पीछा नहीं छोड़ता। अपनी टार्च से साए का पीछा करता है। उसके चेहरे पर किसी

पहुँच हुए रिसर्च स्कॉलर जैसा तनाव है। वह फौरन सिगरेट जलाता है। माचिस की तीली ज्यों ही डिब्बी पर रगड़ी जाती है त्यों ही उसकी चमक में एक और साया पीछे नजर आता है। गाना, कुत्तों के रोने की आवाजें और घुँघरुओं की छन-छन, कलेजा निकाले ले रही है...दर्शक दम साधे कुमार कर जिंदगी की खैर मनाने लगते हैं। रहस्य-रोमांचकारी कथाओं वाली फिल्मों का दौर रहा है। ब्लैक-व्हाइट में रहस्यवाद ठीक-ठीक बनता है। कलर में नहीं बनता, हाँ नए साउंड इफैक्ट मारे गए हॉलीवुडीय सांउडट्रेक किसी घोर राजनीतिक प्रेस कान्फ्रेस तक को रहस्य कथा की तरह बना सकते हैं। अपने चैनल राजनीति में भी ऐसा ही करते हैं।

देश के कथित दो बड़े चैनल इन दिनों दर्शकों को रहस्य-रोमांच स्लॉटों में 'इनवाइट' कर रहे हैं। दोनों कहते हैं : हे खबर दर्शको/खबरों में थोड़ा भयानक रस लाने के लिए थोड़ा डर, खौफ, भय पैदा करने के लिए आप हमें तुरंत मदद करें। हम जानते हैं, कि आप आत्माओं में, भूतप्रेतों में, जन्म-जन्मांतर में, भटकने वाली आत्माओं, रूहों की खोज में लगे रहते हैं। आपके पास सच्चे रहस्य-रोमांचों के प्रामाणिक स्रोत हैं। अगर आप किसी मकान, किसी हवेली, महल को जानते हों जो 'वीरान', 'सुनसान' हो जिसमें आपको लगे कि रूहें रहती हैं और किसी को रहने नहीं देतीं तो हमें हमारे इस नंबर पर तुरंत खबर करें। हम तुरंत अपनी टीम के साथ वहाँ पहुँचेंगे, उसे दिखाएँगे। देश के घोटाले दिखाते-दिखाते अपन थक गए हैं। खुफिया कैमरों से सांसदों को घूस लेते दिखाया तो उनको कुछ न हुआ। दस्सी-पंजी लेने वाले, दाखिला देने वाले को भी कहाँ तक दिखाएँ? हमारी हरकतों से आदी होकर आजकल लोग खूब ओपेनली रिश्वत लेने लगे हैं और अपने ही कैमरों से तस्वीरें खींचकर देने लगे हैं...धंधा चौपट हो गया है अपना। अब आप ही बचा सकते हैं, आप जनता हैं, एकदम ओरीजिनल हैं। आपके पास अनंत भूतप्रेत कथाएँ रहती हैं। बस खबर दें। जै काल-कपाल-महाकाल। जय 'रहस्य'। जय सनसनी। जय क्राइम रिपोर्ट। जय खौफ! शऽऽऽऽऽ! कोई है।

कोई चालीस-पैंतालीस साल में टीवी की खबरें अपनी ऊँचाइयों को छूने लगी हैं। शुरू में सरकारी सूखी (ड्राइ) खबरों से काम चलता था। फिर कुछ नेताओं के स्टिल आने लगे। फिर फुटेज आने लगे। यह ब्लैक-व्हाइटिया दौर था डीडी का। जब कलर का दौर आया तो थोड़ा लाइव होने लगीं खबरें। फिर सैटलाइट टीवी चैनल आए तो खबरों को पूरी मंडी ही खुल गई। इस दौर में भी शुरू-शुरू में खबर को कहा जाता था : खुल जा सिमसिम। खबर खुलती जाती थी। अलीबाबा टीवी के चालीस चोर खबरों को चुराते रहते थे। अब खबरें अलीबाबा से कहती हैं : खुलजा अलीबाबा। 'हवेली' में जा अलीबाबा। हवेली ही अब बिकाऊ माल रह गई है। हा-हा, हू-हू, ही-ही, कुत्तों के रोने की आवाजें निकाल अलीबाबा। दर्शकों को डराने का धंधा

चोखा है अलीबाबा। खँडहरों को देख, वीरान पड़े महलों को देख। एंटीक दरवाजे, नक्काशीदार पत्थर चुराने वाले आ सकेंगे। प्रॉपर्टी डीलर आ सकेंगे। वहाँ मॉल्स-मार्केट बन सकेंगे। भूतों की कहानियाँ खत्म हो जाएँगी। इससे पहले कि वे खत्म हों, भूत कथाओं को कैप्चर करो।

और देखते-देखते, हे पाठको, आपके देखते-देखते मुख्य खबरों के बीच नाग-नागिन के पिछले जन्म की प्रेम कथाएँ, रूहों के भटकने, रूहों के आ जाने की, शैतानी हवा के लगने की कथाएँ, बच्चे के ऊपर मेरठ के विक्टोरिया पार्क में अन्ना की रूह के आ जाने की कथाएँ बरसने लगी हैं। यह भय का भी भयानक संस्करण है। भय की खबर नहीं है। खबरों का भय है।

13 अगस्त, 2006

कंडीशन अप्लाई और कुछ कचरा

इन दिनों जिधर देखो सुनो उधर 'कंडीशन अप्लाई', 'कंडीशन अप्लाई' होता रहता है। एफएम में इतनी ताबड़तोड़ अंग्रेजी में होता है कि 'कंडीशंस' कंडीशन रह जाता है। इसे ऐसी द्रुततम गति से कहा जाता है कि लगता है कि जो बंदा अभी तक ठीक-ठाक ढंग से लोन महिमा का बखान कर रहा था उस पर किसी ततैए ने काट लिया है। जिस तरह पुराने रेल इंजिन जब शंटिंग करते थे तो धीरे-धीरे आवाज से शुरू करके फिर बहुत तेजी से छुक-छुक करने लगते थे, वैसा लगता है। बोलने वाला शब्दों की शंटिंग कर डालता है! क्या करें, बोलने वाले पर भी कंडीशन अप्लाई होता है। टीवी पर लोन जिंगल आ रही है, उसमें भी कोई सर्राटे से ताबड़तोड़ कहता चला जाता है—कंडीशन अप्लाई, कंडीशन अप्लाई। यारो कौन-सी कंडीशन अप्लाई किए दे रहे हो? जो लोन नहीं लेगा उन पर भी तुम अप्लाई करते हो! सुना-सुनाकर!

कंडीशन अप्लाई को जल्दी-जल्दी क्यों बोला जाता है? बाकी बातें क्यों धीमे-धीमे भले मानुष्ज्ञ की रफ्तार से बोली जाती है? आरे यही तो असल खेल है। सुन-सुन, देख-देख यह मूर्खतापूर्ण सवाल उठ कर सो जाता है, क्योंकि वहाँ भी कंडीशन अप्लाई। सर्वत्र कंडीशन अप्लाई यानी शर्ते लागू हैं। इन दिनों मीडिया विज्ञापनों में नंबर वन पर शैंपू-साबुन हमेशा की तरह हैं। बच्चों के लिए टॉफी-चॉक्लेट के ब्रांड है। कारों के अनंत ब्रांड हैं। यहाँ तक कि फटी जीन्स तक के हैं लेकिन बड़ी संख में विज्ञापन रीयल एस्टेट के बिल्डरों के आते हैं। वहाँ कहा नहीं जाता कि कंडीशन अप्लाई। जब हर बात कहीं न कहीं कंडीशन अप्लाई आता है तो यहाँ क्यो नहीं? एक दम इंडियटाया हुआ सवाल है। इंडियट बॉक्स को देखते-देखते ऐसा हो जाता है कि सवाल तक इंडियटी करने लगते हैं।

एक बच्ची रोती हुई घर में पापा-मम्मा से दुःखी होकर कहती है। स्कालरशिप मिला लेकिन आधा मिला। पिता कहते हैं, कोई बात नहीं क्योंकि तुम्हारी पढ़ाई का इंतजाम तो किसी ने पहले से ही कर रखा है और एक कंपनी का नाम आ जाता है। यहाँ भी कंडीशन अप्लाई है। कंडीशन कहती है कि बेटे जो ले रहे हो, उसे

देना पड़ेगा; तब खुश होना। कंडीशन अप्लाई है। विज्ञापनों के जगत में जितना कहा जाता है, दिखाया जाता है, उससे कहीं ज्यादा कंडीशन अप्लाई में बिना कहे होता है। विज्ञापन इन्नोसेंट नहीं होते। विज्ञापनों का और कचरेबाजी का अनन्य संबंध है। एक विज्ञापन इन दिनों सबका ध्यान खींचता है। यह कचरे के बारे में ही है। यह एक नई प्रसारक सुविधा का है वही ब्राडबैंड और डिश कोई खेल। नई क्वालिटी के प्रसारण की गांरटी देता हुआ। एक सड़क साफ करने वाला एक बड़ी सड़क को साफ कर रहा है। उस पर टीवी सेटों, डीवीडी प्लेयरों, टेपरिकॉर्डरों और चश्मों का ढेर लगा है और हर वक्त बढ़ता जा रहा है। सब तरह के चश्मे हैं। एक प्रौढ़ सज्जन टीवी देखते-देखते अपना चश्मा उतार कर फेंक देते हैं।

कारण यह है कि उनके घर में विज्ञापित नए किस्म की टीवी सेवा आ गई जो पिक्चर की क्वालिटी, प्रसारण की क्वालिटी को एकदम 'हाई रिजोल्यूशन' में कर देती है पिक्चर साफ होती है। चश्मे तो पुराने ढंग के टीवी सेटों की वजह से लगाने पड़े थे। अब उन्हें पहनने की क्या जरूरत? पिक्चर अपने आप एकदम साफ आती है। यह सुविधा ले लो। यह पाँच हजार से दस हजार के पेटे में होगी। इससे कम तो क्या होगी? जो ले सकता है ले ले। टीवी का मजा लेना है तो यहीं से ले सकते हैं। जो नहीं ले सकते, वे खराब पिक्चर देख-देख कर तुष्ट रहें, आँखें खराब करें। जिन्हें चश्मा उतारना है,. वे आगे चलकर कुछ कमाएँ और वे भी ले लें।

आप दिल्ली में टीवी रेडियो के मैकेनिक ढूँढ़ें तो आपको कम ही मिलेंगे। टीवी सेट अब खराब होते हैं तो ठीक न होने के लिए। टेपरिकार्डर, सीडी, डीवीडी प्लेयर, टू इन वन आदि खराब होते हैं तो ठीक न होने के लिए। आप उन्हें सिर्फ फेंक सकते हैं। कचरा बढ़ा सकते हैं। इन चीजों में बहुत कुछ खतरनाक होता है। आप टीवी देखते हैं, ट्रांजिस्टर सुनते हैं तो आप उनकी मरम्मत के काम से सर्वाधिक डरते हैं। कहीं खराब न हो जाए। आपका टीवी सेट अगर फ्लैट नहीं है तो आपको हीनता महसूस होती होगी कि यह जीना भी कोई जीना है लल्लू! विज्ञापन इसी तरह 'ओन' करने वालों की अलग क्लास बनाते हैं। ईर्ष्या के जरिए बनाते हैं। आप पड़ोसी की कमीज से अपनी कमीज हमेशा उजली देखना चाहते हैं लेकिन जब तक आप अपना टीवी बदलते हैं; नया आ चुका होता है जिसमें कुछ नई सुविधाएँ होती हैं। आप उसकी ओर दौड़ते हैं, तब तक फिर कुछ नया आ जाता है।

वाँस पेकार्ड ने काफी पहले एक 'हिडिन पर्सुएडर्स' नामक प्रख्यात किताब लिखी थी जिसमें विज्ञापनों और उनके निहित विचारों पर बड़ा पैना विश्लेषण था कि विज्ञापन किस तरह मनुष्य के मनोविज्ञान का शोषण करते हैं। कंडीशन अप्लाई भी ऐसा ही पद है। विज्ञापन की संस्कृति का संबंध उपभोक्ता वस्तुओं से अनन्य किस्म का है। उपभोक्ता संस्कृति से बनने वाले कचरेबाजी की कल्चर का संबंध नए पूँजीवाद से है। विकसित देशों में यह सब पहले ही हो चुका है। अब यह अपने यहाँ भी हो रहा है। कचरे का निर्माण उपभोग की अराजकता से है। पर्यावरण का संबंध

यहीं पर 'उपभोग' से और उसके प्रेरक विज्ञापनों से बनता है। विज्ञापन का इस तरह पर्यावरण की समस्याओं से सीधा संबंध है। अपने यहाँ विज्ञापनों पर पर्यावरणवादी नजरिए से कोई अध्ययन शायद ही हुआ है। अध्ययन हो तो नतीजे दिलचस्प होंगे। उन्हीं से मालूम पड़ेगा कि कंडीशन अप्लाई का कचरेबाजी से क्या मार्मिक संबंध है?

इन दिनों कंडीशन अप्लाई कचरे की तरह बरसता है। यही अति है। विचार और संदेश भी अपनी अति में एक प्रकार का कचरा बनाते हैं। बार-बार कंडीशन अप्लाई होते सुनते हैं तो वह कचरे की तरह इकट्ठी होती रहती है। इतनी बाइटें, इतने विचार इतने मत-सम्मत-कुमत एक-दूसरे को काटते निकलते हैं। इतनी साउंड बाइटें निकलती हैं कि आप का मन कचरायमान हो जाता है। एक विराट कूड़ाघर बन जाता है जिसमें सब कुछ गिरता रहता है। सबके मन को कचरा-मन बनाना भी कंडीशन अप्लाई है।

10 सितंबर, 2006

सभ्यता संघर्ष का रूप न दें

अगर सभ्यता के संघर्ष का दावा बुश साहब ने अपने 9/11 के भाषण में न किया होता तो भी कहा जा सकता था कि पश्चिमी मीडिया हंटिंग्टनवादी 'सभ्यताओं के संघर्ष' को दिन-रात बनाने पर तुला है। इस वक्त सभ्यता का अर्थ जैसा कि बुश साहब ने कहा, पश्चिमी दुनिया के सुख-सुविधा संपन्न समाज और इस्लामिक फासिज्म के बीच है। मीडिया जब एक सूत्र को कई तरह से कहता है तो उसका दबाव क्रमिक ढंग से बनता है। मीडिया अध्ययन इस तरफ कम ही ध्यान दे पाते हैं कि इन दिनों मीडिया में दिन-रात बनाए जाते चिह्न किस तरह से एक शत्रु-जगत को गढ़ते हैं। मीडिया की एक-एक बाइट एक-एक सक्रिय चिह्न होती है जो मीडिया विशेष के अपने 'कोड' या संहिता यानी विचारपरक संरचना से प्रभावित रहते हैं। जो छवियाँ हम दिन-रात देखते हैं उनके चिह्न मन में पड़े चिह्नों को सक्रिय करते हैं, अवचेतन को जगाते हैं।

9/11 की पाँचवीं बरसी ने दो चिह्नों को मजबूती से बनाया है। एक चिह्न अमेरिकी टॉवरों का गिरते हुए दिखना। दूसरा चिह्न ओसामा बिन लादेन का। एक ओर पश्चिमी पूँजी की ताकत और दूसरी ओर धर्म तत्त्ववाद की ताकत आमने-सामने ला दी गई है मानों सारी दुनिया इस दो विलोमों में विभक्त हो। 'आतंकवाद', 'इस्लामी आतंकवाद', 'इस्लामी फासिज्म', अब 'सभ्यताओं के संघर्ष' में बदल दिया गया है। बहुत पहले इस्लाम को मीडिया द्वारा कवर करने की राजनीति को लेकर प्रख्यात विखंडनवादी एडवर्ड सईद ने 'कवरिंग इस्लाम' नाम से एक बेहद चर्चित किताब लिखी जो 1997 में प्रकाशित हुई। इन दिनों इस्लाम और इस्लामी समाज बहुत कवर किया जाता है। कारण यह है कि जितने आतंकवादी अब तक पकड़े गए हैं वे मुसलमान हैं। लेकिन यह भी तो सच है कि सारे मुसलमान आतंकवादी न हैं और न हो सकते हैं! इस जटिलता पर ध्यान नहीं दिया जाता। सईद के शब्दों में हम कह सकते हैं कि आतंकवाद को इस्लाम का पर्याय बना देने के पीछे एक प्रकार की प्राच्यवादी यानी 'ओरियंटलिस्ट' मीडिया समझ काम कर रही है।

'कवरिंग इस्लाम' में इस तत्त्व को मीडिया ने किस तरह बनाया उसका जिक्र सईद अपनी किताब में विस्तार से करते हैं। उसके कुछ अंशों का सार संक्षेप ही यहाँ दिया जा सकता है। सईद कहते हैं कि मीडिया ने इस्लाम को अक्सर ही कुछ इस तरह बनाया है कि वह पश्चिम का 'अनिवार्य अन्य' हो। 'अन्य' यानी विलोम यानी शत्रु हो। इस्लामी जगत एक पूरबी, रहस्यमय, भ्रष्ट दुनिया है। इस प्रकार का विकृत चित्रण प्रायः पूरी छूट के साथ किया जाता रहता है। जब भी कोई संकट होता है ऐसे विशेषज्ञों को मीडिया अपने 'टॉक शोज' में बुला लेता है जो इस्लाम के बारे में स्टीरियो टाइप विचारों को प्रसारित करते हैं, यह मुसलमानों के बारे में प्राच्यवादी विचार हैं जो उपनिवेशीकरण के दौरान पश्चिम ने बनाए थे। ये तमाम विचार 'अश्वेतों' खासकर मुसलमानों को लेकर बने हैं। पश्चिम में विदेशी संस्कृति का अर्थ इस्लाम ही है। यह कवरेज एक प्रकार से उसी प्राच्यवाद से बनता है जो उपनिवेशवादी काल में श्वेतों ने अश्वेतों के लिए गढ़ा था।

अपने प्रिंट और इलेक्ट्रॉनिक मीडिया में भी कई बार ऐसे चिह्न झलकी देने लगते हैं जिनमें इस्लाम मात्र को एक दैत्य बना दिया जाता है। 'कवरिंग इस्लाम' सईद के लंबे शोध का परिणाम है। इस पुस्तक में अमेरिकी विद्वानों तथा मीडिया टिप्पणीकारों यथा डेनियल पाइप्स, मार्टिन जुंकरमान, पीटर रॉडमान, कॉनार क्रूज ओ ब्रायन, मार्टिन कैमर, सैमुअल हंटिंग्टन, और जुडिथ मिलर तक शामिल हैं। सैमुअल हंटिंग्टन की 'सभ्यताओं के संघर्ष' की थीसिस तो इन दिनों बुश साहब के मुख की बोली ही है। जुडिथ मिलर तो मीडिया विशेषज्ञों में बड़ा नाम है। उक्त सारे नाम पश्चिमी मीडिया के समारोहित व्यक्तित्व हैं। सईद के अनुसार इनके लेखन की टेक इस्लाम को एक राक्षसी धर्म के रूप में देखना है। यही इनके नजरिए में सक्रिय प्राच्यवाद है। प्राच्यवाद पश्चिम का बनाया विचार है जिसके जरिए उसने अपने उपनिवेशों की एक शासन-योग्य तस्वीर बनाई और उसे स्थिर किया। भारत इसके अनुसार संपेरों और जादूगरों, साधुओं और ठगों का मुल्क रहा जिसकी सभ्यता कभी बहुत महान रही लेकिन जो नए समय में पतित हो गई जिसे उन्हें सभ्य बनाने के लिए गुलाम बनाना पड़ा। इस्लामी समाज की भी एक ऐसी ही तस्वीर बनाई गई। यही 'प्राच्यवाद नजरिया' रहा। मीडिया के ऐसे ही बड़े नाम आज भी जब लिखते हैं तो इसी नजरिए को पक्का करते हैं। हंटिंग्टन की किताब 'सभ्यताओं के संघर्ष' जितनी 'फाल्टलाइनें' गिनाती है उनके दूसरी ओर प्रायः 'इस्लामी फाल्टलाइनें' खिंची दिखती हैं। सईद की आपत्ति यह थी कि अनेक पश्चिमी बुद्धिजीवी और मीडियाकर्मी आज भी एक पुराना उपनिवेशी दिमाग रखते हैं। 'कवरिंग इस्लाम' में इस्लाम की बनाई गई ऐसी विकृत तस्वीर के बारे में बताया गया है।

आतंकवाद की समस्या को हल करने के लिए चिंतित अनेक विद्वान बराबर इस ओर ध्यान दिलाते हैं कि आप आतंकवाद से लड़ने के चक्कर में सारे इस्लामी

जगत को एक रंग में रंग कर न देखें। ऐसा करना गलत होगा। हमारे प्रधानमंत्री ने एक भाषण में इसी प्रकार का संदेश दिया। जाने-अनजाने हमारे मीडियाकर्मी ऐसी गलतियाँ करते रहते हैं। नौ/ग्यारह की सुबह एक पॉपुलर एफएम रेडियो स्टेशन में दो 'आरजे' 9/11 की सुबह बिन लादेन का मजाक बना रहे थे कि वे अचानक बहक गए। बोलने लगे–आज हम बिन लादेन को पकड़ कर रहेंगे। हम हरेक दाढ़ी वाले को रोकेंगे और पूछेंगे कि तुम बिन लादेन हो...? जिन 'जोकीज' ने ये जोक किया वह जोक तो बना ही नहीं अपने बचपने में वे दाढ़ी और लादेन का पर्याय बनाकर मुसलमान मात्र को घृणा का निशाना बना गए। कहने की जरूरत नहीं कि आज हर मीडियाकर्मी को ऐसी घटनाओं से दो-चार होना पड़ता है। ऐसे में जरूरी है कि इस्लाम और मीडिया के संबंधों के बारे में थोड़ा जागरूक एवं संवेदनशील रहा जाए। ऐसा न हो कि एक पूरे जन समुदाय को आप भी उसी चश्मे से दिखाने लगें जिससे पश्चिम दिखाता है।

17 सितंबर, 2006

अंधविश्वासों का महिमामंडन

एक पूरा विज्ञापन पूर्वजन्म की कहानी कहता है। है तो वह किसी प्लाई वुड के ब्रांड का विज्ञापन। लेकिन उसमें सत्तर-पिचहत्तर साल की एक दाक्षिणात्य वृद्धा एक सिख बालक को 'स्वामी' कहती है। वह बालक एक पुराने स्टूल को देख एक मकान को देख पूर्वजन्म की याद करने लगता है। प्लाई को मार्केट करने के लिए विज्ञापन पूर्वजन्म की कहानी को माध्यम बनाता है। यदि यह कुछ कॉमिक संदर्भ रखता तो शायद यह कथा पूर्वजन्म की उतनी न रहती जितनी कि अब है। यह विज्ञापन अक्सर आता रहता है। पूर्वजन्म की महिमा आती है और हमारे अवचेतन में चुपके से बैठ जाती है।

कई खबरिया चैनलों पर खबर आइटमों में पूर्वजन्म की कहानियाँ इस तरह दी जाती हैं मानों वे प्रमाणित सत्य हों और वाचक-वाचिका/पत्रकार महोदय सारी छानबीन करके आए हों। किसी के पूर्वजन्म में होकर अभी-अभी लौटे हों। ऐसी कहानियों में पूर्वजन्म की कथा कहने वाला पात्र होता है। उसके परिवारीजन होते हैं। प्रायः कस्बाती और ग्राम्य पृष्ठभूमि होती है। इन दिनों एक चैनल नागिन और नगीना फिल्म दिखाने पर तुला है। वह बताता रहता है कि नाग या नागिन किस तरह से पूर्व प्रेमी या प्रेमिका हैं और किस तरह वह अपने प्रेम को खोज रहे हैं। काल-कपाल-महाकाल की चर्चा क्या करना। वह ऐसे कार्यक्रमों का सिरमौर है।

अब आप जरा भक्तिमूलक चैनलों के प्रवचनों में, उनमें कही जाती कथाओं में निहित संदेशों को मिलाइए तो मालूम पड़ेगा कि चमत्कार तो होते रहते हैं। आप इस जगत में कम और उस जगत में ज्यादा रहते हैं। यहाँ तंत्र-मंत्रों में बड़ा दम होता है। आप पर परेशानी है तो आप ये करें, ये पहनें, वो मंत्र पढ़ें आदि। यदि कोई इस सब में यकीन करता है तो कर सकता है मगर सवाल यह उठता है कि क्या हमारे चैनल, हमारा मीडिया भी इनमें यकीन करता है? भक्तिमूलक चैनल जिस भाव से भक्ति की मार्केटिंग करते हैं उसी भाव से कमर पतली करने वाली सोना बेल्ट से लेकर त्वचा को चमकाने वाली क्रीमों का विज्ञापन होता है। साफ है कि

यहाँ भक्ति की जगह उसकी मार्केटिंग प्रमुख है। आप बड़े-बड़े नामी-गिरामी स्वामियों की सीटें देखें, वे बड़ी सजी-धजी होती हैं, उनके चारों ओर विशेष सज्जा होती है, सब मार्केटिंग है। परेशान आदमी के सहज विश्वास को ये चैनल अपनी ओर मोड़ते हैं। अपनी सारी सीमाओं के बावजूद भक्ति चैनल कहीं न कहीं एक थिरेप्यूटिक काम तो करते हैं। भक्ति चैनल एक अलग दर्शक जनता के भी चैनल हैं। लेकिन खबर चैनल चमत्कार को क्यों महिमामंडित करने लगते हैं?

भक्ति चैनल अगर एक बार चमत्कार की बात करते हैं तो उन्हें अलग खित्ते का जान आप अलग से आलोचना कर सकते हैं या किसी तरह सह सकते हैं, लेकिन खबरिया चैनल यदि पूर्वजन्म की कहानियों, नागदेवता की कहानियों, भुतहा हवेलियों, आत्माओं के मँडराने की बात करने लगें और ऐसी कथाओं को चटख रंग देकर हिट करने पर उतारू हो जाएँ तो कैसी 'जनरुचि' बनेगी? जाहिर है कि जनता इनमें बराबर यकीन करने लग सकती है यदि आप किसी कहानी में किसी मनोवैज्ञानिक को भी ले आते हैं जो बताता है कि यह मानसिक रोग है तो लोग मनोवैज्ञानिक की एक बाइट पर भरोसा ज्यादा नहीं कर सकते क्योंकि कहानी में जो चमत्कार कौतूहल का तत्त्व है वह उन्हें ज्यादा खींचता है। विवेकवान दर्शक उसका विश्वास नहीं करते लेकिन सहज विश्वासी दर्शक विश्वास करते हैं। अपने समाज में सहज विश्वासी लोगों की भरमार है। कई चैनल इन दिनों ऐसे आइटम खोजकर लाते हैं और लाइव दिखाते हैं।

यह सब एक रूढ़िवादी वातावरण बनाते हैं। यह चमत्कारों का और उनके प्रति अंधविश्वास का वातावरण है जो पिछले दिनों से लगातार बनाया जा रहा है। चैनलों से पूछिए तो वे कहते हैं कि जो जनता पसंद करती है हम तो वही दिखाते हैं। जनता के नाम पर वे दरअसल अपनी मारकेटिंग की कला को छिपाने की कोशिश करते हैं। जनता की रुचि वे किस तरह से तय करते हैं इसे कभी नहीं बताते। किस सर्वे में जनता कहती है कि उसे पूर्वजन्म की कहानियाँ चाहिए? उसे सार्वजनिक किया जा सकता है ताकि सबको ज्ञात रहे कि वे जनरुचि का वाकई खयाल करते हैं। क्या वे बताना चाहेंगे?

इसी तरह के वातावरण में औरतें सती कराई जाने लगती हैं। मीडिया ने ही बताया है कि सागर जिलें में पिछले एक-दो महीनों में तीन औरतें सती की गईं। वहाँ के लोग उन्हें स्वेच्छा से सती होना कहते हैं फिर कुछ लोग कहते हैं कि समाज को अपने विश्वास कायम रखने का हक है। कानून प्रशासन को कुछ नहीं बोलना चाहिए। हर सती की घटना के बाद जनता उसे पूजने लगती दिखती है। जनता को पहले चमत्कारों से अंधा बनाया फिर ऐसी घटनाएँ हुईं तो वह पूजा-पाठ करने लगेगी ही। उसमें अंधविश्वास की राजनीति करने वाले दल भी सक्रिय होते हैं। माना कि ऐसे कांड घटना हैं लेकिन उन्हें यदि आप अनक्रिटिकली दिखाते हैं तो आप

घटना को अंधविश्वासी विचारों के हवाले कर रहे होते हैं। जनरुचि के नाम पर जनता के हित के विरोध में भला मीडिया को क्यों जाना चाहिए? क्या उसे अपेक्षित क्रिटिकलिटी अपने आइटमों में नहीं रखनी चाहिए?

दुनिया के किसी भी चैनल में इस कदर कर्मकांड और चमत्कारी कथाएँ नहीं दिखतीं जितनी कि हमारे कुछ चैनलों में दिखा करती हैं। उनके लिए लोग अभी सत्रहवीं सदी में ही रहते हैं जबकि उनके प्रायोजक उन्हें इक्कीसवीं सदी के ब्रांड बेचते हैं। क्या प्रायोजकों की समझदारी नहीं कि उनका उपभोक्ता अगर अंधविश्वासी हो रहा है तो वह अच्छा उपभोक्ता नहीं बन रहा है? चैनलों को अपने किए-धरे पर जरा ठहर कर सोचना चाहिए।

24 सितंबर, 2006

शोध-अनुसंधान की आवश्यकता

'मीडिया अध्ययनों' का चलन दिनोंदिन बढ़ रहा है। ग्रेजुएट स्तर के पाठ्यक्रमों में मीडिया अध्ययन पॉपुलर हैं। आज मीडिया की तेज बढ़त के कारण ऐसे पाठ्यक्रम लोकप्रिय हुए हैं। आज मीडिया उद्योग दक्ष प्रशिक्षित विद्यार्थियों को अपने यहाँ वरीयता देते हैं। मीडिया के इस फैलाव का असर निचले पाठ्यक्रमों तक होने लगा है। सीबीएसई (सेंट्रल बोर्ड ऑफ सेकेंड्री एजुकेशन) ने अपने पाठ्यक्रमों में मीडिया अध्ययनों से संबंधित पाठ्यक्रमों को तैयार करने की बात की है। मीडिया के विविध रूपों और भूमिका आदि के बारे में जानकारी देने वाली सामग्री हायर सेकेंड्री के विद्यार्थी के लिए पाठ्यक्रमों में उपलब्ध कराई जाएगी। इनमें टीवी, फिल्म एप्रिसिएशन, पॉपुलर कल्चर आदि शामिल रहेंगे। एनसीईआरटी भी अपने नए पाठ्यक्रमों में सातवीं कक्षा से मीडिया अध्ययन संबंधी सामग्री शामिल करने जा रही है। यहाँ भी मीडिया संबंधी ऐसी जानकारी दी जाएगी जिससे विद्यार्थी मीडिया सचेत हो सकें। जाहिर है कि यह क्रम हायर सेकेंड्री तक चलेगा।

मीडिया, जनसंचार एवं पॉपुलर कल्चर संबंधी सामग्री के अध्ययन के बाद जब ऐसे विद्यार्थी ग्रेजुएट स्तर पर आएँगे तो न्यूनतर मीडिया सचेत विद्यार्थी की श्रेणी बनाएँगे। वे परंपरागत विद्यार्थी से कुछ भिन्न होंगे। उनके आगे के ज्ञान के लिए इस क्रम से अगले पाठ्यक्रम जरूरी होंगे। स्नातक स्तर पर भी ऐसे पाठ्यक्रमों की दरकार होगी जिनमें विद्यार्थी को मीडिया के अग्रणी अध्ययन की सामग्री मिल सके और जो बातें हायर सेकेंड्री में नहीं बताई जा सकीं, उन्हें वे जान सकें। यह स्नातक स्तर पर जरूरी होगा। दिल्ली विश्वविद्यालय ने इस तरह के परिवर्तन को पहले से लक्षित करके अपने स्नातक पाठ्यक्रम कॉफी बदले हैं। उनमें मीडिया एवं जनसंचार माध्यमों के विविध रूप, उनकी भूमिका और पॉपुलर कल्चर आदि संबंधी थोड़ी एडवांस्ड सामग्री पढ़ाई जाती है। ऐसे पाठ्यक्रम ग्रेजुएशन स्तर में लोकप्रिय भी होते दिखे हैं। विकल्प के रूप में विद्यार्थी ऐसे पाठ्यक्रम चुनने लगे हैं। ये पाठ्यक्रम कालांतर में उन मीडिया पाठ्यक्रमों पर दबाव डालेंगे जो अब तक विश्वविद्यालयों

के तथा निजी संस्थानों के मीडिया अध्ययन के सर्टिफिकेट, डिप्लोमा या डिग्री के स्तरों पर चल रहे हैं। उन्हें भी तेजी से अप-टू-डेट करना होगा।

इसके आगे मीडिया शोध का स्तर आरंभ किया जाना चाहिए जो अभी तक पूरी तरह से कहीं नहीं है। मीडिया के नीचे से ऊपर तक इतने प्रसार और प्रभाव को समझने के लिए उच्च शोध-स्तर के अध्ययन जरूरी हैं। प्रयत्न भी अभी से होने चाहिए। ऐसा क्यों हो कि मीडिया और पॉपुलर कल्चर के इतने बड़े उद्योग और वातावरण को समझने, अध्ययन करने के लिए अमेरिकी या यूरोपीय शोधकर्ता यहाँ आएँ। आप उन्हें कच्चा माल मुहैया करते रहें। वे आएँ अध्ययन करें। यहाँ तक ठीक है लेकिन उनके समांतर हमारे अपने शोध भी तो होने चाहिए ताकि अपनी जरूरतों के प्रति संवेदनशील होकर अपने शोधों को उपयोगी बनाया जा सके।

मीडिया संबंधी अध्ययन प्रबंधन संस्थानों, कामर्स, अर्थशास्त्र और समाजशास्त्र के क्षेत्र में भी आते हैं। यहाँ प्रायः मार्केटिंग तथा सामाजिक विषयों के मीडिया उपयोग से संबंधित शोध होते हैं। पुणे के एक प्रबंधन संस्थान की एक प्रोजेक्ट पर काम करने वाली एक शोधकर्त्री का विषय पिछले दिनों आरंभ हुए बिजनेस चैनल था। उसे बिजनेस का ज्ञान था मार्केटिंग का था, शेयर मार्केट का भी ज्ञान था और वह जानना चाहती थी बिजनेस चैनलों के कार्यक्रमों में आने वाले कंटेट को मीडिया समीक्षा में क्या समझा जाता है? क्या ये बिजनेस की कोई क्रिटिकल सूचना देते हैं या कि बिजनेस में जो जहाँ जितना हो रहा है, उसे बताते हैं? कितने बिजनेस फ्रेंडली हैं? कितने जनता फ्रेंडली हैं? उनकी दर्शक जनता का प्रोफाइल क्या हो सकता है? क्या ये नए मध्यवर्ग को आकर्षित कर नए निवेश के लिए तैयार करने की बात करते हैं? वह शोधार्थी अपनी पूरी तैयारी के साथ आई थी। इसी तरह एक बार दक्षिण कोरिया की एक शोधार्थी 'रामायण' सीरियल पर रिसर्च करने आई। उसके प्रश्न एकदम साधारण के जैसे कि रामायण क्यों बनाई गई? कितनी लोकप्रिय हुई और उसका सकल प्रभाव क्या रहा? उसे रामायण का कुछ आइडिया भर था। उसने वाल्मीकि के रामायण या तुलसीदास के रामचरितमानस को नहीं पढ़ा था। सीरियल जरूर देखा था, उसकी पॉपुलरिटी की चर्चा सुनी थी। वह किसी कोरियाई विश्वविद्यालय के लिए शोध कर रही थी। ये उदाहरण इतना बताने के लिए ही हैं कि शोधों के बिना आप मीडिया के ठोस प्रकार्यों को नहीं समझ सकते। यदि आप स्वयं अपने एजेंडे से अपना शोध करते हैं तो आप उसका उपयोग आसानी से कर सकते हैं। विदेशी एजेंडे से किए गए शोध आपको अपना एजेंडा पकड़ा सकते हैं जो आपके ज्यादा काम का नहीं भी हो सकता।

मीडिया कार्यक्रमों-सूचनाओं आदि की रणनीति, उनका काम, उनका असर आदि जानना सिर्फ भाषाई या साहित्यिक औजारों से संभव नहीं। उनके चिह्नों की लीला को समझने के लिए कहीं कामर्स, कहीं अर्थशास्त्र, कहीं समाजशास्त्र, कहीं तकनीकी

की समझ की दरकार होती है। प्रायः ज्ञान के बहुत सारे क्षेत्रों को छूकर ही मीडिया अपना काम करता है। उसका कोई मामूली सा कार्यक्रम या सूचना जब प्रसारित होती है तो उसकी पकड़ करना कई तरह से संभव है बशर्ते कि मीडिया को उसकी कार्यगत जटिलता में देखें और गोलमटोल काम करने की जगह उसके किसी एक पहलू को ही ठीक ठीक खोलें। उदाहरण के लिए बिजनेस चैनल किन दर्शकों को संबोधित है इसका एक शोध तो मार्केटिंग वाले करते रहते होंगे लेकिन एक शोध स्तर सूचना लेते दर्शकों के मन पर पड़ने वाले प्रभावों और तज्जन्य उपभोक्ता व्यवहारों का भी है। ऐसे तरीके हैं जिनसे बारीक निष्कर्षों तक पहुँचा जा सकता है। अपने ठोस नतीजों पर पहुँचने के बाद ही शोध मूलतः स्ट्रटेजिक बनता है यानी काम का बनता है। एक ही शोध को लेकर मार्केटिंग वाले कुछ अलग नतीजा निकालेंगे और समाजशास्त्र वाले कुछ अलग निकालेंगे। मीडिया के शोध इसीलिए बड़े महत्त्व के हैं क्योंकि वे बदलती जनरुचियों, कामनाओं और सांस्कृतिक व्यवहारों को बता सकते हैं और उन्हें इसीलिए आगे बढ़ाया जाना चाहिए। उनके लिए सचमुच एक 'अंतरानुशासनीय' दक्षता की जरूरत है।

1 अक्टूबर, 2006

ब्लॉगिंग की चुनौती

सूचना के तंत्र में नया तकनीकी दरवाजा खुल गया है। इस तकनीकी दरवाजे को 'वैबलॉग' कहा जाता है। जब आपको इंटरनेट पर या टीवी की स्क्रीन पर कोई कहता है वैबलॉग इन तो वह आपको अपने साथ सूचना के आदान-प्रदान का हिस्सेदार बनाना चाहता है। किसी सर्च एंजिन या वेबसाइट को आपका लॉग करने का फायदा यह होता है कि उसके पास हिट्स की संख्या दिखाने लायक हो जाती है जिससे उसे वेब विज्ञापन मिलते हैं। दूसरी ओर आपको शामिल करके वह एक ऐसे अंतःक्रियात्मक जगत को खुला छोड़ देता है जिसमें कोई भी प्रवेश करके पंगा कर सकता है।

ब्लॉगर्स की कौम यहीं कहीं से बनी है। कहते हैं इन दिनों हर रोज हर दस मिनट पर कोई तीस लाख ब्लॉगर्स पैदा हो रहे हैं। हर दस मिनट पर अगर इंटरनेटों के संजालों में तीस लाख ब्लॉगर्स पैदा हो रहे हैं तो आप यह कल्पना कर सकते हैं कि सूचना की इस नई अंतःक्रिया की स्पीड और व्याप्ति से किस प्रकार का सूचना जगत बन रहा होगा? अभी किसी के पास ऐसा कोई नक्शा नहीं है जो तेजी से बदलते इस परिदृश्य के बारे में ठीक से बता सके कि किस प्रकार की सूचनाएँ ज्यादा दी ली जाती हैं। ब्लॉगर्स की प्रोफाइल क्या है और किस क्षेत्र में यह ज्यादा है? कुछ समय पहले प्रगति मैदान के पास एक बड़ी होर्डिंग नजर आती थी, जो एक नए खबर चैनल की थी। यह कहती थी कि आप भी सूचनादाता यानी पत्रकार बन सकते हैं। एफएम रेडियो वाले तो ट्रैफिक की सूचनाएँ सामान्य लोगों से लेते-देते ही हैं। खबरों के साथ जुड़े एसएमएस ने एक बड़ा जगत ऐसे लोगों का पैदा किया है जो सूचना पर तत्काल अपनी राय दे सकता है। भले ही अभी अपने यहाँ उसका पूरा नक्शा साफ न हो, तो भी कहा जा सकता है कि इन दिनों जनता का एक बड़ा हिस्सा सूचना क्रिया के साथ अंतःक्रिया करता है।

जनता के हिस्सों का सूचना की क्रिया में इस तरह से हस्तक्षेप करना एक नई बात है। यह अखबारों में छपने वाले पाठकों के पत्रों से कुछ अलग है। ब्लॉगर्स

का हस्तक्षेप दिनोंदिन बढ़ रहा है। बड़ी राजनीतिक घटनाओं से लेकर मामूली-टुच्ची बातों तक भी अंतःक्रिया होती देखी जा रही है। यदि प्रति दस मिनट में तीस लाख ब्लॉगर्स अंतःक्रिया करते हैं तो हम समझ सकते हैं कि उस सूचना की क्या गत बनती होगी जिसे अब तक मीडिया कुछ इस तरह से बनाया करता था कि वह 'टॉपहैवी', 'आधिकारिक' और 'सच्ची' प्रतीत होती थी और जिसकी प्रामाणिकता पर कोई बहस नहीं करता था, जो सबके लिए आप्तवाक्य होती थी। एक अखबार में छपी खबर प्रतिक्रिया पैदा करती थी लेकिन प्रतिक्रिया करने वाला पाठक उस खबर के पक्केपन का विश्वास करके चलता था। यदि उसमें कहीं कमी-बेशी है तो उसे अपने पत्र से ठीक करता था। कई बार पाठक अपनी दास्तान भी कहते रहे। लेकिन इससे अखबार की अथॉरिटी पर कोई आँच नहीं आई। सूचना की प्रामाणिकता और परिपूर्णता पर कोई सवाल नहीं उठे। ऐसी सूचनाएँ हमेशा 'सांस्थानिक' होने के कारण विश्वसनीय ही दिखा करती हैं। अब, जब ऐसी सूचनाएँ ब्लॉगर्स के हत्थे चढ़ती हैं तो क्या उनकी प्रामाणिकता ज्यादा देर टिक पाती है? नहीं टिक पाती। ब्लॉगर्स की अंतःक्रिया वह निराला समीक्षा जगत है जहाँ सूचना तुरंत 'व्याख्याशास्त्र' के क्षेत्र में फँस जाती है। विश्लेषण की बहुलता में आ जाती है। विचारों की मार झेलने लगती है और इस तरह एक सूचना के 'हर्मेन्यूटिक्स' में आ जाती है। यह सूचना का अतिमुक्त व्याख्या शास्त्र है जिसमें सूचना कभी बंद नहीं होती। कंप्लीट नहीं होती।

इसी से डर कर अनेक मीडिया टिप्पणीकार इसे खतरनाक मानकर चलते हैं। इस सूचना को कचराघर कहते हैं। पिछले दिनों प्रकाशित टाइम्स ऑफ इंडिया में कुछ इस आशय का एक लेख लिखा मिला जो कहता है कि बहुत से लोग 'कुछ भी न होने की बीमारी' से परेशान हैं। बहुत से लोगों की जिंदगियाँ अपने दोस्तों के बीच बहुत सी बेमतलब गप्पों में बदल गई हैं। उनके विचार किसी और के विचार होते हैं। उनकी जिंदगी भी दूसरों की जिदंगी की घटिया नकल होती है। ऐसे लोग समूह बना लेते हैं। एक साथ रहा करते हैं और एक दूसरे के कष्ट-कथन में सुकून महसूस करते हैं...हम सब ऐसे लोगों को जानते हैं। ऐसे लोग गली की चाय की दुकान पर बैठे हमेशा बताने को उद्यत रहते हैं कि इस देश में क्या गड़बड़ है। वे लोकल ट्रेनों में बैठकर स्टॉक एक्सचेंज के उतार-चढ़ाव पर विद्वानों की तरह चर्चा करते हैं। वे हवाई जहाज की यात्रा में भारतीय क्रिकेट टीम के खेल के एक एक आँकड़े को बताते चलते हैं। उनके महान विचार उनकी कल्पना की उड़ान से मिलकर जब चिट्ठी के रूप में संपादक के पास पहुँचते हैं तो वह संपादकीय प्रक्रिया के नाले में बह जाती है। ऐसे लोग इसीलिए ब्लॉगिंग की ओर जाते हैं। वे वेब-पेजों पर डायरियों के जरिए अपनी राय देते-लेते हैं। वे 'हाइपरटैक्स्ट लिंक्स' के जरिए दूसरों के पेजों-डायरियों में हिस्सेदारी करते हैं। ब्लॉगर्स की एक सामान्य विशेषता यह है कि वे अपने घृणा के लक्ष्य को अटैक करते हैं। इसमें कार्ल मार्क्स से लेकर मैकडोनाल्ड

तक सब कुछ आ जाता है। जो कुछ इस चराचर में है वह सब। ब्लॉगर्स दरअसल ऐसी 'स्ट्रीम ऑफ कांशसनेस' हैं जिन्हें मानो किसी ने आदेश दिया है कि जाओ तुम्हें दुनिया बदलनी है।

अफसोस कि लेखक शोभन सक्सेना की ब्लॉगर्स के प्रति घृणा वैसी ही है जैसी कि उनके लेख में ब्लॉगर्स के यहाँ बताई गई है। ब्लॉगिंग ने सूचना की एकार्थवादी प्रामाणिकता को प्रश्नांकित कर दिया है। इसका दूसरा पहलू यह भी है कि ब्लॉगिंग असंगठित, अराजक और अप्रत्याशित सूचना का जगत भी बनाती है। सूचना इतनी खुल जाती है कि वह कहीं से कभी बंद नहीं हो पाती, मैनेज नहीं हो पाती। उसके 'क्लोजर्स' खुले रह जाते हैं। सूचना के बीच जीने वाले नए समाजों के लिए सूचना के मिजाज का इस कदर बदलना अप्रत्याशित परिणाम वाला नजर आता है।

8 अक्टूबर, 2006

पेज थ्री का पुनरवलोकन

'पेज थ्री' फिल्म से अलग है 'पेज थ्री' की दैनिक दुनिया। अंग्रेजी के एक बड़े दैनिक के 'पेज थ्री' पर गत शुक्रवार को छपी कथाएँ इस प्रकार हैं। एक टाइटिल है : 'फन, टू टाइम्स ओवर'। कहानी के बाईट और 'स्माइल टाइम' में किन्हीं शेरिन और मेहर की हँसती जोड़ी चिपकी खड़ी है। उसके ठीक नीचे 'कपल केयर' है। कपल हैं : लक्ष्मी रोहित, शेरिन और लक्ष्मी के केशों का विन्यास एक-सा है। वे कंधे पर बिखरे हैं वे डांस कर रहे हैं। इसके आगे 'चैटिंग' है। चैट करने वाले हैं चारु और अनुपम। वे सबकी तरह हँस रहे हैं। चारु के बाल भी बिखरे हैं। हाथ में एक गिलास है। गिलास में क्या हो सकता है?

अगला चित्र पूनम सेठी जी का है। वे अकेली हैं। उनकी लाल टीशर्ट पर 'ओंकार' लिखा है। एकदम दाहिने ऊपर डीजे सुकेतु हैं। वे अपने डेक पर हैं और फोटो खींचने वाले को उँगली से गोली सी मार रहे हैं। कह रहे हैं, 'मैं तुम सबको नचाऊँगा।' इन चार चित्रों के बीच छपे शब्दों की कहानी हिंदी में इस प्रकार कही जा सकती है। 'नशा' में एक बार फिर 'पार्टी टाइम' था। पार्टी की सबसे बड़ी हाईलाइट दो डीजे थे, जिन्होंने पार्टी को हंगामे में बदल दिया। सुकेतु और दूसरे डीजे 'साइबोरजिनल' का काम खूब पसंद किया गया। एक ओर सुकेतु ने अपने ओरिजनल नंबर यानी गीतों से लोगों को लगभग पागल कर दिया तो दूसरी ओर दूसरे ने अपनी 'डीप हाउस' धुनों के जरिए टेरेस वाले लोगों को दीवाना बना दिया। मेहमान इस कदर नाच मानों कल हो न हो।

सबका मूड मस्ती का था। 'हाई' था। जो लोग नाच नहीं रहे थे, उनके लिए टेरेस का लाउंज था। वहाँ ठंडी बयार बह रही थी। मॉडल रितु से रहा नहीं गया, उसने गद्‌गद होकर कहा : 'यह शायद सबसे अच्छी जगह है पार्टी देने के लिए।' अन्य उपस्थित लोगों में चारु पराशर थे। टैरोट कार्ड खोलने वाली पूनम सेठी थीं। मॉडल बरखा कौल, मेघा और समीर पेंटले, शना आहुजा, पूजा यादव लतिका, पार्टी प्लानर रोहित कपूर, रजत ठकराल, रूही और ऐशा थे। बहुत दिन बाद दिल्ली के

एक अंग्रेजी के 'पेज थ्री' पर जब निगाह डाली तो ऐसी कहानी नजर आई। इस कहानी के नीचे एक और कहानी छपी थी : 'आर्ट फॉर फ्रेंडसेक' टाइटिल में दो जोड़े और कई अकेले थे। वे सब पार्टी लाइफ वाली प्रसन्नता और हाथों में जाम लिए हुए थे। कहानी का विवरण यानी रिपोर्ट कहती थी :

कला गैलरियाँ दिल्ली की पार्टी सर्किट की जान हैं। यहाँ लोग अपनी-अपनी जिंदगी को शेयर करते हैं। अपनी कहते हैं। दूसरों की सुन तारीफ करते हैं। जैराम पटेल ने इस मौके पर अपने दोस्तों को बुलाया और अपने चित्र दिखाए। ज्यादातर चित्र चीनी स्याही से कागज पर बनाए गए थे। मानव गुप्ता, जतीन दास, वीर मुंशी, अमिताभ दास, मनु, माध्वी पारख, राखी सरकार, कंचन चंदर ये कुछ महत्त्वपूर्ण चेहरे थे। दिल्ली के पेज थ्री पर हर दिन ऐसे ही चेहरे रहते हैं, एक हाथ में गिलास। मुख पर लंबी मुस्कान और नए डिजाइन कपड़े, बगल में आर्ट, किसी पार्टी-ठिकाने का प्रचार और मस्ती। सुखी जीवनशैली कि किसने क्या पहना? क्या खास बात कही? कला, आनंद, दोस्त और प्रसन्नता। सबका एक कॉकटेल बनता है पेज थ्री में। संग में कल्चर के नाम पर डीजे-वीजे होता है। रात भर डांस होता है।

इस पेज के लगभग तीन चौथाई में एक ओर रोलेक्स घड़ी का विज्ञापन है। एक फर्नीचर का विज्ञापन है, जिसमें पचास फीसदी ऑफ कहा गया है। एक विज्ञापन किसी ग्राइंडर टोस्टर, इलेक्ट्रिक केतली आदि के ब्रांड का है। ये सारी चीजें दीवाली गिफ्ट के लिए खरीदी जा सकती हैं। एकं हच का है जिसमें किंग फिशर भी शामिल है जो दिल्ली हॉफ मेराथन के लिए कह रहा है। नीचे चार-पाँच प्रायोजक लटके हैं, फ्रेम में। एक हाथ की कसीदाकारी वाले कपड़ों की सेल का है। नीचे 'मूवी मेनिया' की खबर है। दो मल्टी प्लेक्सेज में चल रहीं सोलह फिल्मों के नाम हैं। कोक पीछे खड़ा ही है।

पेज कहता है : "ये पेज वह सामग्री देता है, जिसके बारे में दिल्ली दिन-रात चरचा करती है।" 'निन्यानबे दशमलव नौ-नौ' दिल्ली वाले इस जगत की बात नहीं करते। आप लोकल चैनल सहारा एनसीआर देखें। आप एस-वन देखें या कोई और देखें : दिल्ली में हर आदमी सीलिंग और नगरी असुविधाओं के बारे में बात करता है।

पेज थ्री की दुनिया समस्यामुक्त दुनिया है। इस जीवनशैली को पूरे पेज की खबर बनाने का एक ही अर्थ है : आप इस जीवनशैली का बाजार बना रहे हैं। ये सब एक दम विज्ञापन आइटम हैं। दो प्रकार के विज्ञापन हैं पेज थ्री पर : एक में रोलेक्स घड़ी और फर्नीचर हैं तो दूसरी ओर मॉडल हैं, अमीर लोग हैं। कोकटेल सर्किट है। यह दिल्ली की मालिक क्लास है। किसी भी किस्म की चिंता से मुक्त। इस पेज को देख कर पता लगता है कि नया बुर्जुआ एलीट सिर्फ अपने आनंद विलास में लिप्त रहता है उसे समाज से मतलब नहीं। अगर कभी मतलब होता है तो इंडिया गेट फोटो खिंचवाने के लिए सोशल मोमबत्तियाँ जला आता है।

हे हिंदी के पाठक क्या आप इन महानुभावों को जानते हैं? ये कौन हैं? दिल्ली में इनके चाहने वालों की संख्या कितनी है? कोई बताए तो। इससे यह भी पता चलता है कि अंग्रेजी अखबार अपने प्रसार में हिंदी से क्यों पिछड़ रहे हैं? अपने पेज थ्री के फीचरों से अपनी खबरों के तरीके से वे अपने पढ़ने वालों का एक समाज बनाते हैं। यह समाज अतिसुखी लोगों का है। सुखी पाठक पल्लवग्राही पाठक होता है। उसे कोरिया के एटम बम की खबर भी पेज थ्री की डिजाइन आर्ट की तरह लगता है। आतंकवादी हमला उसे शाम खराब करने वाला नजर आता है। अधिक पैसे वाला अति सुखसंचयी मनुष्य अखबार पढ़कर क्या करेगा? वह तो उसका स्वामी ही है।

हिंदी के अखबार यद्यपि कहीं-कहीं अंग्रेजी के पेज थ्री की नकल मारने के चक्कर में रहते हैं तो भी हिंदी का आम पाठक कमजोर वर्ग का है, इसलिए अखबारों में आलोचनात्मकता रहती है और ज्यादा बिकती है।

15 अक्टूबर, 2006

पत्रकारिता का अंत

जब कई बड़े पत्रकार एक मंच पर कहें कि एक संस्थान के रूप में पत्रकारिता खत्म हो रही है तो मजाक सा क्यों लगता है? इतने बड़े पत्रकार हैं, संपादक हैं, बड़े संस्थानों में काम करते हैं, बड़ी पगार लेते हैं और कहते हैं कि वे जो करते हैं, वह पत्रकारिता नहीं है क्योंकि अब वह बची ही नहीं है, तब पूछने का मन करता है कि जब कुछ बचा ही नहीं है तो आप वहाँ क्या करते हैं श्रीमन्! जहाँ आप इन दिनों काम करते हैं अगर वह बेकार काम है तो आप क्यों कर रहे हैं? आप उसे छोड़ क्यों नहीं सकते? वे कह सकते हैं कि ऐसा बोलकर वे अपनी दुविधा ही बता रहे हैं। वे पापी पेट के वास्ते छोड़ नहीं सकते। बाल-बच्चे पालने हैं।

दूसरा उत्तर यह हो सकता है कि ये लोग पत्रकारिता के अलावा कुछ और काम नहीं कर सकते। दूसरे किसी काम में सक्षम नहीं दिखते इसलिए पत्रकारिता के लोप के युग में भी वे उसे करते रहने को अभिशप्त हैं। पत्रकारिता के अवसान के बारे में भी वे लगभग एकमत नजर आते हैं। वे मानते हैं कि पहले राज्य की निरंकुशता थी अब बाजार की है। इसका अर्थ हुआ कि पहले भी आजादी नहीं थी और आज भी नहीं है। कुछ कहेंगे कि पहले और आज में फर्क है। पहले संपादक होता था। वह कुछ चिंतन-फिंतन करता था। अब तो कारपोरेट के हाथों हर चीज बेची जाती है। खबर बेची जाती है। संपादकीय की जगह तक बेची जाती है! अब पत्रकारिता बची कहाँ? अब जरा देर के लिए दिल्ली के प्रेस क्लब या फिर बड़े लोगों के लिए मुकर्रर जिमखाना या पाँच सितारा किस्म के क्लबों में चलें या कि फार्म हाउसों में नित्य होने वाली पेज थ्री मार्का पार्टियों में जाएँ तो वही चेहरे वहाँ मिलते हैं। वहाँ वे खानपान में, नाच-गान में मगन रहते हैं, उनके अहंकार एक-दूसरे से टकराते एक-दूसरे को नीचा दिखाते रहते हैं एकदम पेज थ्री के कुछ सीनों की तरह सब दिखता है।

प्रेस क्लब में थोड़ा छोटी क्लास आती है जो अभी उच्चवर्गीय नहीं बनी है। पेज थ्री मार्का जगहों पर बड़े नामी लोग आते हैं। प्रेस क्लब या पेज थ्री के ऐसे

मिलन स्थलों में कोई चिंतन-फिंतन नहीं होता। वहाँ सत्ता के पाए के आसपास कौन कितना है, इसकी चरचा होती है और किस तरह क्या हासिल हो सकता है? इस पर चिंतन चलता है। कहने की जरूरत नहीं कि इन नैतिकता के मारे पत्रकारों में अपनी नैतिकता के प्रति जिम्मेदारी की भावना का स्तर इतना ही है। वे चिंतन के वक्त थोड़ा फौरी-चिंतन करते हैं, सामाजिक चिंतन के वक्त उसे करते हैं, अपने हित चिंतन के वक्त उसे करते हैं। उनकी तनखाहें देखिए, वे लाखों में जाती हैं। ये लाख कहाँ से आ रहे हैं? विज्ञापनों से आ रहे हैं। होली-दीवाली महँगी गिफ्टें वहीं से आती हैं। सामाजिक ताकत वहीं से आती है लेकिन पत्रकार का एक और चित्त होता है, जहाँ उसे महसूस होता है कि उसके 'महान काम' का 'काम तमाम' हो चुका है। एक संस्थान के रूप में पत्रकारिता खत्म हो गई है।

क्या वाकई खत्म हो गई है? ऐसे दुःखभरे विडंबनापूर्ण वक्तव्यों को हमें थोड़ा टाइम देना चाहिए और सोचना चाहिए कि इस अवसान पर पत्रकारों को क्या वाकई कोई सच्चा दुःख है कि ऐसा पतन हुआ है? या कि यह एक काम चलाउ फैशनेबल वक्तव्य भर होता है कि पत्रकारिता मर गई है? जब तक हजारों की संख्या में अखबार निकल रहे हैं। करोड़ों लोग उन्हें पढ़ रहे हैं। विज्ञापन उद्योग का एक बड़ा हिस्सा इधर आ रहा है। वह लगातार बढ़त पर है, तब तक कोई कैसे कह सकता है कि पत्रकारिता मर गई है?

पत्रकारिता मरी है तो पत्रकार भी मरा होग? यदि यही तर्क लिया जाए तो सोचना होगा कि वे जो उस शाम टीवी के एक बड़े चैनल पर पत्रकारिता के खात्मे का रोना रो रहे थे, वे भी भरे हुए हैं और जो वहाँ बोल रहे थे, वे उनके भूत मात्र थे? जी नहीं, वे साक्षात हैं। वे रोज एजेंडा बनाते हैं मगर एक अपराध बोध सा पैदा हो गया है। अपराध बोध का कथन करना अपराध छिपाने या नरम करने का तरीका होता है। आप सुबह जाएँ मुहल्ले के मेन बाजार में जाएँ, सुबह चार बजे के आसपास हर मुहल्ले में अखबार डालने वाले इकट्ठे होते हैं। ढेरों अखबार आते हैं, गड्डियाँ खुलती हैं और पूरे शहर को अखबार चल देते हैं सात आठ बजे तक आप सबके घरों में होते हैं। हॉकर इस बात से अनभिज्ञ ही रहता है कि जिस अखबार को वह घरों में फेंक रहा है उसका अवसान हो चुका है! वह मर चुका है और वह एक लाश फेंक रहा है! हाय!! उसे इतना ही मालूम होता है कि एक अखबार पर उसे कितना मिलना है और उसकी जरूरतें क्या हैं? अब हम एक और संदर्भ उठाएँ। महानुभावों से पूछें कि जिन समाजों में बिजनेस जीवन का प्रमुख आधार हैं, क्या वहाँ पत्रकारिता खत्म हो गई है? क्या आज भी अमेरिकी चैनल अमेरिकी अखबार कभी-कभी अपने सत्ता प्रतिष्ठानों को हिला कर नहीं रख देते? वे ऐसा आज भी करते हैं। क्या वहाँ के चैनल सिर्फ नाच गान देते हैं, सेक्स, हिंसा देते हैं या कुछ खबर भी देते हैं? कितना भी संयोजित-संपादित खबरें हों लेकिन खबरें फिर भी आती

हैं और वे प्रायः देने वाले के कंट्रोल से बाहर होती हैं इस तरह जब वहाँ मीडिया नहीं मरा तो यहाँ इतनी जल्दी कैसे मर गया? जबकि यह अभी विकसित देश के मीडिया का पासंग भी नहीं हैं?

तब ऐसा क्यों बोला जाता है? ऐसा इसलिए बोला जाता है कि हमारे भारतीय बुद्धिजीवी की समस्या एक ही वक्त में माल मलाई बनाने की और समाज में रेनेसां वाला चेहरा ढोने की है। रेनेसां उसका क्षणिक आदर्श है। महान संपादक बनना उसका एक छोटा सा सपना है लेकिन बनता वह कुछ और ही है। कभी-कभी सपना उसे तंग करता रहता है। वह सपना भी निगोड़ा इतना सतही होता है कि पूरी तरह से तंग तक नहीं करता कि तंग आकर बंदा पत्रकारिता छोड़ क्रांति की मशाल जलाने लगे तो थोड़ा सपना थोड़ा बाजार साथ-साथ चलने दिया जाता है। एक संस्थान के रूप में पत्रकारिता जनतंत्र का चौथा पाया कही जाती है। जो नहीं कहा जाता है, वह यह कि अगर पत्रकारिता एक उद्यम है तो उसकी कोई आर्थिक क्रिया भी होती होगी। जनतंत्र के चारों पायों को चलाने वाली आर्थिक क्रिया इन चारों पायों को प्रभावित करती ही होगी और पुराने जमाने में भी करती होगी। पैसा तब भी पत्रकारिता का प्राण होगा। बिजनेस तब भी उसका गणित होगा। पैसे के अभाव में अखबार का बंद होना बताता है कि पैसा और बिजनेस का संग साथ बड़ा शाश्वत सा है। हमारे पत्रकारों का अपराध बोध अपना ही शीर्षासन करने की आदत से बाज आकर यह सोचे कि बिजनेस और पत्रकारिता के ठीक-ठीक क्या संबंध हैं और आदर्श संबंध क्या हो सकते हैं? यह सोचे तो कोई बात बने लेकिन विचार का अकाल है। सत्ता की सेवा में जो आनंद है, वह इस चिंतन में कहाँ? हाँ रोने में एक राहत है। इन दिनों नेताओं की तरह पत्रकार कभी-कभी आत्म परिताप कर लिया करते हैं।

29 अक्टूबर, 2006

किनारे लगे सामाजिक संकल्प

मीडिया का बहुत विकास हुआ है; पर क्या यह विकास समाज के विकास में सहायक है? या कि वह कुछ ऐसी भूमिका निभाने में लगा है, जो समाज के विकास की प्रक्रिया में कहीं न कहीं अवरोधों को बढ़ाती है या विकासमूलक तत्त्वों को ताकत देती है? निजी मीडिया के आने के बाद भी ये सामाजिक संकल्प किनारे नहीं हो जाते। इसी नजर से मीडिया के कंटेट को उसके प्रभाव को देखा परखा जाना चाहिए। ऐसी कई विकासमूलक योजनाएँ समाज में सक्रिय की गई हैं, जिनसे देश की उत्पादकता का विकास का कानून व्यवस्था का भविष्य जुड़ा नजर आता है। इनमें एक है, ग्रामीण रोजगार योजना जो अपने समाज में ग्रामीण जीवन की बेरोजगारी से आंशिक रूप से दो-चार होती है। पूछना चाहिए कि ऐसे कितने कार्यक्रम आए जो इस तरह की योजना के जरिए आ रहे बदलावों या न आ रहे बदलावों के बारे में जनमत को जगाते हैं?

प्रिंट में दो-चार लेख अंग्रेजी में देखने को मिले, ज्यां द्रेज आदि अर्थशास्त्रियों की टिप्पाणेयाँ देखीं और कई जगह इस योजना की समीक्षाएँ भी दिखीं लेकिन इस योजना के प्रति डीडी छाप विज्ञापनों को छोड़ कहीं किसी चैनल ने योजनानुकूल वातावरण बनाने के लिए एक क्षण की भी पहल नहीं की। ऑल इंडिया रेडियो को या डीडी नेशनल को छोड़ दें तो कहीं भी एक जिंगल, कहीं किसी निजी रेडियो प्रसारण तक में नहीं सुनी गई। हमेशा की तरह एफएम चैनल मेट्रो-मस्ती में लगे रहे। कभी-कभी मीडिया योजना को लेकर पीएम आदि के बयान दे देता है लेकिन उनसे अपने लिए कोई सबक नहीं लेता। समाज में जो खबरें बनाई जाती हैं, उनके श्रोता-दर्शक वे ही नहीं बनते जो स्वयं खबर बनाया करते हैं। यही उनके गैर विकासमूलक चरित्र की निशानी है!

इसका दूसरा उदाहरण दैनिक है जिसे अब पहेलीनुमा बना दिया गया है। दिल्ली में सीलिंग का फंदा तकरीबन एक साल से लटका है, उसकी चपेट में लाखों छोटे दुकानदार, दुकानें, व्यापारी आदि आ रहे हैं। कम से कम दो-तीन बार यह विराट

मध्य वर्ग संघर्ष कर चुका है, दो बार दिल्ली बंद रही है, सैकड़ों करोड़ रोजाना का नुकसान हुआ है। आसपास के सौ दो सौ किलोमीटर दूर तक दिल्ली के बाजार थोक में माल सप्लाई करते हैं, वहाँ तक इस तनाव का असर हो रहा है। सीलिंग के खतरे को देख दुकानदारों ने अपनी दुकानों में सामान कम करना शुरू कर दिया है। तीन दिन की हड़ताल पिछले दिनों ही हुई है। पाठक याद करें कि कब किस चैनल ने कितना क्या दिखाया? इस समस्या को कितने समग्र रूप में संतुलित रूप में बताया?

या इस बड़ी घटना के मुकाबले वहाँ डॉन नंबर दो के हीरो हीरोइनों की सुदीर्घ चर्चाएँ रहीं? 'शोले' या 'उमराव जान' के रिमेक की महानता की चर्चाएँ रहीं? सामाजिक समस्याओं में सीलिंग को नहीं लिया गया। यह समस्या विकास मूलकता से जुड़ी है। इधर, किसी की नजर नहीं गई। दिल्ली के उजाड़ का असर बिहार, उत्तर प्रदेश, राजस्थान, मध्यप्रदेश, उड़ीसा, बंगाल तक के गाँवों के रोजगार पर सीधा पड़ता है। ग्लोबल तत्त्व से तो मीडिया जुड़ा दिखता है, अपने को लोकल से जुड़ने में परहेज करता है। इलेक्ट्रॉनिक मीडिया का समाज पर जबर्दस्त असर है। वह जीवन को लगातार बदलता आ रहा है। मीडिया में यह समस्या अद्‌भुत ढंग से उठती गिरती रही है। इन दिनों ज्यादातर बड़ा मीडिया सीलिंग पर ऑफिसियल किस्म की लाइन देने में लगा हुआ है।

तोड़-फोड़ अगर मॉल्स की नहीं है तो वह छोटे चैनलों लायक खबर है। बड़ा चैनल तो मॉल्स की चिंता करता है। एकाध चैनल ने जब मॉल्स पर बुलडोजर चले तो तुरत इशू बना दिया। डिजाइनरों को खूब मौका दिया। कवर किया। मगर इतनी दुकानें सील हुईं, तोड़फोड़ की गई, इतने कामगार बर्बाद हुए। मीडिया में उन पर एक फीचर तक नहीं आया। कुछ लोकल चैनलों ने जरूर इस मामले को ज्यादा कवर किया। आखिर में दिल्ली को पेरिस बनाने, शंघाई बनाने, न्यूयॉर्क बनाने, दिल्ली को ऊँचा उठाने की लाइन आती रही मगर उजड़ने की अनिवार्यता मानों मान ही ली गई। बड़े चैनलों ने तो कई एनजीओ भाइयों से यह कहलाना शुरू कर दिया है कि देखिए सीलिंग तो होगी लेकिन व्यापारियों को विकल्प की व्यवस्था देनी चाहिए। अंग्रेजी में बूंकते महाशय लोग यह नहीं सोचते या कि सोचकर समझ कर भुला देते हैं कि नुक्कड़ का चाय वाला, डबलरोटी वाला, छोटा किरानी कहाँ जाएगा? विकल्प की व्यवस्था अगर दस किलोमीटर दूर की जाती है या दसवें माले पर की जाती है तो दुकानें चलेंगी कैसे?

बहुत पहले ट्रेडर्स ने कहा है कि यह सब सफाई मॉल्स की कल्चर के लिए हो रही है। छोटे आदमी को जीवित रहने का हक नहीं है, उसे दिल्ली से जाना पड़ेगा। सोचें कि ऐसा क्यों किया जा रहा है? मीडिया चंद मॉल्स के टूटने पर इतना चिंतित हुआ और छोटे दुकानदारों के उजाड़ पर निश्चिंत होकर कहलवा रहा है कि ये तो होना ही है। कारण साफ है, न्यस्त स्वार्थ ऐसा नहीं चाहते कि सीलिंग रुके। सीलिंग

होगी तो नई जमीन मिलेगी, मॉल्स बनेंगे। जमीन माफिया सीलिंग के पक्ष में है। कॉमनवेल्थ की सरकारी वल्ले-वल्ले चाहती है कि कॉमनवेल्थ के हल्ले में दिल्ली चंद विदेशियों से 'मुँह दिखाई' पास के! ... कॉमनवेल्थ, चौड़ी सड़क, सफाई, मॉल्स कल्चर। फिर वोलमार्ट कल्चर! यही खबर दर्शन का क्रम है। भीष्म साहनी की कहानी 'चीफ की दावत' याद आती है। चीफ आया तो छोटा अफसर घर में अपनी बूढ़ी माँ को ड्राइंगरूम के बाहर छिपा देता है ताकि चीफ की नजर उस पर न पड़े। बुढ़ापा और दीनता छिप जाए और उसका रुतबा बना रहे। वह प्रमोशन पा सके। क्या आप कह सकते हैं कि मीडिया के विकासमूलक एजेंडे का इस सबसे कोई संबंध नहीं है?

5 नवंबर, 2006

बाजार की करुणा

वह एक सूने से कमरे में कुर्सी पर बैठी है। उसके चेहरे पर चोटों के निशान बने हैं। वह मध्यवर्गीय स्त्री पढ़ी-लिखी लगती है। चेहरे पर पीड़ा साफ है। पूछने पर बताती है कि वह बाथरूम में फिसल गई थी...कुर्सी से गिर गई थी...। वॉयस ओवर में एक औरत कहती है : इस तरह नहीं छिपाइए। आगे अंग्रेजी में इबारत कहती है कि पौंड्स ने 'फंड फॉर वूमन' सा कुछ बनाया है। फिर बताया जाता है कि पौंड्स का रैपर इत्यादि भेजें। विज्ञापन का संदेश बड़ा साफ है कि पौंड्स क्रीम बनाने वालों ने औरतों के उत्पीड़न के विरोध में एक फंड बनाया है। आप जब भी पौंड्स क्रीम खरीदेंगी/खरीदेंगे, उसका एक हिस्सा आपके लिए बनाए गए, इस फंड में जाएगा जो ऐसी उत्पीड़िता औरतों के हित में काम आएगा।

इससे आगे का सीन पौंड्स की नई भूमिका की दुहरी व्यंजना का है : वही स्त्री अगले सीन में जो चेहरे लिए है, उस पर चोटों के निशान कहीं नहीं हैं। वह एक साफ-सुथरा चेहरा है। अब वह थोड़ा प्रसन्न सा नजर आता है। आत्मविश्वास से भरा हुआ। अभी बताई 'गुजरी' यातना की शिकन तक नहीं हैं। यह पौंड्स की स्त्री 'एम्पावर्ड' स्त्री है। उसकी पॉवर पौंड्स से आती है। उसमें उसकी सकल भूमिका है। एकदम दोहरी भाषा है चिह्नों की। आखिरी सीन फिर-फिर पढ़िए : विज्ञापन के चिह्नों की गति गजब है। 'फंड है तो निशान नहीं होंगे। खरीदोगे तो फंड होंगे। वे कानूनी उपचार में मदद करेंगे। पौंड्स खरीदेंगे तो निशान चेहरे पर नहीं रहेंगे। जो पिटाई हो तो पौंड्स को लगाएँगे। इसलिए पौंड्स को घर में जरूर रखें।'

इस दुहरे-तिहरे व्यंजनात्मक अर्थस्तरों में पीटने वाला अत्याचारी मर्द भी क्रीम को खरीदकर रख सकता है ताकि बाद के दाग निशान मिटवा सके। मार के बाद के दुलार को दिखा सके और अपराध की बर्बरता को नरम कर सके, बच सके। विज्ञापन में सक्रिय चिह्नों की निहित सक्रिय व्यंजना के अर्थों के स्तर खोलते चले जा सकते हैं। आपको और भी मिलेंगे। चिह्न शास्त्र में इसे एक चिह्न की 'अनेकस्वरता' कहते हैं। वे अपने 'कोड' इस प्रसंग में 'ब्रांड मार्केटिंग' से परिचालित

होकर अनेक अर्थस्तरों को छूते हुए निकलते हैं, जितने अर्थस्तरों को छूते हैं उतनी ही 'पोजीशनिंग' बेहतर होती है। विज्ञापन इस तरह सिर्फ उत्पीड़िता स्त्री के हित में संवेदनशीलता नहीं फैलाला बल्कि मर्दों को भी थोड़ा 'संवेदनशील' बनाता है। चैनलों पर इन दिनों पौंड्स क्रीम के नए ब्रांड का विज्ञापन है। यह विज्ञापन हर तरह से बढ़िया लगता है। वह 'विजुअली' भी एकदम हिट है। एकदम सॉफ्ट एकदम मुलायम। सही सामाजिक संदेश से युक्त। इस तरह पढ़ते हुए हम पाते हैं कि यह विज्ञापन 'पॉलिटीकली करेक्ट' होने के अलावा 'सोशली करेक्ट' है। वह मार्केटिंग की नजर से भी रणनीतिक है। इतनी बढ़िया और दुहरी 'पोजीशनिंग' इस सीजन में कहीं और नजर नहीं आती। पिछले ही दिनों घरेलू हिंसा विरोधी विधेयक पारित हुआ है। देश के तमाम स्त्री संगठन स्त्री के हित में बढ़ा हुआ एक कदम मानते हैं। स्त्री समाज पर घरेलू हिंसा होती ही रहती है। मार-पिटाई के अलावा भाषा और रिश्तों की ऊँच-नीच की संरचनामूलक हिंसाओं के अनंत संस्करण हैं।

हमारे समाज में स्त्री की शारीरिक यातनाओं के अनंत रूप हैं; जिनमें से कई नए कानून ने साफ बताए हैं तो कई अनकहे छोड़े हैं। देश में लिंग भेदी अतिचारी वातावरण के विरोध में एक प्रतिरोधी वातावरण धीरे-धीरे बना है। इसके पीछे संगठनों, आंदोलनों और मीडिया की बड़ी भूमिका है। स्त्रीत्ववादी विमर्शों ने पढ़े-लिखे तबके को स्त्री हित के प्रश्नों पर संवेदनशील बनाया है। कानून इस संवेदनशीलता के एक पक्ष की आपूर्ति करता है। वह स्त्री विरोधी सामाजिक वातावरण को किसी हद तक स्त्री-हितों के पक्ष में मोड़ता है।

विज्ञापन इसी वैध वातावरण में अपनी 'उत्पीड़िता' स्त्री बनाता है और उसे अपनी क्रीम देता है। क्रीम के कुछ पैसे वह स्त्री के हित में खर्च करने की बात कहता है। इस तरह वह अपने सामाजिक रूप से कल्याणकारी भाव को भी मार्केट करता है। आप जब भी पौंड्स खरीदेंगे तब-तब आपको उत्पीड़िता स्त्रियों के पक्ष में अपने हिस्से का कुछ पैसा जाता नजर आएगा। यही एक प्रकार की मार्केट की नई करुणा है जिसे फिलहाल सौंदर्य प्रसाधन सामग्री बनाने वाला एक बहुत बड़ा बहुराष्ट्रीय निगम बना रहा है। देश में बहुराष्ट्रीय निगमों की वजह से बढ़े उपभोक्तावाद पर लोग आपत्ति करने लगे हैं। यह विज्ञापन उनके विपक्ष में जा सकने वालों को कहता है कि नहीं पौंड्स बनाने वाले तो सामाजिक रूप से सही काम करना चाहते हैं। वे लुटेरे नहीं हैं। अपने हिस्से का लाभ कौन देता है? लेकिन वे अपना एक हिस्सा स्त्री हित पर खर्च करना चाहते हैं। कितनी अच्छी बात है; आप इस सोच तक पहुँच जाते हैं।

इस तरह आप पौंड्स नहीं खरीद रहे होते आप एक पुण्य, एक भला विचार-आचार खरीद रहे हैं। यह अहसास होता है। यह नई करुणा पचास सौ रुपए खर्च कराने वाली है। भले प्रति शीशी एक रुपया ही फंड में दिया जाए! इस तरह

विज्ञापन की पोजीशनिंग कई स्तर पर एक मायने में रणनीतिक है। वह प्राइम टाइम की खबरों में उन स्लाटों के साथ नजर आया है जो सिनेतारिकाओं आदि की खबर दे रही होती है या ऐसी ही सॉफ्ट खबर दे रही होती हैं। इससे भी ज्यादा रणनीतिक खेल जाड़े के मौसम में पौंड्स की डबल पोजीशनिंग है। सामाजिक रूप से उपादेय बताने के अलावा वह जाड़े में त्वचा को फटने न देने की गारंटी लिए रहती है। आप उसे लें, लगाएँ और आपके चेहरे पर जो दाग-धब्बे मौसम लगा देता है, उनसे उसी तरह निजात पाएँ जिस तरह मार-पिटाई के धब्बों से वह औरत पाती है जो विज्ञापन में बनाई गई है।

अब कौन माई का लाल कह सकता है मार्केट मानवीय और सकरुण नहीं हो सकता?

3 दिसंबर, 2006

आवाज का सम्मोहक स्पेस

कुछ पहले जब एफएम चैनल 'रेडियो मिरची' के आरजे यानी 'रेडियो जोकी' नितिन की आवाज उसकी चुलबुली चुहल, शैतानियाँ सुनाई नहीं दीं तो बेचैनी होने लगी। फिर एक खबर से मालूम हुआ कि नितिन किसी और चैनल में चले गए हैं, इसलिए अब उस पुराने एफएम पर सुबह का कार्यक्रम नहीं देते।

तीन घंटे तक सुबह लगातार श्रोताओं को फील गुड कराते रहना, गाने बजाना और बोर न होने देना! 'रेडियो जोकीइंग' कोई मामूली काम नहीं। प्रस्तुति की सकल कलाओं की परीक्षा यहीं होती है। जुबान फिसली कि आप गड्ढे में। नितिन कभी-कभी मजाक को इस हद तक ले आते कि लगता, अब फिसलें-अब फिसले कि सँभाल लेते। हाजिरजवाबी और बात-बात में बात बनाना उनका अपना गुण रहा जो उन्होंने दो-तीन साल में लगातार काम करते हुए विकसित किया। यही उनका ब्रांड बना।

अब तो एक चैनल पर 'पप्पी सर्विस' ही शुरू हो गई है। नए आरजे मुँह से हर बार चुम्मा या पप्पी लेने की आवाज निकालते हैं। जिस समाज में पप्पी लेना प्रकटतः वर्जित माना जाता है उसमें कानों में चलते-फिरते पप्पी की आवाज आती हो तो 'कुछ-कुछ होता है' न! यही इस नए जोकी की यूएसपी है। वह 'एलएलबी' यानी 'लव, लड़कियाँ और बॉलीवुड' का नारा देते लगा। पिछले चार-पाँच सालों में एफएम चैनलों की 'जोकीइंग' यानी प्रस्तुति की शैलियों में काफी बदलाव आया है। श्रोता तक आवाज का 'आना' बदला है। संबोधन के तरीके बदले हैं। आपके हमारे कानों को अपनी तरफ खींचने की तरकीबें बदली हैं और यह काम हिंदी में हुआ है सो हिंदी भाषा भी बहुत जगह अद्भुत-रसीली बोली लगती है। यहाँ तक कि एफएम की हिंदी अब एक अलग पहचान बनाने लगी है। हिंदी प्रस्तुति और ज्यादा बिंदास हुई है। एफएम फैक्टर ने युवा जगत के संवाद के तरीके तक को बदल डाला है।

इन दिनों प्रस्तुतियों में एक गुणात्मक परिवर्तन भी लक्षित होता है। आवाज के माध्यम से कानों में सैक्सीपन का छौंक डाला जाने लगा है। नितिन से जरा ज्यादा। नितिन ने एक बार पूरे समय सिर्फ लड़कियों से पूछा कि क्या तुम मुझसे शादी करोगी

और लड़कियों से जो संवाद हुए, चाहे वे अपने सहयोगी आरजे से ही स्टूडियो में बनाए गए हों—वे संवाद को 'सिडक्टिव' बनाते थे। अब नए जोकी 'एलएलबी' महोदय तो मुँह से ही हर वक्त चुम्मी-पप्पी की आवाज निकाला करते हैं। कार्यक्रम पेश करने की प्रक्रिया में हर बार ऐसी आवाजें निकाल कर गानों की प्रस्तुति गानों को कुछ अतिरिक्त सिडक्टिव बनाती है। फादर कामिल बुल्के के अंग्रेजी-हिंदी शब्दकोश में 'सिडक्शन' के कई अर्थस्तर दिए गए हैं—सम्मोहक, प्रलोभनकारी, बहकावेभरी, चरित्र बिगाड़ने वाली, भ्रष्ट करने वाली, शीलभंग करने वाली क्रिया।

रेडियो की क्लासिकल प्रस्तुति शैली में कार्यक्रम की प्रस्तुति अपने वक्त के श्रोताओं के लिए भद्रनोचित पेशबंदी की तरह होती थी। श्रोता अनावश्यक रूप से परेशान न हो, वह शालीन रसिक भाव से भरा रहे। बात में शराफत और नफासत रहे। श्रोता की कल्पना घर में पूरे परिवार के साथ बैठे रेडियो सुनने वाले की थी। उसे गाने के बारे में बताया जाता कि वह किस फिल्म का है और यह तो बताया ही जाता कि गाने की सिचुएशन क्या है, उसे किन अभिनेताओं-अभिनेत्रियों पर फिल्माया गया है। गीतकार-संगीतकार के नाम दिए जाते। गाने को एकदम संदर्भ और प्रसंग सहित प्रस्तुत किया जाता। उसे पूरा बजाया जाता—पूरे तीन मिनट तक। सुनने वाले को रस मिलता। मेलोडी धुनों का रससिक्त वातावरण मिलता।

रेडियो प्रस्तुति की शैली में यह गुणात्मक परिवर्तन अमीन सायानी ने किया। उनके आने से रेडियो के गानों की प्रस्तुति की ध्वज ही बदल गई। रेडियो सीलोन, जो बल्वों वाले रेडियो सेटों पर 'शॉर्ट वेव' पर साफ-साफ लगता नहीं था, तो भी लोग उसे अनिवार्य रूप से सुना करते। 'बिनाका गीत माला' एक अमर कार्यक्रम बन गया। प्रस्तुति पॉपुलर संगीत का उत्सव बनने लगी। श्रोताओं को संबोधित करने का अंदाज एकदम अनूठा लगता, जिसने हिंदी के उच्चारण को एक स्तर दिया। गानों के मूड के साथ आवाज पहली बार 'सिंक में' होने लगी। उचित शब्द लाकर प्रस्तुति के अर्थ संकेत दिए जाने लगे।...'और अब आपके सामने आ रही हैं लता...मुकेश रफी, मन्ना डे...' श्रोताओं को 'आवाज की दुनिया का दोस्त' बनाया गया। सायानी आते तो 'आवाज की दुनिया के दोस्तों' को पुकारते। यह उन रेडियो श्रोताओं की नई परिभाषा थी जो अब तक श्रोतामात्र थे। सायानी ने गानों को मध्यवर्गीय, शालीन म्यूजिकल मनोरंजन बना डाला। उनकी आत्मीय लगने वाली, भरी-भरी बैरीटोनात्मक आवाज गानों के रस से मेल खाती। उन्होंने गद्य में रस पैदा कर दिया। हिंदी में 'बतरस' और 'कनरस' पैदा कर दिया।

उसके बाद विनोद शर्मा और किशोर भिमानी आए। इनकी आवाज में भी उसी तरह का रस रहा जिस तरह का रस अमीन सायानी के यहाँ रहता। आवाज की दुनिया के दोस्तों के लिए रेडियो अब एक वैरायटी वाला माध्यम भी बनने लगा। सूखा साखा 'आल इंडिया रेडियो' अब 'विविध भारती' हो गया। विज्ञापन आने लगे,

एक युग बदल गया। आवाज का आना-जाना और बनना बदल गया। जब से एफएम चैनल आए हैं, तब से एक बार और रेडियो की 'आवाज' फिर नई होने लगी है। हिंदी नए संस्कार में आने लगी है। अब वह 'सिडक्टिव' यानी सम्मोहक और सैक्सी बन चली है। यह 'जेनरेशन नेक्स्ट' की भाषा और प्रस्तुति शैली है। रेडियो की 'आवाजों का इतिहास' अपने आप में अध्ययन का विषय है।

10 दिसंबर, 2006

कितना टिकते हैं शाहरुख

जब से 'कौन बनेगा करोड़पति' (तृतीय) को शाहरुख खान से एंकर कराने की खबर आई है, मीडिया में अमिताभ और शाहरुख की तुलना चल रही है। 'डॉन टू' के असफल रहने के बाद शाहरुख के 'ब्रांड' का मैनेजमेंट लगभग 'डिजास्टर मैनेजमेंट' के स्तर पर चलाया जा रहा है। इस मामले में कंपनी और मीडिया समूह द्वारा पूरा सर्वे ही करा डाला गया है जो अमिताभ के सुपर स्टार ब्रांड और शाहरुख खान के ब्रांड का तुलनात्मक अध्ययन करता है। समस्या शाहरुख ब्रांड की 'पोजीशनिंग' का है। 'डॉन' के बाद उनकी पोजीशनिंग गिरी है। सही पोजीशनिंग बाजार पर पहले से कब्जा जमाए ब्रांडों का मुकाबला करके ही संभव है। अगर शाहरुख का ब्रांड जमाना है; मार्केट के लिए उसे विश्वसनीय बनाना है तो जो सबसे बड़ा ब्रांड मनोरंजन के क्षेत्र में है, उसी से तुलना करके आगे बढ़ा जा सकता है।

शाहरुख की नई पोजीशनिंग करने वाले सर्वे के पहले सवाल के जबाव में सोलह से पचीस वर्षीय युवाओं में 'सात दशमलव छह फीसदी' युवा शाहरुख को ज्यादा सेक्सी मानते हैं जबकि अमिताभ को पचीस साल से ऊपर के आयुवर्ग के 'छह दशमलव तीन फीसदी' लोग सेक्सी मानते हैं। युवावर्ग की पहली पसंद शाहरुख हैं। जो प्रौढ़ हैं, वे अमिताभ को ज्यादा पसंद करते हैं। नए युग के बादशाह शाहरुख ही हैं, सर्वे का नतीजा कहता है। अमिताभ बच्चन का उत्तराधिकारी कौन? शाहरुख खान! रोल मॉडल कौन? खान! बेहतर डॉन कौन? अमिताभ! अगर शाहरुख चुनाव लड़ें तो छियासठ फीसदी युवा शाहरुख को वोट देंगे। नयों के लिए सर्वाधिक आकर्षक शाहरुख हैं। कुछ बड़ों यानी पचीस साल से आगे के लोगों के बीच अमिताभ हैं। अभिनेता कौन अच्छा है? तो सब मानते हैं कि अमिताभ बेहतर अभिनेता हैं। विविध चरित्रों की भूमिका की नजर से देखें तो अमिताभ बहुत आगे हैं लेकिन रोमांटिक हीरो के रूप में नयों के बीच शाहरुख आगे हैं। अमिताभ पुरानों में आगे हैं। साख की नजर से अमिताभ दोनों वर्गों में शाहरुख से बहुत आगे हैं।

जनवरी आ रहा है। स्टार पर 'कौन बनेगा करोड़पति तृतीय' शुरू होने जा

रहा है। उसी का बिल्ड-अप है। 'डॉन' पिट चुकी है तो पिटे 'डॉन नंबर टू' को चमकाया जा रहा है। सर्वे सोलह से पचीस की उम्र वालों को लक्षित करता है और सेक्सी छवि को रोमांटिक छवि को मानक बनाता है क्योंकि उसके विचार में युवावर्ग सेक्सी छवि पसंद करता है। ब्रांडिंग और पोजीशनिंग युवाओं के बीच हो रही है। यह सर्वे युवाओं की एक नई परिभाषा गढ़ता है कि युवाओं को सेक्सी छवि ज्यादा अपील करती है। अगला करोड़पति इस तर्क से ज्यादा सेक्सी होना चाहिए और उसके पीछे करन जौहर जैसा दिमाग तो चाहिए ही। यथार्थ में क्या होता है, ये सब जल्द ही सामने आने वाला है मगर इस सिलसिले में जो दो-तीन बातें मार्केटिंग के पंडित कह चुके हैं; उन्हें नहीं भूलना चाहिए।

पहले करोड़पति का इतिहास देखें। पहला करोड़पति अपने नए आइडिया और अमिताभ की प्रस्तुति शैली के कारण बेहद हिट रहा था। तब अमिताभ परिवार के एक संरक्षक बड़े भाई के रूप में उभरे थे जो लोगों को स्पर्धा के जरिए 'मनी' कमाना सिखाते थे। ज्ञान को मनी से जोड़ते थे। जब इसी कार्यक्रम में दूसरी बार आए तो वह जलवा नजर नहीं आया। दर्शक टूट गए। पहले वाला जादू अमिताभ के बावजूद ज्यादा हिट नहीं हो पाया। दर्शक बदल गए थे। उनकी रुचियों में परिवर्तन आ गया था, वे दोहराव नहीं चाहते थे। अमेरिका का ऐसा ही मिलिनेअर बनाने वाला कार्यक्रम भी एक ऊँचाई के बाद उतार पर है। निरंतर ऊँचाई पर बने रहना स्पर्धा के बाजार में असंभव है इसीलिए बार-बार ब्रांड को नया रूप धारण करना पड़ता है। नए चिह्न बनाने होते हैं। एक सीमित बाजार में आप यह बदलाव भी ज्यादा नहीं कर सकते। इसकी भी हद होती है।

करोड़पति कार्यक्रम को तीसरी बार शुरू करने वाले एंकर शाहरुख ने माना ही है कि अमिताभ के जूते उनके पैरों के लिए बहुत बड़े हैं इसलिए शाहरुख की सबसे बड़ी बाधा अमिताभ के करोड़पति से शाहरुख के करोड़पति की तुलना होगी। शाहरुख उससे कैसे पार करते हैं, यह भविष्य बताएगा। अब तक शाहरुख का ब्रांड तीन चरणों में बना है। पहला टीवी का फौजी और कुछ सामान्य सी फिल्में। फिर 'डर', 'बाजीगर' जैसी नकारात्मक खल भूमिका वाली हिट फिल्में और फिर 'दिल वाले दुल्हनियाँ ले जाएँगे' वाली एनआरआई प्रेम कहानी और 'कुछ कुछ होता है' से लेकर 'कभी अलविदा ना कहना' समेत करन जौहर के मुक्त नई पीढ़ी के संबंधों को समझने-बनाने की छटपटाहट और ग्लोबल उच्च मध्यवर्गीय डिस्को लाइफ! इस क्रम में शाहरुख खान पहला ग्लोबल ब्रांड बन, जिसका मार्केट बाहर भी स्ट्रांग रहा। सर्वे में और अन्यथा भी अमिताभ की सक्षमता शाहरुख से कई मायनों में ज्यादा नजर आती है। आवाज, भाव-अनुभाव निरूपण में, कद-काठी में वे सचमुच 'बिग बी' हैं। शाहरुख औसत हैं जिनके मुकाबले में आमिर, सलमान, गोविंदा, रितिक और अभिषेक कभी भी दाँत मार सकते हैं।

बाजार अब अधिक स्पर्धात्मक है, क्षणिक है। तिस पर अमिताभ अभी तक बड़े पितामह की तरह भारी पड़ते हैं। इस तरह शाहरुख की ब्रांड की पोजीशनिंग की बाधाएँ कम नहीं हैं। रही नकल या रिमेक बनाने की बात, तो आप जब भी रिमेक करते हैं, पुरानी चीज के ब्रांड के बचे-खुचे प्रभामंडल का लाभ आपको मिलता है लेकिन उसकी ऊँचाइयों से लोग तुलना करना भी नहीं भूलते। इस तरह रिमेक में पहला राउंड एक बड़ा बना-बनाया बाजार देता है तो तुरंत छीनने भी लगता है। यही नकल की उत्तर आधुनिक की क्षणभंगुरता है जिसमें शाहरुख खान अपने को पाते हैं। मनोरंजन और मीडिया के इस युग में शाहरुख खान एकदम उत्तर आधुनिक नायक की तरह नजर आते हैं जो अपने को अभिनेता के मुकाबले परफार्मर कहना ज्यादा पसंद करते हैं। लेकिन मार्केटिंगशास्त्र में ब्रांड की वफादारी स्वयं एक संदिग्ध विचार है। अमिताभ के वफादार बिखर सकते हैं तो शाहरुख के और भी जल्दी बिखर सकते हैं। अपनी नई किताब 'ए क्लीयर आई फॉर ब्रांडिंग' में ब्रांड उस्ताद टॉम एसेकर का कहना है कि किसी ब्रांड के प्रति उपभोक्ता की वफादारी (ब्रांड लॉयल्टी) नहीं होती। लॉयल्टी या ब्रांड वफादारी का आइडिया भी एक बिजनेस है। बिजनेस में कैसी वफादारी? अमिताभ शायद आखिरी आधुनिक महानायक कहलाएँ, जिन्होंने कुछ पहले वाले 'एंग्री यंगमैन' को एक वैकल्पिक नायकत्व दिया लेकिन यह वक्त तो किसी महानायक का नहीं ही है। हर क्षण बदलते परफारमेंस, नकलों और उपभोक्ताओं का है। देखना है कि शाहरुख खान कितना टिकते हैं?

17 दिसंबर, 2006

साल का सबसे बड़ा सबक

वर्ष दो हजार छह की सबसे बड़ी मीडिया घटना उसका 'प्रोएक्टिव' (सक्रियवादी) होना कही जा सकती है। नतीजा यह है कि साल जाते-जाते मीडिया के 'प्रोएक्टिव' होने-न-होने को लेकर एक बहस पैदा हो चली है। यह साल कई सबक लेने-देने का संकेत कर विदा हो रहा है। जनता और उसके जीवन को लेकर मीडिया पहले 'सलेक्टिव' रहा फिर 'डिटेक्टिव' बना और फिर 'प्रोएक्टिव' बन गया। इस समय भी वह हर तरह से एक्टिव नजर आता है और जनता उतनी ही रिएक्टिव नजर आती है। मीडिया के बारे में सोच-विचार करने वाले लोग भी उसकी 'नई प्रोएक्टिविटी' पर विचार करते नजर आते हैं। यह बात जेसिका लाल हत्याकांड इत्यादि मामलों के दोबारा खुलने और फैसले के बाद ज्यादा तीखे ढंग से सामने आई है और अब विद्वत् बहस का विषय बन चली है।

बहस के कुछ मुद्दे सामने आ रहे हैं, यथा; मीडिया का ऐसा प्रोएक्टिव रोल क्या उसकी नित्य भूमिका हो सकती है या कि यह 'जब-तब' वाली ही रहनी चाहिए? यानी जब उसे लगे या कि उस पर दबाव हो तब ही वह प्रोएक्टिव हो बल्कि उसे प्रोएक्टिव भी क्यों होना चाहिए? उसे अपना सहज मीडिया कर्म ही करते रहना चाहिए। चूँकि मीडिया अपना सही धर्म नहीं निभाता, इसलिए प्रोएक्टिव होने का रास्ता अपनाकर वह स्वयं को समाज के हितों से जुड़ा हुआ जता-बता कर कमिटमेंटवादी मीडिया का भ्रम पैदा करना चाहता है। इस तरह काम करते हुए वह अपने सिकुड़ते हुए दर्शक वर्ग को लगातार बढ़ाते जाने की गरज से प्रोएक्टिव होकर नए दर्शक जुटाने की कोशिश करता है और इस तरह प्रोएक्टिविटी का बिजनेस करता है, नए दर्शक बनाकर उन्हें कॉरपोरेट के हाथों में बेचता है, जनहित के नाम पर अपना मुनाफा कमाने की होड़ करता है। उसका किसी कमिटमेंट से कोई वास्ता नहीं होता।

इस तरह प्रोएक्टिव होने से फायदे से ज्यादा नुकसान हो सकते हैं। इन दिनों सामाजिक हित और व्यक्ति के निजी हित, राष्ट्रीय हित और ग्लोबल हितों के बीच प्रायः तनाव और टकराव नजर आता है। जातिमूलक विमर्श, लिंग मूलक विमर्श और

धर्ममूलक विमर्श किसी भी मसले को विभक्त-अनुभवों का बना देते हैं। इस तरह कोई भी बड़ा मुद्दा एक का हित और दूसरे का अहित करता नजर आता है। इसलिए हर प्रोएक्टिव आइटम 'विवादित क्षेत्र' बन जाता है। एक पक्ष में जाते ही आप दूजे के विपक्ष में नजर आते हैं। यह मीडिया की अपनी परंपरागत और आजमाई हुई सही भूमिका के विपरीत है। इस भूमिका के चलते मीडिया 'मीडिएट' करने का काम करता है—यानी 'मीडिया' बनता है। इस स्वभाव को छोड़ेगा तो मीडिया स्वयं एक 'मुकद्दम' बन जाएगा। प्रोएक्टिव तत्त्व किसी न किसी ताकतवर तत्त्व के स्वार्थ को पोषित कर सकता है और अपनी तटस्थ और सतत आलोचनात्मक भूमिका से विचलित होने की आदत पाल सकता है। अंततः न्यस्त स्वार्थ उसकी प्रोएक्टिविटी को खरीद-बेच भी सकते हैं। बहुत से एनजीओ मीडिया को अपना वाहक बनाने के चक्कर में लगे रहते हैं। यदि मीडिया प्रोएक्टिविटी के चस्के में पड़ा तो वह सहज किसी एनजीओ के एजेंडे का वाहक होकर अपनी विश्वसनीयता और स्वायत्तता के लिए संकट पैदा कर सकता है।

कहने की जरूरत नहीं कि ये मीडिया के अपने किए प्रयोगों से पैदा हुए मसले ही हैं। इनमें से हरेक में कुछ न कुछ 'तत्त्व' की बात नजर आती है। उन बातों में भी कुछ 'तत्त्व' नजर आता है जो मीडिया के 'प्रोएक्टिव' पक्ष से आता है। ऐसा मत रखने वालों का कहना है कि जब सत्ता गूँगी-बहरी बनी रहे, और जनता को अन्याय-दर-अन्याय मिलने लगे, तब एक नागरिक कर्म होने के नाते मीडिया या उससे जुड़े लोगों द्वारा भला चुप कैसे रहा जा सकता है। वे भी देश के संवेदनशील नागरिक होते हैं, उन्हें अपनी बात रखने का हक होना चाहिए। खासकर जनहितकारी बात के लिए किसी को आपत्ति नहीं होनी चाहिए। इस पक्ष के दावेदार यह भी कहते हैं कि जब-जब मीडिया ने मसले उठाए हैं, वे दब नहीं सके हैं। वे सोए समाज को नींद से जगाने, उसकी प्रसुप्त चेतना को झकझोरने और अधिक संवेदनशील बनाने में सहायक ही हुए हैं, बाधक नहीं। एक चैनल, जिसने सबसे पहले जेसिका कांड को जोरदार तरीके से उठाया और उसके साथ मट्टू तथा कटारा कांड को जोड़कर एक प्रकार का संयुक्त मोर्चा बनाया, उससे तथ्य और तर्क की बहरी प्रक्रिया के कान खुले और न्याय जरा जनसचेत हुआ। इससे कुछ को ही सही, न्याय तो नसीब हुआ वरना यहाँ भी वही होता, जो होता आया है। हो सकता है कि इससे प्रशासन और न्याय की प्रक्रिया में जरा गति आए, वह सबके लिए सोचने लगे।

एक अन्य तर्क इसके जवाब में कहता है कि जेसिका लाल या मट्टू या कटारा खाते-पीते मध्यवर्ग के बच्चे रहे। इसीलिए मीडिया ने उन्हें अपनाया वरना हर दिन इससे भी बड़े अतिचार सुनने-देखने में आते रहते हैं। कानून की फाइलों में लाखों फरियादें अनंत काल से बंद हैं और कमजोर को न्याय कभी नहीं मिलता। ये ताकतवर रहे, इनको मीडिया ने अपनी ताकत देकर अपना मेकअप किया और न्याय दिला

दिया। यह तो उसकी अपनी क्लास रही जिसकी उसने सेवा की। हम तो तब जानें जब वो कमजोर के पक्ष में भी उसी ताकत से खड़ा हो। मैले-कुचैलों, दीन हीनों और उपेक्षितों के पक्ष में भी खड़ा हो। वह सुंदर मॉडलों, खाए-पीए ग्लैमर-मारे, सोसलाइट और ताकतवर वर्ग के साथ रहते-सहते लोगों में, उनकी ही चुनी जिंदगी से अचानक पैदा हुए हादसों को राष्ट्रीय एजेंडा न बनाए।

एक तर्क यह भी आने लगा है कि इस बार न्याय प्रक्रिया पर दबाव बनाना, न्याय व्यवस्था पर दबाव बनाने जैसा है। इससे न्याय की तटस्थता का मूल्य कमजोर होता है। इस प्रक्रिया का असर मीडिया के अपने प्रकट व्यवहार पर भी दिखता है। मीडिया इसे अपने लिए कुछ नया क्रांतिकारी सा काम मानता है। कहने की जरूरत नहीं कि मीडिया अपने बाजार विस्तार की क्रिया में अपने सामने नए सवाल पैदा कर बैठा है। उस पर जन-दबाव बढ़ना स्वाभाविक है। उसे इन बातों पर कभी न कभी विचार करना ही होगा।

24 दिसंबर, 2006

टीवी के सच

सच की फाइट है, कौन सा सच राइट है, इसकी फाइट है! गाजियाबाद में अदालत के परिसर में भीड़ ने निठारी कांड के आरोपित मोनिंदर सिंह और सुरेंद्र के साथ जैसा व्यवहार किया, उसमें इस टीवी युग में सच के निर्माण के अनंत 'छल' सक्रिय नजर आते हैं। एक ओर परिसर में मौजूद लोगों का गुस्सा कि वे उन्हें मारने लगें और दूसरी ओर एक नागरिक समाज के लिए जरूरी न्याय व्यवस्था को एतराज!

इससे साफ हुआ कि कथित हत्यारे अभी कथित ही कहे जा सकते हैं। उनके अपराध जब तक सिद्ध न हों, तब तक उन्हें सही शब्द से चिह्नित किया जाना चाहिए। टीवी युग में बहस-भाषा की शुद्धता जितनी जरूरी है, उससे ज्यादा जरूरी है दृश्य के सिंक में अधिकतम सटीक लग सकनेवाली भाषा। इसे मिलाकर ही पूरी 'साउंड बाइट' बन सकती है। उसकी व्याख्या तभी जरूरी होती है, जब बाइट को ठीकठाक न बनाया जाए।

सच जो हो, इस एक घटना ने टीवी के सच के निर्माण की ताकत और सीमा को एक बारगी सामने ला दिया है। टीवी युग में टीवी 'एक सच' का निर्माण करता है। उसका हर चैनल अपने-अपने एक सच यानी 'एक स्टोरी' बनाता है। यह सच चित्रों से और आवाज से बनता है। प्रायः हर चैनल चित्रों को एक तरह से ही दिखाता है, लेकिन आवाज की बाइट का खेल जरा अलग-अलग बनाया जाता है। कैमरों के लिए तो लगभग एक ही तरह के फुटेज नसीब होते हैं, लेकिन उन्हें शब्द ही एक कहानी में ढालते हैं।

एक चैनल पर निठारी-नोएडा के कंकालों की खबर के प्रसंग में आरोपितों के चेहरों की 'दरिंदगी' को व्यंजित करनेवाला सनसनी बनानेवाला संगीत डाला। वहशी...दरिंदा...हैवान...शैतान...नरभक्षी...नरपिशाच आदि इसी तरह के शीर्षक आते रहे, यह समाचार का फीचरीकरण रहा। जिस दिन मोनिंदर सिंह पर हमला हुआ, उस दिन भी नीचे की कहानियों में हर चैनल ने उनके 'अपराध' को लगभग 'सिद्ध' मानकर एक चैनल ने शीर्षक दिया : 'नरभक्षी पर हमला' पिटाई। दृश्यों के साथ

ये शीर्षक अच्छी तरह सिंक कर गए। अब तक की बनी कहानी के साथ ये 'ठीक' लगे और पिटाई को देखते हुए लोगों को लगा होगा कि ठीक हुआ। एक आदमी ने तो टीवी पर आकर कहा कि ये जब भी आएगा पिटेगा। प्रिंट में 'कथित' या 'अलेज्ड' कह कर घटना से एक तटस्थता रखने की परंपरा है। हिंदी टीवी की ऐसी प्रस्तुतियों में वह नहीं अपनाई जाती। यह प्रस्तुति का विचलन है।

इसीलिए आरोप लगते हैं कि मीडिया एकतरफा मुकदमा चलाकर फैसला कर देता है। इससे उत्तेजित जनता कई बार कानून अपने हाथ में ले लेती है। प्रायः न्याय से वंचित जनता न्याय पाने के लिए उग्र व्यवहार करने लगती है। यह अक्सर होने लगा है। यह नया जन व्यवहार है, जिसे यद्यपि अकेले टीवी ने पैदा नहीं किया मगर उसे एक स्वाभाविक व्यवहार की तरह व्याख्यायित जरूर किया है। यह वही सरल सा नरेंद्र मोदी छाप 'एक्शन रिएक्शन' का सूत्र है, जो ऐसे कथा निर्माण में चलता है। यह एक तरह का फिल्मी कहानी लेखन भी है, जिसमें 'दामिनी' के सनी देओल की तरह मानकर चला जाता है कि कानून तो सिर्फ तारीख पर तारीख देता है और अगर न्याय करना है, तो अभी तुरत किया जा सकता है। क्रिया की प्रतिक्रिया सहज स्वाभाविक कही जाती है। टीवी की कहानियाँ ऐसी 'बाइनरीज' यानी 'विलोमों' में चलती हैं। पक्ष है और विपक्ष है। इसमें भी चैनल का सिर्फ अपना चुनाव हुआ पक्ष है। बस हो गया सच। लेकिन सच कई बार 'विलोम' में नहीं भी होता। ऐसा अनेकमुखी सच भी टीवी ही बनाता है, क्योंकि वह बाइनरीज का माध्यम नहीं है। वह 'प्लूरलिटी' यानी 'बहुवचनता' का माध्यम है। उसके जरिए सिर्फ पक्ष या प्रतिपक्ष नहीं बनते। अनेक पक्ष और प्रतिपक्ष बनते हैं और जब आप सच को पक्ष और प्रतिपक्ष के बीच घटा देते हैं, तो एक इकहरा सरल सा सच बन जाता है।

यह भावना प्रधान सच होता है और यही वह भाव निर्माण है, जिसे हमारे खबर चैनलों ने अब तक पक्का किया है। दरिंदे, वहशी और नरपिशाच जैसे विशेषणों में एक भयानक कहानी ही कही जा रही है। सच को कहानी में ढाला जा रहा है। पत्रकारिता को कहानी में बदला जा रहा है।

पत्रकारिता की भाषा अब कहानी या कविता की भाषा बन चली है। चैनल अपनी टीआरपी के लिए उत्तेजक भाषा को जरिया बनाने में लगे हैं। यह अंग्रेजी चैनलों में उतना नहीं, जितना कि हिंदी में है।

इससे भाषा के साथ टीवी का भी एक नया संबंध बनता नजर आता है। यह है भारतीय भाषाओं खासकर हिंदी की भावुक शैलियों का टीवी पर बढ़ता प्रयोग। अब तो प्रिंट तक में ऐसे शीर्षक आने लगे हैं, जो सच को लगभग अतिरंजनापूर्ण भावाकुल मुहावरों में कहते हैं, उन्हें काव्यात्मक बनाते हैं। यह शैली एक प्रकार की उत्तेजित भाव स्थिति बनाती है, जिसमें तर्क और तथ्य की जगह भावोत्तेजना से काम लिया जाता है। पहली बार ऐसी खबर भाषा सन् चौरासी में इंदिरा की हत्या के

बाद देखी गई, जब उनका शव दर्शन के लिए रखा गया। प्रसारण लाइव रहा, तब किसी ने नारा दिया : 'खून का बदला खून से लेंगे', यह अनकट प्रसारित हुआ। बाद में जस्टिस रंगनाथ मिश्र आयोग की रिपोर्ट में इसका जिक्र आया। उसके बाद देश में चार दिन तक सिख विरोधी दंगे हुए।

बाबरी ध्वंस के वक्त यूपी के दो दैनिकों ने इसी तरह की भाषा का प्रयोग करके तथ्यों को सैकड़ों गुना बढ़ा-चढ़ाकर बताया कि यूपी समेत देश के कई अंचलों में दंगे हो गए। इसे हम खबर के जरिए जन व्यवहार को नियंत्रित करनेवाला काम कह सकते हैं,. जिसकी निंदा बाद में प्रेस काउंसिल की रिपोर्ट में की गई। इसी तरह गुजरात के दंगों को गुजरात के दो पेपरों ने बेहद हिंदुत्ववादी ढंग से बनाया और दंगा बनाने में बड़ी भूमिका निभाई। बहुत से नेताओं को भड़काऊ भाषा आसान लगती है। कई संगठन और नेता इसी कच्ची भावोत्तेजक भाषा का उपयोग करते हैं। खबरों की भाषा कई बार यथातथ्य या कहें कहीं-कहीं तो उससे भी ज्यादा भड़काऊ बनाती हैं।

निठारी के आरोपितों पर हमला उसी संचित नाराजगी का परिणाम कहा जा सकता है, जो निठारी की खबरों के निर्माण में बनीं। इन लोगों को इस तरह दिखाया जाता रहा, मानों दरिंदे हों, नरपिशाच हों, जबकि अभी सिर्फ 'आरोप' की स्थिति है। आरोप सिद्ध नहीं हैं।

टीवी युग में कोई कहानी इकहरे अर्थवाली नहीं होती। यदि ऐसे माध्यम में काम करनेवाले अपनी भाषा को इकहरा अर्थ देने वाला कहें, तो पारदर्शी सा बनाने की कोशिश करेंगे, तो परिणाम अकल्पनीय हो सकते हैं। यह 'हाइपर रीयल' विज्ञापनी छलिया भाषा है। न्यूज की नहीं। न्यूज हजार बदलाव के बावजूद शुद्ध कहानी नहीं है, भले उसे आप कहानी की तरह पढ़ें। टीवी का एक बड़ा काम 'सिविल सोसाइटी' बनाना है, डेमोक्रेसी बनाना है, मॉबोक्रेसी नहीं।

23 जनवरी, 2007

मीडिया का बजट पाठ

बजट को मीडिया ने किस तरह से पढ़ा-पढ़ाया? यह सवाल मीडिया कवरेज के अध्ययन के लिए तो उपयोगी है ही, हिंदी के 'बिजनेस मीडिया' के कवरेज के अध्ययन के लिए भी उपयोगी है। अखबारों में जबसे कलर बढ़ा है तब से बजट भी रंगीन हुआ है। रंगीन बजट जरा मनोरंजक नजर आता है। बजट को कलर तकनीक ने थोड़ा आकर्षक बनाया है। अरसे से धीरे-धीरे प्रिंट मीडिया ने बजट जैसी सूखी बोर टैक्स्ट को चाक्षुष-प्रत्यक्ष करने की कला सिद्ध की है। उसे विजुअल ज्यादा बनाया है। इस तरह एक कठिन काम को साधा है। इस साधना में मीडिया का बजट को लेकर अपना नजरिया भी काम करता है। हमें उसे भी देखना पढ़ना चाहिए।

बजट के कवरेज में प्रिंट पिछले दिनों से कार्टून चित्रों का भारी मात्रा में उपयोग करने लगा है। यह बजट को जरा रंजक बनाकर पेश करने की कला का ही परिणाम है। इस बार कार्टून के लक्ष्य तीन-चार हैं। एक वित्तमंत्री चिदंबरम। धोती-कमीज वाले चित्र पर टाईरोपण। तनी गर्दन। वित्तमंत्री की यह छवि बजट को कारपोरेटी तनी गर्दन के साथ जोड़ती है। आम आदमी के चित्र में वह सिर पर एक ढीली सी पगड़ी पहने कुछ ऐसे फटेहाल, मैले से, परेशान-उलझे से आदमी की तरह दिखता है जो महँगाई की मार झेल रहा है। कार्टून बनाने वालों ने इतना यथार्थ तो अब भी पकड़ा है। तीसरा कार्टून कारपोरेट वर्ग का है। कारपोरेट का चेहरा मोटा, सुखी है। गर्दन तनी है। चौथा स्टॉक के साँड़ों और भालुओं का है। पाँचवाँ रुपए के सिक्के या नोट के ग्राफिक्स का होता ही है। यह चित्र बड़ा कॉमन है और पुराने ब्लैक-व्हाइट जमाने की कवरेज की याद दिलाता है। ग्राफिक्स डिजायनर्स और कंप्यूटरों के जुड़ने के बाद बजट प्रस्तुति में कुछ एक्स्ट्रा आकर्षण आया है।

प्रिंट मीडिया में बजट इसी तरह होता है। यहाँ आम आदमी की छवि प्रायः परेशान आदमी की होती है। आम जनता में से एक छवि उस गृहिणी की होती है जिसके हाथ में चकला होता है। नीचे गैस रखी होती है या चूल्हे पर काम करती होती है। इसमें एक चित्र अब कामकाजी औरत का जुड़ा है जिसके हाथ में सामान

से भरा एक थैला है। कारें, मकान, दवाइयाँ, जूते, सिगरेट बीड़ी, हवाई जहाज, रेलवे—सबके विजुअल्स बनाए जाते हैं। फोकस में वित्त मंत्री होते हैं। बजट का कवरेज इस तरह मूलतः वित्तमंत्री का कवरेज होता है।

बजट का विहगावलोकन भी दिया जाता है! अंग्रेजी में इसे 'एट अ ग्लांस' कहा जाता है। पिछले साल तक प्रिंट में अनपवाद रूप से बजट का पूरा भाषण छपा करता था। इस बार ज्यादातर उसके सार को छापा गया है। टिप्पणियाँ ज्यादा दी गई हैं। टीवी पर बजट जरा अलग ढंग से बना। वह सीधे प्रसारित हुआ है। लोक सभा की तालियाँ और हूटिंग कम नजर आई है। बीच में विज्ञापन भी बंद रहे हैं। उसके बाद और उसके साथ जो टिप्पणीकार आए हैं उनमें इस बार संपादक कम, कारपोरेट के लोग ज्यादा रहे। बिजनेस कंपनियों के सटॉक के लोग ज्यादा रहे। आम आदमी नजर नहीं आया। उसे किसी चैनल ने अपने अंगने में नहीं बुलाया, उससे एक वाक्य नहीं कहलवाया जबकि सबसे ज्यादा मार हर बजट की यही ग्रामीण शहरी आम आदमी झेलता है। कवरेज इस विभाजन में किधर झुका है इसको अर्थाने की जरूरत नहीं!

पिछली बार की तरह इस बार भी बजट चर्चा ग्लोबल रही। न्यूयार्क के कुछ अमीरों या उनके एजेंटों से बातचीत रही। इससे लगता रहा कि अपने बजट के चाहने-समझने वाले अमरीका में भी हैं और अपना देश कोई 'अफ्रीकी झोंपड़पट्टी' नहीं है जिसके बजट पर मालिकों की, बड़े लोगों की निगाह ही न हो। देश और राष्ट्र की ताकत को बजट इसी तरह संचारित करता है। बजट के कवरेज में एक तो वे मूल्य बनते हैं जिन्हें वित्तमंत्री रुपयों-पैसों के हिसाब के रूप में इधर-उधर बाँट कर दिखाते हैं मगर कुछ अनुभव ऐसे भी बना करते हैं जिनसे आम आदमी राष्ट्राभिमान के अहसास से भर उठता है और कारपोरेट के खेल की बुलबुल बन जाता है। इस तरह भी आम आदमी और खास आदमी के बीच बजट एक विभाजक की तरह आता है जिसमें इस विभाजन को मिटाने की संकल्पना जरूर की जाती है। हम कह सकते हैं कि इन दिनों आम आदमी का जन्म अट्ठाईस फरवरी के प्रसारण में इसी प्रकार होता है। एक-दो दिन तक जिसका नाम यत्र-तत्र लिया जाता है। फिर आम आदमी को गायब कर दिया जाता है। मीडिया यथार्थ के अनचाहे हिस्से को इसी तरह गायब किया करता है। अंग्रेजी में हमेशा की तरह आम आदमी को एक खोए हुए मिथ की तरह बनाया गया। हिंदी के अखबारों में वह थोड़ा बहुत बराबर रहा। सारी आलोचनात्मकता उसी की नजर से बनी, खासकर शहरी मध्यवर्गीय आम आदमी की बात जरा हमदर्दी से हिंदी में ही नजर आई। कारपोरेटी अंग्रेजी जगत में आम आदमी रोमन में ही लिखा गया और फिर 'कामन मैन' की तरह बताया गया। ज्यादातर जगह खास कारपोरेट छाया रहा। इसके नशे की हद तब हुई जब एक चैनल पर एक बड़े कारपोरेटिए ने फरमाया कि रिफार्म के रास्ते से जरा सा विरत होकर मंत्री

ने एक बड़ा अवसर अपने हाथ से खो दिया! अवसर था सुधार तेजी से किए जाते। हाय! बार-बार बताया गया कि बजट पर राजनीतिक दबाव हैं। लेफ्ट का असर है। गनीमत है कि लेफ्ट को आम आदमी का पैरोकार तो समझा जाता है।

यहीं कहीं में जयराम रमेश जी के उस वचन की बात करनी चाहिए कि जिन्हें बजट नापसंद हो वे कुत्ते-बिल्लियों का खाना खा सकते हैं क्योंकि उनके खाने से इंपोर्ट ड्यूटी कम कर दी गई है! बाद में उन्होंने कहा कि वे तो व्यंग्य में बोल रहे थे। कारपोरेट मित्र जी के अनुसार देश के लोगों की अक्ल इतनी मोटी है कि वे उनकी बारीक अंग्रेजी व्यंग्यशैली समझ नहीं सकते। अब अंग्रेजी के एक बड़े दैनिक के कार्टून का संरचनावादी पाठ करें। उसमें अमरीका अपने ईगल पर सवार होकर आकाश युद्ध करने आ रहा है। उधर चीन अपने ड्रेगन पर आ रहा है इधर चिदंबरम जी अलिफ लैला की कहानियों के जादुई कालीन रूपी बजट पर उड़ रहे नजर आते हैं। इस समूचे चित्र में भी आम आदमी नहीं है।

हे हिंदी पाठक! जरा विचारें!!

हिंदी मीडिया में 'आम आदमी' पद क्रिटीकल बनकर क्यों जिंदा रह गया है जबकि अंग्रेजी में वह रोमन लिपि में एक आफत की तरह ही लिखा नजर आता है?

4 मार्च, 2007

मीडिया और स्त्री

मीडिया में महिला-मुक्ति की रोल-मॉडल कौन-कौन महिलाएँ हो सकती हैं?

इस सवाल के जवाब में आप बरखा दत्त, सोनिया वर्मा, एफएम की सिमरन, राजेश्वरी बडोला, पूजा इत्यादि में से किसी को भी चुन सकते हैं। आपकी यह लिस्ट बहुत बड़ी हो सकती है। बहुत से नाम आ सकते हैं। ये नई करियर-स्त्री हैं।

पिछले दिनों से इलेक्ट्रॉनिक मीडिया में महिला पत्रकारों की संख्या आशातीत रूप से बढ़ी है। यह अकेला क्षेत्र है जिसमें स्त्रियों के लिए पर्याप्त जगह बनी है। इससे न केवल स्त्री का चेहरा-मोहरा बदला है, बल्कि उसके रोल भी बदले हैं। उसकी करियर की चाहना बढ़ी है और वह अपने करियर का क्षेत्र मीडिया को ही चुनना चाहती है। यह मामूली बात नहीं है। यह एक क्रांतिकारी बात है।

इसी महिला दिवस के अवसर पर एक अखबार ने एक सर्वे संस्था से मिलकर महिलाओं के बदलते रूप, उनकी कामना के बदलते संसार के बारे में जो सर्वे कराया वह आँख खोलने वाला है। इसमें तिरासी प्रतिशत महिलाएँ 'करियर' को वरीयता देना चाहती हैं, 'करियर वूमन' बनना चाहती हैं। उनके आदर्श किरन शॉ मजूमदार, इंदिरा नूयी और सोनिया गाँधी हैं। सानिया मिर्जा हैं। कल्पना चावला हैं। सुनीता विलियम्स हैं। सारी की सारी करियर से जानी जाती महिला हैं। उन्होंने अपने क्षेत्र में ऊँचाइयाँ छुई हैं। मीडिया करियर में भी उनके आदर्श ऐसे ही हैं जैसे ऊपर बताए हैं।

मीडिया कोर्सों में लड़कियाँ ज्यादा पढ़ने आ रही हैं। ऐसा ही एक पढ़ने वाली लड़की ने बताया जो मध्य प्रदेश के एक छोटे से शहर से दिल्ली मीडिया पढ़ने आई है कि वह बरखा दत्त की तरह पत्रकार बनना चाहती है। उसके पास शायद अभी उतनी ताकत नहीं है, उतनी सपोर्ट नहीं है, उसकी अंग्रेजी उतनी अच्छी नहीं है, इसलिए यदि वह वैसा न बन सकी तो आरजे सिमरन तो बनकर ही रहेगी बल्कि सिमरन से भी आगे के आइडियाज उसके पास हैं। आरजे बनना है। वह बनके रहेगी। वह दिल्ली कुछ बनने के लिए आई है।

जब उससे पूछा कि उसे मीडिया पढ़ने की क्यों सूझी, तो बताया कि वह

बचपन से ही मीडिया को देखती थी। घर में टीवी था और उसके माता-पिता भी चाहते थे कि वह आगे बढ़े। उस कस्बाई लड़की का आत्मविश्वास देखकर आप अचरज में पड़ सकते थे। वह मीडिया में करियर की तलाश करती उसकी तैयारी करती एक नई लड़की थी। मीडिया के विस्फोट से पहले ऐसी लड़की नहीं बन सकती थी।

वह एक मीडिया वर्कशॉप के दौरान यूँ ही बात करने लगी थी। वह बोली कि मीडिया को देखते, पढ़ते सर इतना तो समझ आ ही गया है कि आपको दब के नहीं रहना चाहिए। अपनी बात कहनी चाहिए। इतना आत्मविश्वास उसके साथ पढ़ते लड़कों में नहीं था, जितना कि उसमें लगा। मीडिया ने इस लड़की के दिल में करियर की आस जगा दी थी। विकासमूलक मीडिया की एक बड़ी भूमिका एक विकासात्मक समाज को बनाने के रास्ते आसान करना है, इसीलिए उसमें लिंग भेदक, जाति भेदक और धर्म विभेदक तत्त्वों को ज्यादा हवा नहीं दी जा सकती। टीवी तो स्वयं ही एक बड़ा 'समानक'/लेवलर है। एक समानक होते हुए भी वह छवि मूलक होने के कारण अस्मिता निर्माण करता है और अस्मिता को सक्रिय करता है। अस्मिता की सक्रियता के कारण ही उसमें बनने वाली स्त्री छवि एक नई ताकतवर छवि की तरह सामने आती है और उसे देखकर लड़कियाँ अपने रोल को डिफाइन करने लगती हैं। ये रोल अनंत होते हैं। करियर की कामना इसी तरह बनती है। अस्मिता इसी तरह समाज में आती है। टीवी को इसीलिए अस्मिता मित्र कहा गया है।

टीवी में स्त्री छवि का दूसरा पक्ष भी है। इसमें स्त्री छवि को पुरुष वर्चस्वकारी मूल्यों के जरिए बनाया जाता है। उपभोक्ता सामान के 'सेल्स वूमन' की तरह बनाया जाता है। उसकी छवि सेक्सी बनाई जाती है। यह नई मुक्त लगने वाली स्त्री कस्बे-कस्बे, गाँव-गाँव तक में बन चली है। हमारे सर्वे उनकी खबर नहीं लेते। खबर लें तो मीडिया और स्त्री के बीच बने संप्रेषण-संवाद के अनेक अनजाने पहलू उजागर होंगे। छोटे इलाकों में मीडिया ही अकेला ऐसा स्पेस बनता है, जो लड़की को एकांत देता है। उसकी कामना को विस्तार देता है और सक्रिय करता है।

'इंडियन आइडल' और तमाम दूसरे टेलेंट शोज में देखा गया है कि ज्यादातर कांटेस्ट करने वाले छोटे शहरों के बच्चे-बच्चियाँ होते हैं, इनमें लड़कियाँ ज्यादा होती हैं। सबसे बड़ी बात यह दिखती है कि अब लड़कियों के माता-पिता ऐसे शोज में उनके प्रोत्साहित करने के लिए सामने आते हैं। ऐसा बीस साल पहले नहीं था। इसका अर्थ यह नहीं है कि महिलाओं के करयिर का मतलब मीडिया-करियर है। आशय यह है कि मीडिया ने सूचना देकर, मनोरंजन देकर स्त्रियों के दमित संसार को मुक्त कर दिया है और वे अपने को नए अंदाज में बनाने लगी हैं। यह विकास का लक्षण है।

सास-बहू वाले सीरियलों के बाद स्त्रियों का हर वक्त उनकी तरह सजकर

रहना और उसकी तरह से जीना बताता है कि हर सीरियल अपनी तमाम सीमाओं के बावजूद कुछ ऐसे मूल्य दे जाता है, जिन्हें स्त्री ज्यादा ग्रहण करती है। यह भी एक माध्यम के रूप में टीवी के अस्मितामूलक मिजाज को बताता है। मीडिया क्रांति और महिला मुक्ति एक-दूसरे से जुड़ी है। इसका अर्थ यह नहीं है कि अपने यहाँ मीडिया क्रांति पूरी हो चुकी है और वह एकमात्र मुक्तिदाता है। वह एकमात्र मुक्तिदाता नहीं है। मगर उसके बिना महिला मुक्ति की बात उतनी ताकतवर नहीं बन पाती जितनी कि अपने यहाँ बनी है। इसके प्रमाण उन देशों से लिए जा सकते हैं, जहाँ मीडिया उतना व्यापक असर नहीं रखता है।

सच है कि अभी मीडिया में उपभोक्तामूलक छवियों का बोलबाला है, वहाँ वह 'सेल्स वूमन' है बल्कि कई जगह वही 'सेल' पर होती है। मगर इस सबके भीतर से भी एक नई दुर्दमनीय स्वतंत्र करियर वाली स्त्री की छवि बनती है, जो कि अपने पुराण साहित्य से लेकर आधुनिक साहित्य में, टीवी से पहले के मीडिया में नहीं मिलती। जनसंचार को समझने वाले इस बात से सहमत होंगे कि मीडिया का अस्मिता निर्माण एक जटिल प्रक्रिया है, वह दो-दूनी-चार की गति से नहीं होता। टीवी का द्वंद्वात्मकता 'डाइलॉजिक'/बहु संवादमूलक है। जाहिर है कि उपभोक्तामूलक मीडिया में बनती हुई स्त्री छवि एक अर्थ में 'शिकार' लग सकती है तो दूसरे स्तर पर वह घर में बंद स्त्री से अधिक वरेण्य और ताकतवर बनकर निकल सकती है। यही उसका 'डाइलॉजिक' होना है।

महिला दिवस आता है तो अपना मीडिया समाज में महिलाओं की जगह के बारे में बताता है वे कहाँ तक आगे आई हैं। कभी मीडिया में काम करने वाली स्त्रियों का आकलन भी होना चाहिए।

11 मार्च, 2007

फैशन टीवी से नाराजगी

फैशन टीवी ने फिर हद लाँघी। फैशन टीवी को इस बार सजा भुगतनी पड़ेगी। फैशन टीवी दो महीने तक अपना काला मुँह नहीं दिखा सकेगा लेकिन फिर जरा अपना चेहरा साफ करके क्रीम-पावडर लगाकर आ जाएगा। दो महीने बाद फैशन टीवी आएगा। आप ज्यादा विकल न हों क्योंकि इधर सूचना प्रसारण मंत्रालय उसे देख-देख आपकी खातिर आपसे ज्यादा विकल हुआ है। हम आप सब तो टीवी के मोह से ग्रस्त लोग ठहरे। भक्ष्य-अभक्ष्य नहीं देखते। दृश्य-कुदृश्य नहीं सोचते। सब एक भाव से देखते चले जाते हैं लेकिन ऊपर कोई तो है जो हम सबके लिए इतना सोचता है कि नैतिक अधोपतन से हमारी रक्षा करता है।

जब ऊपर वाले ने देखा कि फैशन टीवी मर्यादा से बाहर सारे कपड़े उतार कर चलने लगा है तो कुछ तो करना ही था। मंत्रालय आखिर है किसलिए?

फैशन टीवी भी क्या करे? उसकी आदत ही है कि साल दो साल में वह एकाध 'कपड़ा उतार' कार्यक्रम कर ही डालता है। उसकी टीआरपी बढ़ जाती है। मंत्रालय चिंता करने लगता है। प्रतिबंध आने लगता है। प्रतिबंध को निमंत्रण देना भी इन दिनों एक मार्केटिंग रणनीति है।

पिछली बार जब एनडीए की सरकार थी तब भी ऐसा ही कुछ वो दिखा बैठा था। देखने मात्र से देश का चरित्र खतरे में आने लगा था। मंत्रालय नाराज हुआ। फिर एक कमेटी हुई। कमेटी ने उसे देखा-परखा और सचमुच पाया कि बहुत कुछ ऐसा है जो 'अश्लील' की कोटि में आता है। क्यों न फैशन टीवी को जरा 'ठीक' किया जाए।

एनडीए सरकार के मंत्रालय ने फैशन टीवी वालों को बुलाया और फटकार लगाई कि ऐसा-वैसा न दिखाया करें। फैशन टीवी की समझ में आ गया है कि ऐसा-वैसा दिखाएँगे तो 'कैसा' भी नहीं दिखा पाएँगे। अपना मार्केट और जाएगा सो माफीनामा देकर छूटे। लेकिन कुछ साल बाद फिर बैतलवा नग्न डाल पर नाच करने लगा। कोई बात हुई भला? तो भी पिछला मंत्रालय नरम निकला लेकिन ये मंत्रालय जरा

गरम है। उस तरह की कथित उदारता नहीं बरत सकता जिस तरह की उदारता कमेटी के कहे पर एनडीए के मंत्रालय ने बरती थी। यूपीए में प्रगतिशीलता की मात्रा ज्यादा होनी चाहिए। है तो दिखनी चाहिए।

तो चेतावनी देकर माफीनामा लेकर छोड़ने की जगह एक्शन कर दिया। 'हेबिचुअल ऑफेंडर' का क्या करते? दो महीने की पाबंदी लगा दी। अब दो महीने तक डिजाइनरों को वह देखने को नहीं मिलेगा। गाँधीनगर के दर्जियों को वह नहीं मिलेगा। वे नए डिजाइन, नए सीजन के लिए नहीं बनाएँगे। हर दो महीने में फैशन बदलने के इस युग में कुछ ठहराव आ जाएगा। गाँधी नगर थोड़ा उदास होगा। रात को देर तक ऐसे-वैसे शो देखने के आदी लोग भी जल्दी सो जाया करेंगे। यह उनके स्वास्थ्य के लिए अच्छा रहेगा।

यूपीए के इसी सूचना प्रसारण मंत्रालय ने कुछ पहले, शायद जनवरी में एक्शन टीवी चैनल पर भी दो महीने का प्रतिबंध लगा दिया था। उसमें एक विज्ञापन संबंधी कार्यक्रम में इतना ज्यादा ऐसा-वैसा देखा गया था कि उसे बंद करने के अलावा कोई चारा नहीं बचा था। उसने अनुनय-विनय भी की थी लेकिन मंत्रालय चूँकि अपने काम में इतिहास में पहली बार गंभीर हो रहा है। नैतिकता को लेकर, तो बेहद गंभीर है। इसलिए उसे सजा भुगतनी पड़ी। दो महीने के प्रतिबंध के बाद अब वह फिर हाजिर है।

उक्त प्रसंग का निचोड़ यही है कि अब हर चैनल दो महीने के प्रतिबंध के लिए मन ही मन तैयार होने लगा है। मीडिया में डर-सा बैठ गया है। कब मंत्रालय किस बात पर नाराज हो जाए? उसे क्या आपत्तिजनक लग जाए और दो महीने के लिए उसकी सीलिंग हो जाए!

इतने चैनल हैं। क्या-क्या देखे मंत्रालय? उसे अभी तक वह विज्ञापन नहीं दिखा है जिसमें एक मिनी स्कर्टी लड़की धोबिन बनकर एक कच्छा छाप लड़के के गुप्तांग-निहारती है और उससे धोने के लिए कपड़े माँगती है! लेकिन विज्ञापन तो सिर्फ कच्छा बनियान है! उसमें फूहड़ क्या?

उस विज्ञापन का क्या करेंगे जिसमें एक लड़की एक कैमरा मोबाइल के जरिए 'तू नहीं और सही' वाला सीन देती है। कुछ भी करती रहती है। यों वह भी है जिसमें बिकनी में नहाकर आने वाली लड़की सूटेड नौजवान से कहती है 'आयम हॉट' वो उसे कोट पहना कर 'ठंडा' करता है और भइए उस थम्स अप वाले विज्ञापन का क्या करोगे जिसमें नंगत्व नहीं है मगर एक कोला की बोतल के लिए एक नौजवान रात को कोई पाँच-सात मकानों-दुकानों को बंदर की तरह लाँघता हुआ सड़क पर खड़ा होकर चलती गाड़ी से थम्स अप चुराकर पीने लगता है। यह विज्ञापन जान की बाजी लगाकर चोर-कला सिखा कर 'अनैतिक' बनाता है। बच्चों को ऐसा करने के लिए 'प्रेरणा देता' है।

मगर अकेला मंत्रालय क्या-क्या देखे? आँखें दो हैं चैनल दो सौ हैं। उन धार्मिक तत्त्व वाले चैनलों में भी अब ऐसा-वैसा आ जाता है। क्या करें? ये ऐसा-वैसा कहीं भी, कभी भी आता रहता है। उस दिन एक परम धार्मिक प्रवचन आने से पहले एक लड़की अंग्रेजी की महिमा बताकर अपने जीवन को धन्य मान ले रही थी। यह हिंदी भाषा के प्रति उसका परम अपराध-सा लग रहा था। फिर उस पर कमर पतली करने का सामान बिकने लगा, मसाज के सीन आने लगे और पता नहीं क्या-क्या दिखने लगा। हमें तो अपनी धार्मिक आँखें बंद करनी पड़ीं। मंत्रालय ने उसमें क्या देखा, क्या समझा—हमें नहीं मालूम। धार्मिक तत्त्व के चैनलों को भी विज्ञापनों की जरूरत होने लगी है। धर्म बाजार पर चलता है। तब इस मिलन को किस तरह से बिछोह में बदला जाए? बड़ा ही जटिल प्रश्न है। ब्रोडकास्टिंग रेगूलेटरी अथॉरिटी बिल इस संसद सत्र में करा लेते तो सरदर्द कम हो जाता। लेकिन बिल कानून बन जाता तो मंत्रालय को नैतिक दारोगा का पद कैसे मिलता?

जनता की नैतिकता की हिफाजत के लिए मंत्रालय को अभिव्यक्ति की आजादी को कम करने का आरोप तक सहना पड़ रहा है। इस जनता की खातिर क्या-क्या नहीं सहना पड़ता?

1 अप्रैल, 2007

पंच परमेश्वर की भूमिका

यूपी के चुनाव के समय भाजपा ने सांप्रदायिक संदेशों से भरी एक सीडी रिलीज की। सारे मीडिया ने भाजपा के सीडी कांड को आड़े हाथों लिया। चुनाव आयोग ने इसका संज्ञान लिया। भाजपा को तुरंत इसे वापस लेना पड़ा। इससे मीडिया और राजनीति के एक नए रोल का पता लगता है। 'पंच परमेश्वर' का रोल! वह जनता की अदालत और पंचायत बन जाता है।

राजनीति और मीडिया का अपने यहाँ चोली-दामन का साथ रहा है। हर परिवर्तनशील राजनीतिक प्रक्रिया और चुनाव मीडिया के बूम का वक्त होता है। राजनीतिक सरगर्मी का मीडिया दबाव बढ़ता है। प्रतिक्रिया में मीडिया एक नई सूचना-राजनीति पैदा करके राजनीति को उसके चालू संरचनामूलक दलीय गणित से बाहर करके जनता रूपी 'थर्ड पार्टी' को 'फर्स्ट पार्टी' और निर्णायक बना डालता है। यही से 'पॉपुलिस्ट' राजनीति शुरू होती है। पॉपुलर नारों से लेकर फिल्मी सितारों, गानों, पैरोडियों तक का मिक्स होता है। हमारा मीडिया राजनीति-निर्भर मीडिया रहा है। आजादी से पहले भी उसका मुहावरा राजनीतिक था। आजादी के बाद भी वही रहा। आज भी वही है। इस मायने में हमारा मीडिया अमरीकी मीडिया के मिजाज के ज्यादा नजदीक लगता है। अमरीकी मीडिया का मुख्य मुहावरा राजनीतिक घटनाओं और बड़े नेताओं के इर्द-गिर्द बनता है। अपने यहाँ तो यह निरपवाद होता ही है। अमरीकी मीडिया की तरह चूँकि हमारे मीडिया का दैनिक मुहावरा राजनीति को प्राथमिकता देना है इसलिए चुनाव की दहनभट्ठी में मीडिया भी अपनी चाल, चेहरा, चरित्र बदलता जाता है। यह बात मीडिया के कारपोरेटीकरण के दौर में और भी सच नजर आती है।

कारपोरेटित मीडिया से हमारा आशय उस बड़े मीडिया से है जो अपने को शेयर मार्केट में लाता है जिसमें ग्लोबल बनने की कामना है। कुछ तो बन ही गए हैं जो एफडीआई के साथ तालमेल बैठाते हैं और तकनीकी नजर से अव्वल नजर आते हैं। इनकी रीच बहुत है। प्रभाव बहुत है। देश का जनमत ये प्रायः प्रतिबिंबित

और निर्मित करते हैं। इस क्रम में चुनाव पूर्व सर्वेक्षण-विश्लेषण ने राजनीति को एक पॉपुलर आइटम बना दिया है जिसमें बहुत बड़ी जनता की संलग्नता होती है और इस तरह राजनीति निचले तबकों तक पहुँच जाती है। अपने मीडिया के नित्य राजनीतिक मुहावरे का एक नतीजा यह हुआ है कि राजनीति सत्ता मूलक विमर्श का बुनियादी अंग बन चली है। मीडिया ने खास कर टीवी ने राजनीतिक मुहावरे को जिस तरह से बनाया है उसमें भले गरीब जनता ज्यादा नहीं आती और मध्यवर्ग ही ज्यादा छाया रहता है तो भी पिछले पाँच-दस साल में कम से कम दो-तीन जनतांत्रिक मूल्य नीचे तक पनप गए हैं और जनता मीडिया को राजनीति का अपना 'पंच परमेश्वर' मानने लगी है। भ्रष्टाचार का विरोध मूल्य बन चला है। सामाजिक न्याय और मानवाधिकार बड़ा मूल्य बना है। स्त्री हितों के प्रति संवेदनशीलता और दलितों के हितों के प्रति सजगता भी एक मूल्य संजाल बना है। जो न्याय और अन्याय की परंपरागत अवधारणाओं को प्रभावित करते हैं।

यदि आज भारतीय जनतंत्र में कई परस्पर विरोधी विचारधाराएँ एक दूसरे को काटती, बनाती, विचलित करती और मिलती-जुलती नजर आती हैं तो इसका एक बुनियादी कारण वह निचले तबकों का निरंतर चल-विचल, निज-हित-सचेत, नया जनक्षेत्र है जिसका निर्माण मीडिया ने किया है। मीडिया ने पंच परमेश्वर की नई भूमिका में राज्य सत्ता और जनता के बीच जो संवाद कायम किया है वह अतिसीमित होते हुए भी क्रिटीकल संवाद है और जनता में सूचना-सबलीकरण का भाव पैदा करता है। अन्याय को बताने-दिखाने की भावना और उपेक्षित मसलों पर आंदोलन करने की सीख देता है। मीडिया जनता के हितों की ओर से नियुक्त एक चौकीदार की तरह काम करता नजर आता है। मीडिया ने इस उदारीकरण के दौर में ही अपना कारपोरेटीकरण किया है।

कारपोरेटित मीडिया विज्ञापनों पर निर्भर मीडिया है। वह कारपोरेटों के लिए बाजार को बनाने-बढ़ाने वाला, सूचना को पण्य की तरह खरीदने-बेचने वाला बन चला है। लेकिन इस क्रिया व्यापार को वह तब तक सफलता से पूरा नहीं कर सकता जब तक कि समाज उदार न बने, सहनशील न बने और विविध विचारों को सुनने, दी हुई च्वॉयस का उपयोग करने का आदी न बने। पण्यीकरण/कमोडीफिकेशन की प्रक्रिया में मीडिया 'चयन करने की बहुलता' को जन्म देता है जिसमें कट्टरताओं को जगह नहीं होती। उदारता नए मीडिया का अपना मुहावरा है। इस मामले में एफएम रेडियो चैनलों के रोल को भी देखा जा सकता है जिन्होंने शहर दर शहर नए युवा जनक्षेत्र को इसी चयन बहुलता के बीच लाने की कोशिश की है और कट्टरतावादी जीर्णताओं से जरा मुक्त किया है। एफएम रेडियो श्रृंखलाओं ने नई युवा संस्कृति को बनाया है। मनोरंजन को बनाया है। मनोरंजन उदारता का निर्माण करता है।

टीवी-वीडियो से आगे हम इंटरनेट और ब्लॉग के जनतंत्र और राजनीति के संबंध को देखें-परखें तो और भी दिलचस्प बातें मिल सकती हैं। इंटरनेट ने राजनीति को एक ही साथ ग्लोबल और लोकल बना दिया है। अनंत ब्लॉग साइटें कई बार ऐसी खबरें देती हैं, ऐसे विचार देती हैं जो मेनस्ट्रीम मीडिया को भी तंग करते हैं। यहीं नागरिक पत्रकारिता का जन्म हुआ है। यह नए युग की पत्रकारिता है जिसमें हर नागरिक एक पत्रकार की तरह सूचनादाता, निर्माता की तरह काम करता है, स्वयं सेवा करता है और सूचना को विमर्श में बदलता है।

यदि आज भारत की राजनीति हितवादी है तो उसका एक बड़ा कारण मीडिया द्वारा 'पॉपुलर' राजनीति का निर्माण है। यदि चुनाव एक बड़ा तमाशा बनते हैं, राजनीति मनोरंजक मुहावरे में बनती है तो इसका कारण समकालीन राजनीति का मीडिया के स्वभाव के साथ 'सिंक' में होना है। मीडिया ने राजनीति बदली है, अपना कारपोरेटीकरण करते हुए राजनीति का गैर-कारपोरेटीकरण किया है। किसी एक दल की इजारेदारी नहीं रहने दी है। दुर्दमनीय नेता और दल उसकी मार के आगे दुम दबाते नजर आते हैं। भाजपा को सीडी वापस लेनी पड़ी और अभी अदालत के आगे तमाम जबावदेही करनी है। नए जमाने का पंच परमेश्वर अतिवाद के विरुद्ध यही मूल्यवान काम कर सकता है।

8 अप्रैल, 2007

किस, एड्स और चैनल्स

हुआ मगर जरा देर से। एक सज्जन की भावना आहत हो ही गई। वे जगे। कोई बात नहीं कि जरा देर से जगे और अदालत का दरवाजा खटखटा डाला। निचली अदालत ने उनकी फरियाद सुनी। रिचर्ड गेर को गैर जमानती वारंट का आदेश दिया और शिल्पा को एक तिथि को अदालत में हाजिर होने का ओदश दिया।

यह किस्सा और उसका संदर्भ कम से कम दस दिन पुराना हो चुका है। सारा देश मीडिया की 'सीध-प्रसारण लीला-कम एसएमएस-वोट, लीला' के सौजन्य से जानता है कि शिल्पा ने गेर के साथ जो 'एड्स विरोधी जागरण अभियान' किया उसमें 'किस' का 'सीन' एक 'किस विरोधी' जन की भावनाओं को आहत कर गया। उनके अनुसार उन जैसे कइयों की भावनाएँ आहत हुई हैं। यह सीन बार-बार कई चैनलों पर चौबीस घंटे प्रसारित किया गया। चैनलों ने आदत के मुताबिक एसएमएस वोट भी माँगे। एक नैतिक फैसले के लिए जगह बनाई। 'जनता' से राय माँगी। एसएमएस जनता के नाम पर एक 'राय' को पक्का भी किया। इस तरह से एक भूमिका बनी। एक वकील साहब ने अदालत में याचिका दी। अदालत ने प्रथम दृष्टया माना कि इस तरह के सीनों से देश की जनता का चाल-चलन भ्रष्ट होने का खतरा है। अतः गेर और शिल्पा को जवाबदेही के लिए बुलाया जाए।

बहरहाल, कानून अपना काम करेगा। लेकिन इस मामले में प्रथम दृष्टया एक बात खटकती है कि इस बार अपराधियों की प्रथम कोटि में किसी चैनल का नाम नहीं है जबकि इस तरह के समाचार को चैनलों ने ही बार-बार प्रसारित किया और शायद उसी से सीडी बनाकर प्रमाण के तौर पर पेश किया गया होगा। मीडिया इस अपराध से कैसे मुक्त हुआ यह साफ नजर नहीं आता जबकि एक 'अपराध' यदि गेर शिल्पा का रहा तो उससे कम चैनलों का नहीं रहा और ऐसे मामलों में प्रायः उस मीडिया को भी एक पार्टी बनाया जाता है जिस पर यह सब हुआ होता है और जो मीडियम बना होता है। तर्क यह होता है कि यदि वह नहीं दिखाता तो इसका असर उतना 'खतरनाक' नहीं होता जितना कि हो सकता है। ऐसे हर मामले में

हर बार एक ही बात प्रमाणित होती है कि हमारे मीडिया और उसकी जनता के बीच जो रिश्ता बना है वह सूचनामूलक या तर्कमूलक न होकर मूलतः सांस्कृतिक-नैतिक है। मीडिया जनता को प्रायः सांस्कृतिक नैतिक मुहावरे में ही संबोधित करता है। तथ्य और तर्क के मुहावरे में या कहें कि 'ज्ञान के निर्माण' के मुहावरे में संबोधित नहीं करता।

इसका सबसे ताजा उदाहरण यही 'गेर-शिल्पा-किस कांड' है। एड्स विरोधी जागरूकता फैलाने वाले किसी भी कार्यक्रम में यह बार-बार बताया जाता है कि एचआईवी और एड्स के संक्रमण के बाबत सही जानकारी ही एड्स से बचाव का सही उपाय है। बहुत से एनजीओ, बहुत से प्रचार संगठन और नाट्य मंडलियाँ ऐसे कार्यक्रम करती रहती हैं जिनमें बताया जाता है कि हाथ से छूने से, 'किस' करने से एड्स नहीं होता। यौन-संक्रमण और रक्त संक्रमण इसका सबसे बड़ा वाहक होता है। इसीलिए कंडोम के उपयोग को बताने वाले विज्ञापन आते हैं। ऐसे विज्ञापनों में यही बताया जाता है कि यौन-संबंध बनाने के दौरान कंडोम का उपयोग आपको संक्रमण से बचा सकता है। ऐसे भी कई विज्ञापन आते रहे हैं जिनका जोर 'सेक्स-सुख' पर ज्यादा रहा है कि कंडोम से सेक्स-सुख में कोई बाधा नहीं होती इत्यादि इत्यादि। ऐसे सारे विज्ञापन मर्द-समाज को संबोधित होते हैं और कंडोम को स्वास्थ्य रक्षक से ज्यादा मस्ती का पर्याय बना डालते हैं। ऐसे किसी भी विज्ञापन के विरोध में इस कारण से कोई याचिका किसी ने डाली है, ऐसा नहीं सुना गया। कारण कि ऐसे विज्ञापन मीडिया के उस मर्दवादी बोध को कंडोम के साथ मस्ती का पैकेज देते हैं!

ऐसे विज्ञापन भी आते रहे हैं जिनमें कई जानी-मानी हस्तियाँ दर्शकों को बताती रही हैं कि एड्स के संक्रमण के तरीके ये-यें हैं और किस तरह उनसे बचा जा सकता है और वह 'किस' करने से नहीं होता! मीडिया ने 'किस' के सीन को इस 'किस तरह' के संदर्भ से हटाकर अपने प्रसारणों के सांस्कृतिक नैतिक मुहावरे से कुछ इस तरह का बना डाला कि लोग शिल्पा के गालों पर 'किस' करते, गोरे 'गेर' को बार-बार देखें। उसकी बाँहों में लरजती गिरती शिल्पा को देखें और प्रतिक्रिया करें। यह भारतीय टीवी के मर्दवादी दर्शक समाज को हस्तक्षेप के लिए ललकारने की तरह रहा। प्रतिक्रिया तो होनी ही थी। वह कई नगरों में तुरत छोटे-छोटे समूहों के 'शिल्पा मुर्दाबाद' के नारे लगाने और शिल्पा-गेर का पुतला जलाने के रूप में दिखी जिसे टीवी चैनलों ने प्रचुर समय देकर दिखाया भी। इसने भी प्रतिक्रिया उत्प्रेरक का काम किया होगा। ट्रक ड्राइवरों के लिए बुलाई जन सभा में हो रहे कार्यक्रम में यह 'किस का सीन' यह बताने वाला भी हो सकता है कि 'किस' से संक्रमण नहीं होता! गेर-शिल्पा को संदेह का इतना लाभ मीडिया ने मुहैया नहीं किया। इस बात की शिकायत शिल्पा

ने अपने जवाबी प्रेस कान्फ्रेंस में की थी कि मीडिया उनके एड्स जागरूकता अभियान कार्यक्रम की बातों पर जोर देने की जगह सिर्फ इस सीन को तूल दे रहा है।

- सांस्कृतिक-नैतिक मुहावरे के अलावा मीडिया ने इन दिनों सीधी तात्कालिक प्रतिक्रिया को पैदा करना भी एक 'मीडिया कला' की तरह विकसित किया है। इसे टैब्लॉयडीकरण कहा जाता है जो खबर के तथ्य-तर्क की जगह सांस्कृतिक-सनसनी में बदलने की कला कही जाती है। अपनी खबर या किसी भी खबर पर तात्कालिक प्रतिक्रिया पैदा कर दर्शक को टीआरपी में बदलकर तुरत उसे कारपोरेट के विज्ञापन के हाथों बेचने का काम मीडिया दिन-रात करता रहता है। इसे 'मार्केट द्वारा मीडिया की परिभाषा' उतना नहीं कहा जा सकता जितना कि इसे 'मीडिया द्वारा स्वयं को मार्केट-भक्ति' में परिभाषित करने वाला कहा जा सकता है। इस तरह वह अपने नितांत अनुकूलन में अपने मीडिया कर्म की परिभाषा का ही खात्मा कर रहा है। ऐसा तो विकसित देशों के मीडिया तक में नहीं दिखता जो स्वयं मार्केट में संचालित है। आखिर मार्केट भी एक अंध उपभोक्ता से ज्यादा एक जागरूक उपभोक्ता ही पसंद होता है।

अदालत का काम अदालत करेगी। इस बीच मीडिया को अपने इस तात्कालिकतावादी सांस्कृतिक नैतिक मुहावरों की समीक्षा तो करनी चाहिए कि क्या यह मुहावरा विकासमूलक जनतांत्रिक एजेंडे के ही विरोध में तो नहीं रहा जिससे ताकत पाकर समूह या सत्ताओं के सेंसरशिप अपनी मनमानी करते रहें। मीडिया की अपनी आजादी की ही हानि होने लगे। मीडिया की एक बड़ी जिम्मेदारी अभी दर्शक के प्रति यह भी है कि वह आम दर्शक के प्रोफाइल को उसी तरह का भावुक बनाता रहे जिसकी भावना बात-बात पर घायल बताई जाती है या कि वह अपने दर्शक को एक वयस्क प्रोफाइल भी दे?

29 अप्रैल, 2007

एक 'शो' : उम्र पचास

लैरी किंग शो के पचास साल होने पर अमेरिकी चैनल सीएनएन ने दो घंटे का एक कार्यक्रम दिया, जिसमें मेहमान स्वयं लैरी किंग रहे और उनकी सीट पर बैठ बात करने वाली पत्रकार केटी कोरिक रहीं। लैरी किंग का शो पचास साल चला और अब भी जारी है। इस लंबे दौर में लैरी ने किस-किस बड़े आदमी, बड़ी सेलेब्रिटी को अपना मेहमान नहीं बनाया? जो लिस्ट दिखाई वह हूज की तरह नजर आती रही। क्लासिकल फ्रेंक सिनात्रा, मर्लेन ब्रेंडो से लेकर जोडी फोस्टर, शैरोन स्टोन तक, राजनीति में अल गोर से लेकर नेल्सन मंडेला और थेचर तक। अल गोर ने ही एक सुबह कहा कि मैं आना चाहता हूँ और डिबेट करना चाहता हूँ। बाद में अल गोर ने उन्हें कहा कि मैं तुम्हारा अहसानमंद हूँ।

दो-तीन पीढ़ी और पचास साल की लंबी, लगातार की उथल-पुथल, उनके नायकों-खलनायकों के वे गवाह रहे हैं। इस अस्सी के आस-पास की पकी उम्र तक में उन्हें हर बात ठीक-ठीक याद है। उनकी एक हँसी सामने वाले को हल्का करने वाली हँसी है। उनकी आवाज उसी तरह की 'बैरीटोन' है, जिसमें घनगरज है और गहराई है। बातचीत करने वाले का सहज अधिकार-भाव है। इस उम्र में भी आवाज लरजी नहीं है। उनके मुकाबले ओप्रा विन फ्रे का शो अभी कम उम्र का है। शो की बदौलत, शो में अपनी दक्षता की बदौलत वे इसी तरह प्रख्यात हैं जिस तरह लारी हैं। पिछले दिनों उन्हें दुनिया की सबसे ताकतवर दस औरतों में गिना गया। जिस किताब की चर्चा वे कर देती हैं वह देखते-देखते हिट हो जाती है! पश्चिमी चैनलों में ऐसे कई शोमैन हैं जो इसी तरह से प्रख्यात हैं और बेहद सतत काम करने वाले नजर आते हैं। बीबीसी में भी ऐसे कई चेहरे हैं जो पकी उम्र के नजर आते हैं और उनके शो खबर पैदा करने वाले रहे हैं।

अपने यहाँ के शो देने वाले इस सौभाग्य के हिस्सेदार अभी होने हैं। उन्हें अभी बहुत वक्त लगना है और यह भी संभव है कि उन्हें ज्यादा दुश्वारियाँ झेलनी पड़ें।

एक तो अपने यहाँ के चैनलों की उम्र अभी पंद्रह-सत्रह साल ही है। इतने कम समय में भी समकालीन चैनल परिदृश्य में प्रणय राय, राजदीप, बरखा, सागरिका घोष, राजीव मल्होत्रा, करन जौहर, करन थापर, शेखर गुप्ता, विक्रम चंद्रा, रजत शर्मा, विनोद दुआ, दिबांग, आशुतोष, राहुलदेव, पुण्य प्रसून न्यूज-चर्चा-शो एंकर के रूप जाने और माने जाते हैं। सिमी 'रेंदेवू' में जमीं तो नलिनी सिंह भी अपने कार्यक्रम लेकर दिनों तक जमी रहीं। ऐसे कई और नाम हो सकते हैं जो अलग-अलग दौर में खूब जमे हैं। कुछ पुरानी बात करें तो दूरदर्शन के जमाने की 'फूल खिले हैं गुलशन-गुलशन' वाली तबस्सुम को याद किया जा सकता है। जिस वक्त उन्होंने अपने शो दिए उस समय न तो टीआरपी के खेल थे न एसएमएस के लिए लोग मरे जाते थे। प्रस्तुतकर्ता प्रायः पीछे रहता था। वह सेलेब्रिटी नहीं बना फिरता था। अखबारों में उस पर फोटो फीचर नहीं आया करते थे। कहने की जरूरत नहीं कि 'फूल खिले हैं गुलशन-गुलशन' जैसा कार्यक्रम तो आज तक नहीं आया। कमलेश्वर कुछ समय के लिए शो देने आए।

उपग्रह प्रसारण के नए दौर में अपने चैनलों में बहुत जल्द विविध रुचि के कार्यक्रमों की जरूरत हुई और देखते-देखते मनोरंजक कार्यक्रमों के एंकर या कहें वीडियो जॉकी आ गए। पहले एमटीवी वी-चैनल में आए निखिल चिनप्पा, मलाइका, साइरस भडूचा, फिजा खान मशहूर रहे। बाद में हिंदी में अंताक्षरी कराने वाले अन्नू कपूर और फिर सचिन सामने आए और जमे रहे। आप पिछले बीस-तीस साल का इतिहास उठाइए तो आपको और कई नाम मिलेंगे। रेडियो के सबसे बड़े गीत-संगीत कार्यक्रमो के प्रस्तुत करने वाले आवाज और प्रस्तुतिशैली के धनी अमीन सायानी का नाम रह-रहकर याद आता है। बिनाका और सिबाका गीतामाला दशकों तक उन्होंने अकेले दम चलाई। वे कभी बासी नहीं हुए। उनके कार्यक्रम का महत्त्व हमारे मित्र, बीबीसी के पत्रकार और नाटककार परवेज के एक नाटक के उस प्रसंग से आंका जा सकता है जिसमें अलीगढ़ का दंगा सिर्फ इस बात के लिए थम जाता है कि लोगों को अमीर सायानी की गीतमाला को सुनना है! मुहल्ले में एक ही रेडियो है जो एक मामूली से मुसलमान के ढाबे में है। मुहल्ले के हिंदू-मुसलमान लोग अपने-अपने.... छोड़कर अमीन सायानी का 'गीतामाला' कार्यक्रम यहाँ हर सप्ताह सुनने आते हैं! संग-संग बैठने, सुनने-सुनाने की आदत है भई! इसमें दंगा क्या करेगा?

यह कोई मामूली बात नहीं है कि इस कार्यक्रम को सुनने के लिए लोग अलग से समय निकाला करते थे। यह यश किसी दूसरे को अब तक नहीं मिला है। तब रेडियो कम थे और सुनने वाले ज्यादा। अब रेडियो ज्यादा हैं सुनने वाले भी हैं मगर नितिन, सिमरन प्रताप रिचा टाइप के दो-चार नए नाम सुनाई पड़ते हैं। वे भी टिकाऊ नहीं दिखते। हिलते रहते हैं। इनकी उम्र ज्यादा लंबी नहीं होती। पश्चिमी चैनलों में लंबी उम्र तक एक आदमी काम करता है। अपने यहाँ बालों की थोड़ी सफेदी

टीवी तक के चिर युवा संसार में फिट नहीं मानी जाती जबकि वही कार्यक्रम को वयस्कता, प्रौढ़ता और टिकाऊपन देती है। अपने यहाँ युवा क्षणभंगुरता भी ज्यादा है।

जिन समाजों में बाजार का दखल बहुत-बहुत है वहाँ एंकरों की ऐसी क्षणभंगुरता नहीं हैं। अपने यहाँ बाजार अभी थोड़ा-थोड़ा आया है लेकिन एक भी लंबी पारी खेलनेवाला, एक भी टिकाऊ एंकर नहीं बन पाते हैं या कहें कि एक जगह एक चैनल में लंबे अरसे तक बनने नहीं दिए जाते। यहाँ अभी चैनल ही टिकाऊ नहीं नजर आते। उनकी चाल, चेहरा चरित्र बदलता रहता है। यहाँ अनंत दबावों-तनावों और स्पर्धाओं के बीच काम करना होता है।

इस सबके बावजूद इनमें बहुत दम है। न्यूज और व्यूज शो की प्रस्तुति की अपनी समस्याएँ हैं। अपने चैनलों के ऐसे 'शोज' और उनके एंकरों के बारे में चर्चाएँ होनी चाहिए। उनकी कला के बारे में विचार होना चाहिए। अपने यहाँ किस किस ढंग की 'प्रस्तुति शैलियाँ' बन रही हैं उनकी पहचान होनी चाहिए। जब पचास साल नसीब न हों तो पाँच साल का आकलन भी महत्त्वपूर्ण है।

6 मई, 2007

प्रिंट के पाठक का प्रोफाइल

क्या भारत में प्रिंट मीडिया में कल तक जारी रहा 'बूम' अब 'बस्ट' हो रहा है? 'बढ़त' गिरावट में बदल रही है? पश्चिमी अंग्रेजी मीडिया अपने गिरने का रोना पहले से ही रो रहा है और इंटरनेट पत्रकारिता को अपना स्पर्धी मानकर चलता है। लगभग यही बात एक पाठकता-सर्वे ने अपने यहाँ खोज निकाली है। सर्वे ने कहा है कि प्रिंट मीडिया में पाठक घटते जा रहे हैं। फिलहाल आँकड़ा कोई साढ़े चार प्रतिशत गिरावट का संकेत दे रहा है। 2006 में आए 2005 के सर्वे प्रिंट में बीस फीसद तक की बढ़त बताते नजर आते थे।

अचानक चार साढ़े चार फीसद की घटत बताने वाला सर्वे यह भी कह रहा है कि भारत में टीवी और इंटरनेट ने बड़ी जगह बना ली है। लोग अखबार इंटरनेट पर पढ़ते हैं। प्रिंट में अब रुचि घट रही है। लगभग यही बातें, यही तर्क पश्चिमी मीडिया पर लागू किए जाते रहे हैं जहाँ इंटरनेट की उपलब्धता अस्सी फीसद से ज्यादा है जबकि भारत में अभी वह दो फीसद से ज्यादा नजर नहीं आती। टीवी की तत्वतः सत्तर फीसद 'पहुँच' कही जाने के बावजूद बिजली के अभाव में इसकी आधे तक ही पहुँच है। इस तरह सर्वे ने जो आँकड़ा लगाया है वह कल्पित नजर आता है। विकसित देशों में प्रिंट के अचानक बढ़ने से रुकने की यह घटना पहली बार नहीं हो रही। जब-जब तकनीक बदली है तकनीक आधारित मीडिया का सूचना लेने-देने का तरीका बदला है, तब-तब परंपरागत मीडियम को झटके लगे हैं, लेकिन इतिहास बताता है कि वह फिर सँभल गया है। उसने नई तकनीक के साथ अपनी दोस्ती कायम की है और वह फिर से जी उठा है।

प्रिंट की सबसे ज्यादा बढ़त इस वक्त चीन में और भारत में देखी जा रही है। यह तथ्य एक विश्व प्रेस संस्था ने अभी जारी किया है। इसके कारण हैं। चीन और भारत दोनों ही तेजी से विकास की होड़ वाले समाज बन रहे हैं। सूचना और ज्ञान की भूख बढ़ रही है। मीडिया बढ़ रहा है। मीडिया में टीवी बढ़ रहा है, इंटरनेट बढ़ रहा है। मगर अखबार ज्यादा तेजी से बढ़ रहे हैं। इस वक्त भारत में छह हजार

से ज्यादा अखबार निकलते हैं। यह शायद दुनिया का सबसे बड़ा आँकड़ा है। अगर घटत का अंदेशा होता तो यह आँकड़ा न होता।

पाठक उन दिनों की याद कर सकते हैं जब हमारे यहाँ टीवी आया ही आया था और देशभर में कुछ समय दिखाई पड़ता था। तब यह डर फैला था कि टीवी का होना प्रिंट के लिए खतरे की घंटी है। अखबार बंद हो जाएँगे। टीवी पर खबर देख कर कौन अखबार पढ़ना चाहेगा? रेडियो भी बेकार हो जाएगा। नाटक खत्म हो जाएगा। लेकिन हुआ उल्टा ही। टीवी के सौ से ज्यादा चैनल हैं लेकिन अखबार भी बढ़े हैं और रेडियो ने दूसरी पारी की दमदार शुरुआत एफएम के रूप में की है। एफएम रेडियो है और उनमें खबरों की जरूरत लगातार बढ़ रही है। ये अलग बात है कि निजी रेडियो चैनलों को सरकार ऐसा अभी नहीं करने दे रही।

सर्वे के जरिए एक बार फिर ऐसा ही डर पैदा करने की कोशिश की जा रही है। इस बार इंटरनेट से खतरा बताया जा रहा है। कहा जा रहा है कि आदमी के पास खास कर नई पीढ़ी के पास समय नहीं हैं। न रुचि है कि वह अखबार लेकर पढ़े। वह तो अपनी खबर इंटरनेट से लेता है या कुछ टीवी में देख लेता है या रेडियो से सुन लेता है। रही कसर मोबाइल पूरी करता है जिसमें विभिन्न किस्म की सूचनाएँ संक्षेप में आती रहती हैं। मोबाइल एक प्रकार का 'मल्टीमीडिया रिसेप्शन मीडियम' बन गया है। ये बातें आंशिक रूप से सही हैं कि युवा लोगों की रुचि विविध हैं और समय की कमी है। मगर प्रिंट की पाठकता के घटने के ऐसे कारण बेहद सामयिक हैं और टिकाऊ नहीं हैं क्योंकि इस सोच में एक मीडियम को दूसरे के विकल्प के रूप में देखकर चला जा रहा है। सर्वे का यह नजरिया अंततः एक आदमी और एक मीडियम या कहें सबसे बड़े और 'एकमात्र मीडियम की होने' की अवधारणा से परिचालित है जबकि तकनीक स्वयं इस अवधारणा को निषेध करती है। तकनीक का इतिहास गवाह है कि उसने मनुष्य की ऐंद्रिक गृहणशीलता को बढ़ाया है, घटाया नहीं है। उसका रूप बदला है मगर उसकी रुचियों को नष्ट नहीं किया है। मसश्सल मेक्लूहान का यह कथन आज भी सच है कि तकनीक हमारी इंद्रियों का विस्तार है, बाधा नहीं।

आज कई तरह के माध्यम हैं। नाटक भी हैं। रेडियो भी हैं, अखबार भी हैं, टीवी भी है, किसी भी माध्यम ने दूसरे को नष्ट नहीं किया। अपनी जगह बनाने के लिए जरा सा धक्का-मुक्की की और फिर सब को जगह होने लगी। मनुष्य को वे सब माध्यम जरूरी हैं जो उसके जीवन को सुंदर बनाते हैं। वह किसी को तभी छोड़ता है जब वह माध्यम किसी दूसरे में खप जाता है। दूसरे का वातावरण बन जाता है। वातावरण बनकर वह मरता नहीं है, बस रूपांतरित हो जाता है। तकनीकी युग में उपयोगी चीज खत्म नहीं हो सकती।

भारत में प्रिंट के पाठक का प्रोफाइल विकसित देशों के प्रोफाइल से अलग

किस्म का है। यहाँ लगातार बढ़ता पाठक वर्ग उन निचले तबकों का है, जिनकी पहली पीढ़ी साक्षर हो रही है और जो सूचना से ताकत प्राप्त करते हैं इनमें दलित ओबीसीज और अल्पसंख्यक समाज सबसे ज्यादा अखबार पढ़ते हैं क्योंकि वे विकास की छटपटाहटों में अपने को पाते हैं। उनके लिए अखबार एक ही वक्त में वेद वाक्य, खबर, संदर्भ, प्रमाण, उपदेश, ताकत और रद्दी में बिक कर दो-चार रुपए वापस करने वाला मल्टी पर्पज आइटम है।

विकासशील समाजों में पाठक का प्रोफाइल वही नहीं है जो कि विकसित देशों में है। सर्वे उस देसी पाठक के प्रोफाइल को नहीं पढ़ पाते। वे अपने कल्पित मनुष्य को पाठक मानकर मुश्किल से दस-बारह हजार लोगों का मन माफिक प्रश्नोत्तरी करके एक काम-चलाऊ सर्वे प्रोजेक्शन कर देते हैं, जबकि इस तरह समाज की बहुविध बहुरुचिता आकलित नहीं हो पाती। इसीलिए वे पाठकता सर्वे का एक बना बनाया मॉडल लेकर अपनी रिपोर्ट दे दिया करते हैं। इन पर मीडिया के ताकतवर वर्ग का अपना दबाव होता है। पिछले दिनों से एक की जगह दो सर्वे होने लगे हैं इससे भी पता चलता है कि सर्वे बड़े मीडिया समूहों के हित से बँधे होते हैं।

इस सर्वे में बहुराष्ट्र निगमी राजनीति भी नजर आती है। इन्हीं दिनों गूगल एक और सर्च इंजिन को अपने साथ मिला कर तीसरे सर्च इंजिन को कमजोर करना चाहता है। मोबाइली क्रांति मोबाइल को समग्र मीडियम के रूप में पाल रही है। सर्वे साइबर स्पेस को केंद्र में रखकर प्रिंट स्पेस को संकट में बताने की राजनीति से प्रेरित लगता है।

13 मई, 2007

मीडिया और सरकार

ज्यों-ज्यों मीडिया एक जनचौकीदार की भूमिका में आता जा रहा है, त्यों-त्यों उस पर दबाव बढ़ते नजर आते हैं।

यों हर किस्म का मीडिया बहुत से अंदरूनी दबावों के भीतर काम करता है। इस मानी में कोई भी मीडिया सर्वतंत्र स्वतंत्र नहीं होता।

भीड़, समुदाय, हित समूह, एनजीओज, हिंसक समूह, आतंकवाद इत्यादि का दबाव तो होता ही है, लेकिन दबाव प्रशासन के हों, तो सवाल जरा जटिल बन जाता है। बात निरंकुशता तक जा पहुँचती है।

आंध्र के 'ईनाडु' के रामोजी राव और उनके मीडिया हाउस को लेकर आंध्र सरकार का रवैया कमोबेश ऐसा नजर आता है। रामोजी राव का 'ईनाडु' मीडिया संजाल आंध्र में एक निर्णायक उपस्थिति रखता है। उसके अखबार हैं, टीवी चैनल हैं, कई भाषाओं में हैं। उन्होंने अपने प्रयोगों से साख कायम की है। उसे आंध्र की जनता की आवाज माना जाता है।

'ईनाडु' सरकार की नीतियों का आलोचक रहा। नाराज प्रशासन ने बाह मरोड़ी। एक चिट फंट कंपनी के आरोप में रामोजी राव को आरोपित करने का प्रयत्न किया गया। इसके लिए किसी कानूनी कार्रवाई के परिणाम का इंतजार करने की जगह प्रशासन ने आनन-फानन में उनके दफ्तर में छापा मारा। वे कागजात ढूँढ़ने का बहाना करके आए थे। दरअसल, वे डराना चाहते होंगे। अरसा पहले 'आउटलुक' समूह के साथ भी ऐसा हो चुका है। पासा उल्टा पड़ गया। प्रशासन को थूक के चाटना पड़ा।

आंध्र में खलबली मच गई। मीडिया में हलचल हो गई। पत्रकार संगठन सक्रिय हो गए। संपादक बरसे। विधानसभा में हंगामा हुआ। सरकार ने घबराकर आदेश को रद्द किया, जिसमें कहा गया था कि मीडिया सरकार की आलोचना छापना-कहना बंद करे। अदा देखिए कि जब रद्द किया, तो कहा कि ऐसा आदेश सरकार ने नहीं दिया था।

जब दिया ही नहीं था, तो रद्द क्यों किया महाराज!

'आउटलुक' के बाद के इतिहास में यह घटना शायद पहली ऐसी बड़ी घटना है जो मीडिया पर आपातकालीन-पूर्व और आपातकालीन-पश्चात मनमाने हमलों की याद दिलाती है। तब सत्ता मद में मदमाती सरकार और प्रशासन ने उचित कानूनी आज्ञाओं के बिना बहुत से मीडिया हाउसों के कान मरोड़े, छापे तक मारे। वह इंदिराजी संजय गाँधीजी का जाना रहा। लगता है, आंध्र सरकार उसी नक्शेकदम पर चल रही है।

अबोध-दंभी सरकार भूल रही है कि इस मीडिया-युग में मीडिया की आवाज को दबावा तकनीकी नजर से एकदम नामुमकिन है। फिर दबाते ही खबर और ताकतवर होकर काम करने लगती है। मीडिया को लेकर जनता का नजरिया सरकारी नजरिए से अलग है। जनता मीडिया को अपना पैरोकार मानती है। उसे सरकार के आलोचक के रूप में देखती है।

फ्री मार्केट की स्पर्धा और उदारीकरण के कारण मीडिया अब सरकारी दबावों से ज्यादा आजाद नजर आता है। वह सरकारी विज्ञापनों पर निर्भर नहीं है, इसीलिए सरकार का 'मुँहदेखा' नहीं है।

'ईनाडु' प्रसंग में अजीब इत्तफाक यह है कि हमला करनेवाली सरकार कांग्रेस की है। रामोजी राव का इतिहास उसके विपक्ष की पत्रकारिता का इतिहास रहा है। इतिहास गवाह है कि तेलुगूदेशम के नेता एनटीआर के निर्माण और उभार में एक बड़ी भूमिका रामोजी राव और उनके मीडिया की रही है। अब भी विपक्ष की आवाज बने हैं। सरकार को यह नागवार गुजरा है। क्या कांग्रेस इतिहास को इतनी जल्दी भूलने की गलती कर सकती है? क्या वह प्राप्त सत्ता से ऊब गई है, जो तेलुगूदेशम के दूसरे एनटीआर को जन्म दिलाना चाहती है।

'ईनाडु' पर हमले को एक और संदर्भ में भी पढ़ा जाना चाहिए। अरसे से केंद्र के सूचना-प्रसारण मंत्रालय के अधिकारियों के हाथों में रह-रह कर खुजली उठती है कि किस वजह से इस देश के अति आजाद हो रहे मीडिया को कंट्रोल में लाया जाए। कई चैनल जरा-जरा सी बात पर आपत्ति जताने लगे हैं। एकाध को बिना हिचक नैतिक पुलिसिया डंडे से हाँका गया है। कुछ निशाने पर हैं।

इससे भी भयानक बात यह है कि मीडिया पर इस तरह के सलेक्टिव दबाव बनाने की कोशिशों के खिलाफ कोई बड़ी आवाज नहीं उठ रही है। यह चुप्पी ठीक नहीं।

मीडिया को लेकर हर सरकार का नजरिया एक-सा है। सरकारी मीडिया 'सरकारी तरकारी' माना जाता है। केंद्र में जो सरकार होती है, प्रसार भारती स्वायत्त होने के बावजूद उसकी सीमाओं में बँधा रहता है। वह हर आदेश को पूरे कायदे से मानने को मजबूर है, फरमाबरदारी की लत की शिकार सरकारें किसी की ना सुनना गवारा

नहीं करतीं। यहीं वे अनर्थ कर बैठती हैं। वे नाराज होकर प्रत्यक्ष या परोक्ष रूप में जब चाहे उनकी गर्दन मरोड़ने को आतुर होने लगती हैं।

ब्रॉडकास्टिंग रेगूलेटरी अथॉरिटी बिल बजट सत्र में लाया जाना है। वह किसी भी दिन रखा जा सकता है और सरकार के लक्षण अभी से ऐसे दिखते हैं, मानों कानून पास हो गया हो!

लगता है, आंध्र सरकार अभ्यास कर रही है। पहले ही अभ्यास करके एक भूमिका बना डालना चाहती है, ताकि आगे के दिनों में उसे कानून को मनमाने ढंग से लागू करने में परेशानी न हो।

हे पाठक! मीडिया को यों ही नाच-गाने से फुर्सत नहीं है। विपक्ष की आवाज अब वह नहीं बनता दिखता। उसमें विपक्ष बनाने की इच्छा भी कम हुई है। जनता को वह कभी-कभी आवाज देता है, मगर उसे पूरे विचार में नहीं बदलता। सत्ता के विपरीत चलने में उसकी साँस फूल जाती है।

ऐसे में, ऐसे हमले और लक्षण नए बनते खतरे के डरावने संकेत देते हैं।

25 फरवरी, 2007

वरीयता बदली तो ठीक ही है

सैंतीसवाँ अंतर्राष्ट्रीय फिल्म समारोह गोवा में पणजी में शुरू हो गया है। उद्घाटन वैसे ही हुआ जैसा कि होता आया है लेकिन इस बार एक सीन जरा अलग सा दिखा। लोग समारोह के मूड में थे। सड़क पर एक युवा गब्बर बना डायलॉग बोलता था, उधर, पीछे बसंती रैप रोड शो करती नजर आती थी। फेस्टीवल के मूड का यह जरा नया आनंदोत्सवीय/बाख्तिन का कार्नीवालीय/तत्त्व था। कार्नीवाल या आनंदोत्सव जनोत्सव होते हैं जिनमें जनता अनंत स्तरों-भावों में शामिल होकर उन्हें सचमुच का 'सामाजिक' बनाती है। 'समारोह' का समारोह शहर में हो रहा था। यही चीज है जो पणजी को अन्य मेट्रो शहरों से अलग करती है। यही चीज गोवा के इस दावे को किसी हद तक उचित ठहराती है कि आगे से फिल्म समारोह की राजधानी गोवा के पणजी शहर को बना दिया जाए। गोवा फिल्मी समारोहात्मकता के साथ पूरी तरह 'सिंक' में नजर आता है। इसका कारण उसके पणजी का सहज 'कार्नीवाली मूड' है जो वहाँ के लोगों में नजर आता है।

भारत का कोई अन्य शहर कार्नीवालीय मूड में नहीं होता लेकिन पणजी होता है। उसका यही रूप फिल्मों में भी बनाया दिखाया गया है। नाच गान। आनंदोत्सवी भाव। गब्बर के डायलॉग और बसंती का सड़क पर नाचना इसके साथ सहज में सिंक करता है। यही बात इस समारोह को अन्य समारोहों से अलग करती है। बोनी कपूर ने इसीलिए जोर देकर कहा कि यह भारतीय फिल्म इंडस्ट्री का उत्सव है। 'भारतीय' में बॉलीवुड भी आ जाता है, टालीवुड, चेलीवुड भी आता है। मेरठवुड भी है, रामपुरवुड भी है, भोजपुरीवुड भी है। लेकिन ऐसा कोई फिल्म समारोह अपने यहाँ नहीं हो सकता जो विवाद रहित हो। विवाद की शुरुआत हो चुकी है। पत्रकारों को शिकायत है कि उन्हें कुछ मतलब का नहीं मिल रहा अफरा-तफरी है। प्रबंधन ठीक नहीं है। विवाद खोजने का यह राउंड वन है। राउंड नंबर टू कभी भी हो सकता है। कोई गरम फिल्म कुछ ज्यादा गरम नजर आए तो कुछ हो सकता है। कोई पिक्चर ऐसा सीन दिखा दे जिससे किसी की भावनाओं को ठेस पहुँच जाए तो पंगा हो सकता

है और ये विवाद तो अंत में होना ही है कि कामर्शियल फिल्मों को इसमें ज्यादा तरजीह दी जा रही है।

कला फिल्मों को कम अगर 'रंग दे बसंती' या 'लगे रहो मुन्नाभाई' या 'ओंकारा' या 'कभी अलविदा ना कहना' में से कोई टॉप का नंबर लगा ले जाए तो कला फिल्म वाले विवाद कर सकते हैं कि समारोह अब व्यवसाय पर ज्यादा जोर देने लगा है, वह अपनी मूल भावना से अलग हो गया है। अरसे से समारोह में एक मोड़ को लक्षित किया जा सकता है। यह उसका व्यावसायिक फिल्मों को वरीयता देने का रुझान है। पिछले कई बरसों से ऐसी फिल्में सम्मान पाने की हकदार मानी जाती रही हैं, उन्हें स्पर्धा में रखा जाता है। पहले जो समारोह कलात्मक फिल्मों या कहें प्रयोगशील फिल्मों को ज्यादा महत्त्वपूर्ण मानता था। अब कामर्शियल सर्किट को भी महत्त्वपूर्ण मानने लगा है। यह वक्त का तकाजा है। उचित है, जो लोग ऐसा नहीं मानते वे कुछ न कुछ आपत्ति करते ही हैं। वे अब भी कर सकते हैं।

फिल्म समारोह के सैंतीस साल के इतिहास में यह एक नई शिफ्ट है, जो महत्त्वपूर्ण है। फिल्म एक 'मासमीडिया' है। उसका काम रंजक ढंग से जन-शिक्षण करना है। बॉलीवुड या अन्य केंद्रों ने अपनी तमाम कामर्शियल सीमाओं के बावजूद भारत की जनता को 'आधुनिक' बनाने में बड़ी मदद की है। वह एक विराट जनप्रिय माध्यम है। उसका एक भव्य इतिहास है। टीवी के बावजूद अपनी प्रभाव क्षमता में वह आज भी अद्वितीय है। भारतीय मनोरंजन उद्योग का वह सबसे बड़ा अंग है। यह मनोरंजन उद्योग काफी पहले साठ हजार करोड़ रुपए का आँका गया था। ऐसे मनोरंजन उद्योग की फिल्मों को स्पर्धा के मानकों पर तोला जाना चाहिए। सिर्फ कामर्शियल होने से वे कला क्षेत्र से बाहर नहीं होतीं। सच तो यह है कि कला की असल परीक्षा पॉपुलर बन सकने की उसकी क्षमता में है अन्यथा उसे कला नहीं कहा जा सकता। कला फिल्में बिना लोकप्रिय हुए कब तक काम कर सकती हैं? आप फिल्म के मीडियम में उस मुहावरे की ओर नहीं जा सकते जो स्वयं 'एंटी मीडियम' हो जाए। ऐसे प्रयोग चलने वाले नहीं होते। कलाप्रयोगों की उपयोगिता है लेकिन वे खुद को महान 'हाईकल्चर' समझ अगर कामर्शियल सर्किट को नीचा करें तो यह बात किसी के गले नहीं उतरती।

फिल्म उद्योग में कई बड़े परिवर्तन पिछले दिनों घटे हैं। पहला परिवर्तन यह है कि फिल्में अपने व्यवसाय पर सचेत होकर ध्यान देने लगी हैं। दूसरा यह कि उनमें कारपोरेट कल्चर का थोड़ा-बहुत प्रवेश हुआ है। तीसरा, यह कि एफडीआई के आने से उद्योग में ग्लोबल जागरूकता बढ़ी है। चौथा, यह कि बॉलीवुड भारतीय उपमहाद्वीप में नंबर वन उद्योग तो बना ही है विश्वस्तर पर हॉलीवुड से दूसरे नंबर पर आता है। पाँचवाँ परिवर्तन यह है कि बॉलीवुड अब विश्वबाजार को अपना एक बड़ा बाजार मानकर अपने काम करता है। इन परिवर्तनों ने बॉलीवुड को सर्वांग बदल

डाला है। इन परिवर्तनों को सब मानते हैं और इसीलिए सरकारें हर-बार फिल्म उद्योग को एक महत्त्वपूर्ण उद्योग मानने लगी हैं। संभव है कि नए बजट में इस उद्योग की ओर कुछ पॉजीटिव होकर ध्यान दिया जाए।

इतने बड़े उद्योग की कलात्मकता को स्पर्धा से बाहर रखना संभव नहीं है। बॉलीवुड में अब ऐसे कई लोग ऐसे प्रतिभाशाली आ गए हैं जो कलात्मकता और व्यावसायिकता दोनों के मानकों पर खरे उतरते दिखते हैं। आमीर खान की कुछ पुरानी 'लगान' या नई 'रंग दे बसंती', 'मुन्नाभाई एमबीबीएस' या 'लगे रहो मुन्नाभाई', या विशाल भारद्वाज की 'ओंकारा' जितनी कामर्शियल हैं, उतनी ही कलात्मक हैं। इसलिए अब वक्त आ गया है, जब समारोह की ज्यूरी अपने मानक 'पॉपुलर कल्चर' के मानकों के हिसाब से बनाए।

26 नवंबर, 2006

देखन में छोटी लगें

दो पत्रिकाओं के विशेषांक इन दिनों पढ़े-लिखे समाज में चर्चा का विषय बने हुए हैं। 'हंस' का 'टेलीविजन कथा विशेषांक' और वर्तमान साहित्य का '1857 जनप्रतिरोध' अंक। दो पत्रिकाएँ हैं मगर इनमें दो सौ मसले हैं : देखन में छोटे लगें घाव करें गंभीर!

'हंस' ने पहली बार अपनी साहित्यिक लाज का घूँघट हटाकर एक फड़कता हुआ अंक निकाला है : यहाँ खबर चैनलों में काम करनेवाले ही 'अंदर की बात' कह रहे हैं। खबरिया चैनलों की राम कहानियाँ, अपने आप में मजेदार हैं मगर सबसे बड़ी खबर 'हंस' बनाता है कि चैनलों के जितने पत्रकार हैं वे सबके सब सिद्धहस्त कथाकार हैं और वहीं से आगे कथाकार निकलनेवाले हैं। देखते-देखते 'हंस' के इसी अंक में कोई उनतीस कथाकार पेश हो गए हैं और लगता है अभी उन्नीस सौ और बेसब्रे हो रहे हैं कि 'हंस' अगला अंक कब निकाले और कब वे भी कथाकार बनें। साहित्य को स्त्री और दलित-विमर्श की लतें लगाकर अब 'हंस' ने खबर चैनलों के खबरियों को कथाकार बनने की बुरी लत लगा दी है। चैनलों की खैर हो!

टीवी के खबर चैनलों की अंदर की बातों को कल्पना का पुट देकर कहानियाँ बनाई गई हैं। वे मीडिया के अंदर-बाहर के प्रकार्यों, नायक-खलनायकों के नए जगत को बनाती हैं। उनमें बहुत-सी बेचैनियाँ छटपटाती हैं। इन बेचैनियों को वे कहानी की तरह ही कह सकते हैं। कहानियों में वे अपने घर की बात दूजे चैनलों या कल्पित चैनलों के संकेतों से कहते हैं। दूसरा स्टीरियोटाइप स्त्री पत्रकारों का है। पत्रकारिता में स्त्रियों की संख्या अचानक बढ़ी है। इससे वहाँ का माहौल बदला है लेकिन मर्द लेखकों में अभी आवश्यक 'जेंडर संवेदनशीलता' की कमी सी नजर आती है। तीसरी बात यह कि सभी कहानीकार पत्रकार की एक रेडिकल तस्वीर मन में लिए हैं। सब एक-दूसरे की टाँग खिंचाई में लगे रहते हैं। सब अपने को सही मानते हुए हर दूसरे को गलत मानकर चलते हैं। वे प्रायः यही कहते पाए जाते हैं कि उसने समझौते किए, मैंने नहीं किए। मैं तो शहीद हो रहा हूँ, इसीलिए कहानियाँ हमदर्दी की माँग

करती हैं। काम करने के दौर में बढ़ते तनाव, टाइम मैनेजमेंट, बॉस की निरंकुशता, न्यूजरूम के तनाव, योग्यता की जगह कॉन्टैक्ट, करियर की समस्याएँ, बाहर सिफारिशी दुनिया, ताकत का खेल, अगली नियुक्ति के लिए बॉसों की अनुकूलता पाने की जुगतें, टीआरपी के दबाव, नंबर वन बनने की होड़, एंकरों की अकड़, पॉप फैशनी आजाद लड़कियाँ, अंदर की गालीछाप आपसी बोलचाल की भाषा, गाली-गलौज इत्यादि ऐसी बहुत सी बातें बहुत से तिरछे सच, इन कहानियाँ में आए हैं। मीडिया और मार्केट के संबंधों पर भी कुछ टिप्पणियों में चैनलवालों ने ही प्रकाश डाला है।

इसी क्रम में 'वर्तमान साहित्य' पत्रिका के '1857 जन प्रतिरोध' नाम से चर्चित विशेषांक को पढ़ा जाना चाहिए। यहाँ अठारह सौ सत्तावन के डेढ़ सौ वें वर्ष को मनाने का आवाहन किया गया है। यह अंक बेहद मेहनत से तैयार किया गया है और बहुत सी ऐसी दुर्लभ सामग्री यहाँ छपी है जो अठारह सौ सत्तावन की क्रांति को नए सिरे से समझने में मददगार हो सकती है। यह साहित्यकार एवं नए पाठकों को एक ऐसे विषय से रू-ब-रू कराती है जो उसे कोरे 'साहित्यवाद' से बाहर निकालता है। एक तरह का अंतरानुशासी प्रकार्य है। गालिब के कुछ बेशकीमती खत बताते हैं कि दिल्ली किस तरह प्रेतों का वीराना शहर बन गया। गदर का 'आँखों देखा हाल' वाला हिस्सा सुंदर बन पड़ा है। लिखनेवाले मुईनुद्दीन हसन का विद्रोह के आरंभ के कारणों का 'आँखों देखा हाल' पढ़ने लायक है। मुईनुद्दीन तब दिल्ली कोतवाली थाने के थानेदार थे और मैटकॉफ के कहने पर उन्होंने 'खंदगे गदर' नामक किताब लिखी जिसका अनुवाद अब्दुल हक ने किया, जिसका एक अंश यहाँ दिया गया है। सत्तावन के विद्रोह पर मार्क्स की मौलिक टिप्पणियों की इरफान हबीब की व्याख्या पठनीय है। हाली की मशहूर नज्म 'हुब्बेवतन' यहाँ पढ़ी जा सकती है जिसमें सत्तावन के अंतरंग क्रांतिकारी राष्ट्रवादी तत्त्व की झलक मिलती है। जॉर्ज पेश शोर नामक एक फ्रांसीसी शायर का सत्तावन का आँखों देखा हाल, राही मासूम रजा की क्रांति कथा, सर सैयद की किताब 'असबाबे बगावते हिंद' की झलक, गालिब के दस्तंबू की जुबान में दिल्ली की लोमहर्षक कहानी, छोटे इलाकों के तमाम विद्रोहों की झलक और संघर्ष की कई कहानियाँ यहाँ हैं। कई नायकों को याद किया है, किसान विद्रोह और सत्तावन का संबंध बताया गया है। कुमाऊँ से लेकर मेरठ, झाँसी, मेवात, हैदराबाद, वैसबाड़ा, मथुरा जनपद में चले विद्रोह की कहानियाँ पठनीय हैं। यह अंक सत्तावन की पत्रकारिता पर भी नजर डालता है कि किस तरह चपाती बिना किसी संचार माध्यम के पूरे भारत में एक विद्रोह के चिह्न के रूप में संचारित हुई। दलित-विमर्श भी दिया गया है जो सत्तावन की मेन लाइन को वैसा नहीं मानता। अंक कई नजरिए पेश करता है। यह सत्तावन की क्रांति की एक खिड़की खोलता है।

'हंस' का 'खबर चैनलों की कहानियाँ' का विशेषांक हो या वर्तमान साहित्य का '1857 : जन प्रतिरोध' अंक, दोनों बताते हैं कि हिंदी का साहित्यिक पाठक

अब सिर्फ साहित्य पढ़ना नहीं चाहता। वह साहित्य के साथ इतिहास, मीडिया, समाजशास्त्र और नए-नए सांस्कृतिक विमर्शों को पढ़ना समझना चाहता है। यह साहित्यिक पत्रकारिता के अंदर एक प्रस्थान परिवर्तन की सूचना है। अभी-अभी देखी 'साखी' का एडवर्ड सईद केंद्रित अंक इस बात की मानो गवाही देता है कि अब हिंदी की साहित्यिक पत्रकारिता ज्ञान के नए इलाकों में झाँकने लगी है। यह बताता है कि कुछ पहले तक नए विमर्शों को लेकर बुजुर्गों में बड़ा प्रतिरोध था, अब वह टूट चला है। साहित्यिक पत्रकारिता का एक 'अंतरानुशासी'/इंटरडिसिप्लिनरी/युग आरंभ हो रहा है।

7 जनवरी, 2007

गाँधी इन एक्शन

दो चैनलों ने गाँधी की एक वीडियो क्लिपिंग दिखाई। दोनों क्लिपिंग गाँधी को नए रूप में दिखाती हैं। वे फाइट करते हैं किसी जेम्स बांडिए एक्शन हीरो की तरह उछलते-कूदते हैं। चाकू और बंदूक धारण करते हैं। उनके पास इतनी गजब की ताकत भी है कि वे एक मुक्का किसी के पेट में मारते हैं तो वह आरपार हो जाता है, एकदम 'मेट्रिक्स' के एक सीन की तरह।

इससे सूचना एवं प्रसारण मंत्री नाराज हुए। उन्होंने कह डाला कि राष्ट्रपिता का अपमान है। उन लोगों को इसके लिए माफी माँगनी चाहिए जिन्होंने ऐसा किया। जिन चैनलों ने ऐसा किया, उन्होंने इसे सूचना बनाते हुए किया। उनके पास यह वीडियो क्लिपिंग एक 'यू ट्यूब' नामक ऐसी समूह वेबसाइट की रही जिस पर कई तरह से लोग आपस में बतियाते हैं और अपनी बात कहते हैं। फिल्में भी दिखाते हैं। एक एनआरआई गौतम प्रसाद ने इसको बनाया है। उसने गाँधी को एक मजाहिया अंदाज में दिखाया है। कहते हैं कि अमेरिका में ही एक केस हो चुका है। 'यू ट्यूब' को पश्चिमी मीडिया ने 'ओरकुट' टाइप के समूह वेबसाइट को टक्कर दी है।

ओरकुट ने दुनिया के युवाओं का एक ओरकुटिया संप्रदाय बना डाला है जिसमें लोग दूसरे से संवाद हस्तक्षेप करते रहते हैं। ओरकुट संप्रदाय इस वक्त भारत में वेब बुभुक्षों/इंटरनेटिया संप्रदाय के लिए एक नया बॉर्डरलेस स्पेस है जिसमें रहने वाले लोग अपने राष्ट्रों की सीमाओं के आर-पार बात करते हैं। यू ट्यूब भी ओरकुट की टक्कर का स्पेस है। ऐसी चर्चाओं से वह और पॉपुलर होता है। पॉपुलर होने के लिए भी लोग ऐसी हरकतें करते हैं। मीडिया उनके लिए एक माध्यम बनता है। वे लोगों की भावनाओं को छेड़कर लोकप्रिय होने के चक्कर में रहते हैं। दुनिया भर में मीडिया का ऐसा उपयोग-दुरुपयोग करनेवाले रहे हैं और रहेंगे। इंटरनेट तो है ही आजाद स्पेस। वहाँ ऐसा जनतंत्र सबसे ज्यादा है।

गाँधीगिरी के बाद से गाँधी के बारे में बढ़ती जिज्ञासा के आलोक में गाँधी को एक प्रकार के फिल्मी एक्शन में दिखाना गाँधी की पैरॉडी बनाना है। इससे गाँधी

के देशवासी कुछ चर्चा करेंगे और इस तरह यह वेबसाइट एक खबर बनेगी। अगर किसी ने प्रतिबंध आदि की बात कर दी तो उसे और लोकप्रियता मिलेगी। ऐसा करने वाले इसी तरह सोचते हैं, बहुत से विज्ञापन ऐसा ही करते हैं। कुछ फिल्में ऐसा करती हैं तो भी अगर गाँधी से ज्यादा उनके 'वादी' इस पर आपत्ति करते हैं तो आपत्ति भी जायज मानी जानी चाहिए।

यदि गाँधी जी इस क्लिपिंग को देखते, तो इतना लाल-पीले नहीं होते जितने कि उनके कथित वादी हो रहे हैं। बहरहाल, उनका हक है कि वे लाल-पीले हों लेकिन दंडित करने की बात करना सरासर गाँधी विरोधी विचार ही होगा! जनतंत्र विरोधी विचार तो है ही। यही नहीं, प्रतिबंधित करने का विचार या दंडित करने का विचार एक मानी में हास्यास्पद भी है क्योंकि यह खेल उस बॉर्डरलेस स्पेस का है जिसके विस्तार पर, जिसकी व्याप्ति पर आपका कोई वश नहीं है। यह इंटरनेट की व्याप्ति है। और उसे कोई सीधे-सीधे नियंत्रित नहीं कर सकता। हद से हद आप अपने चैनल वालों को पकड़ सकते हैं कि उन्होंने ये सब क्यों दिखाया! यह तब बेहतर होगा, जब ब्रॉडकास्टिंग बिल को आप कानून में बदल सके हों।

ऐसी बातों से साफ जाहिर होता है कि आनेवाला ब्रॉडकास्टिंग बिल किस तरह का होगा। वर्तमान सत्र में या किसी आगामी सत्र में जिस ब्रॉडकास्टिंग बिल को रखा जाना है, उसमें ऐसे ही कुछ प्रावधानों की बातें हैं, यद्यपि कहा बराबर यही जा रहा है कि मीडिया की आजादी पर अंकुश लगाने के लिए यह नहीं है! गाँधी पर जरा सी बात आ गई तो कोड़ा हाथ में ले लिया, बिल आ जाएगा तो क्या न करेंगे? एक गाँधी की क्लिपिंग दिखाने पर जब इतना लाल-पीला हुआ जा सकता है तो आगे क्या नहीं हो सकता?

बहरहाल, इस वीडियो ने एक बात और कह दी है कि प्रतिबंध लगाना ही है तो 'यू ट्यूब' पर लगाओ। उस वेबसाइट पर लगाओ जिसमें लोग तरह-तरह से हिस्सा लेते हैं। यह काम न आसान है और शायद संभव भी नहीं। इंटरनेट के आजाद स्पेस में आप एक को रोकेंगे तो दूसरे आ जाएँगे, तीसरे आ जाएँगे और आपकी नाक में दम कर देंगे! इंटरनेट का होना ही कहता है कि आपका पुराने ढंग का दंडात्मक विधान बेकार हो गया है।

गाँधी की जो क्लिपिंग देखी गई, उसमें ऐसा कुछ भी नहीं है जो बहुत आपत्तिजनक लगे। अगर हम गाँधी जी को मानव ही बनाएँ और देवता बनाकर न पूजने लगे हों तो यह बात समझ में आ सकती है।

यह वीडियो दरअसल गाँधी का एक 'विखंडनात्मक पाठ' है जिसमें उनकी अहिंसा के बहुत से दबे हुए चिह्न एक मामूली आदमी की हिंसा में बदल गए हैं। जब आप गाँधी को पढ़ते हैं तो उनकी अहिंसा एक कठिन पहेली ही नजर आती है जबकि जीवन में हिंसा ही हिंसा नजर आती है। एक आम आदमी गाँधी के

विनीत-विनम्र-अहिंसक व्यक्तित्व की जगह अपने इसी हिंसक जीवन को आसान समझता है। यही उसकी जीवन दशा है। इसी से गाँधी बनाया गया है। एक प्रकार से गाँधी का केरीकेचर बनाया गया है, हँसी का पात्र बनाया गया है। केरीकेचर या पैरॉडी उन्हीं की बनाई जाती है जो बड़े होते हैं। केरीकेचर या पैरॉडी दरअसल महानता के नीचे-नीचे चलनेवाला एक प्रतिविमर्श ही होता है जो कहा नहीं जाता लेकन कई बार जनता की गड़बड़ रामायण टाइप में चुपके-चुपके निकल आता है।

'लगे रहो मुन्नाभाई' फिल्म में एक प्रसंग वह भी है जब कई बुजुर्ग गाँधीगिरी करने के लिए फेमस हुए मुन्नाभाई से कहते हैं कि उस जगह गाँधी की मूर्ति लगी थी, लोगों ने तोड़ दो तो गाँधी मुन्नाभाई से कहलवाते हैं कि 'अच्छा है तोड़ दी। वे उन सब मूर्त्तियों को ढहा दें जो मेरे नाम पर लगाई गई हैं....।' कारण कि गाँधी तो एक विचार है जो गोली खाकर भी नहीं मर सकता और कहीं न कहीं किसी न किसी के दिमाग में केमिकल लोचा पैदा करता रहेगा।

यह गाँधी हैं जो अपने अपमान पर कहते हैं और इस समय के गाँधीवादी हैं जो बदला लेने की बात करते हैं! सच यही है कि आप ऐसे नटखट 'यू ट्यूब' या ओरकुट पर रोक नहीं लगा सकते। उनकी छेड़खानी का जवाब ही यह है कि आप उनकी छेड़खानी का बुरा न मानें सिर्फ अपनी गाँधीगिरी करें।!

14 जनवरी, 2007

नो एडल्ट प्लीज

एक चैनल बड़ा एडल्ट हो रहा था। ऐसे सेक्सी विज्ञापन दिखा रहा था जो रात के ग्यारह बजे के बाद एडल्टों के लिए हो सकते हैं लेकिन उन्हें वह दिन के समय दिखा रहा था। मंत्रालय ने यह एडल्टबाजी देख उस चैनल को दो महीने के लिए प्रतिबंधित कर दिया। कह दिया कि एडल्ट कंटेंट दिखानेवाले दूसरों पर भी नजर है। केबल एक्ट है न! उसका खयाल करें।

ए एक्स एन ने 24 अप्रैल को वर्ल्ड सैक्सिएस्ट विज्ञापन कार्यक्रम दिया था। उसकी शिकायतें आई रही होंगी। उसके बाद लगातार उस पर नजर रखी गई होगी। कहा भी गया होगा। प्रतिबंधित तो अब आकर किया है। केबल एक्ट कहता है कि पब्लिक आर्डर, भद्रता और नैतिकता के संदर्भ में सरकार किसी भी कार्यक्रम को नियमित या प्रतिबंधित कर सकती है। सरकारें कभी गलती नहीं करतीं। ऐसा मानने में कोई हर्ज नहीं है, मगर शिकायत है कि सरकारें अक्सर टीवी देखती नहीं। जब कभी टीवी पर नजर-ए-इनायत करती हैं या कोई कान में कहता है कि देखना हुजूर देखिए, ये क्या हो रहा है?

एक बार एक ऐसा कार्यक्रम देखने का मौका मिला, जिसमें स्पर्धी लड़के-लड़कियाँ एक ऊँचे मंच से लटकती रस्सियों को पकड़ते हुए चलने थे। नीचे कोई झील रही, जिसमें वे असफल होने पर गिर सकते थे और तैर कर बाहर निकल सकते थे। कई लड़कियाँ स्पर्धा में रहीं। वे खूबसूरत तो थी हीं, मॉडल टाइप की भी लगती थीं। उनके कच्छा-बनियान पहनावे को देख सहज ही कोई अनुमान कर सकता था कि खेल जरा एडल्ट किस्म का है। बहरहाल, दो-तीन लड़कियाँ स्पर्धा में खेलने लगीं और गिरीं। गिर कर वापस आईं तो लगा कि नहाकर वापस आई हैं और किसी विज्ञापन के लिए अपने केशों का, देहयष्टि का पोज दे रही हैं, लेकिन वे अपने असफल रहने की बात ही कर रही थीं। उनके भीगे लिबास में उनकी देह कुछ और उभर आई थी। अगर अपना कोई नैतिक पुलिसवाला भाई बिरादर होता तो सीन जम के देखता, मगर कहता कि ये एडल्ट है। मजेदार है लेकिन प्राइवेट में होना चाहिए,

वह भी रात के ग्यारह बजे के बाद। औरतों के शरीर को इसी तरह टीवी चैनल अपने कई कार्यक्रमों में डिफाइन करते आए हैं। उदारतावादी देखेगा, तो इसमें कुछ भी अश्लील नहीं पाएगा, लेकिन नैतिक पुलिसवाला जरूर परेशान होगा।

एडल्ट माल को दिखानेवाले चैनलों को गिनने चलेंगे तो उसके लपेटे में अपने ही कई खबर चैनल तक आ जाएँगे। उनके खबर आइटम तक आ जाएँगे। जरा कुंभ का फुटेज परख लें। जब बड़े स्नान होते हैं तो कैमरे औरतों को नहाते दिखाते हैं उन सीनों में या नगा बाबाओं के विराट सीनों में और इस ए एक्स एन वाली एडल्टियत में बड़ा फर्क नहीं नजर आता। फर्क होता है संदर्भ का। फर्क है कि एक कुंभ है और एक खेल है या विज्ञापन है।

अपनी बालीवुडीय फिल्मों की बात सब जानते हैं। अच्छा! एमटीवी पर या वी चैनल पर आनेवाले गानों को हम किस दरजे में रख सकते हैं? 'सोनी' पर 'ज़ी' पर आनेवाली जोड़ी नंबर वन वूगी वूगी टाइप गानों को, उनकी मुद्राओं को हम किस श्रेणी में रखना चाहेंगे? और तो और, अपने खबर चैनल जेब किसी पिक्चर का 'प्रोमो' करते हैं तो उनके गानों में क्या होता है भई? आइटम गर्ल कितने कपड़े पहने होती हैं बताएँ!

खबर में मिस वर्ल्ड रजाइयाँ ओढ़कर नहीं आतीं। सो, भाइया एडल्ट का मामला है, जरा टेढ़ा।

कानून में एडल्ट या अश्लीलता की परिभाषा अंततः इस बात पर आकर टिक जाती है कि देखनेवाला क्या देखता है और अगर देखनेवाली आँख रूढ़िवादी हुई तो बहुत कुछ प्रतिबंधित किए जाने योग्य लग सकता है।

लेकिन प्रतिबंध करने योग्य क्या वे कार्यक्रम नहीं हो सकते, जिनमें नाग-नागिन के जोड़े बनाए जाते हैं। भूत दिखाए जाते हैं और बाबाओं के आगे हिस्टीरिया प्रकट करती लड़कियाँ दिखाई जाती हैं। अंधविश्वास-बढ़ाने के कार्यक्रम इन दिनों पर्याप्त नजर आते हैं। एक केंद्रीय मंत्री कह देते हैं कि फलां स्वामी में दैवी शक्ति है। ऐसी बातें सीधे विकासमूलक समाज की संकल्पना के विपरीत भूमिका अदा करती हैं। उस ओर सरकार की नजर नहीं जाती है तो सिर्फ इसके लिए कि कहीं कोई गैर एडल्ट समय में एडल्ट काम तो नहीं किया जा रहा। इस देश में दिन में कोई एडल्ट नहीं होता रात के ग्यारह बजे होता है!

मीडिया ने आम जनता की इन्नोसेंस को झकझोरा है। आज के बच्चे टीवी पोषित हैं। वे सेक्सी आइटमों से वंचित नहीं हैं। नैतिकता की उनकी परिभाषा संकीर्ण नहीं है। उनकी एडल्टहुड की उम्र अब जरा कम हो गई है। पश्चिमी लिबास या ऐसी वैसी तस्वीरें आसपास लगातार रहती हैं। पत्रपत्रिकाओं में रहती हैं। यही नहीं, कोई पचास फीसदी से ज्यादा वेबसाइटें सिर्फ पोर्न स्टफ की वेबसाइटें हैं जिनमें बच्चे भी आते जाते हैं।

एडल्ट या अश्लील के नाम पर नियमन के बहाने आप रोक लगा सकते हैं, लेकिन ऐसे तदर्थतावादी प्रयत्न सरकार की निरंकुश मंशा की खबर भी देते हैं कि वह ब्रॉडकास्टिंग रेग्यूलेटेरी अथॉरिटी बिल को कानून बनाने की जगह तुरत एक्शन में आने लगी है। यह चिंता की बात है। यदि अथॉरिटी बनाकर सोचा जाए तो शायद कुछ तर्कसंगत हो। मंत्रालय अचानक एक्शन करता है तो आशंका होती है। पहले फैशन टीवी आता था। उसमें कुछ नंगई नजर आती थी। उसे बैन कर दिया। वह कुछ दिन सँभला रहा लेकिन उससे कोई बड़ा फर्क नहीं पड़ा है उसके काम में, तब बैन क्या किया भाई? अरे! आपके खबर चैनलों में ऐसे रेंप शोज आते हैं जिनमें यदि रूढ़िवादी दिमाग हुआ तो अश्लीलता पढ़े बिना मान नहीं सकता!

एक नैतिक पुलिसत्व भाव अचानक जग गया है। ओरकुट और यूट्यूब को लेकर भी ऐसी ही उग्र प्रतिक्रियाएँ ऊपर के लोगों की ओर से आई रहीं। इन दिनों कम से कम एक दर्जन ऐसी वीडियो शेयरिंग वेबसाइटें हैं जो दर्शक को खुद अपना वीडियो देने के लिए कहती हैं। मोबाइल कैमरे ने संवाद और संचार को बदल डाला है। पिक्चर शेयरिंग और बाइट शेयरिंग अनजाने क्षेत्रों से होने लगी हैं। आप किस कानून के तहत किस बात को बंद करेंगे? बेहतर हो कि आप बदले समय में मीडिया के रोल को और आदमी उसके नए संबंध को जरा तसल्ली से समझें समझाएँ, न कि तालिबानों की तरह एक्शन करें।

21 जनवरी, 2007

खबर का इफैक्ट

कोई खबर किस तरह बनी? बाद में, किस करवट खबर बैठी? इसे देखना मीडिया की बनाई खबर को देखना है। यह एक जटिल क्रिया है। दो दूनी चार मार्का सरल क्रिया नहीं। खबर के 'इफैक्ट' की बात करना 'प्रभाव' की बात करने से अलग है। हमारे चैनल अपनी खबर के 'असर' या 'प्रभाव' की बात चुनिंदा तरीके से करते रहते हैं। बहुत-सी खबरों के असर की कोई बात वे नहीं करते। इफैक्ट का अर्थ है : संघात, टक्कर, ठूँसना, बैठाना, जमाना। 'प्रभाव' का अर्थ है किसी दूसरे के कार्य या बात का अनुभव और तदनुसार व्यवहार। जाहिर है कि टीवी न्यूज इफैक्ट करती है। 'असर' शब्द उसका पर्याय नहीं है। असर देर तक रह सकता है। संघात 'तुरंता असर' है। इफैक्ट इंस्टैंट होता है। यहीं असर की तरलता पैदा होती है। इफैक्ट असर की, अर्थ की तरलता पर जोर देता है।

इफैक्ट में एक अनुभव-तरल क्षेत्र में जाना होता है। प्रभाव का निर्धारण करना तरलता में कठिन होता है। वह अति मूलक ही हो सकता है। एसएमएस तुरंता इफैक्ट के बारे में कुछ इंगित कर सकते हैं। ऑन लाइन फोन भी इंगित करते हैं। इफैक्ट ऑन लाइन जनता से बाहर भी रहा करता है। इफैक्ट की तरलता को समझने के लिए दो-तीन खबरों के निर्माण और उसकी परिणति को देखना दिलचस्प होगा जो इसी पखवाड़े में बनी हैं। इनमें एक है निठारी कांड के आरोपित सुरेंद्र कोली और मोहिंदर सिंह पंधेर की कहानी जो लंबे अरसे तक, बच्चों की हत्याओं से क्षुब्ध पब्लिक के रोष/इफैक्ट से बनी। गाजियाबाद में आरोपितों पर हमलों ने जिसे परवान चढ़ाया और कोली को मुख्य आरोपित बनाया गया। इसमें अब भी दो-तीन कहानी बनी हुई हैं। यानी मीडिया की अब तक की कहानी का इफैक्ट बना हुआ है। एक है मीडिया की छवियों/बाइटों से बनी 'आदमखोर' की, बच्चों के जिगर-गुर्दे खाने वाले कोली की, उसके साइकोपेथ होने की कहानी। इस कहानी से मोहिंदर सिंह हट गया है। मोहिंदर भी कहीं है, ये मीडिया का अनुमान भर है। दूसरी कहानी सीबीआई की है जिसमें मोहिंदर कई कारणों से कोली की तरह नहीं है। उसमें एक बड़ा कारण

यह बताया जा रहा है कि जो अमीर आदमी महँगी कॉल गर्ल रख सकता है वह इस तरह की बच्चियों को क्यों लाता, क्यों शामिल होता। दूसरी है वूल्मर की मौत की कहानी। आरंभ में अपने मीडिया ने उसे हादसा कहा। साथ ही संकेत था कि उनकी हत्या पाक की हार से जुड़ी हो सकती है। फिर उनकी पत्नी का संदेह और गर्दन की हड्डी टूटने की बात। अब स्काटलैंड यार्ड की बात। पाक पत्रकारों की हत्यामूलक टिप्पणियाँ और अंत में बबलू श्रीवास्तव का बयान कि बुकी और दाऊद का काम है। इसमें कहीं न कही पाकिस्तान को लेकर हमारे समाचार वाचकों और दर्शकों के पूर्वग्रह भी सक्रिय हैं कि हम देखना चाहते हैं कि ऐसा ही हो। इसका इफैक्ट जरा नियोजित सा है। तीसरी है उन चौदह हजार गिरफ्तार बेंगलूर के आवारा कुत्तों की कहानी जिन्हें किसी एक कुत्ते के द्वारा किसी को काटने के आरोप में पकड़ा गया था और जिनकी कहानी बेंगलूर से शुरू होकर जरा सी आकर खत्म हो गई। हाँ, अब दिल्ली के कुत्तों को लेकर प्रिंट में फीचर आ रहे हैं कि इधर भी आवारा कुत्ते बहुत हैं उनका क्या किया जाए? आप चाहें तो कुछ पहले दिल्ली के बंदरों के बारे में आई कहानी को जोड़ सकते हैं। उन विज्ञापनों को पढ़ सकते हैं जो दिल्ली सरकार ने दिए हैं कि बंदरों को चना गुड़ केले डालना ठीक नहीं है। वे भगवान नहीं हैं।

तीनों कहानियों में मीडिया ने एक नायक बनाया है। एक खलपक्ष बनाया है और दर्शक को जज बनाया है। नायक ताकतवर है। निठारी की कहानी में खलनायक एक रह गया है लेकिन दूसरा जनता की नजर में अभी है जिसकी अभिव्यक्ति सीबीआई की चार्जशीट पर शंका जाहिर करके की गई है, यानी कहानी अभी बंद नहीं हो सकी है। वूल्मर की मौत की गुत्थी कुछ सुलझी-उलझी कही जा रही है। दर्शकों में से ज्यादातर दर्शक अपनी पाक विरोधी भाव की कहानी को उसकी अंतिम परिणति तक पहुँचाना चाहेंगे। वे देखना चाहेंगे कि वूल्मर की हत्या ही सही हो। उसका दोष 'परिचित खल तत्त्व' पर हो। खेल में सक्रिय देशभक्ति यहाँ सक्रिय है। यहाँ कमजोर पक्ष वूल्मर है और खलपक्ष पाकिस्तानी टीम और पाकिस्तान है कि वे लोग तो ऐसा कर सकते हैं। पाक को संदेह का जरा सा भी लाभ नहीं है। खबर इस कदर नीचे तक आते आते 'क्लोजर' पा रही है। सबसे अनाथ खबर बेंगलूर के कुत्तों की है जिनका कोई नहीं है। पशुप्रेमी, पशुरक्षण अधिकार माँगने वाले भी नहीं हैं। टीवी में बाइटें प्रमुख होती है। छवियाँ मन पर छाप छोड़ जाया करती हैं जो अचानक एक बड़ा मीनिंग बनाती हैं और ध्यान खींचती हैं। यही इफैक्ट होता है जो बहा ले जाता है। आप चाहें तो छत्तीसगढ़ में नक्सलों द्वारा मारे गए पचपन पुलिसवालों की कहानी या नंदीग्राम की कहानी को भी याद कर सकते हैं। आप यह भी सोच सकते हैं कि क्यों नंदीग्राम पर चैनल इतना समय लगाते रहे और पचपन पुलिसवालों की कहानी जरा बनकर रह गई! आप इन तमाम उदाहरणों से चैनलों के इफैक्ट बनाने की नीति की पड़ताल कर सकते हैं।

बेंगलूर में एक कुत्ता पकड़ने वाली गाड़ी के पीछे एक काला कुत्ता बँधा था। वह समझ नहीं पा रहा था कि उसे यहाँ क्यों बाँधा गया है लेकिन वह बिना हिले-डुले वहाँ भी खड़ा था। कौन जानता है कि उसके मन में हजार डर, हजार अपराध बोध लाचारियाँ भाँय-भाँय करती होंगी। कौन जाने? क्योंकि कोई जानना नहीं चाहता। क्योंकि कोई जान ही नहीं सकता। शिकार की भाषा शिकारी की भाषा से एकदम अलग अर्थ देती है। यह मीडिया की अर्थ प्रक्रिया का सबसे बड़ा सच है कि किसी भी कहानी का नायक एक अर्थ बनाता है तो खलनायक दूसरा अर्थ बनाता है। तीसरा अर्थ दर्शक अपना अपना बनाते हैं जो हमेशा एक सा नहीं होता और खबर देने वाले को उस एक अर्थ में ढालना होता है तो भी तरल ही रहता है। वह बंद नहीं हो पाता और बहता रहता है। अर्थ का अंत नहीं होता। मीडिया के अर्थ का अंत नहीं होता। वह लगातार एक कहानी की तरह बहता रहता है।

ऊपर की तीनों कहानियों में से किसी भी एक कहानी का आप एक अर्थ नहीं कर सकते। एक पक्ष में जाते ही दूसरा पक्ष निकल पड़ेगा और फिर तीसरा चौथा पाँचवाँ निकल पड़ेगा। तो भी मीडिया को हर बार एक कहानी में ढालना पड़ेगा।

यहीं दर्शक के अर्थ की बात आती है। दर्शक अपनी हैसियत, अपने हित से कहानी का अर्थ बनाया करते हैं।

खबर का इफैक्ट भी अर्थ-तरल होता है। बंद नहीं होता। उसे मैनेज करना असंभव होता है।

25 मार्च, 2007

निर्भय भाव या खतरावाद

एक सर्वे बताता है कि प्रिंट मीडिया बढ़त पर है, फिल्म मीडिया बढ़त पर है लेकिन सबसे ज्यादा बढ़त पर टीवी है। टीवी सबसे ज्यादा गति से बढ़ने वाला है। फिल्मों से भी ज्यादा गति से बढ़नेवाला है। एक आँकड़ा कह रहा है कि सन् दो हजार दस तक टीवी उद्योग 427 अरब रुपए का हो जाएगा और फिल्म उद्योग अरब तक पहुँच जाएगा। मोबाइल के क्षेत्र की बढ़त सबसे तेज है। कंप्यूटर-इंटरनेट उतनी तेजी से नहीं, फिर भी अच्छी गति से बढ़ रहा है। यह एक नया सूचना परिदृश्य है।

यूरोप और अमेरिका में टीवी उद्योग कुछ दशक पहले अपने बूम पर आया और अब ब्रॉडबैंड साइबरी दुनिया के आ जाने से अब यह समस्या बनकर आ खड़ी हुई है कि अखबार उद्योग पीछे हटने लगा है। साइबर स्पेसी वेब अखबार ज्यादा चलन में आने लगे हैं। नई पीढ़ी को खबरों से ज्यादा मतलब नहीं रह गया है। वह इंफोटेनमेंट की ओर निकल गई है। हार्ड न्यूज के दिन बीतने लगे हैं और सॉफ्ट न्यूज भी कम होती जा रही है। इसका असर अखबार उद्योग पर पड़ने लगा है। रीडर का खाली समय घट गया है। पश्चिम की दुनिया में यह उलटफेर हो रहा है और लोग कहने लगे हैं कि अखबार का अवसान हो रहा है।

अपने यहाँ इसका उल्टा चक्र नजर आता है। सूचना उद्योग मनोरंजन उद्योग एक-दूसरे से मिलकर ज्यादा गति से बढ़ रहा है। अपने अखबार जो अब खासे मनोरंजक भी हैं, पारिवारिक भी हैं अपनी बढ़त दर्ज करते जा रहे हैं।

टीवी और फिल्मों की बढ़त तथा इंटरनेट की अपेक्षित कम बढ़त प्रतिशत के दौरान प्रिंट पर इतना जोर अगर बढ़ रहा है तो उसके क्या कारण हो सकते हैं? यह बूम कब तक चल सकता है और क्या पश्चिम की तरह अपने यहाँ भी एक साइबर-समाज बनकर प्रिंट को तिलांजलि दे सकता है या कि पश्चिम में चल रहे मौजूदा ट्रेंड को क्या प्रिंट का 'डूम' माना जा सकता है? ये सवाल विचारणीय हैं।

पहले और दूसरे सवाल का जवाब यही है कि अपने समाज में अभी बहुत

से साक्षर जन-क्षेत्र अपनी पहली पीढ़ी बना रहे हैं जो अब नागरिक समाज के निर्माण में अपनी हिस्सेदारी माँगती है और इसके लिए वह खबर पढ़ना जरूरी समझती है। कमजोर के लिए खबर पढ़ना या जानना उसका सबलीकरण का भाव है। समाज के अंतरंग संरचनामूलक परिवर्तनों से जुड़ा है, इसलिए जब तक यह विराट निम्नजीवी समाज सूचना से ताकत ग्रहण कर कुछ बराबरी पर नहीं आ जाता, तब तक वह प्रिंट को अपना ज्ञानदाता मानता रहेगा। यदि हम प्रिंट के बूम को इस समाज के सबलीकरण के भाव से जोड़कर देखें, तो कम-से-कम एक बड़ा कारण यही नजर आता है कि ज्यों-ज्यों निम्न समाजों में कुछ आर्थिक एवं साक्षरता की क्षमता बढ़ेगी, वह सूचना समाज के निर्माण के पहले चरण को अपनाएगा। इसमें दस-बीस साल का वक्त लग सकता है। जब एक और भी विराट मध्यवर्ग सामने आ जाए, जो प्रिंट के साथ या उसकी जगह अन्य माध्यमों को जरूरी समझे, इसलिए अभी तो ये बूम चलना ही है और, जब यह अपने ठहराव पर आएगा, तब वही नहीं होगा जो पश्चिमी समाजों में हो रहा है। सूचना जब तक आदमी को ताकत देनेवाली रहेगी, तब तक सूचना की भूख बढ़ती रहनी है। ज्ञान समाज में सूचना 'एम्पावरमेंट' का सबसे बड़ा जरिया है।

इसके साथ, उस मिथकीय अतिरंजना के बारे में भी सोच लिया जाना चाहिए, जो कहती है कि पश्चिम में अखबार मर गया है और एक दिन यहाँ भी मर जाना है।

यह अतिनाटकीय चिंता उसी तरह की है, जिस तरह कि किताब के मरने की बात कुछ दशक पहले सामने आती रही। किताब नहीं मरी, उसका स्वरूप बदल गया। आज दुनिया में किताब-उद्योग कहीं भी 'सिक उद्योग' नहीं है, मरने की बात तो छोड़िए। कागजी-किताब साइबर-किताब बनी तो भी फर्क नहीं पड़ा। सीडी पर किताब ज्यादा हिट नहीं हुई। किताब का पाँच-सात सौ साल पुराना इतिहास इसके आड़े आता रहा।

किताब एक पूरा सांस्कृतिक विमर्श है। सांस्कृतिक विमर्श कभी मरते नहीं। वे आते जाते रहते हैं। सो, सिद्धांततः कहा जा सकता है कि प्रिंट-अखबार साइबर अखबार के माने में भी कहीं जानेवाला नहीं। साइबर अखबार एक प्रिंट से अतिरिक्त एक अखबार ही है।

जब तक प्रिंट रहा, अखबार का एक फॉरमेट रहा। जब साइबर या वेब में आ गया, तो एक और बन गया। पहलेवाले प्रिंट ने अपना फॉरमेट बदला और जीता रहा। नए ने अपना 'निवेश' बाजार बनाया और चलता रहा। तकनीक और बाजार के नियम किसी भी उपादेय और लाभप्रद प्रक्रिया को विदा नहीं देते। तकनीक और बाजार हर वस्तु का एक सरप्लस पैदा करते चलते हैं। जिसे निंदात्मक ढंग से 'वेस्ट' कहा जाता है और अच्छे अर्थ में 'अलंकार' या 'अतिरिक्त साज-सज्जा' कहा जाता

है। जैसे कपड़ों में अतिरिक्त कपड़ा लगा देना या घर की अतिरिक्त सज्जा कर देना। यानी कुछ 'फालतू' या 'एक्स्ट्रा' बना डालना!

हर समय सामाजिक प्रलय का इंतजार करनेवाले कहते रहते हैं कि नए समाज में ये गया, वो गया, मगर वे यह नहीं देख पाते कि नए समाज में हर पुरानी चीज को नए सिरे से पुण्य बनाकर बार-बार उपयोगी बनाने और उससे पैसा कमाने की अपार क्षमता बनी हुई है। इसका उदाहरण धर्म के प्रतीकों की कर्मकांड की जबरदस्त वापसी है और वह तत्त्ववादी कम और तमाशाई ज्यादा होकर आई है। धर्म एक विराट उद्योग बना है। इसी तरह पुरानी फैशन बार-बार लौट-पलट कर आती रहती है। आयुर्वेद की वापसी हुई है। क्या इसी तरह हम ज्ञान के पुराने तौरतरीकों में से उपयोगी तौरतरीकों की वापसी के बारे में आशान्वित नहीं हो सकते।

कुछ पहले तक हिंदी के चिर-प्रलयवादी सोचा करते थे कि टीवी के आने से अखबार तो बेकार हो ही गए, किताब भी बेकार हो गई, लेकिन 'रीडर सर्वे' बताते हैं कि यह भय निराधार था। रीडर हर तरह से हर तरह के बढ़े हैं। उसकी डिमांड नई है। अखबार भी कुछ नया है। नया होकर उसने अपने को बचाया है। सिनेमा तक ने टीवी की मार से अपने को बचाया। सबक यही है कि 'सबकुछ खत्म हो जानेवाला है' वाले भाव से हमें निर्भय भाव में आना चाहिए।

4 फरवरी, 2007

दो पाटन के बीच में

एक विज्ञापन आता है।

एक लड़की एक लड़के के घर आती है। लड़की उच्चस्तरीय स्कर्ट और मुक्तस्कंध टॉप पहने है। लड़का दरवाजा खोलता है। वह सिर्फ कच्छा पहने है। लड़का पहले अपने कच्छावतार पर झेंपता है। उसके बाद उदसकी आँखें लड़की की उच्चस्तरीय स्कर्ट और उनमें निहित हो रही जाँघों पर टिकती है! लड़की की नजर लड़के के जाँघिए के उस उछले हुए हिस्से पर पड़ती है, जिसे मर्दानगी की जगह कहते हैं और उसके बाद कैमरा दिखाता है कि एक ओर सही जगहों पर उठे हुए ब्रापेंटी पड़े हैं; दूजी ओर कच्छा पड़ा है। कुछ-कुछ ऐसी ही सीक्वेंस है सीनों की।

यह विज्ञापन अपने नए स्वघोषित 'मोरल इंस्पेक्टर' सूचना-प्रसारण मंत्री का निशाना तो एकदम बन सकता है। उनका मानना होगा कि ऐसा एडल्ट कंटेंट रात के ग्यारह बजे के बाद रहे, तो शायद चल सके। ये क्या कि कभी भी सामने पड़ जाए!

इसे देख कोई भी कह सकता है कि कच्छा-बनियान बेचने के लिए लड़का-लड़की के सुरति-सीन बनाना क्यों जरूरी हुआ? क्या लड़की का लड़के के स्थान विशेष को कामुकता से देखना जरूरी रहा? क्या लड़के का लड़की के विशेष स्थान का 'चक्षुमैथुन भाव से निहारना' ठीक है?

यह विज्ञापन की स्टोरी लाइन या कहें, पटकथा की ज्यादती है। विज्ञापन से सेल और मार्केटिंग की यह कहानी अन्यथा भी बन सकती थी। खुली सेक्स की इस कदर फूहड़ व्यंजनाएँ और चिह्न क्यों रखे गए? कच्छा-बनियान को 'सेक्सी' अर्थ क्यों दिए गए? वे तो अंग ढँकने के काम आते हैं। उसके कच्छा-बनियान की नुमायशें क्यों की गईं और की गईं तो उनको इस विशेष ढंग से सक्रिय क्यों किया गया कि वे खास ढंग से उठे दिखते रहें। कपड़ों को इस कदर व्याख्यायित क्यों किया गया?

नैतिक 'दारोगा भाव' इसे तुरंत बंद करने की बात कह सकता है। बंद होगा,

तो विज्ञापन समुदाय कह सकता है कि ये उनके अधिकार का हनन है। विज्ञापन बहुत ही साफ-सुथरा है। लोग विज्ञापन को पढ़ना नहीं जानते। आपत्ति को विज्ञापन काउंसिल देखेगी। उसमें कॉरपोरेट और विज्ञापन कंपनियों के लोग ही ज्यादा होते हैं। वे प्रायः विज्ञापन की भाषा की नजर से देखा करते हैं और ऐसे तमाम विज्ञापन उनके लिए उचित होते हैं, जिन पर जनता प्रायः आपत्ति करती है।

जनता की नैतिकता के 'स्वनियुक्त रखवाले' ऐसे मौके की तलाश में रहते ही हैं। अब तक ये काम बजरंग दल वाले शिवसैनिक करने की कोशिश करते रहते थे। पिछले दिनों से कांग्रेस के कई नेता भी उनसे होड़ करने लगे हैं। बार गर्ल्स के मसले पर अपना परम नैतिक कर्तव्य मुंबई के एक मंत्री को निभाना पड़ा था। अब केंद्र के सूचना-प्रसारण मंत्री अपना कर्तव्य पूरा करते दिख रहे हैं। लेकिन हम कह दें, इससे मीडिया की आजादी को कोई खास खतरा नहीं है। रात के ग्यारह बजे के बाद उसकी आजादी बढ़ जानी है, तो भी लोग कह सकते हैं कि मंत्रीजी का ऐसा कहना उचित नहीं है। इसमें मीडिया की आजादी पर आसन्न किसी खतरे की बू आती है। आपातूकाल की यादें ताजा होती लगती हैं। कुछ मानते हैं कि अपनी मीडिया की आजादी दोतरफा खतरों में नजर आती है। एक खतरा कच्छा-बनियान गिरोह की ओर से है, दूसरा नैतिकतावादी सत्ता की ओर से है।

दो पाटन के बीच में साबुत बचा न कोय!

ये दोनों परस्पर विरोधी दिखनेवाले तत्त्व तक समान काम करते नजर आते हैं। कच्छा-बनियान विरोध पाकर बाजार में हिट हो जाता है और उधर नैतिक पुलिस मध्यवर्गीय नैतिकता को तुष्ट करती हुई वोट की ओर ललचाई नजर से देखने लगती है।

नैतिक दारोगा साहब की नजरें अरसे से विज्ञापनों पर इनायत हैं। कुछ पहले 'एएक्सएन' पर उनको भवें इसलिए ही तनीं कि उसमें वर्ल्ड के सबसे सेक्सिएस्ट विज्ञापन दिखाए गए थे। अब वे फिर नाराज हैं और कह रहे हैं कि उनकी नजर में कुछ चैनल हैं, उनके कुछ कार्यक्रम हैं और वे नाम तक बता सकते हैं। पता नहीं, उन्होंने उक्त विज्ञापन देखा कि नहीं।

एएक्सएन पर जब प्रतिबंध लगाया गया, तब उसके मालिक 'सोनी' मंत्री जी से मिले। पता नहीं चला, बात हुई या टूटी। गलती मानी। सॉरी बोला कि नहीं बोला!

विज्ञापन की दुनिया में ऐसा होता रहता है। योजना बनाकर ऐसे विज्ञापन दिए जाते हैं, जो परेशानी पैदा करें और जब परेशानी बन जाती है, तो विज्ञापन की वस्तु के प्रति एक जिज्ञासा उसकी पोजीशनिंग बन जाती है, तब उसे बड़े शिष्ट भाव से अहसान जताते हुए हटा लिया जाता है। इस बीच विज्ञापन अपना काम कर जाता है।

हम फिर कहें कि ब्रॉडकास्टिंग रेग्यूलेटरी अथॉरिटी बिल मंत्रीजी के पास पड़ा है। मंत्रीजी का ऐलान रहा कि उसे इसी संसदीय सत्र में लाया जाएगा, लेकिन वे

नहीं ला पा रहे लगते हैं। उनकी नैतिक दृष्टि निष्क्रिय नहीं रह सकती। जब तक कानून बने, तब तक वे हस्तक्षेप कर सकते हैं। अनर्थ देख भला कोई हाथ पर हाथ धरे बैठा रह सकता है? जन हित राष्ट्र हित में कुछ तो करना ही होगा न!

अनेक लोग मानेंगे कि विज्ञापनी बदतमीजी अपनी जगह आपत्तिजनक है और नैतिक दरोगाई भी आपत्तिजनक है। कभी-कभी लगता है कि कहीं दोनों के बीच कोई अजानी 'मित्रता' तो नहीं है कि प्रायः एक का 'अपराध' दूसरे की 'ज्यादती' को वैधता प्रदान करता है! बेहतर यही है कि वैध नागरिकता सक्रिय हो। कानून अब भी कई हैं जो इस तरह की तमाम आपत्तियों के लिए काफी हैं। इस बीच अपने मंत्रीजी ने राष्ट्र हित में क्रिकेट मैच को डीडी पर दिखाने का इंतजाम कर दिया है। यह भी एक प्रकार से जन हित के नाम पर 'सत्ता का हस्तक्षेप' माना जा रहा है।

क्रिकेट मैच दिखाने के लिए प्रसारण अधिकार की नीलामी होती है। डीडी भी इसमें भाग लेता है। डीडी की बोली नहीं उठी। निजी चैनल की उठ गई, तो आप क्या उस चैनल से ये कहेंगे कि तू जीत कर भी हारा, मैं हार कर भी जीता? तब आपको किसी बोली में जाने की जरूरत नहीं। परमानेंट इंतजाम कर दीजिए कि जो भी क्रिकेट मैच का प्रसारण करेगा, उसे हमें सिग्नल देने ही होंगे। मीडिया में 'अध्यादेश राज' हरगिज शुभ नहीं।

हमारा तो यही कहना होगा कि स्वयं प्रोएक्टिव बनने से बेहतर है कि आप बिल ले आएँ। कानून बनवा दें। एक व्यवस्था बन जाए और ऐसे तमाम मामले किसी स्वायत्त संस्था के दायरे में आ जाएँ, ताकि इन पर किसी व्यक्ति की नैतिकता का आग्रह हावी न हो और सांस्थानिक उपचार सामने आएँ।

11 फरवरी, 2007

नागरिक पत्रकारिता

एक चैनल नागरिक पत्रकारों को बुलाता है। कहता है कि आप सब दर्शक हमारे पत्रकार हैं। हमें खबर के बारे में बताएँ। हमें खबर दें। हमें खबरदार करें।

कल तक अखबार खबरदार किया करते थे। वे ही खबर लेते-देते थे। अब मीडिया कहता है कि लोग हमें खबरदार करें, खबर दिया करें। वे ही हमारे कंटेंट प्रोवाइडर हैं। यह पत्रकारिता की प्रक्रिया में एक 'शिफ्ट' है। सामान्य दर्शकों को यह खबर ललचाती है। जो जितना 'शक्ति वंचित' है, वह उतना ही सूचना में आना चाहता है, सूचना बनाना चाहता है। सूचना शक्ति है। यह बात नीचे एक बड़े मध्यवर्गीय समाज तक पहुँच गई है। नागरिक पत्रकारिता इसी का परिणाम है। आम नागरिक, लगता है कि उसके पास भी पत्रकार बनने की क्षमता है। उसके पास दूसरे की खबर से अलग खबर हो सकती है। वह मीडिया के बाहर एक अलग कोना बना सकता है। खबर श्रोता या दर्शक या पाठक की ओर मुड़ गई है। वही विधाता है, ऐसा लगता है। यह अहसास अच्छा है। इससे आम आदमी सूचना-सजग और सूचना-खोजी होता है।

अपने मीडिया में यह प्रवृत्ति कई बरस से बन रही है। अब वह कई तरह से संबोधित जनता को अपना सूचनाप्रदाता बनाने की बात करता है। इसका आरंभ एसएमएस के जरिए दर्शकों की प्रतिक्रिया माँगने के साथ हुआ। खबर अपना असर दिखा रही है। असर में आया हुआ दर्शक एसएमस कर रहा है, अपना वोट दे रहा है और वोट व्यापक जनमत को प्रभावित कर रहा है।

इस एसएमएसों की अपनी इकोनॉमी है। ये रेडियो से लेकर टीवी तक रोजाना माँगे जाते हैं। कितने एसएमएस सच आते हैं, इसका आँकड़ा किसी के पास नहीं होता। हर बात के दो या तीन पक्ष पैदा करके वोट लिए जाते हैं और प्रतिशत बता दिया जाता है। बताए गए प्रतिशत का कुछ असर तो होता ही है। ऐसे कार्यक्रमों के लिए एसएमएस का रेट अलग होता है और मोबाइल कंपनियों की तथा चैनल विशेष के वोट मँगानेवाले इंटरएक्टिव कार्यक्रम विशेष की पत्ती अलग होती है। हर

एसएमएस दर्शक की जेब कुछ ढीला करता है। जनता का यह हस्तक्षेप उसके मोबाइल बिल में नजर आता है।

एसएमएस के कई स्तर हैं। गंभीर स्तर चैनलों की चर्चाओं में नजर आते हैं। वहाँ एसएमएस के वोट को किस तरह की व्याख्या दी जाए, इसका सारा दारोमदार चैनलवाले पर ही होता है। इस तरह जो एसएमएस हमें अपना हस्तक्षेप लगता है, उसका मेकअप चैनल के विचार किया करते हैं। वोट हो न हो, कई बार लगता है कि वोट बना दिया गया है। हम समझते हैं कि आजादी है, लेकिन उसका अनुशासन चैनल करता है और अपने हिसाब से रिजल्ट बताता है। जो भी हो, दर्शक की अंतःक्रियात्मकता का यह अवसर चैनलों ने दिया है और संजीदा मसलों पर वोट कभी-कभी बढ़ा भी नजर आता है। हम कह सकते हैं कि हर बार एसएमएस नकली नहीं होते होंगे। इसकी असलियत को जाँचने का जरिया मोबाइल कंपनियों के बिल ही हो सकते हैं। एसएमएस वोटिंग एक हाशिए के खेल की तरह दिलचस्प होते हैं और आप इतनी चिंता नहीं करते कि असल है या नकल है! चैनलों का यही छल उनकी ताकत है। नागरिक पत्रकारिता की अवधारणा आकर्षक होते हुए भी इस छल के बिना समझ नहीं आ सकती।

ब्लॉगिंग भी इस श्रेणी में जनता की पत्रकारिता है। इसे पत्रकारिता का नया संस्करण बताया जा रहा है, जिसमें ब्लॉगर्स कहीं से कभी भी अपनी खबर ले-दे सकते हैं। उसका संचार अनंत साइटों पर संभव है। यह ब्लॉग नागरिकता को बताता है। इसमें हिस्सेदार नागरिक ग्लोबल भी हैं और एक-दूसरे से अनजाने हो सकते हैं। प्रिंट में 'लेटर टू एडीटर' लिखनेवाले नागरिक का पता होता है। उसकी प्रोफाइल ब्लॉग की दुनिया में आकर बदल गई है। वह पाठक से नागरिक बन गया है। वह 'सूचनापाता' से 'सूचनादाता' बन गया है! उसकी पहचान है। तुरंत लोकेट किया जा सकता है। ब्लॉगर को आसानी से लोकेट नहीं किया जा सकता। यह तत्त्व पत्रकारिता के इतिहास में कई नई समस्याएँ पैदा करने लगा है। नागरिक पत्रकारिता के युग में परंपरागत पत्रकारिता के लिए अनिवार्य दक्षता फालतू नजर आती है। कोई भी पत्रकार बन जाए, सहज संभाव्य है। परंपरागत एकाउंटेबिलिटी का तत्त्व नहीं रहता। ब्लॉगर की दुनिया में उपलब्ध सूचना सामग्री परोसी सी होती है, उसकी इकोनॉमी स्पष्ट नहीं होती। तकनीक निर्भर यह पत्रकारिता बहुत संसाधन नहीं चाहती। कोई भी वेब बनाकर अपना खेल शुरू कर सकता है।

इसी के साथ वीडियो शेयरिंगवाली पत्रकारिता की बात भी करनी चाहिए, जो कि अपने यहाँ जारी है। चैनल नागरिकों के 'वीडियो शेयर' यानी वीडियो हिस्सेदारी करने लगे हैं। यह वीडियो वेबसाइट्स पर ज्यादा आने लगा है। अब तक 'सोशल नेटवर्किंग साइट' नजर आते थे, जिनमें लोग अपने-अपने हितसमूहों में सक्रिय रहते थे। अब शेयरिंग की बात आने लगी है। उनके देशज वीडियो अपने-अपने 'यू ट्यूब'

और 'ओरकुट' संभव कर सकते हैं। पिछले दिनों 'यू ट्यूब' ने गाँधी को नए अंदाज में दिखाकर वीडियो शेयरिंग की कला सामने ला दी। ऐसी कई ऑनलाइन वीडियो साइट हैं, जिनमें शेयरिंग चलती रहती है। 'आपका वीडियो डॉट कॉम', 'अपना ट्यूब डॉट कॉम', 'मेरा वीडियो डॉट कॉम, 'वीडियो डब्बा डॉट कॉम' और 'इनफीडिया डॉट कॉम' कुछ प्रसिद्ध वीडियो शेयरिंग, वेबसाइटें हैं, जिनमें नागरिक पत्रकारिता का कुछ अलग स्तर नजर आता है।

इस नए मीडिया में असल बात अनुभव को शेयर करने की होती है। यों तो कहा जाता रहा है कि टीवी अपनी 'डंबिंगडाउन' करने की आदत से हरेक को खामोश कर डालता है, गुलाम बना डालता है, लेकिन नई तकनीक ने इस गुलामी से मुक्ति का रास्ता भी दिखा दिया है कि आप चाहें, तो कुछ संसाधनों के जरिए स्वयं अपने अनुभवों को बाँट सकते हैं। अब आप बिग मीडिया पर निर्भर नहीं हैं।

परिणाम अनिर्वचनीय हैं, मगर यह पत्रकारिता चलन में ज्यादा आ रही है। यह नागरिक समाज में नागरिक के सशक्तिकरण का एक औजार भी है।

18 फरवरी, 2007

खबर बनने के उद्यम

एक बार फिर बनारस खबरों में आया। कानपुर खबरों में आया। भोपाल खबर में रहा। मुंबई तो रहता ही है लेकिन राँची तक खबर में आने लगा।

प्रसंग रिचर्ड गेर द्वारा शिल्पा शेट्टी को चूमे जाने के सीन का रहा। यों तो उस दिन स्टार न्यूज के दफ्तर पर 'हिंदू राष्ट्रीय सेना' तोड़-फोड़ कर चुकी थी। उसके एक अधिकारी का सर फोड़ चुकी थी और हर तरह से यह मीडिया की आजादी के खिलाफ एक बड़ी घटना थी पर इसमें मीडिया की आजादी का प्रश्न ज्यादा देर नहीं टिका। किसी भी शहर से किसी भी समूह ने आजादी के पक्ष में प्रदर्शन नहीं किया। मुंबई में पत्रकारों ने अवश्य किया। लखनऊ में किया लेकिन कोई कथित 'प्रहरी समूह'/विजिलांत सामने नहीं आया। यह चिंता की बात रही लेकिन यह कठोर सच है कि यह कहानी किसी भी चैनल पर एक खबर से ज्यादा नहीं रही।

मीडिया चैनल स्वयं इस खबर से उपराम से ही रहे। हाँ, शिल्पा के चुंबन प्रसंग को बार-बार दिखाया जाता रहा। इन सीनों की बौछार होती रही। इतनी हुई कि आप अपना चैनल बंद कर सकते थे। एसएमएस माँगे जाते रहे। इसके बाद बनारस, कानपुर, भोपाल, राँची इत्यादि नगरों में कुछ लोग शिल्पा का पुतला फूँकते दिखाए जाने लगे। अगर यह कुछ और देर दिखाया जाता रहता तो कई और शहरों के दृश्य भी इसमें शामिल हो जाते।

प्रस्तुत प्रसंग में मीडिया और शहर दर शहर दिखते क्षणिक कथित प्रहरी समूहों के संबंध पर विचार करना जरूरी है। प्रहरी समूहों की दृश्यमानता बढ़ चली है। वे प्रायः रूढ़िवादी नजरिया अख्तियार करते हैं और हिंसक होते हैं। उनके पीछे राजनीतिक-सांस्कृतिक संगठन होते हैं। उनका एजेंडा होता है। यह बार-बार खबर बना करता है। यह शायद सैकड़ों में से एक उदाहरण होगा जब बनारस, कानपुर, भोपाल मैदान में आया होगा। पिछले बरसों में इन शहरों ने खबरें बनाई हैं। शहर अपनी बाई लाइन देकर ही माना है। इसका श्रेय उन पोस्टर-पुतले आदि जलाने वालों को दिया जाना चाहिए जो अचानक भारतीय संस्कृति को बचाने के लिए दोपहर

में आगे आ जाते हैं जैसा कि शिल्पा के मामले में आए और दस-बीस रुपए का पोस्टर जलाने लगे। पुतले बनाकर जलाने लगे।

ऐसे शहरों को इस तरह के संदर्भ में ही खबर में लाने का श्रेय उन चैनलों को भी दिया जाना चाहिए जिन्होंने शिल्पा के मामूली से सीन को एक सांस्कृतिक अपदृश्य की तरह ही पेश किया। एसएमएस माँगे और कैमरों को बनारस, कानपुर, भोपाल राँची में तैयार रखा कि जब लोग कुछ एक्शन करें तो दिखाया जाए। हो सके तो उनके बयान भी दिखाए जाएँ। फिर जवाब में शिल्पा को भी दिखाया जाए जो कहे कि ऐसा क्यों हुआ? इस तरह जनता और कर्ता के बीच सीधा संवाद हो। जब मामला 'किस' जैसा दिलचस्प हो तो 'किस कर्ता' की जितनी कीमत है उससे ज्यादा उसके विरोध करने वालों की है और इस तरह चैनलों ने इस खबर को पूर्णता तक पहुँचाया।

चैनल अक्सर खबर बनाने, उसके जरिए प्रतिक्रिया पैदा करने से लेकर प्रतिक्रिया करने वालों का निर्माण करने के काम में लग जाते हैं। प्रतिक्रिया कहाँ पैदा होगी इसकी खबर भी उन्हें रहती है और कैमरे भी खाली होते हैं। ऐसे मसले सलेक्टिव ढंग से ही लिए जाते हैं। इसे मुद्दा उछालना कहा जाता है और इसी उछाल के जरिए टीआरपी की उछाल को बनाना होता है। तब क्या यह कहा जा सकता है कि कुछ चैनल जाने-अनजाने इस प्रहरी बाजी में अपनी एजेंडाबाजी भी मिलाते हैं।

शिल्पा के बिग ब्रदर कांड पर भी ऐसे शहर जरा मौलिक ढंग से सामने आए। वहाँ के स्वनियुक्त सजग प्रहरी/विजिलांत/युवा खबर बनाते रहे। पहले वे शिल्पा के अपमान का विरोध करते रहे। उसे देश का अपमान बताते रहे। जब शिल्पा ने बयान में कहा कि उसके संग कोई नस्ली भेदभाव नहीं किया गया तो वे ही समूह आकर शिल्पा का पुतला जलाने लगे। यह 'प्रहरियों' का बयानों के बीच फँसने की तरह था।

ऐसे स्वनियुक्त प्रहरी दो प्रकार के लाभ में रहते हैं। एक, वे अचानक किसी भी मौके पर अपने को शहर का प्रतिनिधि बना डालते हैं। दूसरे कि उनकी मीडिया तक पहुँच आसान बन जाती है। वे खबर बनाने वाले जो बन जाते हैं। कई बार तो ऐसा भी लगा है कि उन्हें चैनलों ने या तो पहले से टिप दी है या उनसे टिप ली है कि वे फलां जगह ऐसा करेंगे और उन्हें कवर किया जाना चाहिए।

चैनलों को इसमें अपनी खबर के बाजार का विस्तार नजर आता है। वे स्वयं ऐसे समूहों से परिचित होते हैं। कालांतर में ऐसे शहरों में कई तरह के समूह प्रकट हो सकते हैं। यदि अध्ययन किया जाए तो ऐसा करने वालों की मीडिया मित्रता के सूत्र तक नजर आ सकते हैं। कई चेहरे हर बार सीन में नजर आया करते हैं। जगह भी तय होती है। यहाँ तक कि पीछे की दुकान के साइन बोर्ड से भी आप पहचान सकते हैं कि यह पहले भी इसी जगह हुआ था।

इस सब में टीवी खबर और महानगरों से टक्कर लेने वाले दो नंबर के महानगरों

के भीतर खबर बनने की इच्छा कुलबुलाती नजर आती है। कई लोग इस इच्छा को हमेशा आजादी के विपरीत चलाकर एक मुफस्सिल यथार्थ का डर-सा दिखाते है मानों पूरा शहर विरोध करने पर उतर आया हो जबकि होते दस-बीस लोग ही हैं। यही इन शहरों के प्रतिनिधन की हाइजैकिंग होती है जिसे चैनल पूरी करते हैं। ये चैनल जब प्रदर्शन दिखा रहे होते हैं तब उन आवाजों को नहीं दिखाते जो इन्हीं शहरों की समझदार सी आवाजें हो सकती हैं। चैनल इसी तरह से इकहरे शहर बनाते हैं। इस तरह की परिघटनाएँ यह भी बताती हैं कि दिल्ली, मुंबई, कोलकाता, मद्रास, बेंगलूर जैसे चार-पाँच महानगरों के मुकाबले कुछ नए शहर अपनी 'मीडिया उपस्थिति' चाहने में स्पर्धा करने लगे हैं। वे खबरों की दिल्ली-केंद्रिकता से परेशान रहते हैं।

कई बार देखा गया है कि ऐसे प्रहरी प्रदर्शनकारी भले अपने दृश्यनिर्माण में अति क्षुब्ध नजर आएँ, वे बहुत देर तक सीन में नहीं रहते। वे यथावसर प्रकट होते रहते हैं। अचानक किसी शहर में बीस-चालीस लोग किसी प्रदर्शन को करने के लिए समय निकाल रहे हैं। यह सब अचानक तो नहीं होता लेकिन इसे अचानक बनाकर उसकी खबर वैल्यू बढ़ाई जाती है। दरअसल टीवी की खबरों में ऐसे समूहों के लिए अपनी जगह बनाने का चतुर उपक्रम होता है।

यहीं कहीं वह तत्त्व सामने आता है जिसे मीडिया के उपयोग से जोड़ा जा सकता है। जिस तरह राजनेताओं ने मीडिया का उपयोग जाना है उसी तरह या कहें उससे ज्यादा ऐसे छोटे छोटे समूहों ने जान लिया है कि यदि आप कोई उपद्रव करें, किसी उदार विचार के विरोध में कुछ कहें तो वह बड़ी खबर बनती है।

यह तरीका मीडिया के अपने बाजारी हितों के विरोध में जाता है। मीडिया को इसे समझना चाहिए। रूढ़िवादी जनता अच्छा उपभोक्ता नहीं बना करती।

22 अप्रैल, 2007

हाशिए पर दलित-विमर्श

मायावती ने यूपी जीतने के बाद कहा कि बसपा के लोगों को मीडिया का लालची नहीं होना चाहिए और अपने काम में जुट जाना चाहिए।

जिंदगी के हर कोने-अंतरे में पैठ करने वाले, समूचे समाज को अपनी जकड़ में लेने वाले, जीवन शैली को बदलने वाले और राजनीति एवं समाज का एजेंडा तय करने का दंभ पालने वाले तथा हर मामूली से मसले पर जनमत बनाने वाले मीडिया को लेकर मायावती का यह कथन चुनावों तथा एक्जिट आँकड़ों, भविष्यवाणियों, दलीय प्रक्षेपणों को लेकर मीडिया के कथित तटस्थ रोल पर तो तीखी टिप्पणी है ही, साथ ही वह मीडिया से बसपा के बहुजन समाज के प्रति उपेक्षापूर्ण नजरिए पर भी टिप्पणी है।

समाज के आँख-कान बने ताकतवर मीडिया का इस कदर दर्प-दलन करना माया की विजय का दर्पोद्धत बयान जैसा नहीं है। यह टिप्पणी मीडिया के मायावती को लेकर उसके सकल व्यवहार की समूची समीक्षा है। मायावती की टाइमिंग महत्त्वपूर्ण है। जिस दौर में राजनीतिक दल और उनके नेता अपना मुँह खोलने से पहले अपने चहेते मीडिया के लोगों को फोन कर-करके बुलाते हैं, दानापानी देते हैं, पालते-पोसते हैं, उनके वर्तमान और भविष्य का खयाल रखते हैं, उस दौर में मीडिया की 'परवाह न करने' की बात मीडिया का नया दलित-विमर्श ही कहा जा सकता है।

माया और मीडिया के संबंध भी कभी 'सगोती' नहीं रहे। मीडिया से नाराज कांशीराम और मायावती ने एक बार कुछ मीडिया जनों को खदेड़ा भी था। मीडिया बड़े दिनों उनसे नाराज रहा था। तब से तो उनका गोत्र कभी मिलने ही नहीं दिया। मीडिया ने माया को कभी मित्रता से नहीं लिया। मीडिया इस संदर्भ में अपने कर्त्तव्य निर्वाह में बहुत दूर तक सवर्णवादी नजरिए का कायल रहा है। इसके बहुत सारे प्रमाण दिए जा सकते हैं।

जब पहली बार मायावती सीएम बनी और कुछ गहने पहनकर प्रेस के सामने आई तो उनके समाचारों में उनके गहनों का, उनकी बातों से ज्यादा जिक्र रहा। बड़ी

जाति वाला मीडिया दलित लीडर को फटे-टूटे से 'गाँधी मोड़' में देखना चाहता होगा। यह दलित को लेकर उनके मीडिया में काम करने वाले लोगों के मन की बनी-बनाई छवि रही जिससे बाहर वह दलित को नहीं देख सकता था। यह बनी हुई दलित छवि की कैद थी जो मीडिया के लोगों के दिमागों में रही। जब मायावती वैसी नहीं दिखी तो वह चौका और उसने दलित के अचानक इस कदर 'प्रदर्शन-प्रिय' और 'अमीर' होने को हो गाया बजाया!

पिछले आम चुनावों के 'कवरेज के तरीके' की पड़ताल के लिए, 'सी फार रिसर्च एंड एडवोकेसी' समूह के द्वारा महीने भर कई चैनलों के चुनाव कवरेज रिकार्ड किए गए थे। चुनावों के तुरंत बाद ही उसकी रिपोर्ट पिछले चुनाव आयुक्त महोदय की सदारत में कंस्टीट्यूशनल क्लब में एक बैठक में जारी की गई थी। उसके एक पैनलिस्ट के रूप में यह लेखक भी था। उस रिपोर्ट ने बताया कि दो हजार चार के आम चुनाव में सबसे ज्यादा कवरेज सोनिया के 'रोड शो' का रहा। प्रियंका का रहा, अटल का रहा, आडवाणी का रहा। यहाँ तक कि लालू तक का कवरेज ज्यादा हुआ। मगर वामपंथी दलों को राष्ट्रीय चैनलों की प्राइम टाइम की खबरों में ज्यादा जगह नहीं मिली। मायावती की पार्टी को तो न के बराबर कवरेज मिला! इस लेखक ने उसी वक्त अपने इसी कालम में आम चुनाव के कवरेज के इस शोध के नतीजों की ऐसी ही खबर दी थी!

तब से अब तक हालात बदले नहीं। जबकि ये तो यूपी के ही चुनाव थे। मायावती की बसपा एक बड़ी ताकत के रूप में यहाँ पहले से रही। चुनाव सर्वे चाहे बसपा को पूर्ण बहुमत न देते रहे हों मगर सब बसपा को सबसे बड़ी पार्टी मानकर चल रहे थे। तो भी राहुल गाँधी के रोड शो की जितनी कवरेज मीडिया में रही उतनी तो किसी की नहीं रही। यहाँ तक कि प्रियंका को भी अपेक्षाकृत ज्यादा कवरेज मिला। सोनिया की कवरेज को तो उदार होना ही था।

ऐसी उपेक्षा माया के लिए नई नहीं रही। कोई और दल होता तो इस बात पर दस जगह शिकायत करता लेकिन माया की ओर से कोई शिकायत कभी नहीं आई। बाद में भी कहा तो इतना कि बसपा के कार्यकर्ता को मीडिया का चहेता नहीं होकर अपना काम करते रहना चाहिए! मीडिया के गाल पर इससे बड़ा तमाचा नहीं हो सकता। इससे बड़ी दलित समीक्षा नहीं हो सकती। देसी भाषा में कह सकते हैं कि माया ने मीडिया को उसकी निहित 'जात' बता दी और तब बताई जब माया ने खुद बसपा का सतरंगा विस्तार कर लिया। मीडिया अब भी दो-तीन रंग के अलावा चौथे रंग का महत्त्व नहीं समझता।

बहुत पहले दलित चिंतक चंद्रभान प्रसाद ने अपने एक लेख में शोध करके बताया था कि मीडिया के भीतर दलितवर्गी कर्मियों की संख्या न के बराबर है। उसी का नतीजा है कि दलित मसलों के प्रति वहाँ उचित संवेदनशीलता का अभाव नजर

आता है। दलित की खबर तभी बनती है जब वह मीडिया के लिए किंचित करुणामूलक हो। कहीं दलित बस्ती जला दी गई तो कवरेज हो गया। कहीं प्रतिक्रिया में दलित आंदोलन करने लगें तो कवर हो गया। लेकिन दलित वर्ग के अपने नए प्रयोगों, राजनीतिक विमर्शों को मीडिया पूरी तटस्थता के साथ जगह नहीं देता।

मीडिया में माया एवं दलित विषयक चर्चाओं में दो-तीन बातें सामने आई हैं।

पहली : मीडिया और सर्वे अपने चुनाव पूर्व विश्लेषणों के एकदम गलत निकलने पर हतप्रभ दिखे हैं मगर 'शर्म उनको मगर नहीं आती!'

ज्यादातर महानुभाव इस बात पर लगे हैं कि यह 'माया-प्रयोग' कब तक चलेगा? क्या इसका केंद्र पर, राष्ट्रपति चुनाव पर असर पड़ेगा? कई लोग इस माया-प्रयोग के उसी रास्ते जाता देखते हैं जिस रास्ते अन्य मोर्चे जाते हैं। कुछ चिंतित हैं कि इससे तो जातिवाद बढ़ेगा। मीडिया इससे ज्यादा कुछ नहीं कर सकता। वह इस प्रयोग में पनपते कई अस्मिताओं के सांस्कृतिक राजनीतिक विमर्शों को नहीं पढ़ सकता। यह स्थिति दयनीय है। दुनिया के मीडिया विशेषज्ञ मानते हैं कि इलेक्ट्रॉनिक मीडिया मूलतः अस्मिताओं को सक्रिय किया करता है, अस्मितामूलक विमर्शों को जन्म देता है। ऐसा मीडिया मायावती के विमर्श को पराया समझे, यह उसकी 'अंतरंग राष्ट्रवादी' दृष्टिबोध ही कही जा सकती है।

अस्मितामूलक समय में ग्लोबल मार्केट के संग-संग 'राष्ट्रवादी' विमर्श से नियंत्रित रहना मीडिया की अंतर्विरोधी स्थिति है! मायावती ने उसी ओर संकेत किया है।

20 मई, 2007

1857 और दिल्ली उर्दू अखबार

अठारह सौ सत्तावन के इस डेढ़ सौवें स्मृति वर्ष में उस वक्त के मीडिया का अध्ययन कई तरह से महत्त्वपूर्ण हो सकता है। उसके कवरेज, उसके भाषा-प्रयोग आदि की जानकारी आज की पत्रकारिता के लिए भी उपयोगी हो सकती है। दिल्ली के तीन अखबारों ने इस क्रांति के चार महीनों का खास कवरेज किया। इन चार महीनों—मई से सितंबर के दौरान जब दिल्ली अंग्रेजी नियंत्रण से आजाद रही। उर्दू अखबारों ने इसका पर्याप्त कवरेज किया था। यह तथ्य है कि उस दौरान उर्दू के अखबार इस काम में आगे रहे। तेज राजनीतिक बदलाव की घटनाओं को आज से डेढ़ सौ साल पहले किस तरह से कहा गया होगा, यह देखना पत्रकारिता के विकास के एक खास चरण को देखना है।

इस मामले में मार्क्सवादी कम्युनिस्ट पार्टी के साप्ताहिक मुखपत्र 'पीपुल्स डेमोक्रेसी' के 29 अप्रैल के अंक में प्रकाशित प्रसिद्ध इतिहासकार शीरीन मुसवी का लेख बेहतर रोशनी डालता है। इस बहाने वे 'द लास्ट मुगल' किताब के लेखक डालरिपंल की भी खबर लेती हैं और उस वक्त के मीडिया के रोल के बारे में उपयोगी बातें बताती हैं। इन चार महीनों में जिस अखबार ने क्रांति के बारे में सबसे विश्वसनीय ढंग से रिपोर्ट की टिप्पणियाँ लिखीं उस अखबार का नाम है 'दिल्ली उर्दू अखबार' जिसके सोलह अंक 'नेशनल आर्काइव्स' में हैं। दूसरा 'सिराज उल अखबार' है जो फारसी में निकला करता था और तीसरे का नाम है—'सादिक उल अखबार'। इनमें 'दिल्ली उर्दू अखबार' की भूमिका पर उर्दू पत्रकारिता के इतिहास की ज्यादा चर्चा आई है।

'दिल्ली उर्दू अखबार' के उपलब्ध अंक मई महीने से सितंबर 1857 तक के हैं। इनमें उन महान क्रांतिकारी घटनाओं का विविध प्रकार से वर्णन है। पत्रकारिता की विधा की नजर से इन खबरों को उस जमाने का 'आँखों देखा हाल' भी कहा जा सकता है, 'रिपोर्ताज' भी कहा जा सकता है और देशप्रेमियों/हिंदू-मुसलमान दोनों का 'उद्‌बोधन' भी कहा जा सकता है। इसी अखबार को देखकर लार्ड केनिंग ने

उसी दौरान कहा था कि 'नेटिव प्रेस' खबरें छापने के बहाने भारतीय जनता में 'देशद्रोह' की भावनाएँ फैला रहा है। उस वक्त के मीडिया की यह भूमिका स्वतःस्फूर्त लगती है। उतनी ही स्वतःस्फूर्त जितनी कि क्रांतिकारियों की गतिविधियाँ। मगर यहाँ हर सप्ताह क्रांतिकारी प्रक्रिया का आकलन भी है और उसका दिशा निर्देश भी है।

मुसवरो अपने लेख में इस अखबार में प्रयुक्त शब्दों के खास बदलाव और बदलते नजरिए को बड़ी सुंदरता से रेखांकित करती हैं। हर रविवार को निकलने वाले 'दिल्ली उर्दू अखबार' के मालिक संपादक शिया विद्वान मौलवी मुहम्मद बकर थे जो उस दौर की दिल्ली 'एलीट' में मशहूर नाम थे। उनकी बैठक शाही दरबार और उर्दू साहित्यकारों के बीच रहती थी। प्रसिद्ध उर्दू शायर जौक के वे दोस्त थे। विद्रोह से पहले के तीन अंक बताते हैं कि अखबार में बहुत-सी खबरें 'लेटर टू एडीटर' की तरह आती थीं। यह उस वक्त की 'फ्रीलांस' पत्रकारिता थी। आज की पदावली में इसे 'नागरिक पत्रकारिता' भी कहा जा सकता है। अखबार में सरकारी गजटों के अलावा अंग्रेजी के अखबारों से खबरें ली जाती थीं। ये सिर्फ लोकल खबर नहीं देते थे बल्कि दुनिया भर की खबरें रहती थीं। यूरोप, इंग्लैंड की खबरें रहती थी।

लेकिन सत्रह मई के अंक से 'सीन' बदल गया। अखबार का 'फोकस' बदल गया। क्रांति दिल्ली आ चुकी थी। क्रांति ही सबसे बड़ा एजेंडा थी। अंग्रेजों द्वारा दिल्ली को बाहरी दुनिया से काट दिया गया था। डाक व्यवस्था तहस नहस थी, इसलिए दिल्ली उर्दू अखबार दिल्ली और उसके आसपास की दुनिया को ही कवर कर सकता था। अखबार बताता है कि कैंटोनमेंट का डाक अधिकारी मारा जा चुका है और विद्रोहियों ने डाक व्यवस्था बहाल नहीं की है। बाहरी खबरें इसीलिए नहीं आ रही हैं। सत्रह मई का अंक कई मायनों में महत्त्वपूर्ण है। सत्रह और चौबीस मई के दो अंकों में विद्रोह के इतने अचानक होने और सर्वशक्तिमान बने अंग्रेजों के पतन पर 'सुखदाश्चर्य' प्रकट किया गया है। अंग्रेजों, उनकी औरतों या बच्चों के मारे जाने पर रत्ती भर भी हमदर्दी नहीं है। चांसलरी के प्रमुख निक्सन और दिल्ली कॉलेज के प्रिंसिपल टेलर के मारे जाने पर खुलकर खुशी जाहिर की गई है। 'इंगलिश' के लिए 'अंग्रेज' और विद्रोही सिपाहियों के लिए 'तिलंगा' शब्द प्रयुक्त हुए हैं। अंग्रेजों को खत्म करने के लिए तिलंगियों की तारीफ की जाती है लेकिन अपनी मनमानी-सी करने वाले तिलंगी जब एक खत्री घुड़सवार को मार देते हैं या चाँदनी चौक में एक सब्जी बेचने वाले को मार देते हैं तो उसे ठीक नहीं कहा जाता। संपादक बकर के बेटे मुहम्मद हुसैन आजाद की एक कविता भी छापी गई है जो कहती है कि सब कुछ जानने वाले ताकतवर अंग्रेजों का नामोनिशां मिट गया...।

चौदह जून के अंक में तिलंगियों को सिपाही दिलेर, बहादुर सेना का नाम दिया जाता है। 'तिलिंगान ई नार शेर'/शेर जैसे तिलंग कहा जाता है। अंग्रेजों को

हराने के लिए सिपाहियों को भीम, अर्जुन, रुस्तम, चंगेज, हलाकू के साथ-साथ तैमूर और नादिरशाह के कदमों पर चलने की सलाह दी जाती है।

शुरू का 'सुखदाश्चर्य' बहुत जल्दी यहाँ तक आते आते सिपाहियों की हौसला अफजाई करने के लिए हिंदू-मुसलमान वीर परंपराओं की दुहाई देने लगता है! आगे चलकर विद्रोही सिपाही 'सिपह ई हिंदुस्तान' कहे जाने लगते हैं। देशवासियों/अहले वतनों से अपीलें की जाने लगती हैं। हिंदू मुसलमानों की एकता पर जोर दिया जाने लगता है। आदिपुरुष को मानने वाले हिंदू और अल्लाह को मानने वाले मुसलमान एक हैं। अंग्रेज ईसाई हैं। हिंदू मुसलमान एक जैसे हैं। अंग्रेजों ने ऊपर के सारे पद हथिया लिए हैं। 'हिंदुस्तान' की संपदा को बाहर ले जा रहे है। हिंदुस्तान पामाल कर दिया है...। सत्रह जुलाई का अंक उस इश्तहार को पेश करता है जिसका इरादा हिंदू मुसलमानों में विद्वेष पैदा करना था। दिल्ली उर्दू अखबार इस इश्तहार को दुश्मन का षड्यंत्र बताता है और उसकी हर बात का जवाब देता है। सितंबर तरह का अंक लंबे संघर्ष को देखते हुए जनता को निराश न होने के लिए कहता है। इस दौर के कई विवरणों में ईद पर गोकुशी की अफवाह की चर्चा आती है। शीरीन मुसवी स्पष्ट करती हैं कि दिल्ली उर्दू अखबार ने इसे खास ध्यान देने योग्य नहीं समझा और ईद के शांतिपूर्वक गुजर जाने, हिंदू मुसलमानों के बीच कोई भी विवाद न होने के लिए खुदा का शुक्रिया अदा किया।

अठारह सौ सत्तावन भारत में पत्रकारिता के इतिहास का भी एक निर्णायक मोड़ है। उसे देखने के लिए ऐसे विद्वानों के विवरण उपयोगी हैं।

27 मई, 2007

स्टिंग का सच और संदेह

स्टिंग पत्रकारिता जब से यहाँ आई है तभी से विवाद का विषय रही है। 'तहलका' ने इसे शुरू किया और उसे सत्ता प्रतिष्ठान का कोप भाजन बनना पड़ा। उसके बाद यह स्टिंग पत्रकारिता आती जाती रही। हर न्यूज चैनल ने इसे अपनी खबरनवीसी को चमकाने का जरिया बनाया। कई स्टिंग के जरिए दबाव बनाने में सफल रहे।

एक वक्त ऐसा भी आया कि मामूली से अपराधियों को लेकर स्टिंग होने लगे। ''कोई मोबाइल बेचने वाला दूसरों के नंबरों से फोन कराने की सुविधा देता रहता है'', 'एक स्कूल या कॉलेज का प्रिंसिपल पैसे लेकर दाखिले देता रहता है' इत्यादि। बहुत जल्दी ही ऐसी पत्रकारिता छोटे-छोटे रहस्यों को उद्घाटित करने में बर्बाद हुई। साख कम हुई। तभी सांसदों के सवाल पूछने के बदले पैसा लेने वाले स्टिंगों ने दर्शकों का ध्यान खींचा। भ्रष्टाचार फिर मुद्दा बना। संसद ने भी इस पर सोचा। कई नामित संसद सदस्यों को सजा मिली और केस बने। सांसदों की नैतिकता पर बहस हुई। इस बीच एक बार फिर कुछ बड़े साधुओं, बाबाओं के भीतरी रहस्यों का पर्दाफाश करने वाले खुफिया कैमरों की बदौलत दर्शकों को मसाला मिला और स्टिंग ऑपरेशन एक बार फिर चर्चा में आ गए।

बीएमडब्लू केस में अब तक स्टिंग नहीं हुआ था। केस चल रहा था। सारे गवाह मुकर चुके थे। बीएमडब्लू कार 'ट्रक' में बदल गई थी। एक गवाह कुलकर्णी बचे थे। उन्होंने बयान दिया कि कार को चलाने वाला नंदा नहीं था।

इन दिनों वे अपने द्वारा किए स्टिंग के कारण चर्चा में हैं। उनके अनुसार एनडीटीवी के सहयोग से उन्होंने ऐसा किया। एनडीटीवी का कहना रहा कि उसने इस काम के लिए कुलकर्णी को कोई पैसा नहीं दिया। कुलकर्णी ने स्वयं उन्हें संपर्क किया। कुलकर्णी ने जो खुफिया कैमरे से रिकार्ड किया उसे जनहित में दिखाने लायक समझकर दिखा दिया। कुलकर्णी स्टिंग के लक्ष्य बचाव पक्ष के वकील रहे। दोनों से बातचीत को कुलकर्णी ने रिकार्ड किया जिसमें गवाह को प्रभावित करने की बात भी व्यंजित होती रही।

इस खबर का प्रसारण होते ही अपेक्षित हलचल हुई। स्टिंग के निशाने पर सुप्रीम कोर्ट के जाने-माने वकील थे और जितना टेप दर्शकों ने प्रथम चक्र में देखा उसमें उन वकीलों की छवि बुरी तरह 'कलंकित' होती लगती रही। उनका कहना रहा कि ये टेप 'जान-बूझकर बनाए गए' हैं। उन्हें फँसाने की साजिश है। दिखाने वाले चैनल पर वकील साहब द्वारा पचास करोड़ की मानहानि का मुकदमा तक ठोक देने की खबर है। कोर्ट ने इन टेपों को मँगा कर देखा। उसे अनकट टेप मिले। उसने देखे।

केस किस करवट बैठेगा, यह कोई नहीं जानता। इससे आगे ताकत और राजनीति का खेल हावी होना है। वकीलों की बार काउंसिल ने तीन सदस्यीय जाँच समिति बनाई है। कहा जा रहा है कि स्टिंग के निशाने बने वकील काउंसिल में दबदबा रखते हैं। कई वकील कह रहे हैं कि यह सब साजिश है लेकिन कुछ बड़े कह रहे हैं कि अगर यह सब सच है तो ऐसे वकीलों को वकालत के धंधे में रहने का हक नहीं है। उन्हें निकाल बाहर करना चाहिए।

सारे प्रकरण में वही बातें दुहर रही हैं जो 'तहलका' के दौर में उभरी थीं : टेप के आते ही खबर की सत्यता-असत्यता पर बहस छिड़ी और बहुत जल्द ही तकनीकी तर्क, कानूनी तर्कजाल और राजनीतिक ताकत का खेल शुरू हो गया। इस खेल में जो कमजोर पड़ा उसका हिसाब पहले हुआ। लेकिन यह आज तक नहीं ज्ञात हुआ कि सच क्या था?

जो स्टिंग कर्म एक सच को इतने आत्मविश्वास से स्थापित करने के लिए किया गया वही अंततः संदेहास्पद बन गया। 'सत्य' ही 'संदेहास्पद' बन गया! एक बार फिर ऐसे ही आसार नजर आते हैं। जो स्टिंग सुनील कुलकर्णी ने किया उसके शेष दिखाए टेपो से स्पष्ट है उक्त चैनल की पत्रकार ने इस काम में कुलकर्णी की मदद की है।

यहाँ से आगे तकनीकी पक्ष, कानूनी तर्कजाल तथा राजनीतिक ताकत का खेल शुरू होना है। बहुत जल्द 'मोटिव' पर बात आनी है, 'साजिश' की बात कही जानी है। यह भी हो सकता है कि अंततः सिर्फ सच और साजिश आपस में बहस करते रह जाएँ। दर्शक बोर हो उठें। बात कुलकर्णी पर भी आ रही है। उसके बयान लगातार बदले हैं। सब कुछ इतना सपाट और सीधा नहीं है जितना कि दिखता है। कुलकर्णी का कहना है कि न्याय और वकालत के क्षेत्र में आ रही सड़ांध को उजागर करने के लिए यह सब अपने आप किया। टेप बताते हैं कि उसे पाँच करोड़ माँगने की सलाह दी जा रही है। बात उसके 'मोटिव' की भी होगी।

वकील की बातचीत को टेप करने वाले के अलावा प्रसारित करने वाले के 'हेतु' क्या रहे? बात यहीं आकर अटक जानी है। हेतु या इरादे या स्वार्थ को निर्धारित

करना तो झूठ पकड़ने वाली मशीन तक के बस का नहीं है। तब सच क्या है? इसे कैसे पकड़ा जाएगा?

बस यहीं पर 'सच' और 'मीडिया के सच' में फर्क पैदा होता है। यह बात सूचना की भाषा, उसके निर्माण और वितरण की जटिल प्रक्रिया में फँसती है। मीडिया का जो सच प्रथम क्षण में 'प्रकृत' माना जाता है वह कितने ही स्तरों पर थोड़ा-थोड़ा बदल चलता है? इसे ही मीडिया का सच कहते हैं। यह सच भी चूँकि 'रीडर रेस्पांस थ्योरी' में या उत्तर-संरचनावादी विखंडनवादी 'अर्थ की तरलता' की 'रीडिंग स्ट्रेटजी' वाली थ्योरी में 'अनिश्चित' हो उठता है। ऐसे में सच के 'निश्चयन' की बात कहाँ से उठती है?

सच की संरचना पर विचार करने का परंपरागत कानूनी तरीका सच की संरचना को भाषा से बाहर 'कहीं पहले से घटित हुआ' एक 'स्वयंभव एवं प्रकृत' सच मानकर व्याख्या करता है जबकि मीडिया की संरचनाएँ सच को 'संरचनामात्र/कंस्ट्रक्शन' बनाती हैं। सच का कोई 'प्रकृत' रूप नहीं होता। भाषा में आते ही वह अपना रूप बदल लेता है। 'संस्करण' कर लेता है। इस तरह 'कानूनी सच' एक हो सकता है, 'मीडिया का सच' दूसरा हो सकता है और तीसरे पक्ष का सच कुछ और हो सकता है।

स्टिंग ऑपरेशन दरअसल इस वहम से शुरू किए जाते हैं मानों वे 'सच' को खोज लाए हैं। यह आंशिक रूप में सच हो भी सकता है मगर वह एक 'मीडिया का सच' ही हो सकता है। एकमात्र सच नहीं। उसे मीडिया का सच माना जाए तो भी उसे हर बार संदिग्ध तो नहीं माना जा सकता!

सच की ऐसी हर खोज अंततः संदेह और सच के बीच की जंग बन जाती है जिसमें ताकत का विमर्श ही सच की अवस्था को तय करता है। दर्शक जनता सच को नहीं उसको नियोजित करने वाली ताकत के सच को देखती है। उसे ही 'पूरा सच' मान लेती है। मीडिया का 'दृश्य-श्रव्य सच' इसलिए एक 'संरचित' यानी 'बनाया गया' सच ही होता है। 'प्रकृत' सच नहीं होता।

इस तरह 'सच' क्या था? यह सवाल फिर भी रह जाएगा!

3 जून, 2007

स्मृति ईरानी का जाना

जो 'क्योंकि सास भी कभी बहू थी' के बारे में जानता है वो स्मृति ईरानी उर्फ 'तुलसी विरानी' के बारे में जानता है और ऐसा कौन अभागा होगा जो केबल टीवी देखता हो और इस सीरियल को न जाने? हर घर की सास-बहुएँ, लड़कियाँ तो इस सीरियल की अरसे तक फैन रही हैं। उनकी नायिका तुलसी रही हैं और तुलसी की भूमिका में स्मृति ईरानी रही हैं। सात साल के बाद इस सीरियल के केंद्रीय चरित्र तुलसी की भूमिका निभाने वाली अभिनेत्री स्मृति यदि सीरियल से विदा ले रही है या उसकी विदाई की जा रही है, चरचा तो होगी ही न!

एकता कपूर का यह ट्रेंड सेटर सीरियल तुलसी के चरित्र पर निर्भर था। वह एक बड़े संपन्न घर की बहू रही। उसकी सास रही। बाद में उसकी भी बहू आई। नाती-पोते रहे। सात साल में एक उम्र उसने पूरी की। उसके पति का रोल निभाने वाले कम से कम पाँच मिहिर बदले गए। हर बार मिहिर नाम का चरित्र कोई नया चेहरा लेकर आ जाता लेकिन तुलसी उसे भी सिर्फ नाम साम्य के आधार पर अपना पति परमेश्वर मान लेती। इतनी भली औरत रही। कई अन्य अभिनेता बदले मगर वह न बदली। अब उसकी जगह गौतमी कपूर ले रही हैं।

स्मृति ईरानी की शोहरत एक वक्त इतनी अधिक रही कि उनकी तुलसी की छवि को भुनाने के लिए भाजपा ने उनसे चाँदनी चौक की संसदीय सीट का चुनाव तक लड़वाया। वे घर-घर की बहू वाली छवि को पेश करती रहीं। भाजपा ने उनके इसी चारित्रिक रूप को प्रचारित करने की कोशिश की। उन्हें देखने पुरानी दिल्ली की औरतें उत्सुक दिखतीं। तुलसी उनसे हाथ मिलाती, उनके संग फोटो कराती। बोलती-बतियाती। यह अलग बात है कि तुलसी उर्फ तुलसी विरानी हार गई। स्मृति ईरानी सांसद नहीं बन पाई। कांग्रेस के कपिल सिब्बल जीत गए।

टीवी के किसी कलाकार ने इतनी शोहरत नहीं पाई कि वह ब्रांड बन गया हो। लगातार बदलती घरेलू परिस्थितियों में मर्यादाशील, सहनशील बहू के रूप में, नए पुराने मूल्यों के बीच किसी तरह संतुलन स्थापित करने वाली पढ़ी-लिखी स्त्री

के रूप में तुलसी को पंसद करने वाले बहुत रहे। वह ब्रांड एंबेसेडर बनीं कई घरेलू उत्पादों की। लगातार सात साल तक एक ही भूमिका में सफलतापूर्वक काम करने से यह स्थिति बनी।

अब स्मृति ईरानी इस सीरियल को छोड़ रही हैं। कई कारण हो सकते हैं। सीरियल की पॉपुलेरिटी उतार पर है। उनका रोल अब थक चला है। प्रोफेशनल कारण भी हो सकता है। वे अब स्वयं इस भूमिका से ऊब चली हों या अपने स्टीरियो टाइप से मुक्त होना चाहती हों। हो सकता है कि उन्हें कुछ बड़े ऑफर हों या एकता कपूर से अनबन हो गई हो। फिल्म उद्योग में उन्हें अपना करियर नजर आता हो। एक नए सीरियल में तो वे अलग से काम कर ही रही थीं। हो सकता है कि वे अपना प्रोडक्शन करें। फिल्म इंडस्ट्री जिस गणित से चलती है, अपनी टीवी इंडस्ट्री भी लगभग उसी गणित से चलती है। फिल्मों में कुछेक 'फाइनेंसर-निर्माता-निर्देशक अभिनेता-समूह' या घराने हैं। किसी भी कलाकार को उनमें से किसी एक से जुड़कर सौ फीसद उसका वफादार होकर रहना पड़ता है। प्रोडक्शन हाउस बदला कि आप गए! टीवी में एकता कपूर के आने से पहले दूरदर्शन ही एकमात्र सबसे बड़ा प्रोडक्शन हाउस था। उसने रामानंद सागर या बीआर चोपड़ा या श्याम बेनेगल या सईद मिर्जा आदि को ही ज्यादा काम दिया। उनके प्रोडक्शन हाउस ज्यादा सामने आए। उपग्रह टीवी के बाद स्टार प्लस ने जब 'क्योंकि सास भी कभी बहू थी' ब्रांड सीरियलों को लांच किया तो एकता कपूर का प्रोडक्शन हाउस बढ़ा। आज वह बड़े-बड़ों से टक्कर लेता नजर आता है। उसके मुकाबले के टीवी प्रोडक्शन हाउस कम ही हैं, कुछ फिल्म वाले हों तो हों।

एकता कपूर के सीरियलों को पॉपुलर भाषा में 'के' ब्रांड सीरियल कहा जाने लगा। उनके हर सीरियल का शीर्षक 'के' अक्षर के आस-पास मँडराता। 'दो' तीन बार 'के' आता जाता। 'कसौटी जिंदगी की', 'कहानी घर घर की' इत्यादि सीरियल एक ही तरह के थे जिन्होंने खाते-पीते शहरी मध्यवर्ग की पढ़ी-लिखी स्त्री की नई छवि दी। वह 'शांति' की तरह या 'अभिमान' की नायिका की तरह विद्रोहिणी संघर्षकारी स्त्री नहीं थी बल्कि अमीर घर में हर दम सज-सँवर कर रहने वाली, कुछ मर्यादा में तो कुछ उसके बाहर रहने वाली रही। इन औरतों के बीच घरेलू कलह रहते। कहानी में घटना बहुल विकास का अभाव होने से औरतें घर के भीतर हर वक्त एक-दूसरे को काट खाने पर उतारू रहने लगीं। अपने पतियों से 'आई हेट यू' कहने लगीं। उनके दोस्त होने लगे। एकाध तुलसी टाइप की मर्यादा वाली बनीं तो ज्यादातर कैकेयी, मंथरा टाइप में कलह प्रिया बनीं। हर दम डिजाइनर साड़ी में डिजाइनर बिंदी से लेकर केश विन्यास सब में वे फैशन परेड में रहतीं। वे साड़ियाँ पहनती या सलवार सूट पहनतीं जो बाद में बाजार में लड़कियों का क्रेज बन जाते। घरों में औरतें वैसी

ही रहने लगीं। अस्सी साल की सास से लेकर तीस साल की तुलसी तक के बाल एकदम काले नजर आते क्योंकि इसका सबसे बड़ा स्पांसर गोदरेज हेयर डाई रहा।

नव उदारवादी अर्थव्यवस्था के दौर में सुखी समृद्ध पारिवारिक जीवन की एक शैली का नाम था 'क्योंकि सास भी कभी बहू थी'। इतना सुखी परिवार न कभी फिल्मों में बना था न साहित्य में। फिल्मी परिवारों में गरीबी रही। परंपरा और कट्टर जाति संबंधों के विपरीत जाते प्रेम संबंध रहते या पति-पत्नी संबंधों में गलतफहमियाँ और अंत में सती सावित्री पत्नी का लौट आना रहता। यह परिवार एक दिन में सुखी नहीं बनता। उसे संघर्ष करना पड़ता। इसके लिए प्रायः बड़े संयुक्त परिवार की घुटन से बाहर आकर स्वतंत्र प्रेम के जरिए नया परिवार बसाने का भाव फिल्मों की कहानियों का क्रांतिकारी सार रहता। बहुत दुःख झेलने के बाद परिवार में सुख आता।

स्टार प्लस ने परिवार को आर्थिक समस्या से मुक्त कर दिया। नए मनमोहनी-चिदंबरी-उदारवादी आर्थिक माहौल में बिजनेस करने वाले लोगों के नवधनाढ्य परिवार में औरतें आदमी हर समय डिजाइन जीवन में रहते। नए समृद्ध परिवार की सुख संचयी जीवनशैली पर जोर बढ़ा। दर्शक स्त्रियों में बरसों से संचित घरेलू दमन के विरोध में विद्रोह का भाव इस नए संपन्न आर्थिक स्पेस में ही व्यक्त हुआ। औरतें अधिक बदलाखोर, कलहप्रिया बनने लगीं। यह दबी स्त्री की नई भाषा बनी। 'आई हेट यू' उसका मुहावरा हुआ। 'तुझे देख लूँगी!' अदा हुई। समाज में इसकी भी जगह रही होगी। पिछले दिनों से इस सुखवादी परिवार का बाजार उतरने लगा। कुछ रियलिटी शोज ने, कुछ लॉफ्टर शोज ने कुछ नव-उदारवाद के बढ़ते अंतर्विरोधी झटकों ने सीरियल के दर्शक को उसके पात्रों से ज्यादा बेचैन बनाना शुरू किया। तो तुलसी की कथा का फिलहाल इतना ही इतिवृत्त है। देखना चाहिए कि गौतमी कपूर की तुलसी क्या कहती है।

10 जून, 2007

खबर खरबूजावादी

जिसकी आशंका थी वही हो रहा है। बड़ी अदालत तक ने गुर्जर आंदोलन के कवरेज के संदर्भ में इलेक्ट्रॉनिक मीडिया पर आलोचनात्मक टिप्पणी की है। ऐसी घटनाओं के संदर्भ में मीडिया की भूमिका पर यह एक सख्त टिप्पणी है। अब पुलिस ने एक चैनल का नाम लेकर उसके कवरेज को प्रकारांतर से गैर-जिम्मेदार और भड़काऊ कहा है, देखिए—16 जून का हिंदुस्तान टाइम्स। गुर्जर आंदोलन का कवरेज किसी भी तरह से सतर्क नहीं था। इस आंदोलन के राजनीतिक-सामाजिक प्रभाव जितने दिखते थे उससे कहीं ज्यादा हो सकते थे और हुए भी। आरक्षण नीति संकट में आई। दो दर्जन से ज्यादा लोग मारे गए। जाति युद्ध जैसा वातावरण बन चला।

इस कालम में संकेत में पहले कई बार लिखा गया है कि ऐसे बहुत से कवरेज 'असावधान' कवरेज होते हैं। अब लोग कह रहे हैं कि चैनलों ने आंदोलन को कुछ इस तरह से अनक्रिटिकली बनाया-बताया कि आंदोलनकारियों को इकतरफा हमदर्दी मिली। जाहिर है कि मीडिया का अपना पक्ष हो सकता है। भीड़ के बीच भीड़ का साक्षात् दबाव होता है। भीड़ में फँसा मीडिया बहुत जोखिम में होता है। साक्षात् दबाव के आगे वह ज्यादा क्रिटिकल नहीं हो पाता। कवरेज पर दबाव बनते हैं। इसीलिए गुर्जर कवरेज में वह ज्यादा क्रिटिकल नहीं हो पाया।

यह सच है कि चैनलों पर आंदोलनकारी अपना चेहरा दिखाकर बेहद खुश नजर आते थे। अपने को हीरो समझते थे। उनके हाथों में लाठी, फरसे, कुल्हाड़े नजर आते थे। इस तरह के कवरेज में कोई आलोचनात्मकता नहीं दिखती थी। जो होता दिखता था, वह नेचुरल सा दिखता था। उसे इसी तरह से दिखाया जाता रहा।

खरबूजे को देखकर खरबूजा इन दिनों भले रंग न बदलता हो, टीवी को देखकर आदमी का दिल बदलता है। 'खरबूजावाद' टीवी दर्शक पर लागू होता है। टीवी 'अस्मिता मूलक चिह्नों' को जगाने-बनाने वाला माध्यम है। टीवी की नई सिद्धांतिकिया/थियरीज कहती हैं जिस तरह वह अस्मिता मूलक चिह्नों को जगाता-बनाता है उससे सत्ता मूलक विमर्श बनते हैं। यह जनसंचार बेहद जटिल, अनेकमुखी अंतर्द्वंद्वात्मक/इंटरडाइलेक्टिकल तरीकों से काम करता है।

मीडिया में काम करने वाले जब पॉपुलर राजनीति की व्याख्या करते हैं तो वे अस्मिता मूलक चिह्नों/छवियों, विशेषणों का यथेष्ट सजगता से इस्तेमाल नहीं करते। वे खुद पॉपुलिज्म में बहने लगते हैं। अनक्रिटिकल होकर किसी एक अस्मिता का पक्ष अधिक लेने को आसान समझते हैं। जब ऐसा कवरेज टीआरपी बढ़ाने की स्पर्धा के खेल में संस्कारित होता है। ऐसी ही असावधानियाँ होती हैं जिनकी शिकायत हो रही है।

हम अनेक उदाहरण रोज बनते देख सकते हैं। यह चैनलों के अपने कर्म की फँसावट है। खबर चैनलों ने जाने-अनजाने रिपोर्टिंग का एक फार्मूला बनाया है, जिसमें 'जनता' अक्सर पवित्र, अराजनीतिक और अनाम होती है और प्रायः प्रशासन के प्रति क्रिटिकल दिखती है। वह चिर असंतुष्ट और शिकायतों का झोला खोले रहती है। प्रशासन एक राय से निकम्मा ही होता है। कवर करने वाला लाइव फील्ड रिपोर्ट दिखाकर अचानक कह उठता है 'इतनी देर हो गई और प्रशासन सो रहा है।' इसका हास्यास्पद एक नमूना तो पिछले ही दिनों दिखा जब रिपोर्टर ने एक जगह की गरमी के प्रकोप को कवर करते हुए अचानक कहा कि "इस सबके लिए सरकार क्या कर रही है?" बताइए! तेज गरमी के खिलाफ कोई सरकार क्या कार्रवाई कर सकती है?

याद करें। गुर्जर आंदोलन में 'आग' विशेषण का बड़ा मनमाना उपयोग हुआ। हर चैनल ने जिस पदावली को भी चुना उसमें आंदोलन, आग के फैलने-बढ़ने की आशंका लगातार जताई जाती रही। एक चैनल का तो सबसे प्रिय विश्लेषण 'आग' ही हो गया। वह उसी में जलता-बुझता दिखता है।

इससे पहले पंजाब में 'डेरा सच्चा-सौदा-अकाली विवाद' में भी कम से कम दो चैनलों में 'यह आग अब और शहरों में भी फैलेगी...' कहा जाता रहा। खरबूजावादी नियम से दूसरे चैनलों ने और गरम पदावली खोज निकाली। किसी ने कहा : पंजाब जलने को है। किसी ने छक्का लगाया। क्षण मात्र में 'खून-की-नदियाँ-बह-सकती हैं, वाला भाव भर दिया।

जब आप ऐसे विशेषणों से एक खबर को विभूषित करते हैं तो उसको बनाने वाले और उत्साहित होकर सामने आते हैं। बिना किसी संगठन और नेतृत्व के एक टीवी कवरेज प्रेरित भीड़ समझ जाती है कि अगर हम इससे भी उग्र सीन बना देंगे तो कवरेज होगा। हम खबर बनाने वाले होंगे! टीवी के बारे में जनता की यह समझ पक्की बनी है कि एक्शन करोगे तो कवर होगा। जितना गरम एक्शन होगा उतना ही भाव होगा। टीवी से चिर वंचित रहने वाले लोगों की यह समझ टीवी के अपने कर्म-कौशल की असावधानियों और खबरों को बनाने के बीच छोड़ दिए गए शून्यों ने बनाई है जिसके चलते पब्लिक टीवी पर खबर को अपने ढंग से बनाने लगती है। इस 'जन पत्रकारिता' के साथ अब टीवी चैनलों ने 'सिटीजन पत्रकारिता' की अवधारणा को भी जोड़ दिया है।

चंद महानगरों में बड़े लोगों के पीछे कैमरों के चंवर डुलाते चैनल दो खबरों से चौबीस घंटे निकालते कमाई करते हैं। इससे ऊबकर खबरों की उत्तेजना से उत्तेजित जनता अपनी खबर न पाकर अपने को खबर बनाने लगती है। वह 'एक्शन' करके टीवी पर स्वयं को देख धन्य होती है। अपने किए कि ताकत अपने बनाए सीन में उसे बनती नजर आती है। इस तरह खबर चैनल सिर्फ ताकतवर की या ताकतवर बनने की इच्छा रखने वाले को ही खबर बनाते हैं चाहे वो सेठ-नेता-सेलेब्रिटी हो या कविता चौधरी का हलफिया कातिल हो जो चैनल के स्टूडियो में लाइव में कहता हो कि 'हाँ मैंने मारा है'।

सड़क पर फरसा डंडा लेकर निकल पड़ने वाला ऐसा तत्त्व दूसरे की आजादी को आजादी नहीं समझता। वह अपनी अंधी ताकत को खबर बनाता है। टीवी वालों को एक फोन की देर है कि वे चल देंगे और उसे हीरो बना देंगे। इसी खेल में निष्णात शहर दर शहर बैठे चंद पेशेवर नैतिक दरोगा तत्त्व जरा-जरा की सी बात आहत होने का ड्रामा पेश करने लगते हैं। चार लोग पुतला फूँकते हैं। हाय-हाय करते हैं। अंतरराष्ट्रीय कवरेज होता है। उसे देख मीडिया और पब्लिक का रंग 'खरबूजेवादी' रास्ते से बदलने लगता है। खबर से ज्यादा सीन बनने लगते हैं। मीडिया की अपनी भाषा चौंकने की, चकित-चमत्कार की भाषा बन चली है। वह इसी मुहावरे में काम करता है। जनता इसमें रहती है। पब्लिक की पॉपुलर भाषा से मैच करता मीडिया का पॉपूलिस्ट मुहावरा जब संचार की अंतःक्रिया करता है तो कई अंतर्विरोधों में फँस जाता है। ऐसा चैनलों में रोज होता है। मीडिया को कभी-कभी अपनी खबर भी लेनी चाहिए।

17 जून, 2007

स्पर्धा और सफलता के सपने

जो अमेरिका करता है उसे यहाँ हम करते हैं। अमेरिका में 'अमेरिकन आइडोल' चुना जाता है तो अपने यहाँ 'इंडियन आइडल'।

छोटे-बड़े शहरों के युवक युवतियाँ पिछले दिनों से तीन चैनलों पर 'इंडियन आइडल' या 'सुर के बादशाह' टाइप कुछ होने के लिए कंपिटीशन कर रहे हैं। यह पिछले संगीत मुकाबलों से ज्यादा शोर और संगीत भरा सीन है। एक साथ तीन चैनल कंपीट कर रहे हैं। चयन करने का तरीका मगर एक जैसा है।

इस खेल का असल मुकाम मुंबई है। बालीवुड और म्यूजिक इंडस्ट्री में करियर का सपना पास आ जाता है। हर कोई प्रतिस्पर्धियों से यही कहता है : "देखें, आपके भाग्य में मुंबई जाना है या नहीं?" मानो मुंबई किसी स्वर्ग का दरवाजा हो। मीडिया ने मुंबई के उस मिथ को और पक्का किया है जिसमें हर लड़का-लड़की हीरो-हीरोइन बनने के लिए मुंबई भागा करते थे। टीवी ने अब भागने को कंपिटिशन में बदल दिया है। यह अच्छा है। भागना अब 'जाना' है।

मंच पर एक संगीतकार, एक गीतकार, एक दो गायक बैठते हैं जो जज कहलाते हैं। पीछे साजिंदे होते हैं जो गायक की इच्छित धुन को संगत देते हैं। गाने फिल्मी ही होते हैं और अब तो यह हाल है कि शायद ही कोई स्पर्धी सन् पचास साठ के दशक के गाने उठाता हो। वे ज्यादातर दो चार साल में हिट रहे गाने उठाता है। संगीत अब सुर नहीं सुर का लय का वर्तमान और तुरता हिट होने का नाम है।

युवक या युवती पहले राउंड में अपने शहर के कंटेस्ट में गाकर दिखाते हैं। सलेक्ट-रिजेक्ट होते हैं। फिर वे इंडियन आइडल या संगीत के महायुद्ध या ऐसे ही किसी खेल में जाते हैं।

जज या उद्घोषक कहते हैं कि 'आप मुंबई आ रहे हैं/आप आ रही हैं।' वे बावले हो जाते हैं। वे अपने शहर में ही अपना सर झुकाकर या अपने सीने पर हाथ लगाकर आभार जताते 'थैंक्यू' कहते हैं। यदि मुंबई जाने लायक बताए जाते हैं तो फिर वे उछलते-कूदते हुए निकलते हैं जैसे उन्हें जन्नत की एंट्री टिकट मिल

गई हो। इसके बाद दूसरे राउंड तक जजों की मेहरबानी रहती है। इसके आगे कुछ चुने युवक-युवती होते हैं। उनके लिए 'एसएमएस' करती उनकी जनता होती है। आखिर में जिसको जितने एसएमएस मिलते हैं वही आइडल बनता है।

दो-तीन सांस्कृतिक बदलाव साफ नजर आते हैं। पहला : शहर दर शहर किशोर-किशोरियाँ अब ज्यादा संख्या में खुले आम गाते हैं। मंच पर आना चाहते हैं। इसके लिए वे कुछ भी कर सकते हैं। वे लंबी लाइनें लगाकर कंटेस्ट के पहले राउंड में कंपिटिशन में आते हैं। उनका हौसला बढ़ाने के लिए उनके संग उनके माता-पिता होते हैं।

दूसरा : ऐसे सीनों के लिए उनकी बॉडी लैंग्वेज एकदम बदल गई होती है। उनकी बॉडी आजाद होती है। एक मौका मिलने का आनंद। उनकी देह 'थिरकती है। देह तोड़ डांस दिखाती है। कोर्निश बजाती है।

तीसरा बात : अगर वे सफल होते-होते आखिरी राउंड में पहुँच जाते हैं तो उनका 'ड्रेसबोध' बदल जाता है। चेहरे पर रौनकें आ जाती हैं। जरा मेकअप-शेकअप ठीक होने लगता है। कास्मेटिकी सौंदर्य उन्हें आकर्षक बनाने लगता है। वे कारों, होटलों, सैर-सपाटों के आदी हो जाते हैं। इसी जीवन-शैली के लिए वे तरसते यहाँ तक आते हैं। चैनल वाले उन्हें इतनी सुविधा देते ही हैं। ये सब चैनलों के लिए नए दर्शक को खींचने वाले हीरो-हीरोइन होते हैं। आइडल होते हैं।

अपनी असफलता को भी वे बेहतर ढंग से झेलने के आदी हो जाते हैं। हारने पर कम रोते हैं। स्पर्धा के आदी हो जाते हैं। स्पर्धा सांस्कृतिक तमीज सिखाती है जिसे वे सीख जाते हैं। यहाँ रोने वाला 'आउट' होता है। हार में भी हँसने वाले के लिए 'इन' रह सकता है। स्पर्धा में टिकाऊ होना वह दुर्लभ मूल्य है जो ऐसे कंपिटीशन देते हैं। दर्शकों तक को कंपिटीटिव बनाते हैं। जो समाज स्पर्धा की जगह रिश्ते-नातों पर जिंदा रहा हो उसमें स्पर्धा का मूल्य एक क्रांतिकारी मूल्य कहा जा सकता है।

ये स्पर्धाएँ इसी तरह से लाखों-लाख नौजवानों, नव युवतियों का संस्कार करती हैं। वे जान जाते हैं कि इधर तो हुनर की ही कद्र है। नाते-रिश्ते की, पव्वे की ज्यादा जगह नहीं है। गाना है तो गाना है। पैरवी गला नहीं बना सकती। सुरताल नहीं दे सकती। इससे युवकों-युवतियों को कंपटीटिव होना आ जाता है, मीडिया कंपिटीशन प्रिय बनाता है। यह अच्छा है।

यहाँ से आखिरी चरण जटिल होने लगता है। गायक की श्रेष्ठता संगीतकारों की जगह 'एसएमएस वोट' तय करने लगते हैं। कहा जाता है कि ''इनको स्पर्धा में रखने के लिए कीजिए एसएमएस''। यहीं पैसे और अपने समूह की राजनीति सक्रिय हो जाती है। आइडल इस तरह सहज-प्रकृत नहीं होता। वह बनता है, बनाया जाता है।

जीतने वाला करोड़पति तो बनता ही है उसे बालीवुड एलबमी भविष्य भी दिखाई देता है। जगह-जगह जाकर वह नाच गाने के अनंत कार्यक्रमों से कमाई करने लगता है। कोई आइडल अभी उदित नारायण या सोनू निगम तक नहीं बने लेकिन वे कुछ न कुछ करते रहते हैं। उनकी बेरोजगारी दूर हो जाती है।

अब तक बने आइडल निम्न मध्यवर्ग से लेकर खाते-पीते नए मध्यवर्ग से ही आते हैं। यह भी अच्छा है।

एसएमएस साधन-संपन्न का खेल है। बेहद गरीब मगर टैलेंटेड बच्चा पीछे रह जाता है। यही इस कंटेस्ट की समस्या है। मगर यह खेल का हिस्सा है। चैनलों को नया दर्शक/उपभोक्ता वर्ग हर वक्त चाहिए। उसकी रुचियों को जगाकर वह उसे दर्शक बनाकर उपभोक्ता बनाता है और इस तरह बाजार को विस्तार देता है। उधर बाजार इन्हें नाम और दाम का सपना देता है। सब तो नहीं बन सकते मगर कुछ बन सकते हैं। यह सपना इस 'स्वप्नविहीन' समाज में कोई कम तो नहीं!

तो मीडिया एक सपना भी देता है। स्पर्धा और सफलता का सपना! फिलहाल बहुत बड़ी संख्या में युवक-युवती इस सपने को 'अपना' मानते हैं। पॉपुलर कल्चर इसी तरह की 'प्रोज्यूमर संस्कृति' बनाती है। जो प्रोड्यूसर है वही कंज्यूमर है। यह सांस्कृतिक निर्माण पुराने निर्माणों से एकदम अलग है। स्पर्धा और सफलता के सपने का निर्माण, उसे नजदीक से देखना और सपने के उपभोग में चले जाने के लिए मचलना जटिल अनुभव क्षण है जो ऐसे कार्यक्रम बनाते हैं।

24 जून, 2007

शिक्षा और संचार

संचार-क्रिया समाज का जीवन है। संचार जीवन का वाहक है। सर्जक है। समाज की गति है। अभिव्यक्ति है। वह प्रकृति का मानव का एक प्रकार्य है। संस्कृति है। सभ्यता है। संचार लोगों को प्रवृत्ति से प्रेरणा की ओर ले जाने की प्रक्रिया है। जिज्ञासा, आदेश, निमंत्रण के विविध उपादानों के जरिए वह समान विचारों का संकेंद्रण करता है। मानवसमाज को शृंखलाबद्ध करता है। संदेशों के जरिए वह सबको प्रतिक्रिया में लाता है और सक्रियता बढ़ाता है। संचार कर्म ज्ञान संगठन और सत्ता को संग्रथित करने का काम करता है। वह मनुष्य की आदि स्मृति का बुनियादी और अटूट तार है। वह मनुष्य की कामना, उसकी विकासात्मक कोशिशों का संवाहक है। आज दुनिया जहाँ पहुँची है वह संचार के विभिन्न रूपों और माध्यमों के जरिए पहुँची है। आज के युग का संचार जटिल है। अधिक सूक्ष्म और तीव्रगति वाला है। वह लोगों को उनकी जरूरतों से मुक्ति के रास्ते सुझाता है। दमन और भय से मुक्ति का रास्ता बताता है। संगठित होने, समूह बनाने की तरकीब बताता है। उनमें एकता और आपसी समझदारी पैदा करता है।

मानव सभ्यता का इतिहास कदम-कदम पर संचार क्रिया के विकास की गवाही देता है। अस्तित्व मात्र से लेकर विविध चरणों में मनुष्य जाति के विकास में संचार के चिह्न, संदेश लगातार विकसित होते गए हैं। भारतीय परंपरा में जब कहा जाता है कि ईश्वर ने संसार को अपनी ही व्याप्ति के रूप में रचा तो उसका अर्थ है कि ईश्वर ने भी संचार क्रिया की। 'एकोहम् बहुस्यामः' की कामना ईश्वर की प्रथम कामना है जिसमें संचार के बीच छिपे हैं। 'एकोहम् बहुस्यामः यानी 'एक हूँ अनेक हो जाऊँ', के भाव ने ही मनुष्य को संचार क्रिया से मुक्त किया।

प्रकृति से संघर्ष और समझौता करने की अनंत दैनिक क्रियाएँ संचार के उपादानों को विकसित करती गईं। मनुष्य की वाणी, उसके कायिक संकेत, उसकी देह की प्राकृतिक-सामाजिक अंतःक्रियाओं ने बहुत से गैर-भाषिक माध्यम दिए। संगीत, नृत्य, ढोल, मृदंग, संकेतिक अग्नि प्रज्वलन, चित्रांकन, अन्य बहुत से प्रतीक सब धीरे-धीरे

विकसित होते गए। अमूर्त अनुभव से मूर्त संचार की प्रक्रिया ने मनुष्य को सांकेतिक चिह्न-भाषिक चिह्न दिए। भाषा और उसके लिपि चिह्नों ने संचार को जनसंचार में बदल डाला। अनुभव और अभिव्यक्ति का चक्र पूरा हुआ। अनुभव और अभिव्यक्ति की दुहरी क्रियाएँ किसी भी संचार की बुनियादी क्रियाएँ हैं।

यहीं से संचार के तरीकों, माध्यमों के रूप बदले। विकास की विभिन्न अवस्थाओं में वे बदलते गए। विकास को भी उन्होंने गति दी। भौगोलिक प्राकृतिक भेदों से भाषिक सांकेतिक भिन्नताएँ पैदा हुईं। साथ ही धरती के लोगों के बीच संचार के नए उपादान नए तरीके भी बढ़े। परंपरा बनी। ज्ञान की सरणियाँ बनीं। विकास और संगठन के नए तरीके बने। समाज समूह बने। समूह राज्य बने। राष्ट्र बने। विश्व व्यवस्थाएँ बनीं। हर विशिष्ट समाज की संस्कृति, भाषा अलग बनी, अंतर्भाषायी संचार के लिए प्रक्रियाएँ—अनुवाद, (अंतर्संवाद)—पैदा हुए जो आजकल की ही तरह नहीं थे। भाषा संरचनाएँ जटिल हुईं। सादित्य संस्कृति को रूप मिला। समाज ज्ञान-विज्ञानों को, अनुशासनों की व्यवस्था हुई प्रतिबिंबात्मक, प्रतिनिधात्मक क्रियाएँ बढ़ीं। बिना भाषा के, बिना उसके लिपि चिह्नों के ऐसा न हुआ होता। भाषा संचार कर्म का बुनियादी चिह्न बनी। लेखन सबसे बड़ी क्रिया।

लेख का विकास संचार की दूसरी बड़ी घटना हैं उसने बोले गए स्वर, शब्द को रूप और स्थिरता दी। रिकार्ड करने को आसान किया। स्मृति को संदर्भ और ठहराव दिया। परंपरा, इतिहास इससे संरक्षित ही सके। अतीत का ज्ञान कालजयी हो सका। लेखन ने काल की बाधा को पार किया। बताया जाता है कि चीन में कागज और फिर किताबों का निर्माण, तीस सदी पहले शुरू हुआ। ज्ञान संगृहीत होने लगा। किताबे बनने लगीं। कोई दो हजार साल पहले ज्ञान को रिकार्ड करने की आदत बनी। चीनी शासकों में शायद ज्ञान-संग्रह, रिकार्डिंग पर सबसे ज्यादा बल दिया। लाइब्रेरी पैदा हुई। विद्यालय विश्वविद्यालय की कल्पना पैदा हुई। तक्षशिला, नालंदा विश्वविद्यालयों में अपने भारत में ही पुस्तकालय बने। धार्मिक पुस्तकें बनीं।

परंपरागत संचार परंपरागत रूपों, साधनों से निर्मित हुआ। कानून, संस्कृति, धर्म, शिक्षा सब एक साथ बने। वे धर्मग्रंथों के रूप में रहे। शिक्षा बहुत दिनों तक धर्म-शिक्षा का पर्याय रही।

छापे खाने के आविष्कार से संचार क्रिया में गुणात्मक एवं मात्रात्मक परिवर्तन आए। संचार जन संचार के रूप में, संस्थान बद्ध हुआ। वह स्थिर माध्यम का रूप ग्रहण करने लगा। कोई ढाई हजार साल पहले शुरू हुई छापे की कला आधुनिक युग में बहुत तेजी से बदली। चीनी, भारतीय, मिस्री, ग्रीको रोमन सभ्यताओं में पुराने छापे की कलाएँ रहीं। आधुनिक तकनीकी विकास ने छापे खाने को तंत्र का, उद्योग का और अंततः जिसे आज 'प्रिंटमीडिया' कहा जाता है, उसका रूप प्रदान किया।

जनशिक्षा, जनतंत्र, शहरीकरण, औद्योगीकरण, जनजागरण, जनसंगठन इत्यादि

नए सामाजिक कार्यों के विकास में छापेखाने या प्रिंटिंग प्रेस ने जन शिक्षा में निर्णायक भूमिका अदा की। लिखा शब्द शक्ति बन गया। वह अनुभव और अभिव्यक्ति का भरोसे मंद, सार्वभौमिक माध्यम बन गया। छापेखाने के विकास से शिक्षा कर्म अनिवार्यता, केवल जुड़ा बल्कि शिक्षण की क्रिया को भी संचार की क्रिया होना पड़ा।

आज शिक्षा कोई अ-क्रिय, स्वयं पूर्ण कार्य नहीं है बल्कि सतत संचार का ही एक अंग है। आज के शिक्षा के जगत में निरंतनर ज्ञान वृद्धि, ज्ञान वितरण पर जोर है। जीवन पर्यंत शिक्षण व्यवस्था पर जोर है। इस तरह संचार और शिक्षा द्वंद्वात्मक रूप से, अन्योन्याश्रय हैं। एक दूसरे पर आत्यंतिक रूप से निर्भर है : प्रिंट से ज्ञान और किताबे जुड़ी हैं। प्रिंट से शिक्षा का सार्वभौमीकरण जुड़ा है। प्रिंट से किताब जुड़ी है। अखबार जुड़े हैं। आज प्रिंट से जीवन अभिन्न है : कहा भी गया है 'साहित्य संगीत कला विहीन : साक्षात् पशु पुच्छ विषाणहीनःयानी जो व्यक्ति साहित्य, संगीत, कला से रहित है वह पशु समान है; जन शिक्षा आज विकास का पर्याय ही नहीं; विकास का कारक और निर्माण भी है। नए, ज्ञानाधारित समाज का मेरुदंड शिक्षा है। संचार है।

संचार का प्रिंट माध्यम न होता तो जनतंत्र न होता। आधुनिक विश्व के 'मानव के अधिकार' घोषित न होते। प्रिंट ने अभिव्यक्ति और विचारों के फैलाव की जरूरत पैदा कर दी। पुनर्जागरण हुआ। फ्रांसीसी क्रांति हुई। जनतंत्र बने। शिक्षा का जनतंत्र बना। वह वस्तुतः सार्वभौमिक, अनिवार्य क्रिया बनी। बिना संचार माध्यमों के यह न होता। आधुनिक सभ्यता का जन्म न हुआ होता।

आधुनिक युग में संचार यांत्रिक, तकनीकी और जटिल तंत्र में बदला, खासकर उन्नीसवीं सदी के संचार मूलक आविष्कारों ने संचार का स्वरूप और उपयोग बदल डाले। 1840 में सर चार्ल्स व्हीट स्टोन और सैमअल योर्स ने टेलीग्राफी का आविष्कार किया। 1844 में दूर-संदेश पहली बार प्रसारित हुए। 1876 में बैल ने टेलीफोन बनाया। 1895 में मारकोनी और पोयोफ ने वायरलेस (बेतार) क्रिया से संदेशों के आदान-प्रदान की महत्त्वपूर्ण ऐतिहासिक प्रक्रिया संभव की। 1906 में कैसेंदर ने सबसे पहले, रेडियो के जरिए, मानवीय स्वर को संचारित किया। 1839 में डैगूर ने फोटोग्राफी को संभव किया। 1904 में पहले फोटोग्राफ संभव हुए जिन्हें फोटो टेलीग्राफी से दूरस्थान पर भेजा गया। चित्र संचार का यह बेलिन सिस्टम कहलाया। 1923 में पहली बार चित्र टेलीवाइज हुए। 1920 में पहला रेडियो ब्रोडकास्ट नेटवर्क संभव हुआ। टेलीविजन प्रसारण 1930 में शुरू हुआ। रंगीन टेलीप्रसारण 1954 में आरंभ हुआ।

इसके बाद उपग्रहों का युग आया। उपग्रहों से शब्द चित्र संचार का युग शुरू हुआ। 1973 में कनाडा में उपग्रह संचालित ट्रांसमीटर बने। अमरीका में बने। 1977 से बाजाप्ता उपग्रह संचार सक्रिय हुए। 1969 में ही कैसेट बनने लगे थे। 1979 में वीडियो सिस्टम संभव हुए। उधर इलेक्ट्रॉनिकी में तेज विकास हुआ। कंप्यूटर,

माइक्रो-प्रोसेसर चिप, केल्कुलेटर कब नई इलेक्ट्रॉनिक क्रांति में बदले यह तो निकट अतीत का ज्वलंत इतिहास है। इसी ने सूचना युग को जन्म दिया। ज्ञान के सुपर हाइवे को संभव किया। शिक्षा की क्रिया, शिक्षा के संस्थान, स्वरूप बदल गए। जनसंचार माध्यम शिक्षा के अभिन्न अंग बन गए।

इस तरह जनसंचार के कुछ प्रमुख प्रकार्य स्थिर हुए। सूचना प्रसारित करना, सामाजिकीकरण करना, प्रेरणा देना, विचारों का संवाद पैदा करना, शिक्षा के जरिए ज्ञान को रोपना, सांस्कृतिक-प्रसारण करना, मनोरंजन करना, जनसंचार कर्म के घोषित लक्ष्य हुए। शिक्षा का प्रसार, प्रचार और ज्ञान का विकास जनसंचार के प्रमुख संकल्पों में से एक है।

शिक्षा और संचार का अंतःसंबंध 'स्वाभाविक' है। शिक्षा संचार कार्य को बल प्रदान करती है। संचार कर्म शिक्षा के लिए वरदान है। शिक्षा और संचार में आपसी संबंध कई स्तर के हैं। उदाहरण के लिए सूचना का शिक्षात्मक मूल्य और बौद्धिक विकास में उसका प्रभाव बहुत बुनियादी होता है। तीसरी दुनिया में, अनेक ज्ञानवंचित लोगों के लिए शिक्षालय, स्कूल, कॉलेज एक पकार के ज्ञानदाता तंत्र, सूचना तंत्र, संचार तंत्र की तरह ही होते हैं। सूचनाओं में, संचार में ज्ञानात्मक संदेश सामान्य शिक्षा के वातावरण को चुप करने या अपुष्ट करने का काम करते हैं।

आधुनिक समाजों में, विकसित समाजों में सर्वत्र उपस्थित जनसंचार माध्यमों का प्रभाव जबर्दस्त है। आज स्कूली बच्चे-कॉलेज के विद्यार्थी विभिन्न संचार माध्यमों से घिरे हैं जिनमें दिन-रात सूचना संदेशों एवं विभिन्न जीवन मूल्यों की भरमार रहती है। एक वक्त में यूरोप के समाजों में जनसंचार माध्यमों की पहुँच और बच्चों के सूचना जगत के बदलने के बारे में अध्ययन हुआ था। यद्यपि यह सन् 1980-82 के आसपास हुआ था मगर उसके आँकड़े चौंकाने वाले हैं। उदाहरण के लिए यूरोप के विकसित देशों में सूचना का आधिक्य इतना था कि औसतम 10 साल का बच्चा एक सप्ताह में 24 घंटे सिर्फ टीवी देखा करता था। इतना ही समय वह स्कूल में गुजारता था। इसका औपचारिक शिक्षा में गुजारे समय के बराबर समय ही वह टीवी देखता था। इसी तरह इसी दौर में अमरीका औसत 16 साल का किशोर अपने जिए जीवन के 15000 घंटे टीवी देखा करता था। यह आँकड़ा बीसेक साल पुराना है। आज तो ऐसी रिपोर्ट्स आचुकी हैं जो इन आँकड़ों की जगह नए चकित करने वाले आँकड़े देखती हैं।

बच्चों की जिंदगी पर टीवी के पड़ने वाले प्रभावों के बारे में दुनिया के विकसित देशों में बार-बार शोध होते रहे हैं जिनके परिणाम चौंकाने वाले हैं। उदाहरण के लिए सन् अस्सी में अमरीका में एक शक्तिशाली कमेटी ने जब इसका आकलन किया तो यह माना कि यद्यपि बच्चों में बढ़ती हिंसात्मक प्रवृत्ति का दोष सीधे जनसंचार माध्यमों को नहीं दिया जा सकता लेकिन उसे एक बड़ा प्रेरक तत्त्व या छवि बनाने

वाला तत्त्व जरूर कहा जा सकता है। भारत में भी ऐसे अध्ययन हुए हैं जो बताते हैं कि बच्चों पर टीवी का प्रभाव लगातार बढ़ रहा है।

आज भारत में जो पचास फीसदी युवा आबादी है, जिसकी उम्र पचीस साल के भीतर है, यह मूलतः पहली टीवी पीढ़ी है जिसके स्कूली दिनों के दो से चार घंटे टीवी देखते गुजरे हैं। वह टीवी पर खेल, फिल्में, गाने देखते हैं। विज्ञापन देखते हैं। वे इसी से अपनी चेतना और जगत बोध बनाते हैं। जाहिर है कि यह घरेलू टीवी बोध उन्हें सहज सामान्य शिक्षार्थी तो नहीं रहने देता होगा।

आज का स्कूली छात्र एवं बड़ी कक्षाओं का छात्र सूचना के विविध माध्यमों से ज्यादा जुड़ा है। उसके आसपास सूचना-संदेशों का अंबार है। टीवी खबरें देता रहता, मनोरंजन करता रहता है। वह संसार को टीवी पर जैसा देखता है वैसा समझता है। वह किसी हद तक ज्यादा जागरूक, ज्यादा सूचना युक्त है। उसके पास रेडियो है। एक एफएम है जो मनोरंजक है। उसके पास कंप्यूटर है। इंटरनेट है मोबाइल है। वह जनसंचार माध्यमों के प्रति खुला हुआ है। वह उसके ज्ञान को सूचना को सच मानता है। वह यथार्थ में और टीवी के, साइबर यथार्थ में पूरी तरह भेद नहीं कर पाता, इससे स्कूली और कॉलेजी शिक्षा में कई समस्याएँ पैदा हो रही हैं।

शिक्षा के जगत के लिए बच्चों के जनसंचार माध्यम दोस्त होने के लाभ भी हैं हानियाँ भी हैं। उदाहरण के लिए विकासशील देशों में प्रसारण कर्म विकासशील राज्यों के हाथों में रहा है। भारत में यह रेडियो के रूप में (बाद में टीवी भी) जनसेवा प्रसारण ही कहलाता है। भारतीय जनसंचार माध्यम चूँकि आजादी के काफी दिनों बाद तक जनसेवा के लिए संकल्प बद्ध रहे हैं इसलिए रेडियो या टीवी का एक प्रमुख लक्ष्य साक्षरता बढ़ाना, तथा शिक्षात्मक कार्यक्रम देकर स्कूली शिक्षा को पुष्ट करने का संकल्प भी रहा है। भारत में रेडियो की आरंभिक प्रकृति शिक्षात्मक सूचनात्मक ज्यादा थी, मनोरंजक कम थी। आकाशवाणी हिंदी तथा अन्य भाषाओं के उच्चारण और शब्दकोश लिखाने वाले कार्यक्रम दिया करता था। उसका संकल्प विकास मूलक सूचनाएँ देना होता था। किसानों को मौसम, बीज, फसल की जानकारी देना होता था...बच्चों के लिए खास कार्यक्रम अलग से होते थे।

भारत में जनसंचार माध्यमों का शिक्षा से जुड़ने का इतिहास पुराना है। यूनेस्को की प्रेरणा से दूरदर्शन के आरंभिक वर्षों में 'साइट' नामक प्रयोग में सीमित क्षेत्रों के किसानों को बीज, मौसम, फसल आदि की जानकारी देनी शुरू की। फिर जब दूरदर्शन के दिल्ली, कलकत्ता, बंबई, मद्रास केंद्र बने, प्रसारण का दायरा बढ़ा तो स्कूलों में टीवी के जरिए पाठ्यक्रमों से जुड़े विषयों पर कार्यक्रम दिए जाने लगे। यह पहला बड़ा प्रयोग था जिसमें स्कूली शिक्षा को टीवी से लिंक किया गया था। लेकिन यह प्रयोग स्कूलों में लोकप्रिय न हो सका। बाद में 'एनसीईआरटी' और 'सीईटी' के तत्वावधान में इस ओर ध्यान दिया गया। सीईटी ने तो इसलिए अपने यहाँ

ऑडियो-वीडियो सामग्री बड़े पैमाने पर तैयार की, स्कूली ज्ञान के स्तर के विषयों, समाज विज्ञानों, विज्ञानों तथा भाषा ज्ञान को लेकर कुछ बहुत कार्यक्रम बनवाए गए। यह केंद्र आज भी सक्रिय है। इसके बाद का सबसे बड़े दूर शिक्षण व्यवस्था का एक बड़ा प्रयोग इंदिरा गाँधी ओपन यूनिवर्सिटी ने किए। आज उसके पास इस काम के लिए उपग्रह सेवा 'ऐडूसेट' है जो उसके छात्रों के लिए उसके 'पाठों' को टीवी द्वारा पुष्ट करने का वातावरण बनाती है। लेकिन इस महत्त्वपूर्ण प्रयोग की अपनी सीमाएँ भी हैं। दूरदर्शन पर एक चैनल समय यूजीसी स्तर के पाठ्यक्रमों से संबंधित सामग्री आज भी दी जाती है। विभिन्न विश्वविद्यालयों में संचार तकनीक के प्रयोगों का चलन बढ़ा है। कहीं कम्यूनिटी रेडियो शिक्षण भी पुष्ट करने का काम करते हैं कहीं क्लोज सर्किट टीवी प्रयोग चलते हैं कहीं एफएम सेवाएँ भी विश्वविद्यालय लेने लगे हैं। दिल्ली विश्वविद्यालय ऐसे प्रयोगों में इन दिनों अग्रणी हैं। 'इंस्टीट्यूट ऑफ लाइफ लौंग लर्निंग' दिल्ली विश्वविद्यालय, दिल्ली के जरिए वह कक्षा शिक्षण को अतिरिक्त गुणवान पाठ्य सामग्री मुहैया कराने को कृत संकल्प है।

तो भी भारत में असाक्षरता और अशिक्षण का बोलबाला है। साठ-पैंसठ फीसदी वह साक्षर बनाने के बाद असल चुनौती शेष असाक्षर-अशिक्षित जगत को साक्षर बनाने की है। इस काम में सरकारी और गैरसरकारी एजेंसियाँ, एनजीओ आदि सक्रिय हैं। उनके काम के परिणाओं का आकलन भी पर्याप्त नहीं है। नहीं स्कूलों, कालेजों के स्तर पर जनसंचार आधारित शिक्षण पर कोई ठोस समीक्षा कार्य हुआ है।

शिक्षा और जनसंचार कई स्तर पर एक-दूसरे के मददगार हैं। शिक्षा संचार की अंतर्वस्तु है। आज के ग्लोबल वातावरण में शिक्षा को संचार माध्यमों से न केवल जुड़ना है, बल्कि संचारक्रांति के लाभ लेते हुए सारे समाज को शिक्षित करना है। जनसंचार चिंतक मार्शल मैक्लूहान ने छठे-सातवें दशक में इसी भविष्य की कल्पना करके कहा था कि हम ग्लोबल विलेज या 'विश्व ग्राम' में रहते हैं और टेलीविजन जैसा संचार माध्यम दुनिया के हर ग्राम को जीवित पाठशाला बना सकता है। यही मैक्लूहान के प्रसिद्ध कथन 'माध्यम ही संदेश है' का सार समझ में आता है कि टेलीविजन ऐसे माध्यम के रूप में उभरा है जो अपने मिजाज में ही सूचनाप्रद-शिक्षाप्रद है। यदि उसका दुरुपयोग न हो तो वह समाज का सुचालक बन सकता है।

शिक्षा और जनसंचार माध्यमों के सहज संबंधों की एक बड़ी समस्या इन संबंधों को व्यवस्थित और नियमित करने की होती है। भारत में, और अन्यत्र देशों में भी अबतक शिक्षा का 'फार्मलरूप' ही प्रमुख रहा है। यह स्कूलों, कालेजों, विश्वविद्यालयों में कक्षा शिक्षण के रूप में अरसे से सक्रिय रूप रहा है। यूरोपीय नवजागरण का यह रूपजनक रहा है। बौद्धिक क्रांति का अगुआ रहा है। गुरुशिष्य परंपरा तो बहुत पुरानी है ही, गुरुकुलों की संस्था भी पुरानी है। लेकिन तब सारे समाज को शिक्षित करने की समस्या नहीं थी। उच्चवर्गीय जन ही शिक्षा पाते थे। पुराने समय में शिक्षण

'पर्सनल' होता था। करोड़ों बच्चों, युवक-युवतियों को एक साथ पढ़ाना एक नया काम है जिसे यदि स्कूलों के माध्यम से किया जाता है तो ज्यादा खर्चीला बैठता है। तकनीक आधारित, माध्यम आधारित शिक्षा, एक केंद्र से संचालित शिक्षा इस काम को आसानी से कर सकती है। माध्यम क्रांति ने इस विचार को संभव किया है। इसीलिए शायद, जब भारत में टीवी की भूमिका के बारे में आठवें दशक में फिर गंभीरता से विचार किया गया तो मानकर चला गया कि टीवी के जरिए 'असाक्षर' को भी शिक्षित किया जा सकता है। यानी टीवी ऐसे 'शिक्षित' बना सकता है जो 'असाक्षर' हों। यह एक अंतर्विरोधी बात थी लेकिन सरकारें रूपात्मक शिक्षा पर पैसा खर्च करने की जगह टीवी क्रांति पर पैसा खर्च करने में दिलचस्पी दिखाने लगीं और रूपात्मक शिक्षा को ज्यादा गति नहीं मिली। आज भी माध्यम समर्पित चलचित्रों के बावजूद फार्मल स्कूली शिक्षा का या फार्मल कालेजी शिक्षा का विकल्प नहीं बन सकी है। कारण यह है कि फार्मल शिक्षा चूँकि एक शैक्षिक वातावरण भी देती है और साथ ही शिक्षार्थियों के समाजीकरण और आपसी विचार-विमर्श को बढ़ावा देती है जबकि जनसंचार माध्यम आधारित शिक्षा में न तो शिक्षक का शिक्षार्थी से निजी नजदीक का संवाद हो पाता है न वह स्कूल या कालेज की तरह शैक्षिक वातावरण नहीं बना पाता। इसीलिए अनेक समाजों में माध्यम आधारित शिक्षा एक मात्र शिक्षा के रूप में कहीं एकल नहीं हो सकी। अधिक से अधिक वह फार्मल शिक्षा के पूरक के रूप में ही काम कर सकी। दूर शिक्षा या टेलीशिक्षा की यही स्थिति अपने यहाँ है।

आज की तकनीकी क्रांति ने शिक्षा को एक सचमुच की जनशिक्षण संभावना में बदल दिया है। विकासशील देशों में जनशिक्षण का यह तरीका उपयोगी है लेकिन यह फार्मल शिक्षा व्यवस्था से जुड़कर उसका अच्छा सहायक होकर ही विकसित हो सकता है। जनसंचार माध्यम आधारित शिक्षण को एक ओर फार्मल शिक्षा का सहयोगी बनाना होगा दूसरी ओर मीडिया के मनोरंजक तत्त्व द्वारा बना दिए गए 'शिक्षा के पलायन' वाले वातावरण का मुकाबला भी करना होगा। मनोरंजक बन चले टीवी, रेडियो द्वारा बच्चों का जितना ध्यान खींचा जाता है, उसे ध्यान में रखना होगा और ऐसी शिक्षण प्रविधियाँ, पाठ्यक्रम बनाने होंगे जो अन्य चीजों में रमें। शिक्षार्थियों का ध्यान खींचें, उन्हें दिलचस्प लगे, मनोरंजक भी लगे। इंटरनेट, निकीपीडिया आदि भी संचार आधारित अंतःक्रियात्मक (इंटरएक्टिव) माध्यम है। शिक्षार्थियों का एक बड़ा तबका इंटरनेट उपयोग करता है। यह क्षेत्र भी जनशिक्षण अभियान के लिए उपयोग में लाया जा सकता है। बहुत सारे प्रयोग हो सकते हैं। जरूरत एकाग्र और संगठित होकर प्रयत्न करने की है।

साठ साल : इतिहास से परे

ऑल इंडिया रेडियो के दिल्ली के संसद मार्ग स्थित कार्यालय के मुख्य गोल गुंबद के नीचे जो तीन-चार आइटम शीशों में रखे गए हैं उनमें एक दो पुराने ढंग के रेडियो सेट भी हैं जिनकी निर्माण तिथि नहीं लिखी गई है कि पता लगता यह कब का है। शक्ल से ही बहुत पुराना लगता है। जरूर आजादी के आसपास का सेट है।

उसके पुरानेपन को देख कर कल्पना की जा सकती है कि सैंतालीस के आसपास मीडिया कैसा रहा होगा। यों आकाशवाणी की यह बिल्डिंग अपने आप में एक इतिहास कही जा सकती है और बहुत कुछ तो इसके आर्काइव्स में होगा। कुछ पुरानी मेजों के बीच घिसे-पुराने फर्शों में उन निशानों को पढ़ा जा सकता है जो कभी पड़े होंगे।

आज मीडिया जहाँ पहुँच गया है उसके जरिए आप उसके इतिहास का पता नहीं लगा सकते। मुंबई में टाइम्स ऑफ इंडिया भवन के पुरानेपन में अपने आप एक इतिहास छिपा है। दरियागंज स्थिति टाइम्स ऑफ इंडिया भवन में आज भी पुरानी खुशबू बसती है। बड़े ऊँचे पटाव वाले गलियारे हैं, प्रांगण हैं और रहने वाले बदलते रहते हैं।

अगर विविध अखबारों के पुराने दफ्तरों के रेखाचित्र बने होते तो उनका मिलान करके फर्क महसूस किया जा सकता था। लेकिन जो मीडिया समाज को बदलने वाला, इतिहास को बनाने वाला काम करता है, वह अपने ही इतिहास से सजग नहीं होता!

साठ साल के मीडिया का इतिवृत्त कई छलाँगें लगाकर वहाँ पहुँचा है जहाँ आज हम उसे पाते हैं। सरकारी वर्चस्व, फिर निजी क्षेत्र में छलाँग शायद सबसे बड़ी छलाँग है जो मीडिया ने लगाई है। तकनीक ने, निवेश ने, नए उद्यमियों ने उसे लगातार बदला है। अब तो मल्टीनेशनल आने लगे हैं। लोकल देशज से ग्लोबल होना भारतीय मीडिया की दूसरी बड़ी छलाँग है।

तीसरी छलाँग मिशन भाव से हटकर मीडिया का बाजार भाव में आना है। सूचना इंफोटेनमेंट में बदली है। पॉपुलर कल्चर का जोर बढ़ा है। प्रिंट, रेडियो,

टीवी—सबमें तेज परिवर्तन इन्हीं कारणों से लक्षित होता है। पिछले साठ सालों में तकनीक के परिवर्तनों ने प्रिंट को तुरंता रंगीन बनाया। रेडियो को भी निजी एफएमिया मनोरंजक बनाया। टीवी को तुरंता सीधा और टीआरपी संचालित बनाया। कंप्यूटर संचालित इंटरनेट ने मीडिया को अ-कथनीय साइबर स्पेसी, ग्लोबल बनाया। पत्रकारिता की परिभाषा बदल उठी। वह सिटीजन पत्रकारिता से होती हुई ब्लॉगरी में बदल गई है। वह एक ही साथ लोकल और ग्लोबल है। उसका स्वामित्व बदल रहा है। मल्टीनेशनल मीडिया तंत्र वाले पैसा लगाने लगे हैं।

साठ साल के तेज समग्र विकास ने समाज को मीडियामय बना दिया है। मीडिया के बिना समाज नहीं चल सकता। ऐसा लगता है वह समाज का नया मैनेजर है। एंजेडा सेट करता है, विचार देता है, पॉपुलर कल्चर देता है। वह सत्ता का दलाल और उसे हिलाने वाला एक साथ नजर आता है। वह विचारों को विमर्शों में बदल चुका है। कोई बहस-बात उसके संदर्भ के बिना संभव नहीं होती। वह एक अनिवार्य पाठ्य पुस्तक-सा हो उठा है जो दिन-रात बनती रहती है। रीयल से हायपर रीयल बनाता हुआ। वह यथार्थ और उसके आभास में फर्क मिटाता चलता है।

वह आज का बूम उद्योग है। तकनीक उद्योग, सेवा उद्योग के साथ मीडिया उद्योग सबसे तेज विकास दस पर है। उसमें रोजगार है, पत्रकारिता शिक्षण संस्थान खुले हैं। दक्षता अब मीडिया के काम का मानक बन उठी है। स्पर्धा एक मात्र मूल्य है। पत्रकार का चेहरा, व्यक्तित्व एकदम बदल गया है। संपादक का कद हिला है। मार्केट मैनेजर का कद बढ़ा है। मार्केट के बिना मीडिया आर्थिक रूप से सक्षम नहीं बन सकता है। मीडिया की इकोनॉमी उसका निर्णायक तत्त्व है। पहली बार मीडिया अपने पैरों पर खड़ा हुआ है।

आज की मीडिया-दशा ऐसी ही है। मीडिया को लेकर तमाम बहसें बदल उठी हैं।

मीडिया मिशन है या मुनाफा?

वह सूचना है, विचार है या कोरा मनोरंजन है?

उस पर किसी की लगाम होनी चाहिए कि नहीं?

वह संस्कृति को बिगाड़ रहा है। वह बच्चों को बिगाड़ रहा है, उन्हें उपभोक्तावादी जीवन शैली दे रहा है। वह बाजार का पिट्ठू है। उसे हर वक्त मुनाफा चाहिए। ऐसे में वह समाज की बात क्यों करेगा? मीडिया की भूमिका पर सबसे ज्यादा बहसें पिछले बीस साल में उठी हैं। यह मीडिया की केंद्रीयता है।

साठ साल में साठ सुपरहिट फिल्में गिनाई जा सकती हैं। साठ सुपर हिट गाने या सीरियल या खबरें या प्रस्तोता या हीरो-हीरोइनें गिनाई जा सकती हैं। साठ साल में मीडिया के लगातार बदलते परिदृश्य को आसानी से एक नक्शे में नहीं ढाला जा सकता। वह लगातार तेजी से बदलता हुआ है, इसलिए जब तक कोई उसका नक्शा

बनाता है तब तक तो वह बदल जाता है। यही मीडिया का अपना हायपर-रीयल है जो न उसे ठहरने देता है न उसके इतिहास को ठहरने देता है। इतिहास को कहने के लिए उसे ठहरना तो चाहिए।

क्षण-क्षण को इतिहास बनाने वाला मीडिया अपने ही इतिहास से परे चला गया है। यही साठ साल का सबसे बडा परिवर्तन है :

12 अगस्त, 2007

क्लासिक और रिमेक

'रामू की आग' नामक फिल्म हिंदी की सबसे बड़ी सुपर हिट फिल्म 'शोले' का रिमेक है। रामू यानी रामगोपाल वर्मा नई पीढ़ी के तेज-तर्रार निर्माता-निर्देशक हैं। शोले से वे खास प्रभावित हुए बताए जाते हैं। इसी कारण वे शोले को नए ढंग से बनाना चाहते रहे। 'रामू के शोले' बनाने का इरादा जताया लेकिन शोले वालों ने कापीराइट का मामला उठा दिया। विवाद हुआ और अंततः रामू के शोले को 'रामू की आग' में बदलना पड़ा। गब्बर सिंह को बब्बन सिंह बनाना पड़ा। सारी कहानी के संदर्भ में कहा गया कि जो भी साम्य लगता है वह सांयोगिक ही है। तो कहानी लगभग वही है जो शोले की है मगर कहानी की जमीन बदल दी गई है। रामगढ़ गाँव की कहानी मुंबई में आ गई है। कुख्यात डाकू गब्बर सिंह अंडर वर्ल्ड माफिया सरदार के नए शहरी बर्बर लफंगे में बदल गया है।

'रामू की आग' शोले नहीं हो सकती। शोले जिस बड़े पैमाने पर बनाई गई थी उस तरह रामू नहीं बनाते। वे नए जमाने के फिल्मकार हैं। 'क्विकीज' के खेल में माहिर हैं। मल्टीप्लेक्स कल्चर के दर्शक की नब्ज समझते हैं। सबसे बड़ी बात यह है कि वे शहरी हिंसा के बेहद निर्मम चितेरे हैं। शोले को अंडरवर्ल्ड में बदलकर दरअसल वे मेट्रो जीवन में मौजूद स्पीड, अकेलेपन और ठंडी बर्बर हिंसा को बनाते हैं। लेकिन हर बार वे अपनी ही तरह की कहानी लेकर हाजिर होते हैं। आग में पहली बार वे रिमेक के लपेटे में हैं। यह रिस्की है।

शहरी हिंसा रामू के अध्ययन का प्रिय और मौलिक विषय रहा है। सत्तर के दशक के एंग्री यंग मैन के हीरोइक्स को दो हजार के आसपास सिनेमा के मुहावरे से उतार कर वे 'सत्या' के प्रोफेशनल अंडरवर्ल्ड के भीखू महात्रे और सत्या की हिंसा के जरिए अमिताभी आत्मदया का निषेध करने वाले, नए एब्सर्ड जीवन के निर्मम हास्य और ठंडेपन को दिखाते हैं कि मुंबई जैसे मेट्रो में अब काम की तलाश में आदमी, मजदूर या पाकेटमार नहीं बनता। सत्या बनता है। सत्या को ठंडी मेट्रोमाफिया-हिंसा के दस्तावेज की तरह पढ़ा जा सकता है। कोई कॉमिक सीन नहीं, कहीं कोई मेलोड्रामाई

तत्त्व नहीं। माफिया जीवन जीने वाले प्रेमी और एक करियर खोजती लड़की के जीवन का बेहद सलीके का रोमांस कहानी के आखिर में नायिका को हतप्रभ करता हुआ उसकी आँखों के सामने से निकल जाता है। यहाँ अंडरवर्ल्ड बाहरी दुनियावी आदमी की तरह ही जीता है, उसका घर-बार होता है। वह एक-एक पल एक-एक गोली के साथ जीता है। वह उसी को एक मूल्य मानता है। मेट्रो माफिया हिंसा की समूची प्रक्रिया उसमें दिखाई गई है। डी कंपनी में मुंबई शहर के गगनचुंबी क्षैतिजीय शून्य में मोबाइलों की लगातार की आवाजों में जो अकेलापन, कनेक्टिविटी और हिंसा महसूस होती है, वह निष्ठुर हिंसक माफिया के बनने की प्रक्रिया से ज्यादा कंपनी के भीतर के अंतर्विरोधों का अध्ययन करती है। रामू आखिर तक कोई भावुक अपील नहीं बनने देते। एकदम मार्टिन स्कार्सिस की तरह हिंसा-पाठ उनकी दिलचस्पी का प्रमुख विषय है।

इस क्रम में 'रामू की आग' भी हिंसा का ही पाठ बनती नजर आती है। शायद यही रामू का 'शोले' का पाठ है। बेहद हिंसक जीवन में रचा-बसा नवउदारवादी, आनंदमूलक। अंनतः सांस्कृतिक संरचनाओं ने क्या इतनी जगह छोड़ी है कि हिंसा की इस कदर बात की जा सके। 'ओंकारा' का हिंसक वातावरण दो साल पहले इसी नवउदारवादी गाँधीगीरी में नहीं चल सका तो चक दे इंडिया के हिट दौर में आग की बात करना रस का विरस करना है। इसलिए आग के हिट होने में संदेह हो सकता है। फिल्म का हिट होना समाज के उस मूड पर निर्भर है जिसे उपभोक्ता बनाता है और जिस उपभोक्ता को विज्ञापन, मीडिया तथा कारपोरेट बनाता है। दर्शक की अभिरुचि अरसे से लगातार बदली जा रही है। फीलगुड इस रुचि का सार है। निष्ठुर हिंसा आनंदमूलक नहीं है तो नहीं हिट हो पाती। हिंसा का भी आनंदमूलक होना जरूरी है।

फिर भी रामू की 'आग' के संदर्भ में 'शोले' पर चर्चा अपेक्षित है। शोले को सत्तर के आसपास और आपात्कालीन प्रसुप्त बदले की भावना से संचालित पॉपुलर कल्चर में हिंसा के 'ऑर्गनिक' उपयोग की एक संपूर्ण फिल्म के रूप में पढ़ा जा सकता है। उसमें समाया कॉमिक रिलीफ और मेलोड्रामा हिंसा को रंजक बनाता है। इस नजर से शोले को अगर हिंसा के एक टैक्स्ट की तरह पढ़ा जाए और तब रामू की आग के बारे में बात की जाए तो बेहतर हो।

तुलना तो रिमेक की मूल से होती ही है। पुराना जब क्लासिकी रूप धरने लगता है तब उसका रिमेक होता है इसलिए रिमेक को पुरानी शिला पर घिसा जाता है और अतीत के समूचे मिथक्करण के सामने यह परीक्षा प्रायः नए को असफल संभावना की ओर ले जाती है। रिमेक का रिस्क यही है। रिमेक का फायदा क्लासिक की पीठ पर चढ़े बिना किसी बुनियादी रचनात्मक मौलिकता के चोखाधंधा करना होता है।

'रामू की आग' में रामगोपाल वर्मा उस मिथक्करण की मार से शायद बच निकल सकते हैं जो अब शोले नाम का एक निजंधर इतिहास है जिसकी अगली कड़ी बनाने के अधिकार को सौ करोड़ डॉलर में अभी खरीदा गया है। 'आग' में 'शोले' एक संदर्भ की तरह आ सकती है। शहर में केंद्रित होने के कारण कहानी में बहुत से प्रसंग और प्रक्रियाएँ बदलने में आसानी है। डाकू की जगह शहरी अंडरवर्ल्ड की कहानी रामगोपाल को कुछ आजादी भी देती है। अगर यह शोले का ठीक नाम समेत रिमेक होता तो रिस्क ज्यादा था।

2 सितंबर, 2007

चैनल-चैनल बात चली है

'लाइव इंडिया जनमत' की स्टिंग पत्रकारिता ने टीवी चैनलों की नाक कटा दी। पत्रकारिता के नाम पर बट्टा लगा दिया। धिक्कार है...। कुछ ऐसे ही उवाच अब उन चैनलों के मुखारविंदों से झर रहे हैं जो स्वयं कभी न कभी स्टिंगबाजी के इस कच्चे, तुरंता टीआरपीवादी खेल में शामिल रहे हैं। अब सब वे एक स्वर से कह रहे हैं कि हाँ, हमें मिल-जुलकर अपने समाचारकर्म के लिए आचार संहिता बना डालनी चाहिए। सरकार ने भी संकेत दिया है कि अगर न्यूज चैनल ऐसा करते हैं तो आसन्न प्रसारण विधेयक में से न्यूज की आचार संहिता के अंश हटा लिए जा सकते हैं और आगे जो बिल आएगा वह मनोरंजन के क्षेत्र से संबंधित होगा।

लंबी उदासीनता के बाद इस तरह की जल्दबाजी मीडिया और सरकार दोनों की अंतरंग समस्या की ओर इशारा करती है जो दोनों का स्वभाव बन चली है। सरकार को तो हर बार अपने किए धरे का जबाव कहीं न कहीं देना पड़ जाता है, लेकिन मीडिया अपने किए धरे पर किसी किस्म की आलोचनात्मक टिप्पणी तक मुश्किल से बर्दाश्त करता है। मीडिया की यह समस्या नई तकनीकी, नए बाजार के बरक्स अपनी नई समग्र भूमिका पर बाकायदे विचार करने से संबंधित है। सिर्फ रातों-रात लोकप्रिय होने, पैसा कमाने की आदत स्वयं एक समस्या है। आफत हुई तो एक रिपोर्टर निकाल दिया, एक संपादक हटा दिया बस! इस कामचलाऊ नीति के अपने नुकसान हैं।

इस बार जल्दबाजी लाइव इंडिया जनमत ने की। उसने अपने को बाजार में टीआरपी के खेल में जल्द से जल्द आगे करने के लिए ब्लैकमेल के एक सतही खेल को स्टिंग मानकर बेहद उत्तेजक शैली में दिखाया। जो भाषा उसके समाचार वाचक ने इस्तेमाल की वह भड़काऊ ही कही जा सकती है। उसके बाद तुर्कमान गेट और दरियागंज के लोगों का स्कूल में घुसकर 'तुरंता फैसला' छाप एक्शन दिखाया। उमा के कपड़े फाड़े गए। उसकी जान भी जा सकती थी। स्कूल अधिकारियों ने स्टिंग को सच मानकर उमा खुराना को हटाने की बात की। संभव दबाव से घबराकर दिल्ली के शिक्षा मंत्रीजी ने उमा को हटाने के आदेश कर दिए। उसके बाद पुलिस ने जब केस को चार दिन लगाकर खोला तो एक के बाद एक परतें उधड़ती गईं। स्टिंग

अब उमा को ब्लैकमेल करने का खेल था। जिसे छोटे धंधे वाले वीरेंद्र अरोड़ा नामक व्यक्ति ने कराया। लाइव इंडिया के रिपोर्टर प्रकाश सिंह ने किया। इसके लिए उसने रश्मि सिंह नामक एक लड़की को स्टिंग में दिखाई स्टूडेंट बनाया। वह स्वयं टीवी पत्रकार बनने के सपने पाले थी। अब स्टिंग स्वयं कलंक बन चला है। चैनल पर केस की तैयारी है। चैनल ने अपने रिपोर्टर को शो कॉज थमाया है। वीरेंद्र अरोड़ा, प्रकाश और रश्मि अंदर हैं। प्रकाश सिंह पर पुलिस ने छह किस्म के संगीन अपराधों का केस बनाया है।

सच, खबर चैनलों के इतिहास में यह सबसे निम्न बिंदु है। यों इस कालम में इस लेखक ने स्टिंग को 'बंदर के हाथों में उस्तरा देने' की बात बार-बार कही है। अब वह उस्तरा जब ब्लैकमेलिंग में बदला नजर आया है तो सब घबरा उठे हैं और अपने बीच ही किसी किस्म की आचार संहिता बनाने की बात को सरकार से कहने लगे हैं। बहुत पहले कुछ दिन खबरों में रही 'न्यूज' ब्रोडकास्टर्स एसोसिएशन' ने कहा कि वह आत्म-नियमन करने वाली एक आचार संहिता और उसको लागू करने वाला तंत्र एक साल में बना लेगी। निश्चय ही इस खबर से सूचना प्रसारण मंत्रालय परम संतुष्ट ही होगा कि खबर चैनलों के स्टिंग या निहित कैमरों के खेल के बारे में उसकी आशंकाएँ सच निकलीं।

लाइव इंडिया के इस स्टिंग और उसके बाद मीडिया के अचानक होशमंद हो उठने में बहुत समय लग गया। जब भी स्टिंग हुए, मीडिया विमर्श के बीच ये बातें सामने आती रहीं कि 'किसी घटना को अपने सच की तरह दिखाना' एक बात है और 'घटना बनाकर सच बनाना' दूसरी बात। घटना का सच बताना परंपरागत पत्रकारिता है जबकि घटना का निर्माण कर उसमें से खबर बनाकर सच निकालना नई तुरंता धंधईवादी पत्रकारिता है, जो अंततः सच की तथ्यात्मकता, प्रामाणिकता, सोशल एकाउंटेबिलिटी, विधिक जिम्मेदारियों को ताक पर रख कर पत्रकारिता जैसे प्रतिनिधिक कर्म को पीत-पत्रकारिता में, ब्लैकमेल में बदल सकती है।

तो महानुभाव, आपस में मिलकर आचार संहिता बनाने का काम चलाऊ इरादा बुरा नहीं। लेकिन उसे किस तरह से बनाओगे? उसे यदि जनता की अदालत में नहीं लाओगे तो जनता का विश्वास तो नहीं बनेगा। इसलिए इस घबराहट और जल्दबाजी में अगर आप ब्लैकमेल की पत्रकारिता से अलग स्वस्थ पत्रकारिता उद्योग चलाना चाहते हैं (वैसे ज्यादातर चैनल इस तरह के लड़कपन से प्रायः मुक्त रहने की कोशिश करते हैं) तो आपको उसे निजी स्तर पर कोई मित्र-क्लब सा न बनाकर जनमुखापेक्षी बनाने का प्रयत्न तो करना ही होगा। दर्शक को उपभोक्ता के रूप में देखना होगा और अपने धंधे के हित के अलावा जनता-उपभोक्ता के हितों की बात उससे पूछकर ही करनी होगी।

9 सितंबर, 2007

आदमी को काटती खबर

लाइव इंडिया के स्टिंग के कर्त्ता पत्रकार प्रकाश सिंह का प्रोफाइल उसी तरह का है जिस तरह का इन दिनों छोटे शहरों से आने वाले नए पत्रकार का होता है। टाइम्स ऑफ इंडिया में 13 सितंबर को छपे चित्र में वह कैमरे की आँख को निर्भीकता से देख रहा है। एक कैमरा पीछे से भी उसे शूट कर रहा लगता है। वह नीली शर्ट पहने है और तनकर खड़ा है। यदि यह फोटो गिरफ्तारी के बाद का है तो उसके निर्भीक लुक्स देखकर और भी हैरत होती है। चेहरे व्यक्तित्व का पूरा आईना नहीं होते लेकिन ऐसे आकस्मिक प्रसंगों में उनके माने अचानक चमक उठते हैं।

उसके बरक्स उमा खुराना का वह हताश-निराश चेहरा याद आता है जो जेल से निकलते वक्त के फोटो के रूप में अखबारों में छपा है, टीवी की खबरों में आया है। वह एक बेहद थका हुआ और हताश चेहरा है जो एक गहरे संताप से गुजर कर आया है और जो अपनी व्यर्थ हुई बदनामी से डरा हुआ है। एक ऐसी अकेली औरत का निरीह, पीड़ित चेहरा जिस पर अपराधिनी होने का आरोप दस दिन तक चिपका रहा है। उस आरोप से बरी होकर भी उसके निशान वहाँ हैं। फिर हम उस चेहरे को भी याद करें जो स्कूल के प्रांगण में उपद्रवी उत्तेजित भीड़ द्वारा हिंसा का लक्ष्य था और जिस भीड़ द्वारा उसे बुरी तरह पीटा जा रहा था। वह भी इसी औरत का चेहरा था।

इसके बरक्स पत्रकार के उस चेहरे को रखें जो निर्भीक होकर देख रहा है तो हमें नई पत्रकारिता के उस चेहरे की झलक मिल जाएगी तो तुरंता नाम और दाम के चक्कर में रहता है। पत्रकारिता उसके लिए ऐसा ही माध्यम मात्र है जैसा कि कोई तुरंता पैसा देने वाला धंधा। इस तरह के चेहरे को देखकर पत्रकारिता को समझने वाले किसी भी मीडियाविद के मन में एक ही साथ क्रोध और दया पैदा होती है। यह व्यक्ति आज के स्पर्धा युग में निजी करियर की जटिलताओं को मेहनत और ईमानदारी से निपटाने की जगह शॉर्टकट पर यकीन करने लगा और फँस गया। वह अपनी अनसुलझाई समस्याओं का ऐसा शिकार बना जिसने एक निरीह नागरिक

को अपने स्वार्थ के लिए शिकार बना डाला। जल्दी सफलता पाने की बीमारी की मारी एक मामूली सी पत्रकार तक को भी उसने इस सबका हिस्सा बना लिया। दयनीय और क्षुब्ध करने वाली बात इसलिए भी है कि जिस पत्रकारिता ने जनता के सूचना सशक्तीकरण पर जोर दिया है उसी में सूचना संदिग्ध बना दी गई।

स्टिंग करने वाला पत्रकार प्रकाश बोकारो का रहने वाला बताया जाता है। वह 2005 में दिल्ली आया था और एक निजी चैनल में ट्रेनी रहा था। अपने एक अंकल की मदद से उसे उसी चैनल में बाद में जॉब मिला। उसका अंकल सीबीआई में उच्च पदाधिकारी बताया जाता है। पुलिस ने सीबीआई के अफसर के रोल के बारे में पता किया है लेकिन उसका कोई रोल इस सब में नहीं लगता। पुलिस ने काफी सबूत जुटाए हैं जो प्रकाश के ऊपर उँगली उठाते हैं। एक अंग्रेजी चैनल में काम करने वाला ड्राइवर भी गवाह रूप में मिला है। इसी चैनल में प्रकाश पहले काम करता था।

पुलिस के अनुसार प्रकाश ने माना है कि वीरेंद्र आरोड़ा ने प्रकाश को उमा खुराना पर स्टिंग करने का लालच दिया। पत्रकारिता के क्षेत्र में नाम कमाने का उसे यही सुलभ शॉर्टकट नजर आया। पुलिस का कहना है कि प्रकाश जानता था कि स्टिंग नकली स्टिंग होगा। तो भी उसने उसे किया। पुलिस के अनुसार उसने यह फिर भी किया। उसे लगता था कि इस सबको करके भी वह इसमें नहीं फँसेगा...। तेरह सितंबर को प्रकाशित टाइम्स ऑफ इंडिया के रिपोर्टर का यह ब्योरा अगर सच है तो वह समकालीन पत्रकारिता में बढ़ती गैर पत्रकारीय प्रवृत्ति के एक नए रूप को बताता है जो अंध-स्पर्धा के एक गलित रूप के कारण भी पैदा हो रहा है।

बाजारी स्पर्धा से मीडिया का विस्तार हुआ है। टीवी पत्रकारिता प्रायः ज्यादा महत्त्वपूर्ण पत्रकारिता के रूप में मानी जाती है। उसमें जल्दी से जल्दी नाम और नामा कमाया जा सकता है। यह आम विश्वास समाज में नीचे तक पैठ गया है। मीडिया विस्फोट के इस दौर में मीडिया अध्ययन पाठ्यक्रम संस्थानों में बहुत से शिक्षार्थी पत्रकारिता का अध्ययन करने आते हैं। वे पत्रकारिता पढ़कर 'समाज की सेवा' करने की बात कहा करते हैं। वे रोजी रोटी कमाने की बात को भी कई बार दोयम प्राथमिकता बताया करते हैं। वे यह भी बताते हैं कि वे पत्रकारिता के जरिए समाज सेवा करते हुए नाम कमाना चाहते हैं। मूलतः नाम और नामा कमाने पर ज्यादा जोर नजर आता है। यहीं कहीं शॉर्टकट की संस्कृति जन्म लेती है। पत्रकारिता के आदर्श मानक और सब एक तरफ धरे रह जाते हैं। उन सब पर यह चकाचौंधवादी सपना हावी हो जाता है। उनकी नजर में उनकी पौलखोलवादी पत्रकारिता 'एकमात्र सत्य' की पत्रकारिता बन जाती है।

खबरनवीसी की परिभाषा के बारे में यह किस्सा मशहूर है : 'कुत्ते ने आदमी

को काटा' यह खबर नहीं होती। 'आदमी ने कुत्ते को काटा' असल खबर यही होती है। वे यह नहीं समझ पाते कि खबर जब खबर को काटने लगती है तो खबर के बारे में ही सबसे बड़ी खबर बनती है। जो इससे बेखबर है उसे खबर काट सकती है। यही हुआ है। कुत्ता आदमी को काटे या आदमी कुत्ते को, असल खबर 'काटने' की सत्यापन क्षमता से तय होती है। अन्यथा खबर आदमी को ही काटती है।

16 सितंबर, 2007

प्रतिबंध और जेल

इन दिनों की दो बड़ी घटनाएँ मीडिया के इतिहास में बड़ा मोड़ साबित हो सकती हैं : वे मीडिया को सीधे प्रभावित करने वाली हैं, एक चैनल का बंद होना और चार पत्रकारों को जेल की सजा।

पहली घटन तो 'लाइव इंडिया' चैनल के 'ऑफ लाइन' होने की है। आप अपना टीवी सेट खोलें और इस चैनल को लगाएँ तो आपको छोटे परदे पर 'नो सिग्नल' लिखा दिखेगा जो कहेगा कि 'लाइव इंडिया' के सिग्नल उपलब्ध नहीं हैं। यह परिणाम उसी स्टिंग का है जो प्रकाश सिंह नाम के टीवी पत्रकार ने सस्ती लोकप्रियता कमाने के लिए किया था और जिसे चैनल ने बड़े गर्व से पूरे दिन दिखाया था। जब पुलिस ने जाँच पड़ताल की तो 'स्टिंग' शुरू से आखिर तक बनाई गई, झूठी कहानी निकली। मामला अदालत तक गया। पुलिस ने उमा खुराना को निर्दोष पाया। जेल से वह रिहा हुई। प्रकाश सिंह एंड कंपनी अंदर हुए। सारे मामले पर कोर्ट में एक संदर्भ में यह सवाल जरूर आया कि चैनल का क्या किया जाए? पूछा जा रहा था कि पुलिस चैनल से जवाब तलब क्यों नहीं कर रही है? पुलिस ने चैनल प्रमुख के जवाब भी लिए। वे प्रकटतया तो यही कहते रहे कि पत्रकार प्रकाश सिंह ने उन्हें सारी बात नहीं बताई थी। उसने स्टिंग को सच बताकर दिखाया। पेशेवराना विश्वास के आधार पर चैनल ने दिखाया और इस तरह उसका सीधा दोष नहीं है। मगर लगता है प्रकाश सिंह के बयानों के बाद चैनल की मासूमियत से पर्दा उठ गया होगा। चैनल पर ऐसा कार्यक्रम दिखाने का केस तो बनता ही था। शायद वह बना। सूचना प्रसारण मंत्रालय ने इसकी पहचान की और चैनल को एक महीने के लिए बंद करने का आदेश दिया। यह आदेश केबल कानून के तहत दिया गया है।

लेकिन जिस केबल कानून के तहत दोष का संज्ञान लेकर चैनल की प्रतिबंधित किया गया है उससे इतना ही सिद्ध होता है कि मंत्रालय ऐसे मामलों में संजीदा है। वह गलती करने वाले चैनल को बख्शने वाला नहीं है। संकेत यह है कि स्टिंग

आदि का शौक रखने वाले चैनल जरा सँभल जाएँ। संकेत यह भी हैं कि भई या तो हमें 'कोड ऑफ कंडक्ट' बनाने दो या खुद बना लो। मगर जल्दी से वरना मंत्रालय को सोचना पड़ेगा...संकेत स्पष्ट है।

लेकिन यही चिंतनीय है। इस केस में मामला आदलत के विचाराधीन है। अपराध की पड़ताल हुई है, फैसले होने हैं, चैनल को लेकर भी बात है। मगर मंत्रालय ने फैसले के इंतजार के बिना ही केबल एक्ट के जरिए एक चैनल को बंद कराने के आदेश कर दिए हैं। यह ज्यादती लगती है, जितना अपराध है उतनी सजा दी जानी चाहिए। चैनल को बताया जाना चाहिए कि उसके प्रबंधकों में से भी क्या कोई इस सबके लिए जिम्मेदार है या कि टीवी कर्मी ही इसमें शामिल रहे हैं? लेकिन सारा चैनल ही बंद कर दिया गया है। यह कठोर सजा है। जबकि अदालत को फैसला करना है।

दूसरी बड़ी घटना 'मिड डे' (संध्याकालीन अंग्रेजी दैनिक) के चार पत्रकारों को चार महीने की सजा से संबंधित है। 'मिड डे' दैनिक ने एक न्यायाधीश के संदर्भ में कुछ आपत्तिजनक बातें छापीं। कार्टून भी छापे। अदालत ने इसे अदालत की अवमानना का दोषी ठहराया और अपराध के लिए चार महीने के कारावास की सजा सुनाई।

यह घटना हर तरह से चौंकाने वाली है। पत्रकारों को इस तरह की सजा का शायद यह पहला अवसर है। प्रायः पत्रकारों को चेतावनी देकर प्रतीकात्मक दंड देकर, हलफनामा भरवाकर मुक्त कर दिया जाता रहा है। अदालत की नजर में कसूर जरूर इतना संगीन रहा होगा कि चार महीने की सजा दी गई। सजा चार महीने की हो या चार दिन की सजा सजा है।

पत्रकारों ने इस फैसले के बाद प्रदर्शन किया है। वे चाहते हैं कि उनके संग इतनी ज्यादती न की जाए, इतनी कठोरता न बरती जाए। संपादक गिल्ड के प्रवक्ता का कहना है कि इससे पत्रकारिता की आजादी पर बुरा असर पड़ेगा। जरूरी है कि अवमानना की अवधारणा की जरा समीक्षा की जाए।

आगे स्थिति जो हो। यह तो प्रथम दृष्टया लगता ही है कि सजा कुछ ज्यादा है। कार्टूनिस्ट इरफाना को भी सजा दी गई है। कार्टूनिस्ट को अगर सजा दी जाती है तो अचरज होता है। कार्टून हँसाने, गुदगुदाने और अंतर्विरोध को उजागर करने का माध्यम है। वह टिप्पणी या विचार की तरह है। लेकिन खबर की श्रेणी में वह नहीं आता। जो बातें 'पब्लिक डोमेन' में मीडिया में आयु की होती है, वह उनमें से ही किसी एक को अपना माध्यम और लक्ष्य बनाता है। कार्टून मजेदार होते हैं, उनमें 'इरादा' ढूँढ़ना कुछ ज्यादती लगती है।

फिर जैसा कि संपादक गिल्ड के प्रवक्ता ने कहा और एक चैनल ने भी टिप्पणी

की कि क्या न्यायपालिका को किसी भी मामले में न्याय के लिए प्रश्नित किया जा सकता है? क्या न्यायपालिका और न्यायाधीश प्रश्नों से परे हो सकते हैं। मिड डे वालों का अब भी कहना है कि प्रमाण होने के बावजूद क्या वे चुप रहें?

स्पष्ट है, मामला विवाद को जनम देने वाला है। यद्यपि वाद किसी बेहतर नतीजे पर पहुँच सकता है, बशर्ते कि विवाद तर्क और तथ्य के साथ हो।

23 सितंबर, 2007

साइबर की साइबरी

भारत में इंटरनेट-बूम का दौर चल रहा है। अभी इंटरनेट की पहुँच चीन की तुलना में कम है मगर इंटरनेट पढ़े-लिखे लोगों के बीच यहाँ तक कि कम पढ़े-लिखों के बीच चलन बनने लगा है। 'किसान-बाजार-मंडी' के संग्रथन के कारण अब यह गाँवों तक पहुँच रहा है। सूचना संग्रह और वितरण की उसकी क्षमता इंटरनेट को उपयोगी बना रही है। इंटरनेट की सुविधा नीचे तक ले जाने के लिए इंटरनेट सुविधा देने वाली कंपनियों ने बहुत-सी योजनाएँ बनाई हैं। इंटरनेट के कनेक्शन आदि सस्ते हुए हैं। जगह-जगह पर खुले साइबर कैफे उसकी उपयोगिता बताते हैं।

अच्छे सूचना-दक्ष समाज के लिए आज इंटरनेट एक बुनियादी सुविधा है। उसका प्रयोग बहुत से क्षेत्रों में अनिवार्य होने लगा है। वह एक ऐसा माध्यम है जो लोकल को ग्लोबल से जोड़ता है। ज्ञान क्रांति से जोड़ता है। ऐसे वक्त में जब इंटरनेट नीचे तक पहुँचने लगा है तब अचानक उससे डर कर उसे कंट्रोल करने की बात सोची जाने लगी है। ऐसे सोच के पीछे कई कारण बताए जाते हैं। आतंकवाद इस डर का एक बड़ा कारण है। आतंकवादी इंटरनेट पर अपने कूट संदेश भेजकर अपना काम करते हैं। लाखों पोर्न वेबसाइटें हैं जिन्हें देख अश्लीलता बढ़ती है। अपराध की वृत्ति बढ़ती है। तीसरी समस्या यह है कि इंटरनेट के जरिए अलग-अलग राष्ट्रों में बैठे लोग आपस में संवाद कर ग्लोबल समुदाय बनाते रहते हैं। वे राष्ट्रराज्य की सीमाएँ नहीं मानते। इस तरह मुख्य चिंता 'सुरक्षावादी' नजर आती है।

इन सबको कंट्रोल में लेने के लिए सोचा गया। फिर एक कमेटी बनी। संसदीय स्टैंडिंग कमेटी ने विचार किया। पाया कि कंट्रोल किया जा सकता है। इसके लिए उसने कुछ उपाय भी सुझा दिए हैं।

एक मौलिक समस्या का मौलिक सा हल दिया गया। साइबर स्पेस के कंट्रोल के 'हथौड़ा छाप' तरीके सोच लिए गए हैं। मानो कि इंटरनेट कोई कलपुर्जा हो, किताब हो या कागज पर छपा अखबार हो या सिनेमा हॉल हो या कोई संस्था हो! इंटरनेट को उपयोगी मानने वाला एक बड़ा समाज इन उपायों की भनक पाते ही उपहास

में हँस रहा है। अधिक गंभीर लोग इसकी असंभवता पर उपहास उड़ा रहे हैं। कई साल पहले दिल्ली के एक पब्लिक स्कूल के एक बच्चे ने जब एक मोबाइल पर एक ब्लू फिल्म बनाई थी और बाजी डॉटकॉम पर उपलब्ध थी, तब ब्लूटूथ सुविधा से लैस मोबाइलों और इंटरनेट की साँठ-गाँठ पर बड़ी नैतिक चिंताएँ उजागर हुई थीं। इन दिनों 'ब्लूटूथ' सुविधा नए मोबाइलों में हर कहीं है। ये चिंताएँ कहाँ हैं? मालूम नहीं। चिंताएँ और कानून ब्लूटूथ की चुपके-से फिल्म बनाने की और दूसरे माध्यमों में उसे ट्रांसफर करने की सुविधा को नहीं रोक सके। यों उस चक्कर में बाजी डॉटकॅम दंड का भागी-बेकार बना। समझा गया कि उसी ने यह सब कराया है जबकि यथार्थ यह था कि बाजी सिर्फ सेवा प्रदाता था, कंटेंट का निर्माता नहीं था लेकिन दंड उसे निर्माता जैसा ही मिला। निर्माता तो वह स्टूडेंट था जिसने अपनी सहपाठिन के संदर्भ में वह पोर्न फिल्म बनाई थी।

प्रसंग बताता है कि ऐसी स्थितियों से निपटने के लिए पहले ही कुछ कानून मौजूद हैं लेकिन वे बहुत स्पष्ट नहीं हैं। कारण यही है कि कानून इंटरनेट क्रांति से पहले के हैं और जो हैं वे इंटरनेट की विशेषताओं को पूरी तरह नहीं समझते। इंटरनेट तकनीक और उससे संबंधित सूचना क्रांति के संदर्भ में अरसे से एक इन्फॉर्मेशन तकनीक को लेकर कानून बनाने की बात चल रही है। इसी क्रम में इस कमेटी ने सोचा होगा। लेकिन कमेटी के विचारों के बारे में जो सूचनाएँ सामने आ रही हैं और जो मीडिया बिरादरी में चर्चा है वह यही बताती है कि कमेटी इस समस्या को सरल ढंग से समझने की कोशिश कर रही है। वह अभी भी इंटरनेट को किसी सिनेमाघर या किसी फिल्म की तरह या टीवी की तरह देखती है और कंट्रोल करने के वैसे उपाय सोचती है जैसी कि सिनेमा या टीवी को कंट्रोल करने के लिए मौजूद हैं। यही लगता है कि वह इंटरनेट को एक विशिष्ट माध्यम के रूप में ठीक से नहीं समझती। वह उसे फिल्म या टीवी की तरह ही देखती-समझती है जबकि इंटरनेट की क्रिया फिल्म या टीवी की क्रिया से भिन्न है। माध्यम मूलतः संदेश प्रदाता होते हैं।

टेलीफोन के बारे में यह बात नहीं कही जा सकती। टेलीफोन अपने आप में एक संचार यंत्र रूप में अपना अलग अर्थ/फंक्शन रखते हुए भी मूलतः एक 'सूचना प्रदाता' है। 'सूचना निर्माता' नहीं है। इंटरनेट और टेलीफोन एक-दूसरे के पूरक हैं। इसलिए इंटरनेट की क्रिया मूलतः 'सूचना प्रदाता' माध्यम की तरह है। टेलीफोन पर दो व्यक्ति आपस में क्या बात कर रहे हैं, इस बात की जिम्मेदारी टेलीफोन की कंपनी की नहीं हो सकती। उसमें जो सूचना दी और ली जा रही है, अगर वह आपत्तिजनक है तो उसके लिए सूचना सामग्री का बनाने वाला ही जिम्मेदार हो सकता है। निर्माता और प्रदाता में फर्क किया जाना चाहिए। इंटरनेट पर आने वाली तमाम सूचना सामग्री की सारी जिम्मेदारी किसी इंटरनेट सर्विस

प्रोवाइडर की नहीं हो सकती।

तिस पर इंटरनेट साइबर स्पेस की दुनिया है निर्गुण ब्रह्म की तरह हर कहीं, मगर पकड़ से बाहर। निर्गुण पर किस तरह का कानून लागू हो सकता है? जिन समाजों ने कानून बनाए उन्हें आगे बढ़ती तकनीक ने हर बार बेकार किया। कानून और इंटरनेट का यही द्वंद्व नजर आता है। साइबर स्पेस की आजादी को आप किसी लाठी से नहीं हाँक सकते। उसकी नजाकत समझ ही कुछ व्यवस्थाएँ संभव हैं।

21 अक्तूबर, 2007

मार्केट और हस्तक्षेप की नीति

घनघोर व्यवसायवादी अमेरिकी मीडिया के भीतर एक रैडिकल सी घटना हुई है। इसे एक समाचार वाचिका ने अपने चैनल पर समाचार पढ़ते हुए लाइव बनाया सबको दिखाया। एमएसएनबीसी, अमेरिकी समाचार बुलेटिन की प्रस्तुतकर्ता, माइका ब्रजेजेंस्की ने अपने प्रातःकालीन समाचार बुलेटिन के उन हिस्सों को पढ़ने से मना कर दिया जिनमें एक अपराध में सजायाफ्ता सेलेब्रिटी मॉडल पेरिस हिल्टन के जेल से रिहा होने का समाचार था। यही नहीं, उसने समाचार वाचन के दौरान ही बुलेटिन के उससे संबंधिति पेजों को जलाने का यत्न भी किया। इस सीन को दर्शकों ने देखा।

माइका के रोल को बहुतों ने सराहा। उसकी 'स्वस्थ पत्रकारिता' की सराहना की। उसके एक साथी ने कहा कि उसने दुनिया बदल दी। उसने कहा कि दुनिया तो क्या उसने अपनी दुनिया बदल डाली। इस घटना को पिछले दिनों अमेरिका में गंभीर पत्रकारिता की वापसी का लक्षण कहा जा रहा है। यह पढ़-सुनकर अच्छा लगता है। अंध-व्यवसायवाद से संचालित मीडिया के सेलिब्रिटीवादी इस दौर में यह लक्षण बुरा नहीं लगता। यह घटना अमेरिकी मीडिया की सीमाओं और नए उभर रहे अंतर्विरोधों को जताने वाली है। मीडिया की कमाई के मंत्र और पत्रकारिता के मंत्र के बीच जैसे-तैसे बैठाया गया सामंजस्य कभी-कभी इसी तरह दरक जाया करता है। ऐसा कभी न कभी हर जगह होता है। अपने यहाँ भी हो सकता है। भले ही इसके रूप और स्तर अलग-अलग बनें।

जिस तरह अमेरिकी मीडिया का मॉडल दुनिया के मीडिया पर हावी है, उसमें यह घटना एक हस्तक्षेप की तरह भी लगती है। मगर अभी इसे लेकर बहुत कुछ सोचना या जल्दी में नतीजे निकालना नादानी ही कही जाएगी। क्योंकि मीडिया के व्यवसायवादी विमर्शकारों के अनुसार इस घटना को भी दर्शक जुटाने का एक तरीका माना जा सकता है। आज के संदेहवादी मीडियासमय में यह भी संभव है कि ऐसा ही हो। ऐसा भी सोचा जा सकता है कि प्रस्तुतकर्ता ने पत्रकारिता के हर आइटम से कमाई को समर्पित और अब स्थिर से मान लिए गए संपादन तंत्र को झटक कर

पटक दिया हो, अपना विवेक-संचालित संपादन लागू कर दिया हो। अमेरिकी टीवी के ऊपर बड़े कॉरपोरेटों के चौतरफा शिकंजे के मद्देनजर फिलहाल ऐसा सोचना ही ठीक लगता है कि यह भी चैनल का एक 'लटका-झटका' रहा होगा, भले ही इसमें से कुछ नए मुद्दे निकल पड़ें, जो अंततः कॉरपोरेट मीडिया की पत्रकारिता को कुछ लचीले ढंग से विकसित करने की बात करें। आज की जटिल मीडिया संरचनाओं में कुछ भी सरल, सपाट, तुरंत निचोड़ लिया जाने वाला नहीं होता, बल्कि अचानक व्यतिरेकी हो गए सीन के बीच भी अपना हित देख लिया जाता है।

तो भी इस घटना से कई मुद्दे सामने आए हैं। सबसे अहम तो यही कि किसी टीवी प्रेजेंटर या वाचक या लाइव रिपोर्टर को क्या यह अधिकार दिया जा सकता है कि वह अपनी नजर से किसी बुलेटिन की स्टोरी को हटा दे। उसे जलाने का उपक्रम करे या ऐसी ही कोई हरकत करे जो मान्य व्यवहृत पत्रकारिता के विपरीत जाती हो? क्या किसी को इतनी आजादी दी जा सकती है?

प्रेजेंटर हिल्टन की खबर को मामूली रद्दी खबर मान सकती है। यह उसकी निजी राय हो सकती है। लेकिन यह भी सच है कि अनंत दर्शक हिल्टन के जेल से छूटने के बाद की उसकी हालत को जानने के लिए बेताब रहे हों। जेल से रिहा होने के तुरंत बाद सीएनएन चैनल पर लारी किंग शो के उसके साक्षात्कार ने बत्तीस लाख तक दर्शक लिए। हिल्टन की खबर के साथ माइका के सलूक को गलत मान सकते हैं। उनका मानना है कि समाज में एक बड़ा तबका हिल्टन की जेल की खबर को महत्त्वपूर्ण मानता है, सेलिब्रिटीज की जिदंगी की खबरों को चाव से देखता है। ऐसी कहानियाँ उसके मनोरंजन की बढ़िया खुराक बनती हैं। लारी किंग के शो के इस सीजन के ये सबसे ज्यादा दर्शक रहे। लोग हिल्टन को जेल से पहले देख चुके थे, अब जेल के बाद उसे देखना-सुनना चाहते थे। माइका का आचरण इसके विपरीत था।

व्यवसायवाद के अकुंठ चिंतक मानते हैं कि अमेरिकी मीडिया में इन दिनों पॉप स्टार ब्रिटनी स्पीयर्स और लिंडसे लोहान ज्यादा बिकते हैं। लोग उनकी जिंदगी के बारे में अधिक से अधिक जानना चाहते हैं। टीवी को अपने आर्थिक तर्क के कारण ज्यादा से ज्यादा दर्शक चाहिए ही होते हैं। इसलिए दर्शक के प्रिय बन चले पॉप सेलिब्रिटी को दिखाकर वह उनकी जिदंगी के विविध पक्षों को दिखाकर नए दर्शक बनाता है। इस तरह वह खूब कमाई करता है; इस आर्थिक तर्क का अपना विमर्श है : इसलिए भी है कि यह तर्क ठीक से न चले तो चैनल बंद हो जाएँ, पत्रकारों की चमक-दमक गायब हो जाए। इसका भी प्रतितर्क तुरंत आ सकता है कि क्या व्यवसायवाद के सामने सरेंडर कर दिया जाए? क्या माइका ने इसका प्रतिवाद नहीं किया? उसने तो कमाल कर दिया! अपने मौलिक विरोध से इतिहास रच दिया!

ऐसे कई सवाल उठ सकते हैं। इसीलिए हमें इस घटना को जरा अपने मीड्यिा

के संभव संदर्भ के रूप में भी कल्पित करने का खेल करना चाहिए। मान लीजिए किसी दिन कोई समाचार वाचक अपने लाइव बुलेटिन में किसी आइटम के प्रति अपनी नापसंदगी जाहिर करने के लिए उसे रोक दे, गायब कर दे तो अपने यहाँ उसका क्या बनेगा? माइका तो उधर हीरो बन गई मगर क्या अपने यहाँ भी कोई वाचक माइका जैसा बनना चाहेगा?

दरअसल, यही असल मीडिया से जुड़े 'पेट का सवाल' है जो पत्रकारिता की सिद्धांतवादिता के ऊपर भारी पड़ता है। अपने यहाँ के मीडिया के माई वाद के और संग में तंत्र के भीतरी निरंकुश ढाँचों में ऐसी आजादी बहुत बड़ी कीमत देकर ही ली जा सकती है। यह कीमत किसी भी दुस्साहसी पत्रकार को जिदंगी भर भुगतनी पड़ सकती है। अपना मीडिया विधान ऐसा ही है। अपने पत्रकार ऐसा दुस्साहस नहीं करते, न कर सकते हैं। लेकिन किसी दबावग्रस्त पत्रकार के दिल का क्या पता कि क्या कर बैठे?

यह घटना चाहे जिस करवट बैठे, इतना तो बताती ही है कि दबाव बढ़े हैं। कशकमश बढ़ रही है और हस्तक्षेप के नए रास्ते ढूँढ़े जा रहे हैं।

8 जुलाई, 2007

गाइड-लाइंस की क्या जरूरत

सरकार ने अंततः वही किया जो एक सरकार कर सकती है, उसने गाइड-लाइंस जारी कर दीं। इतने दिन हुए मीडिया की खुराफातें देखते। मीडिया चूँकि परम आजादी में मस्ताता रहा है इसलिए जरा सीख देनी पड़ती है। ज्यादा मुस्ताएगा तो एक खुराक और दे देंगे। आखिर सरकार को मासूम जनता के उन हितों का भी ध्यान रखना पड़ता है जिनके प्रति वह खुद बेखबर होती है। सरकार ने सोचा है, सरकार सोचती है और उसे सोचते रहना है। जनता अब निर्भय भाव से अपनी शील की रक्षा की चिंता किए बिना टीवी देख सकेगी। पूरे परिवार के साथ देख सकेगी। उसका धर्म भ्रष्ट अब न होगा। नैतिकता की हिफाजत होगी और स्वस्थ मनोरंजन हुआ करेगा। धर्म की जय होगी। अधर्म का नाश होगा। प्राणियों में सद्भाव होगा! सतयुग आसपास होगा!

यों वह पिछले सत्र में लोकसभा में इस बाबत ब्रॉडकास्टिंग रेगुलेटरी अथॉरिटी बिल लाने वाली थी। इस कॉलम में इस लेखक ने एकाधिक बार बताया था। उसकी महिमा गाई थी कि उसमें क्या-क्या चमत्कारी है? भारत की नैतिक पुलिस उसके हितों के बारे में सोचते-सोचते दुबली हो चली है। मंत्रालय ने बड़ी मेहनत भी की थी। बहुत से संशोधन-सुझाव आदि आए-गए। सारा देश इंतजार करता रहा, मानसून सत्र पूरा भी हो गया लेकिन बिल मेज पर नहीं आया, सो नहीं आया।

दूसरी ओर मार तमाम चैनल। किसे-किसे देखें? कोई कपड़े उतरवाता रहता है जिसे फैशन-वैशन कहा जाता है। कोई बिच्छू की तरह डंक मारता है। स्टिंग कराता रहता है। बताइए, इतने सांसद इस स्टिंग ने बेकार कर दिए। संसद को भी सांसत में डाला। कोई नाग-नागिन के अवतारों की, भूत-प्रेतों की कहानी ही कहता रहता है। अश्लीलता की तो बात ही न पूछो। वह तो जब चाहे जहाँ चाहे बरसने लगती है। इसका इलाज तो करना ही पड़ता है न!

क्या कहा कि गाइड-लाइंस क्यों देते हैं? बिल को ही विधेयक के रूप में रखिए। कानून बनवाइए। पारित कराइए और लागू कर दीजिए। तो हमारा कहना है कि

भाई बिल, बिल है। उसे कानून बनने में टाइम लग सकता है। कोई भी कानून इतनी आसानी से नहीं बन पाता। जबकि इतने समय में देश का चरित्र पतन की ओर तेजी से लुढ़क सकता है। यों तो हर चैनल उसके चरित्र को थोड़ा गिराते ही रहते हैं। कोई प्रेत और चुड़ैलों के किस्से दिखाकर जनता में भूत-प्रेत के प्रति दिलचस्पी जगाता है तो कोई कम से कम कपड़े पहनाकर नाच नचाता रहता है। कोई सबसे सेक्सी विज्ञापन दिखाता रहता है। इस सबसे जनता का चरित्र तेजी से स्खलित होने लगा है। जनता इस अधर्म के बढ़ने से त्राहि-त्राहि करती नजर आती है। बिल छह महीने में कानून बनेगा तो क्या छह महीने इतनी जिम्मेदार सरकार हाथ पर हाथ धरे बैठी रहे? जी नहीं, ऐसा नहीं हो सकता। सरकार है तो जनता को प्यार करती रहेगी प्यार को दिखाती रहेगी। जनता को कोई और फुसला ले, यह उसे गवारा न होगा। इसलिए उसे इस अबोध-अनाथ जनता का हाथ पकड़ना ही होगा। इस खातिर गाइड-लाइंस जारी करनी पड़ी।

गाइड-लाइंस में चैनलों और प्रकारांतर से अन्य मीडिया के लिए भी, इसके भीतर सैल्फ रेगुलेटिंग व्यवस्थाएँ भी बताई गई हैं कि किस तरह चैनल अपने आप ही अपने काम में मर्यादा पैदा कर सकते हैं। क्या, कितना, किस तरह दिखाएँ, इसे समझ सकते हैं। इसके लिए चैनलों को कंटेंट एडीटरों की नियुक्ति करनी होगी। इस तरह आगे से चैनल ही जिम्मेदार होंगे कि वे क्या दिखा रहे हैं?

उन्हें ध्यान रखना होगा कि अपराध, आपदा, हिंसा को दिखाने में सनसनी न आने पाए। स्टिंग बिना इजाजत न होने पाए और जितनी हो जनहित में हो। इसकी एक व्याख्या इस तरह से हो सकती है कि यदि ऐसा भ्रष्टाचार है जिसका दिखाना-बताना जनहित में है तो जरूर दिखाया बताया जाए लेकिन अगर ऐसा भ्रष्टाचार है जो जनहित में दिखाने-बताने योग्य नहीं है तो उसे न दिखाया-बताया जाए। हर स्टिंग जनहित में भला क्यों हो सकती है? आप किसी के बैड रूम में जाकर क्या दिखाना चाहते हैं? अगर वो इजाजत देता है तो जाइए वरना उसकी निजता का खयाल कीजिए। इसी तरह बहुत से घरेलू झगड़े चैनलों पर दिखाए जाते हैं। भई उन्हें दिखाना है तो जरा सँभल कर दिखाइए। निजी जीवन की गंदगी को सड़क पर न लाइए, घर के बरतन खटकते ही हैं। उन्हें क्या दिखाया-बताया जाए। इससे भारतीय संस्कृति को चोट पहुँचती है। इस बदनाम होते हैं। हमारे आदर्श संबंध और परिवार का ढाँचा बदनाम होता है। उसे सबको क्यों दिखाएँ?

इस तरह बहुत सोच-विचार करके सारे कार्यक्रमों को तीन श्रेणियों में बाँटा गया है। एक है यू श्रेणी जिसके तहत कार्यक्रमों को कोई भी, कभी भी देख सकेगा। इस श्रेणी के कार्यक्रम किसी तरह की खतरनाक खुराक से रहित होंगे। दूसरा है यू/ए श्रेणी जिसमें वयस्क तथा बारह साल से बड़े बच्चे रात के आठ बजे से सुबह के चार बजे तक देख सकते हैं। तीसरी श्रेणी वयस्क जनों के लिए है। वे उसे अपने

वयस्क समय में ही देख सकेंगे। वयस्क समय रात के ग्यारह बजे से शुरू होता है और सुबह चार बजे तक चलता है।

मंत्रालय को श्रेत्रीय भाषाओं के चैनल ज्यादा परेशान करते रहे हैं। उसके अधिकारियों का कहना है कि इनमें बहुत से ऐसे खबर कार्यक्रम आते हैं जो आपत्तिजनक होते हैं। यह साफ नहीं है कि ये क्षेत्रीय भाषाएँ कौन सी हैं? जाहिर है कि अंग्रेजी तो नहीं ही है मगर हिंदी है कि नहीं? यह पता नहीं है। हमें तो डर है कि श्रेत्रीय की जगह हिंदी जरूर होगी क्योंकि भंडाफोडू खबरों का सबसे ज्यादा मजा हिंदी जनता ने ही उठाया है। सरकारी भाषा में अंग्रेजी ही राष्ट्रीय भाषा है हिंदी तो क्षेत्रीय ही मानी जाती है।

भयानक अच्छी बात यह है कि यह सब एक खास मोरल एजेंडे के तहत हो रहा है और इसके बाबत न तो दक्षिणपंथी एनडीए कुछ कह रहा है न वामपंथी दल ही कुछ कह रहे हैं। सरकार अपने मंत्रालय के जरिए अरसे से चैनलों को कसने के लिए कसमसाती रही है, एकाधिक बार प्रतिबंध भी लगाए गए हैं लेकिन कोई कुछ नहीं बोला है।

इतनी चुप्पी भी ठीक नहीं है। आपातकाल के बिना आपातकाल का वातावरण लगता है। चैनल जो गड़बड़ करते हैं उन्हें रोकने के लिए पहले से ही कानून हैं। तब नए कानून व्यवस्थाएँ लादने का मतलब क्या है?

22 जुलाई, 2007

सत्ता की पहरेदारी की ललक

नई राष्ट्रपति प्रतिभा पाटिल के चुनाव पर चर्चा करते हुए एक चैनल एंकर ने मेहमानों से पूछा—

इस बार का चुनाव प्रचार अभियान इतना छिछले स्तर का क्यों रहा? सब ने जवाब दिए। किसी ने भाजपा को जिम्मेदार ठहराया। भाजपा ने प्रतिभा के अतीत को ठहराया। भाजपा के नेता ही कई बार ऐसे आरोप-प्रत्यारोप लगाते नजर आते रहे। लेकिन क्या मीडिया ने इस घटना को ओछा नहीं बनाया? बनाया और शायद सबसे आगे-आगे बनाया, मगर मीडिया से किसी ने यह सवाल जम कर नहीं किया कि उसने ऐसा क्यों किया?

उसने राष्ट्रपति के चुनाव को प्रत्यक्ष या सीधा चुनाव जैसा बनाकर छोड़ दिया। यह काम प्रतिभा का नाम सामने आते ही शुरू कर दिया गया। वे लगभग नित्य भाव से एसएमएस कराने लगे, एसएमएस जनतंत्र से राष्ट्रपति चुनवाने लगे। एसएमएस के राष्ट्रपति कलाम साहब बने, क्योंकि वे सत्ता में रहे। मीडिया में भी आते-जाते रहे। छीछालेदर बिना प्रमाण प्रतिभा के सर पड़ी। बिना किसी सिद्धि के ऐसा होता रहा। एक वातावरण लगातार बनाया जाता रहा, जो प्रतिभा पाटिल के विपक्ष में बनती राजनीति के साथ पूरी तरह सिंक में रहा। क्या ऐसा पत्रकारीय दबाव से होता रहा या यह भी कहा जाए कि अब मीडिया के उस्तादों ने अगली सरकार के बारे में कुलाबे भिड़ाने शुरू कर दिए हैं। अपने लिए जगह बनानी शुरू कर दी है! या कि मीडिया मसखरा हो उठा है कि वह राष्ट्रपति के चुनाव में और 'लाफ्टर चैलेंज' में कोई फर्क नहीं करता।

कम से कम दो अंग्रेजी चैनलों में इन बातों में स्पर्धा-सी ही नजर आई। किस्से आते रहे कि प्रतिभा का नाम किन-किन मामलों में जुड़ा रहा है। प्रमाण कोई नहीं दिखा, लेकिन फैसले होते रहे।

क्या यह किसी की ब्रीफिंग रही या मसखरापन रहा? ब्रीफिंग रही तो राजनीति का हिस्सा हुई। यदि मसखरापन रहा, तो गैर-जिम्मेदारी रही। राष्ट्रपति के चुनाव

के बारे में अगर मीडिया चैनलों की उनके संपादकों की यही समझ है, तो उनकी राजनीतिक समझ का चेकअप होना चाहिए। संविधान की एक-एक प्रति उन्हें दी जानी चाहिए, ताकि वे समझ लें कि राष्ट्रपति का पद प्रतीकात्मक होता है, चुनाव विशेष वोट-बैंक से होता है। जनता से सीधे चुनाव के बारे में कई लोग सोचते रहे, उनमें से हिंदुत्ववादी लोग आगे रहे हैं। तब क्या एसएमएस चुनाव कराके मीडिया यही अभ्यास कर रहा था? क्या इसे प्रस्तुतियों का 'मैनुपुलेटिव व्यवहार' ही कहा जा सकता है?

हे पाठक! मीडिया से भी दोस्ताना सवाल किए जाने चाहिए। यह उसके लाभ में ही है, क्योंकि जब कोई अपने काम से सवाल करना छोड़ देता है, तो उसके फिसलने का खतरा रहता है। मीडिया इस बार फिसलता नजर आया है। सबक लेने की सबसे ज्यादा जरूरत मीडिया को है।

मीडिया की एक अजीब नाटकीय मासूम मुद्रा तब नजर आई, जब वह चकित होकर पूछने लगा कि प्रतिभा का नाम अचानक क्यों आया? इस सवाल का मर्म यह था कि मीडिया ने जितने नाम उछाले, उनमें से यह कहीं नहीं था। मीडिया अचानक लाए गए इस नाम से अपने को थोड़ा छला गया महसूस कर रहा था, क्योंकि उसे तो दम्भ ही यह है कि वही इस संसार को खबर देने वाला है। सारी स्टोरी को दो-तीन चैनल 'ब्रेक' करते रहते हैं। कुछ अखबार करते रहते हैं और इस बार उन्हें भनक तक नहीं लगी।

क्या मीडिया को चौंकने के लिए तैयार नहीं रहना चाहिए? क्या राजनीति की अपारदर्शिता और पारदर्शिता के बीच ऐसे मौके मीडिया के आगे नहीं आते, जब उसे सारी खबरें राजनेता देते हैं और कभी-कभी नहीं भी देते हैं। ऐसे में चौंकना कैसा? लेकिन चौंकना मीडिया की अपनी विचारधारा की तरह था। भारत का मेट्रोवादी मीडिया-मध्यवर्ग यह मानकर चलता है कि वही 'विधाता' है। अगर उसके बाहर कुछ होता है, तो वह झुँझला उठता है। यह मेट्रो और मीडिया का अपना बनाया मकड़जाल है, जो समझता है कि सच उसके पास है, बाहर हो नहीं सकता है तो हम मान नहीं सकते। जब तक हम न मानें, तब तक वह सच कैसा?

बहुत पहले की बात नहीं है, जब अंग्रेजी के एक जाने-माने बड़े संपादक ने कहा कि वे उस अखबार को चलाते हैं, जो भारत को चलाता है। यारो! आज यह बात तो स्वयं ब्रह्मजी तक नहीं कह सकते।

महानता जब आती है, तो मीडिया में दम्भ बनकर आती है। वह मीडियाकर्मी के व्यवहार में दिखता है। नए पत्रकार जब अकड़कर चलते हैं, तो जमे-जमाए पुराने पत्रकार गलतफहमी को क्यों नहीं पाल सकते कि वे ही इस असार संसार के कर्ताधर्ता हैं। परम ब्रह्म परमात्मा हैं। जनता उन्हें मानती है, नेता मानते हैं वे एजेंडा बनाते-बिगाड़ते हैं। सारी ताकत उनके आपपास होती है, वे ताकत के आसपास होते हैं। मीडिया

का काम इस ताकत के आसपास होना है, ताकत बनाना है तो फिर यह क्यों कहा जाता है कि मीडिया का काम खबरदार करते रहना है? वह सच का चौकीदार है, जो सबको 'सजग रहना' कहता रहता है। लगता है, अरसे से वह जनता की पहरेदारी करने की जगह ताकत की पहरेदारी करने लगा है।

पश्चिम के देशों में मीडिया समाज में इतना पव्वा नहीं रखता। रखता भी है तो वह दिखता नहीं। इधर तो प्रदर्शित होता है। विकासशील देशों का मीडिया सत्ता की ताकत के उस खेल का हिस्सा बनकर ही चलता है, जो कुछ जगह केंद्रित रहती है। वह फ्री मार्केट का भी सच्चा दोस्त नहीं होता। बाजार का दोस्त हो, तो इस तरह से अपना पव्वा न बनाए, बल्कि पेशेवराना रहे। वह इस खेल में अपना पव्वा बनाता है।

शायद इसीलिए जब एक औरत का नाम आया, तो मीडिया में बैठा 'मर्दवाद' सबसे पहले चौंका। राजनीति का मर्दवाद तो चौंकता ही, ये औरत कहाँ से आ गई? पहले हमें बताया जाता, हम न्यूज ब्रेक करते! वह निजी नाराजगी छिपा नहीं सका। उसने चर्चा-कुचर्चाएँ चलाईं। इतने राष्ट्रपति बने, कलाम साहब बने तो उनके वक्त कोई चर्चा-कुचर्चा में नहीं बदली। एक औरत के नाम के आते ही प्रलय हो गई। सवाल किए जाने लगे—किसी मर्द राष्ट्रपति को लेकर ऐसा वातावरण क्यों न बना? अब उपराष्ट्रपति के चुनाव पर क्यों नहीं बन रहा?

कभी-कभी मीडिया से भी ऐसे सवाल किए जाने चाहिए कि जिस राजनीति में वह हमेशा वैचारिक सुसंगति खोजता है, उसकी अपनी सुसंगति क्या है? वैचारिक वैधता क्या है? क्या 'तुच्छीकरण' (ट्रिवियलाइजेशन) ही उसकी वैधता है?

29 जुलाई, 2007

डिजाइन किया गया सच

'मेरा सच तेरे सच से ज्यादा सफेद है।' 'नहीं, तेरा सच काला। मेरा तो सफेद ही है। एकदम निरमा से धुला दूध की-सी सफेदी लिए हुए। देखते नहीं इसमें निरमा है। थोड़ा-सा डाला है और झाग ढेर सारा है। सुषमा, रेखा, कमला, विमला आओ। देखो, खबर में निरमा की सफेदी।'

'नहीं, मेरा सच तो सर्फ एक्सेल से धुला है। धोने के लिए दाग बनाने पड़ते हैं। कहना पड़ता है कि एक शॉट में बच्चे कीचड़ में कबड्डी खेलें। दूसरे में माता मुस्कुराए कि दाग अच्छे है क्योंकि सर्फ एक्सेल है!' निरमा-सर्फ-एक्सेल-एरियल का विज्ञापन 'विज्ञापन' है। उसमें अतिकथन, अतिनाटकीयता, उसकी पटकथा और उसके ब्रांड निर्माण का हिस्सा है। वह एक कारपोरेट आर्ट कही जाती है जो उपभोक्ता वस्तुओं की ब्रांड की मार्केटिंग के लिए 'आभास की कहानी' गढ़ती है और वैसा कहती भी है। ब्रांड इस तरह एक आभासी सच हो उठता है। ज्याँ बौद्रीआ जैसे उत्तर आधुनिक चिंतकों ने ब्रांड की इस लीला पर विचार करते हुए कहा कि जब आप ब्रांड का उपभोग करते हैं तो आप एक चिह्न का उपभोग करते हैं। वस्तु का उपभोग नहीं करते। और इस तरह हर बार आप ब्रांड को ही खरीदते हैं क्योंकि पिपासा बनी रहती है। अगर उपभोग हो गया तो आप दोबारा उसे न खरीदेंगे। यह चिह्न का राजनीतिक अर्थशास्त्र है।

बौद्रीआ की समस्त अवधारणाएँ यहाँ नहीं दी जा सकतीं। मगर उनके संकेतों के सहारे इतना जरूर कहा जा सकता है कि अगर खबर इसी तरह का उपभोग मूलक ब्रांड या चिह्न बनाई जाएगी तो मीडिया के अपने 'सच के निर्माण' की समस्या खड़ी होगी ही। यदि मीडिया चिह्न का व्यापार न कर सच का काम करता है तो सच का भ्रम पालने वाले लोग पूछेंगे ही कि जो दिखाया उसमें सच कहाँ था? और मीडिया अपने ही अंतर्विरोध में फँस जाएगा।

वाराणसी के आंदोलनरत विकलांगों की रिपोर्टिंग को लेकर दो चैनलों के रिपोर्टरों पर पुलिस ने जो आरोप लगाए हैं और जाँच बैठायी है वह सब ऐसे ही 'मीडिया

कर्म के अंतर्विरोध' का परिणाम है। चैनल सच 'बनाते' हैं। यानी सच का एक चिह्न बनाते हैं और जनता के बीच उसे मिथकीय 'सबसे बड़ा सच' कहकर बेचते हैं। इस तरह खबर निर्माण में लगभग वे ही तरीके अपनाए जाने लगे हैं जो एक विज्ञापन के निर्माण के होते हैं। विज्ञापन तो विज्ञापन की तरह दिखकर छूट पा लेता है। खबर विज्ञापन की तरह होकर भी खुद को विज्ञापन नहीं कहती तो फँस जाती है।

वाराणसी में खबर अपने अंतर्विरोधी जाल बट्टे में बुरी तरह फँस गई है। उसे फँसना ही था। अगर न सँभली तो और फँसेगी। वाराणसी की पुलिस का कहना है कि विकलांगों को 'आत्महत्या बनाने' के लिए चैनलों ने, उकसाया। विकलांगों के परिजनों का कहना है कि मीडिया ने ही उन्हें उकसाया। पुलिस कह रही है कि चैनलों के रिपोर्टरों ने उन्हें खाने के लिए जहरीला पदार्थ दिया ताकि खबर जरा 'एक्शन वाला सच' बने। फिर हमदर्दी बने। चैनल की टीआरपी बढ़े। प्रशासन परेशान हो और उनके लिए कुछ कर दे। ढाई साल से लंबित पड़े मसले का यही मीडिया-हल नजर आया। मामला उल्टा पड़ा। लोग सल्फास जैसा खाकर मर गए। उल्टी खबर बना गए।

ऐसा तो होना ही था। खबर बनाने की कला एक कठिन कला है। खबर को साधना, कंट्रोल करना, ईश्वर को साधने से ज्यादा दुष्कर कार्य है। सच निजी हो सकता है। मीडिया उसे सार्वजनिक, सब का सच बनाने के चक्कर में काटता-छाँटता है। 'होता सच' 'बनाया जाता' है। उसके किसी निहित स्वार्थ से प्रेरित होकर बनाया जाता है। स्वार्थ छिपता नहीं। खुल जाता है। खबर बनाना दरअसल ऐसी खुले अर्थ से भारी टेक्स्ट बनाना है जो 'झूठ' होते ही बनाने वाले के 'झूठ' को पकड़ेगी और 'सच' होगी तो बनाने वाले को कोई तमगे नहीं देने वाली क्योंकि सच को सच कोई क्या बनाएगा?

तमाम तरफ से परेशान निराश लोग राजनीतिक दलों, शासन और पुलिस को जन विरोधी मानते हैं जो उनकी सुनते नहीं। मीडिया ने जरूर एक भरम दिया है कि वह उनकी आवाज है। वे उस तक अपनी आवाज पहुँचाने के लिए लालायित रहते हैं। यही मीडिया का भारत की परेशान पब्लिक से पहला बड़ा इंटरफेस है जो पिछले पाँच-दस साल से होने लगा है। मीडिया इस चक्कर में खुफिया कैमरों से स्टिंग करता हुआ सच को बनाने वाला नहीं, सच को सच 'कहने' वाला; 'दूसरी बड़ी अदालत' बन उठा है। यही मीडिया के खबर निर्माण का सबसे बड़ा जोखिम भरा इलाका है जिसमें जगह-जगह सत्तामूलक विमर्शों की बारूद बिछी रहती है। वाराणसी में यही बारूद फटा है। चैनलों के कर्मी जाँच में चाहे दोषी निकलें या निर्दोष, इस विवाद से एक बुनियादी सवाल पैदा होता है कि मीडिया का और सच का क्या संबंध है।

सवाल में निहित है कि सच मीडिया के बाहर दूर घटित होता है। मीडिया उसे दिखाता-बताता है। वह माध्यम है इसलिए निर्दुष्ट है। जो जहाँ जैसा है, वैसा बताना उसका काम है। मीडिया की अब तक की सारी सैद्धांतिकी इसी 'सच दर्शन' पर कायम है। इसीलिए अपने चैनल भी 'हकीकत जैसी, खबर वैसी' कहते हैं। 'सच केवल सच' का ठेका लिए रहते हैं। सच की इस ब्रांडिंग में वे अचानक ही ब्रांडिंग के उस दुर्निवार खेल में लुढ़क जाते हैं जिसके लिए वे दक्ष नहीं होते और फँस जाते हैं। मौजूदा केस में यही हो रहा है। यों ऐसा प्रकारांतर से रोजाना झलकता है क्योंकि हर चैनल अपने को ब्रांड की तरह बनाता है। खबर डिजाइंड होती है। लेकिन प्रकटतः उसे 'बनाया हुआ' नहीं कहा जाता। 'एकमात्र शुद्ध सच' कहा जाता है और सच का मतलब एक मिथक की तरह निजी होता हुआ अंततः सत्ता मूलकता से 'तय' होने लगता है। यही तो माइंड की 'मैनेजरी' है जो मीडिया सत्ता के लिए करता है। मीडिया का अपना झूठ तब बनता है जब वह सच बनाता है मगर 'बनाता' है, इसे जताता नहीं है। उल्टे उसे सच कहता है।

इसलिए समस्या मीडिया की आचार संहिता बनाने की उतनी नहीं है बल्कि यह एक आसान रास्ता ही है क्योंकि मीडिया उसे भी अपने उपक्रम में साध सकता है। असल समस्या इस 'लेट कैपिटलिज्म' में मीडिया के बदलते रोल और सच के निर्माण की प्रक्रिया में उसके बदलते नियमों की उत्तर संरचनामूलक विखंडन में देखा जाए। मीडिया की चिह्न मूलक सैद्धांतिकी को समझा जाए जो पहले ही पाठ में यह बताएगी कि सच एक चिह्न भर है जो बनाया जाता है इसलिए उसे भी अति सावधानी से बनाया जाना चाहिए वरना वह संचार सक्षम नहीं होगा।

मीडिया युग में सच होता नहीं, बनाया जाता है। जो मीडिया इस अपने झूठ को छिपाता है वह मीडिया का छलिया खेल है। यह छल जब-जब खुलेगा मीडिया परेशान होगा। यही हो रहा है। अब भी बहसों में एक कामचलाऊपन है कि समस्या सिर्फ दो चैनलों के दो रिपोर्टर की है, पुलिस की है। जी नहीं, समस्या सच से आपके संबंध की भाषा की है।

5 अगस्त, 2007

हमारा आईना है टीवी

'ये दिल माँगे मोर।' और देश माँगने लगा। लेफ्टिनेंट बत्रा इस स्लोगन के साथ कारगिल चला गया।

'ठंडा मतलब कोकाकोला।' पंजाब के गाँवों के किसान कुओं में कोक डालकर पीने लगे।

'दाग ढूँढ़ते रह जाओगे।' गृहिणियाँ परम प्रसन्न हुईं कि बहुत ढूँढ़ा मगर दाग शरमाकर कहीं गायब हो गया।

'दाग अच्छे हैं।' नई माता कहती है कि दाग लगे तो अच्छे। इससे हमारा पाउडर बिकता है।

'ब्रेक के बाद।' कहीं छोटा ब्रेक है तो कहीं कड़ा ब्रेक। सड़क पर भले ब्लूलाइन का ब्रेक न लगे, टीवी पर जरूर बार-बार ब्रेक है। आदमी मर गया मगर मरा भी तो कुछ ब्रेक से पहले मरा और कुछ ब्रेक के बाद मरा। बाकी बचा हुआ मरा एक और ब्रेक के बाद। थोड़ा अगले ब्रेक से पहले और फिर उसके बाद।

'ब्रेकिंग न्यूज।' बाढ़, दुर्घटना, आतंकी हमला ब्रेकिंग न्यूज हैं। भैंसा-गाड़ी, साइकिल टक्कर भी ब्रेकिंग न्यूज हैं।

'क्या समलैंगिक संबंधों को छूट मिलनी चाहिए?' 'सेक्स संबंधी सलाहें', 'खानदानी शफाखाना' सब टीवी पर है। अंग्रेजी के चैनलों पर चर्चा चालू है कि समाज को कितना सेक्स चाहिए और किस तरह सेक्स चाहिए। इस पर तालियाँ भी मिलती हैं।

'नशा करने वाले भी नागरिक है।' नहीं वे देवता हैं। नशा करिए और कराइए। हाँ छोटे बच्चे इससे दूर रहें। बड़े हों तो उनके सामने च्वाइस है। किसी को उनके मामले में हस्तक्षेप करने का हक नहीं है।

'ये संसार माया है। प्रभु के चरणों में मन रमा।' आधा दर्जन धार्मिक चैनलों पर मुक्ति-मार्ग के सैकड़ों पैकेज बिक रहे हैं। वहाँ उपदेशक नाचते-गाते हैं। यहाँ रामदेव (सुख) भोगियों को योग बताते हैं।

भी इधर एक चैनल पर रही है। अश्लीलता के कारण मंत्रालय द्वारा कई ब्लैकलिस्ट करने पड़े। कई पर सामयिक प्रतिबंध लगाने पड़े। डब्ल्यू. डब्ल्यू. एफ.

का खूनमखून होता पहलवान भी है। सेक्स और मौत, सब कुछ सेलीब्रेशन है। सेक्स, हिंसा, उपभोग और मासिक धर्म तक की महासेल यहाँ लगी रहती है। टीवी ने एक ही वक्त में गाँव को, शहर को, ग्लोबल माया नगरी से बाँध दिया है। देसी बैलगाड़ी को 'अटलांटिक' की पूँछ से बाँध दिया है। सब हवा-हवाई-सा हो रहा है। हजारों भँवर हैं, एक दौड़ है। आपाधापी, मारामारी, शोर-वोर। ताकतवर-कमजोर, मिक्स-रीमिक्स, कट-पेस्ट, पेश्टीच, मोंताज और ताज, सबका एक सायबर ठीया है। मल्टी-मीडिया के मिक्स में कुछ भी शुद्ध नहीं है, न धुन, न चेहरा, न जीवन।

सब मस्त हैं टीवी पर। कोई चेहरा रोता हुआ नहीं है। हाँ कभी-कभी दुखियारी बहनें, दहेज सताई और पिटाई खायी औरतें आती हैं मगर बदला लेने, बदलने के लिए। वे निराला की 'मार खा रोई नहीं' वाली औरतें नहीं हैं। वे राजकोट की पूजा चौहान हैं। प्रोटेस्ट में ब्राकच्छी पहन हाथ में सोटा लिए सड़क पर निकलती हैं। क्रोधित होकर दाँत पीसती हैं कि अब कर लो, क्या कर लोगे। अपनी कहती हैं। छटपटाती हैं। हँसती-गाती हैं। यह अपनी जगह माँगती हैं। अपना हिस्सा माँगती हैं। यह समाज का एजेंडा बन रही हैं। क्या यह गलत है? जी नहीं।

'वे तमाम दब्बू बच्चे अब दब्बू नहीं' वे अपना रास्ता आप चुनते हैं, संघर्ष करते हैं। रातों-रात अमीर बनने के लिए ये दुनिया को जीतने निकल पड़ते हैं। वे हर तरफ बेखौफ हैं। रोते-गाते, देख-भाई-देख से लेकर लाफ्टरवाले तक। कोई 'गाँधीगीरी' करता है तो कोई 'रंग दे बसंती' करता है। ढेर सारे युवक-युवती सिर्फ टीवी-रेडियो में किसी-न-किसी रूप में काम करना चाहते हैं। वे पत्रकारिता पढ़ते हैं। एनिमेशन सीखते हैं। एंकरिंग करते हैं। कैमरा सीखते हैं। वे मीडिया में हैं, टीवी उनका अल्टीमेट है, स्वर्ग-नरक सब-कुछ है। सबसे बड़ा उद्योग है। 10-20 प्रतिशत बढ़ता उद्योग है। यह उत्तर औद्योगिक समय का उद्योग है। सबसे बड़ा मीडिया है टीवी। मोबाइल है। दोनों का मेल है टीवी। जीवन का पुराना पार्थक्य खत्म है। अभेद-सा है। कहाँ टीवी शुरू होता है और कहाँ जिंदगी, इसे अलग से पहचानना मुश्किल है।

पिछले 48 वर्षों में टीवी ने खुद को बदला है। समाज को बदला है। बच्चों के लिए वह माता-पिता, गुरु और मनोरंजन का साधन है। जवानों के लिए वह खेलकूद है, खबर है। सीनियरों के लिए वह आधी आफत है, आधी जरूरत है। 1959 से लेकर इस बरस तक भारत में टीवी प्रसारण की यात्रा बहुत तेज गतिवाली रही है। वह छलाँगों में आगे बढ़ी है। किसी जमाने में 200-400 टीवी सेट गुजरात के 'आवंद' में किसानों के लिए मौसम की खबर देने के लिए जर्मनी से आए थे। अब भारत में कितने टीवी सेट हैं, कितने घरों में कितने लोग देखते हैं इसका सिर्फ एक अनुमान भर है। आजकल टीवी देखनेवालों की संख्या 40 करोड़ से अधिक मानी जाती है। देश में चार-पाँच करोड़ से ज्यादा टीवी सेट हैं। कभी एकाध घंटे के लिए कार्यक्रम आते थे। आज सौ-सवा सौ चैनल हैं और चौबीस घंटे के कार्यक्रम हैं। ब्लैक एंड व्हाइट के सालिड स्टेट से निकलकर आज भारत विश्व स्तरीय प्लाज्मा टीवी के युग में प्रवेश कर चुका है।

आज टीवी एक स्वीकृत वातावरण है। घर का जरूरी, जीवंत हिस्सा है। सबको कहने-दिखने वाला है। अब वे बहसें निपट गई हैं जो इसे 'बुद्धू बाक्स' कहा करती थीं। अब सब उम्र के, सब तरह के लोगों के लिए चैनल हैं, कार्यक्रम हैं। हर भाषा में हैं। यहाँ तक कि भोजपुरी, राजस्थानी तक में टीवी चैनल हैं।

आज भारत का चेहरा उसका टीवी चेहरा है। ज्ञानी तो टीवी पर हैं ही, अमीर, सेठ और धन्ना सेठ भी वहाँ मौजूद हैं। मामूली लोग भी वहाँ दिखते हैं। वह सबका आईना है, सबकी तस्वीर है। अति चंचल, मजेदार, बोरियत दूर करने वाला । बाहर से थका-माँदा आदमी घर आता है तो सीधे टीवी के सामने आकर बैठता है। बच्चों का तो कहना ही क्या! पिछले दो-तीन दशकों से बच्चों को टीवी के कारण माता-पिता से जितनी डाँट पड़ी है उतनी किसी युग में नहीं पड़ी होगी तो भी वे आते ही टीवी से चिपक जाते हैं। उनकी भाषा, वेशभूषा, उनके हावभाव, फैशन, बोलचाल सब कुछ टीवी से तय? डर बच्चे नहीं हैं। वे विद्रोही नहीं हैं क्योंकि अब ऐसा होने की जरूरत नहीं है। 'हमलोग' वाले बच्चे छिपकर प्यार करते थे, ये खुलेआम प्रेम करते है। लड़के-लड़की मिक्स करते हैं। उनके कपड़े, कस्बों-गाँवों तक में बदल गए हैं। इनकी चाल-ढाल, भाषा-शैली बदल गई है। सबसे ज्यादा बदलाव लड़कियों की छवियों में देखा जा सकता है। 'हमलोग', 'बुनियाद','खानदान'-जैसे सीरियलों के वक्त के बच्चे अब हैरीपाटरवाले बच्चे हो गए हैं। अकेला प्रसार भारती इस वक्त एक लाख करोड़ रुपए का होगा। हमारा सकल मनोरंजन उद्योग भी साठ-सत्तर हजार करोड़ रुपए वाला होगा। एक चैनल चौबीस घंटे का प्रसारण करता है तो उसे 100 करोड़ सालाना का बजट चाहिए होता है। इसमें खेल, विज्ञापनों, स्पांसरों की आर्थिक ताकत मिला दीजिए तो इससे एक बहुत बड़ी मीडिया मनोरंजन की ताकत बनती है। प्रिंट मीडिया की ताकत इसी के साथ चलती है। इस तरह मीडिया मनोरंजन का विराट ताकतवर जगत, हमारा सहज अनिवार्य घरेलू-सा वातावरण बन चुका है। आप निकलना चाहें तो भी इससे निकल नहीं सकते। जाहिर है कि यह सब हमारी कामना का जगत है। यह न तो धोखा है, न षड्यंत्र, न अपवाद है, न अफवाह। यह होता हुआ सच है। यह निर्णायक दशा है, दिशा है। यह सिर्फ नकारात्मक होती यहीं अंतिम 'पापुलर कल्चर' है जिसमें बहुत कुछ अच्छा है, नए बच्चे अधिक जागरूक हैं, उत्साही हैं। वे निर्णय ले सकते हैं। वे अधिक मेहनती हैं। वे फाइटर है। उन्हें टीवी ने ऐसा बनाया है। नए युवा ग्लोबल हैं, विश्वजयी हैं। वे रुपयों में पले हैं, डालर कमाते हैं। वे बंगलूरु से लेकर अमेरिका तक की इकानॉमी को सँभालते हैं। वे 'इनफोसिस' से लेकर 'माइक्रोसाफ्ट' तक चलाते हैं।

नई लड़कियाँ हैं। अधिक आत्मविश्वासी हैं, अधिक वाचाल हैं लाज-लिहाज से मुक्त हैं। अपनी पीड़ा, अपनी कामना, अपनी बात कहती हैं। नए स्पेस बन रहे हैं। यही हमारा नया आईना है। नए-नए स्पेसों को बनाता आईना।

सितंबर, 2007

अक्लमंद हुआ बुद्धू बक्सा

गए बीस साल टीवी की बीस क्रांतियों जैसे दिखते हैं। 1982 के एशियाड के बाद देश में रंगीन टीवी, वीसीआर क्रांति आई। टीवी सेट घर-घर पहुँचने लगे। दर्शक बढ़ने लगे। दर्शक बढ़े तो बाजार बढ़ा। विज्ञापन बढ़े। विज्ञापन बढ़े तो चैनल बढ़े। देखते-देखते '82 से '87 और '87 से '90 तक आते-आते उपग्रह-चैनल मैदान में आ गए। मेट्रो चैनल हुआ। ज़ी टीवी ने मोर्चा सँभाला। फिर स्टार प्लस मैदान में आया। सोनी आया। देखते-देखते अलग-अलग रुचियों के अलग-अलग चैनल बन चले। ज़ी ने बढ़के हाथ मारा। खबर, मनोरंजन और बिजनेस तक पहुँचा। स्टार आया। उसने खेल के नियम बदल दिए। बड़ा पैसा। बड़े स्टार। विश्वस्तरीय फिनिश। रूपर्ट मर्डोक का खेल। सोनी ने पूँजी लगाई। चैनल दर चैनल बढ़ाए। देखा-देखी दूरदर्शन ने अपने चैनल बढ़ाए। फिर हर भाषा में चैनल होते गए। देखते-देखते 70-80 करोड़ आबादी तक टीवी की पहुँच हो गई। 5 करोड़ से ज्यादा घर टीवी की चपेट में आए, फिर यह आँकड़ा छलाँग लगाता 7 करोड़ से आगे 10-12 करोड़ तक आ पहुँचा... 70 करोड़ दर्शक। 700 चैनल। छोटे, बड़े। स्थानीय। केबल। सब तरह के। मनोरंजन चैनल 20 से ज्यादा। खबर चैनल इससे भी ज्यादा।

जनता ने टीवी से चिपकना सीखा। एक पूरी पीढ़ी टीवी देखकर पली-बढ़ी। टीवी माता-पिता हो उठा। 20 साल के आसपास की 50 फीसदी से ज्यादा आबादी वाली पीढ़ी पिछले 20 साल का जीवंत इतिहास है। वह 'टीवी के लिए टीवी द्वारा टीवी की' पीढ़ी है। मनोरंजन कार्यक्रमों, विज्ञापनों, चटपटी खबरों पर पली-बढ़ी पीढ़ी। यह एक नया जगत है। एकदम यथार्थ और संग ही वर्चुअल जीवन में दोहरी जिंदगी जीता। अतीत के बोध से मुग्ध। नई उदार आजादी में साँस लेता, हँसता-गाता-खिलखिलाता, स्पीड में जीता और ग्लोबल नागरिकता लेता-देता युवा।

यह जाने-अनजाने सौ-सवा सौ चैनलों ने दिन-रात बनाया है। लड़के-लड़की बाल-बच्चों का जगत वह नहीं रहा जब 'रामायण' के अरुण गोविल उर्फ राम माताश्री-पिताश्री कहते थे। सारे समय विनीत हाथ जोड़ मर्यादा का आचरण करते।

वह राम को बनाने वाले रामानंद सागर के उपदेश थे। मगर उससे भी ज्यादा अमूल मक्खन था। निरमा पाउडर था, लाइफब्वॉय था। तभी तो जब रामायण को विस्तार मिला तो वह जलवा नहीं दिखा जो पहले राउंड में था। दीपिका चिखलियाँ (सीता), अरविंद त्रिवेदी (रावण) टीवी से निकलकर एमपी चुने गए। टीवी ने सितारे नेता बना डाले।

'महाभारत' आया तो नीतीश भारद्वाज की कृष्णरूप में पूजा होने लगी। 'मैं समय हूँ' एक बड़ा डायलॉग बन गया। महाभारत ने देखने वालों का रिकॉर्ड तोड़ा। शकुनि मामा के पासे और 'देखते जाओ भानजे' हिट हो गया। मुकेश खन्ना ने भीष्म पितामह में जान फूँक दी। पुनीत इस्सर ने एक अतिक्रोधी दुर्योधन ही खड़ा कर डाला। पुराण उठकर सड़क पर आ गए। आप मिथकीय पात्रों से हाथ मिला सकते थे। अभिनय, मंच, प्रस्तुति और जिंदगी सब गड्डगड्ड होने लगी। यही था यथार्थ और वर्चुअल का मिक्स। सांस्कृतिक मोड़ पैदा हो गया। रामायण से लगाकर महाभारत तक अमूल 'भारत का स्वाद' बन गया। हर चीज भारत के नाम पर महाभारत मचाने लगी। संस्कृति में युग परिवर्तन हो गया। 'हम लोग' और 'बुनियाद' वाले धीमे, शरीफ-से दिन, भले-से लोग विदा हो गए।

'चाणक्य मैदान में आया। देशभक्ति, छलप्रपंच और सत्ता का विकट विमर्श चंद्र प्रकाश द्विवेदी दिखाने लगे। इसके समांतर ही श्याम बेनेगल का महासीरियल 'भारत : एक खोज' हिट हुआ। नेहरू के भारत को बेनेगल ने विस्तार से, गजब की पटकथाओं और ड्रामों में दिखाया। महाभारत से उतरकर 'भारत' की खोज होने लगी। अतीत की कहानी का एक दौर पूरा हो गया। रोशन सेठ बड़ी शांति से इतिहास की परतें खोलते। यहाँ से भारत मिथकों के जगत से निकल अपनी खोज तक पहुँचा।

इस बीच उपभोक्ता बाजार बढ़ता गया। चैनल ब्रांड, विज्ञापन और सुख संग्रह के माध्यम बने। रोना-धोना छोड़ आनंदमग्न होने लगे। इस बीच 'चित्रहार' ने 'अंताक्षरी' के लिए जगह छोड़ी। अन्नू कपूर गानों के बादशाह बन उठे। गानों की स्पर्धाओं ने अंततः 'सारेगामापा' से 'नच बलिए' तक आकर पहले जनता को, फिर सीरियलों के नायक-नायिकाओं तक को नचा-गवा डाला। 'इंडियन आइडॉल' तक बात पहुँची। मिथकीय पुराणों की कहानियों, रियलिटी शो से लेकर रावण जैसे चरित्र पर केंद्रित कार्यक्रम संभव कर दिए। मर्यादा में बँधे-बँधे स्टाइलाइज्ड अभिनय वाले पात्र राखी सावंत से लेकर शिल्पा शेट्टी के चुंबन परिरंभण तक लाइव उपस्थित होने लगे।

'87 से 2006-07 तक की 20 साल की यात्रा में एक भारत मर गया। नया भारत जीवित हो उठा। यह सबकी आँखों के सामने हुआ। सबको अच्छा लगा। 100 से ज्यादा चैनलों ने नया उपभोक्ता, नया दर्शक, नया श्रोता, नया ग्राहक बना डाला। वेशभूषा, भाषा, चाल-चेहरा, चरित्र बदल डाला।

जसपाल भट्टी ने 'उल्टा-पुल्टा' से सबको समाज के अंतर्विरोधों पर हँसना

सिखाया। बाद में यही हँसना लाफ्टर चैलंज में ढला तो देखते-देखते राजू श्रीवास्तव, सुनील पाल मान आदि की मसखरी, भँड़ैती और नकल, 'गुस्ताखी माफ' (एनडीटीवी) से आगे निकलकर सब पर फब्तियाँ कसने लगे। रिकॉर्डेड हँसी रीयल हँसी में बदली। एसएमएस से जनता सितारे चुनने लगी।

टीवी इंटरएक्टिव हो उठा। खबरें तक एसएमएस कर जनतंत्र बनाने लगीं। सिटीजन पत्रकारिता पैदा हुई। सीधे प्रसारण से मामला आगे निकल गया। खबरों का चेहरा मनोरंजक आनंद भरा होने लगा। हार्ड न्यूज में सॉफ्ट न्यूज बढ़ी। राजनीति में बॉलीवुड की खबरें रहने लगीं। अमिताभ बच्चन का करोड़पति सबको विदा कर जुआ खिलाने आ गया। मनोरंजन का अर्थ बदल गया। हिंदी का अर्थ बदल गया, जो शाहरुख खान के करोड़पति तक आते-आते बिंदास हिंदी में बदल गया। रूबी भाटिया की ज़ी टीवी वाली हिंदी से भी दो किलोमीटर आगे।

'87 से '90 के बीच आए सीरियल मेगा सीरियत नहीं थे। सोनी ने रहस्य-रोमांच से भरपूर 'आहट' जैसे कार्यक्रम दिए। भूतों-प्रेतों को, मसान को जगाया। जिसका पर्यवसान ज़ी के 2006 के 'काल कपाल महाकाल' टाइप में हुआ। इस बीच कविता चौधरी ने नई मेहनती, संघर्षशील स्त्री को जन्म दिया। एक नई प्रोफेशनल स्त्री पुलिस इंस्पेक्टर के रूप में सामने आई। 'शांति', 'स्वाभिमान' में स्त्रियाँ नए आत्मविश्वासी अंदाज में नजर आईं। 'रजनी' में प्रिया तेंदुलकर ने प्रो-एक्टिव स्त्री रजनी को साकार किया, जो उपभोक्ता अधिकारों के लिए लड़ने वाली रही। 'चंद्रकांता' फिर लंबी कहानी कहने आई पर अबकी नाकाम।

'90 के बाद जनरुचि और विज्ञापनों की भाषा तेजी से बदली। निरमा की जगह सर्फ एक्सेल ने कहा। 'दाग ढूँढ़ते रह जाओगे।' यह फिर 2006 में आकर कहने लगा—दाग! अच्छे हैं। पाउडरों के विज्ञापनों ने स्किन क्रीमों को जगह दी। सैनिटरी नैपकिन के विज्ञापन बढ़े। कारों के विज्ञापनों बढ़े। जींस बढ़ी। स्त्रियों के चेहरे जो विज्ञापनों में विज्ञापित होते वे ही समाचार वाचिकाओं और हीरोइनों के चेहरे होने लगे। उपभोक्ता का चेहरा बनने लगा। जीवनशैली बनने लगी। सन् 2000 के आसपास सीधे जीवनशैली सीरियल आए जिसमें 'क्योंकि सास भी कभी बहू थी' से लेकर 'कहानी घर घर की', 'कसौटी जिंदगी की' वाले एकता कपूरी सीरियलों ने नया ट्रेंड स्थापित किया। संपन्न मध्यवर्गीय परिवारों में स्त्रियाँ रंगी-चुनी नजर आतीं। परिवार में रहते हुए वे एक-दूसरे से बदला लेने की ठाने रहतीं। जीवनशैली इतनी हावी होती कि घर के सोफे, परदे, दीवारों के रंग, माथे की बिंदी और साड़ी के रंग से मैच करते। ये हेयर डाई और स्किनलोशनों से समर्थित सीरियल रहे। इन्होंने रोने-धोने वाली, समस्याग्रस्त पारिवारिक औरत को विदा कर दिया। एक नई खाती-पीती संपन्न औरत को कैकेई-मंथरा में बदल दिया।

बहुत जल्द 'के' सीरियलों का जादू भी टूटा। रियलिटी शो, टॉक शोज़ और

करोड़पति का जमाना आया। मीडिया इंटरएक्टिव बन चला। फोन, एसएमएस संदेश मल्टीमीडिया का रास्ता खोलने लगे। खबरों में मनोरंजन की मात्रा बढ़ी, यहाँ तक कि 'बंटी बबली' ने एनडीटीवी पर आकर समाचार वाचन किया। यह 'इन्फोटेनमैंट' के चक्र का पूरा होना था। 'उल्टा पुल्टा' ने जो हास्य पैदा किया वह 'सिट कॉम' के कुछ बेहतरीन नमूनों की पृष्ठभूमि बना और पुराने 'ये जो है जिंदगी' जैसी पटकथाएँ आईं। 'देख भाई देख' और फिर लाफ्टर चैलेंज भी आ गए।

47-48 साल की अपनी यात्रा में टीवी सरकारी दूरदर्शन से लेकर सैकड़ों निजी चैनलों तक फैला। उसका संजाल बढ़ा। अनंत सीरियल, फिल्मी कार्यक्रम। खबरें दर खबरें। चर्चाएँ दर चर्चाएँ। उनमें एक वानर वृत्ति आई। वे एक-दूसरे की नकल करने लगे। उनकी कल्पना शक्ति का संकट आज तक बना है। पर टीवी ने इस महायात्रा में दो-तीन बड़े काम किए हैं : इसने मूकों को वाणी दी; बहरी सत्ता को कान दिए। यह जनता के हितों को कहने वाले के रूप में उभरा है। थाने, नेता और दलों का भरोसा न करके जनता टीवी का भरोसा करती है।

दूसरे, टीवी ने नए उभरते मध्यवर्ग को थोड़ा उदार बनाया है। वह अब बहुरुचिवादी और बहुलतावादी ग्लोबल नागरिक की तरह नजर आता है। बंद दिमाग, संकुचित नजरिए वाला मध्यवर्ग बदलने लगा है। तीसरे, उपभोक्तावाद और विज्ञापनों ने जीवनशैली को बदल अखिल भारतीय मार्केट बनाया है। वही देश की एकता का सूत्र है। 20 साल की निर्णायक यात्रा में टीवी ने घरों में जरूरी बुराई की जगह जरूरी अच्छाई की तरह जगह बना ली है। वह ऊब और आफत नहीं, जरूरत है। खबर और मनोरंजन देने वाला भरोसेमंद साथी वह बुद्धू बक्सा नहीं है। अक्लमंद बक्सा है।

1 अगस्त, 2007

खतरे का नियमन, नियमन के खतरे

इस विराट मीडिया संसार की व्याप्ति उसका प्रभाव आँकड़ों से कहीं ज्यादा है। वह इस देश को, सरकारों को चलाता-उठाता-बिठाता-गिराता-बनाता है। वह आम आदमी का एजेंडा, उसकी जीवनशैली तय करता है। उपभोक्ता बाजार को बढ़ाता है। वह आशा देता है। कामना और मुक्त उपभोग के बंद दरवाजे खोलता है। वह नई पीढ़ी का माता-पिता, गुरु-ईश्वर है। अब तक के सांस्कृतिक जगत में उपद्रव करता है। समाज के नियोजनप्रिय, संयमी, बचतप्रिय और परंपराप्रिय अनुभवों को झकझोरता है। सामंतीय और श्रमकेंद्रित मूल्यों की जगह मुक्तस्पर्धा, अंधे स्वार्थ और हिंसा, अश्लीलता को बढ़ाता लगता है। साथ-साथ, वह जनता की आवाज बनता है। जन क्षेत्रों की जरूरतों, नागरिक समाज की अपेक्षाओं और मानवाधिकारों के लिए जगह बनाता है। वह नए बुर्जुआ का रचनाकार है। वह एक ही क्षण में प्रिय और अप्रिय है। एक पल में आकर्षक और विकर्षक। एक अनिवार्य बुराई है और अनिवार्य अच्छाई भी। टीवी के बिना भारत का नया चेहरा नहीं बनता। पिछले सत्रह साल से टीवी ने अपनी इस भूमिका को, अपनी ताकत को लगातार बढ़ाया है। तकनीक ने दूरदर्शन का वर्चस्व तोड़ा, सरहदों को न मानने वाले ग्लोबल उपग्रह चैनल मैदान में आ गए हैं। यहाँ से टीवी घर-घर की आदत और आफत बन बैठा। जब तक टीवी सरकारी रहा, सरकार काा भोंपू रहा, उसे आजाद करने की बातें होती रहीं। उदारीकरण के पहले चक्र में नब्बे के आसपास रो-धोकर प्रसार भारती कानून बना। सरकारी गिरफ्त से दूरदर्शन के स्वायत्त होने की घड़ी आई, वह स्वायत्त होकर नहीं दिया। उसके बाद जनसंचार का जगत तेजी से बदलता गया। निजी चैनल मैदान में आ गए। आने दिए गए। चैनलों में सौ फीसदी पूँजी निवेश तक की व्यवस्थाएँ हो गईं। देशज भाव की कुछ शर्तें भी लगा दी गईं ताकि प्रबंधन और स्वामित्व में कुछ जोर यहाँ वालों का रहे लेकिन विराट फैलते टी. वी. तंत्र के 'कंटेंट'/ कार्यक्रमों की अंतर्वस्तु/को लेकर कोई व्यवस्था नहीं दी गई। वह समाज में फ्री कबड्डी खेलता रहा। उस पर 'अनैकिता' बढ़ाने, 'अश्लीलता' और नंगई फैलाने, घृणा-हिंसा फैलाने के आरोप लगते

रहे। इतनी फ्री कबड्डी तो विकसित समाजों में भी नहीं देखी जाती, ऐसा कहा जाने लगा।

सरकार के पास रोज शिकायतें आने लगीं। पूरे सत्रह साल तक टीवी के कंटेंट और उसके प्रभाव की कोई सुव्यवस्थित मॉनीटरिंग नहीं की गई। आकलन नहीं किया गया, न ही प्रसारण के नियमन की परवाह की गई। सब कुछ फ्री फॉर ऑल रहा। जनता के बीच आनंद और बेचैनियाँ बढ़ती रहीं। केबल कानून 95 में आया जिसने केबल ऑपरेटरों को रेगुलेट करने का प्रयत्न किया। जड़ तक जाने की जगह डालियों तक ही नजर गई। उसमें कुछ ऐसी व्यवस्थाएँ दी गईं कि 'आपत्तिजनक' कंटेंट को दिखाने के लिए केबल वालों पर हाथ डाला जा सके। केबल एक विराट तंत्र रहा, उसके संचालक भी ज्यादातर चैनल चलाने वाले रहे। वे कहने लगे कि केबल का क्या कसूर। वह कंटेंट को दिखाने से पहले सेंसर कैसे करे? यह उसके हाथ में ही नहीं है। इस चक्कर में फिर बारह साल निकल गए। पिछले एक-डेढ़ साल से यूपीए सरकार के सूचना प्रसारण मंत्रालय को रह-रह कर अपने विस्मृत कर्तव्य की याद सताने लगी। एक बिल की बात होने लगी। मंत्रालय सक्रिय हुआ। एक ओर कानून की बात की, दूसरी ओर एक्शन टीवी और फैशन टीवी पर तीन महीने तक की रोक लगा दी गई ताकि वे और दूसरे सावधान रहें कि सरकार क्या चाहती है; आगे से उन्हें क्या करना है क्या नहीं स्थायी बंदोबस्त के लिए प्रसारण नियमन अधिकरण विधेयक तैयार किया जाने लगा। पिछले दो संसद सत्रों में उसके आने की आहट रही लेकिन नई सूचनाओं के अनुसार बिल विचार के लिए फिर टल गया।

बहरहाल, कंटेंट के नियमन और नियामक संस्था की बात तो एजेंडे पर पहले भी थी और आज भी है। प्रस्तावित नियमन विधेयक, 2007 नियमन की व्यवस्थाएँ देता है लेकिन कई व्यवस्थाएँ सरकारी हस्तक्षेप बढ़ाने वाली लगती हैं। प्रसारण उद्योग को उन पर सख्त एतराज है। वे सरकारी हस्तक्षेप की जगह 'स्वयं नियामकता' की बात करते हैं। विधेयक भी कहता है कि हर प्रसारक का अपना कंटेंट 'लेखाधिकारी', यानी ऑडिटर होना चाहिए जो कंटेंट को दिखाने के लिए जिम्मेदार हो, जो शिकायतों पर विचार कर सके। कार्यक्रमों की एक संहिता का पालन करे यानी वयस्कों के लिए कार्यक्रम रात के ग्यारह और सुबह चार बजे के बीच ही दिखाए जाएँ। सब कार्यक्रमों के लिए 'यू', 'यू-ए' और 'ए' प्रमाण-पत्र रहें। हिंसा, सेक्स, नशा, धूम्रपान, शराब आदि संबंधी संदेशों के प्रसारण की व्यवस्थाएँ होनी चाहिए, इत्यादि। पब्लिक सर्विस प्रसारण परिषद होनी चाहिए। यहाँ प्रसारण उद्योग वाले पंगा लेने पर उतारू हैं। वे मानते हैं कि आज के तकनीकी विश्व में आप पुराने सेंसरों को न लगा सकते हैं, न वे काम के हैं। यह काम प्रसारकों की निष्ठा पर छोड़ा जाए। ग्लोबल जगत में समाज बदल गया है, आप उसे नैतिक मानकों से नहीं हाँक सकते। प्रसारण कंपनियों के स्वामित्व-अंतर्स्वामित्व में दखल न दिया जाए। प्रसारण परिषद की व्यवस्था अप्रत्यक्ष नियंत्रण की व्यवस्था है।

यानी जो है उसे चलने दिया जाना चाहिए। यदि करना ही है तो प्रसारकों पर भरोसा करें, वे समाज के जिम्मेदार लोग हैं। वे स्वयं अपने को सुधार सकते हैं। यत्र-तत्र, जहाँ बहुत जरूरी है वहाँ टीम-टाम कर लेंगे लेकिन ऊपर से अंकुश लगा तो टीवी के विकास की गति धीमी हो जाएगी। अभिव्यक्ति की आजादी खतरे में पड़ जाएगी। पहले से ही बहुत से कानून हैं। नया कानून बनाना फालतू का काम है। मंत्रालय का, सरकार का अपना सच भी कुछ 'सच' कहता है। इतना तो सब मानते हैं कि किसी नियामक संस्था की जरूरत है। सरकारी हो कि निजी, इस पर बहस है। सरकार का मानना है, कि सब चैनलों के कंटेंट को मॉनीटर करना उसके वश की बात नहीं । सो हर प्रसारक में एक 'लेखाधिकारी' (स्वयं-नियामक) जरूरी है। उसे नई संहिता से जोड़ा जाए जो कानून में होगी। निजी प्रसारक कहते हैं कि यह गले का फंदा है। 'परिषद' भी खतरा है, पत्रकारिता की आजादी को खतरा है। सत्रह सालों में समाज में टीवी को लेकर जितनी बहसें उठी हैं, वे इतना कहती ही हैं कि टीवी को अगर आजाद रखना भी है तो उसका नियमन होना चाहिए। उसके कार्यक्रमों की मॉनीटरिंग और जनता की शिकायतों का निवारण करने वाली कोई संस्थागत व्यवस्था तो होनी चाहिए जो लागू की जा सके। ऐसी व्यवस्था वैधानिक ही हो सकती है। असल बात यह है कि नियमन करने वाली संस्था को अधिकाधिक प्रतिनिधित्व वाली बनाकर जनहित की ओर उन्मुख बनाया जाए। नौकरशाही का अंकुश कम हो।

बहस यही है। विधेयक एक बार फिर प्रसारकों और उससे जुड़े लोगों के बीच चर्चा में है। यह संभव है कि अन्य बहुत से विधेयकों की तरह यह बिल भी अपने 'बिल' में घुस जाए। नियामक तो चाहिए। नियमन चाहिए। इतने बड़े प्रभावशाली संस्कृति-सूचना तंत्र को 'परम स्वतंत्र न सिर पै कोउ' के भाव से नहीं छोड़ा जा सकता। यह कैसे हो? इसे लगातार व्यापक संवाद करके ही संभव किया जा सकता है। बहस को जनता के बीच ले जाया जाना चाहिए। जनता और सभी दलों के बीच, सभी प्रसारकों के बीच एक बार विचार होना चाहिए। जल्दी भले न करें मगर नियामक की जरूरत को भी न भूलें।

27 अगस्त, 2007

पहले से ज्यादा मुखर हुआ है मीडिया

आजादी से लेकर अब तक भारतीय मीडिया का स्वरूप काफी बदला है और हमारे मीडिया में आया ये बदलाव आवश्यक भी था। क्योंकि हमें इस बदलाव की जरूरत थी। जब संसार में सब कुछ परिवर्तनशील है, तो मीडिया में बदलाव भी, परिवर्तन की प्रक्रिया का ही हिस्सा है। आजादी के बाद से लेकर अब तक भारत में हर क्षेत्र में आमूलचूल परिवर्तन हुआ है, परिवर्तन की इस आँधी से भारतीय मीडिया भला कैसे अछूता रह सकता है। लेकिन अच्छी बात यह है कि भारतीय मीडिया में आया बदलाव सकारात्मक है और हमारी परिस्थितियों के लिहाज से आवश्यक भी है।

अगर हमारे मीडिया का स्वरूप नहीं बदलता तो आज भी हमें गुलामी की पत्रकारिता ही पढ़ने को मजबूर होना पड़ता। आजाद देश में हम गुलामी की पत्रकारिता क्यों पढ़े? पुरानी चीजें हमारे लिए बहुत उबाऊ हो जातीं और हम उसे नहीं पढ़ सकते थे। पुरानी पत्रकारिता हमारे लिए वैसे भोजन के समान होती, जिसे हम पचा नहीं पाते। और पत्रकारिता में बदलाव नया नहीं है, ये बदलाव तो गाँधी के जमाने से मूर्तियाँ ऐसी ही मिलती थीं आज का मीडिया ही शुरू हो गया था। मीडिया आया ये परिवर्तन जनहित और राष्ट्रहित दोनों के लिए अत्यंत आवश्यक भी था।

जहाँ तक बात मीडिया और समाज के संबंधों की है, तो वो संबंध पहले से कहीं अधिक प्रगाढ़ हुए हैं, इसमें कोई दो राय नहीं है। पहले समाज और पत्रकारिता का सरोकार तो होता था। लेकिन जैसे संबंध आज है वो तो काल्पनिक ही था। आम आदमी की आवाज को अगर आज आवाज मिली है, तो इसका श्रेय हमारे मीडिया को जाता है। जेसिका लाल केस इसका जीता-जागता उदाहरण है। मीडिया ने ही इस केस को फिर से खुलवाया जो काम सालों से हमारा प्रशासन, न्यायालय और पुलिस नहीं कर सकी, उसे मीडिया ने कर दिखाया है। आज हर व्यक्ति हर विषय के बारे में जागरूक है, तो उसका श्रेय भी हमारे मीडिया को ही जाता है। आज अगर एक मामूली आदमी को अपनी आवाज सरकार तक पहुँचानी होती है, तो वो न तो प्रशासन से कोई आस लगाता है न ही पुलिस से कोई उम्मीद, लेकिन

वह मीडिया का सहारा लेकर अपनी बात को सरकार तक पहुँचाता है। आज भारतीय न तो भ्रष्ट नेताओं पर भरोसा करता है और न ही घूसखोर पुलिस, लेकिन वो मीडिया पर भरोसा करता है। ...एक आम आदमी बोलता है, तो सरकार उसे सुनती भी है, उसके बारे में सोचती भी है और अब नौबत यह आ गयी है कि उसे कार्यवाही भी करनी पड़ती है। कोई समिति भी गठित करनी पड़ती है। अगर कोई सरकार ऐसा करती है, तो यह न सिर्फ आम आदमी की जीत है। बल्कि लोकतंत्र की सच्ची जीत भी यही है। आज जनता के लिए मीडिया में स्थान है, अखबारों में वह लेटर टू एडिटर लिखकर अपने विचारों को व्यक्त कर सकता है। बहुत ही कम खर्चे में अपनी वेबसाइट खोल कर मीडिया का एक हिस्सा भी बन सकता है, अपना अखबार और चैनल भी व्यक्ति खोल सकता है। जब इतनी ताकत हमारे मीडिया ने आम आदमी को दे दी है, तो यह सवाल ही नहीं उठता कि मीडिया जनहित में काम कर रहा है या नहीं। हमारा मीडिया जनतांत्रिक है और हमारा समाज उस पर भरोसा करता है। मीडिया और समाज का यह रिश्ता आगे-आगे और भी निखरेगा और मजबूत होगा।

वर्तमान दौर की पत्रकारिता अतीत की पत्रकारिता से कहीं बेहतर है। ये हमारी गलतफहमी है कि अतीत की पत्रकारिता बहुत क्रांतिकारी थी। हमारी पत्रकारिता ने कोई क्रांति नहीं की है। सच पूछा जाए, हिंदी लेखन में भी सिवाय प्रेमचंद के किसी ने कुछ नहीं किया। हमारे मीडिया ने क्रांति कर दी है यह बिल्कुल ही बेबुनियाद है। मूर्ति पूजा के खिलाफ हमारे मीडिया ने कौन सी मुहिम छेड़ी थी, कोई नहीं, लेकिन स्वामी दयानंद और आर्यसमाज ने मूर्ति पूजा विरोध किया और उसके खिलाफ आंदोलन भी चलाया, लेकिन हमारे क्रांतिकारी मीडिया ने कुछ नहीं किया।

लेकिन वर्तमान में हमारी पत्रकारिता ने कई रूढ़ियों को तोड़ा है और अंधविश्वास को भी कम करने का प्रयास किया है। जब गणेश के दूध पीने की अफवाह चली थी तो आज तक ने ही उसका वैज्ञानिक पक्ष सबके सामने लाया था। और बताया था कि मूर्तियाँ ऐसी ही मिलती थीं आज का मीडिया अंधविश्वासी नहीं है। लेकिन अगर कोई ऐसा चाहता है, तो इसका मतलब वह चाहता है कि मीडिया सबको नास्तिक बना दे। लेकिन सचाई यह है कि आत्मसंतुष्टि के लिए भारत के 99 फीसदी लोग भगवान में आस्था रखते हैं और मीडिया क्यों उस आस्था को खंडित करेगा। लेकिन इसका यह अर्थ कतई नहीं है कि हमारा मीडिया अंधविश्वासी है। वर्तमान में हमारा मीडिया अंधविश्वास और पुरानी रूढ़ियों को तोड़ने में महत्त्वपूर्ण भूमिका निभा रहा है।

जहाँ तक बाजार के दबाव की बात है, तो आज बाजार और विज्ञापन मीडिया का ऐसा अहम हिस्सा है, जिसके बिना अखबार या चैनल नहीं चल सकता। इस आवश्यक अंग पर कुछ लोगों को खोखली आपत्ति है। बिना बाजार के पत्रकार को तनख्वाह कहाँ से मिलेगी। जो अखबार पाठक तीन रुपए में खरीद कर पढ़ता है,

उसकी वास्तविक कीमत 45 से 50 रुपए होती है। अगर विज्ञापन नहीं होंगे तो ये खर्चा कौन उठाएगा। बिना इस खर्चे के अखबार निकालना संभव नहीं है। आज हर मीडिया हाउस यही चाहता है कि उसे अधिकाधिक विज्ञापन मिले, ताकि उसकी आमदनी बढ़े। पत्रकारिता के लिए बाजार बहुत जरूरी है। अखबार और चैनल्स को मिल रहे विज्ञापनों का ही परिणाम है कि मीडियाकर्मियों की आय में इजाफा हुआ है। आय में इजाफा ही वह कारण है, जिसके कारण एक बहुत बड़ा युवा वर्ग मीडिया में आना चाहता है। अतीत की पत्रकारिता में रोजगार नहीं था, लेकिन आज का मीडिया लाखों लोगों को रोजगार मुहैया करा रहा है। अगर बाजार और विज्ञापन रोजगार को बढ़ा रहे हैं और हमारी बेरोजगारी कम हो रही है, तो बाजार हमारी आँख का काँटा क्यों बना हुआ है। बाजार ने तो हमारी मदद की है।

अतीत की जिस पत्रकारिता पर कुछ लोगों को नाज है और वो उसकी महानता का बखान करते नहीं थकते, वह पत्रकारिता कभी मिशन नहीं थी, अतीत की पत्रकारिता जब मिशन थी तो इसका सबसे अधिक विरोध हमारे हिंदी के बुद्धिजीवी कर रहे हैं। बड़ी अजीब विडंबना है कि हमारे हिंदी वाले जिस बाजार से कमाते हैं, उसी को गाली देते हैं : वे खुद तो बाजार से जितना मर्जी कमाएँ लेकिन दूसरों को यही सलाह देते हैं कि बाजार बहुत ही बुरी चीज है, इससे दूर रहना चाहिए। समझ में नहीं आता कि उनके इस दोगलेपन की वजह क्या है। लगता है हमारे बुद्धिजीवी चाहते हैं कि वो खुद कमाएँ, लेकिन दूसरे पीछे रह जाएँ। इसके अपने बच्चे तो अमेरिका में पढ़ेंगे लेकिन देश में वे अमेरिका के नाम रोना इस तरह रोते हैं कि पता नहीं अमेरिका कितना भयंकर राक्षस है? दरअसल हमारे हिंदी के बुद्धिजीवियों का काम ही है। समाज को बरगलाना और इसीलिए वो ऐसी दोगली बातें करते रहते हैं, ये भी एक कड़वी सच्चाई है कि हमारी अतीत की पत्रकारिता, जिसका हमारे बुद्धिजीवी गुणगान करते नहीं थकते, वह कभी मिशन थी ही नहीं और ना ही उसने कोई क्रांति की है। जो उस दौर में पत्रकारिता में काम कर रहे थे, उनका उद्देश्य होता था यश कमाना, इतिहास में अमर होना। अगर वे पत्रकारिता से कुछ चाहते थे तो करना पत्रकारिता मिशन कैसे हुई वो भी पेशा ही थी, आज की पत्रकारिता में कुछ नया नहीं हो रहा है, लेकिन हमारे ढोंगी बुद्धिजीवी खामख्वाह इसका विरोध कर रहे हैं।

हमारे बुद्धिजीवियों को वैश्वीकरण सबसे बड़ा दुश्मन लगता है। देश में हर समस्या के लिए उन्हें वैश्वीकरण ही जिम्मेदार नजर आता है और मीडिया पर भी वैश्वीकरण के बुरे प्रभाव के अलावा उन्हें और कुछ नजर नहीं आता। लेकिन हकीकत यह है कि वैश्वीकरण ने हमारे मीडिया को रंग दिया है। नयी टेक्नोलॉजी से उसकी क्वालिटी को बढ़ाया है। इसी रंग और तकनीक का कारण है कि हमारा मीडिया

सूचनापरक होने के साथ-साथ आकर्षक व मनोरंजक भी हो गया है, टेक्नोलॉजी के कारण ही आज किसी भी घटनाक्रम को सीधे-सीधे अपनी आँखों के सामने घटित होता देख सकते हैं। टेक्नोलॉजी ने तो जैसे भारतीय मीडिया में क्रांति ही ला दी है। हाँ वैश्वीकरण ने हमारे मीडिया को वैचारिक स्तर पर प्रभावित किया है, लेकिन इससे ठीक वैसा ही है जैसे किसी एक चीज को अपनाने पर दूसरी स्वतः ही उसके साथ आ जाती है।

आज पत्रकारिता के अनेक शिक्षण संस्थान मौजूद हैं और इनकी संख्या आगे-आगे और भी बढ़ेगी। इसका कारण है पत्रकारिता के क्षेत्र में दिनों-दिन बढ़ती रोजगार की संभावनाएँ। लेकिन इन शिक्षण संस्थानों में छात्रों के लिए सुविधाओं का अभाव रहता है। इन संस्थानों की गुणवत्ता को और बढ़ाना होगा।

15 अगस्त, 2007

❑❑❑